W0243426

Kurt Erlemann

Jesus der Christus

Provokation des Glaubens

2011

Neukirchener Theologie

Mix
Produktgruppe aus vorbildlich bewirtschafteten Wäldern und anderen kontrollierten Herkünften
www.fsc.org Zert.-Nr. SGS-COC-005773
© 1996 Forest Stewardship Council

Dieses Buch wurde auf FSC-zertifiziertem Papier gedruckt. FSC (Forest Stewardship Council) ist eine nichtstaatliche, gemeinnützige Organisation, die sich für eine ökologische und sozialverantwortliche Nutzung der Wälder unserer Erde einsetzt.

Lektorat: Volker Hampel
DTP: Kurt Erlemann
Umschlaggestaltung: Andreas Sonnhüter, Düsseldorf
Umschlagabbildung: „Innere Verbindung ..." © Leif Skoglöf (www.skogloef.de)
Gesamtherstellung: Hubert & Co., Göttingen
Printed in Germany
ISBN 978-3-7887-2536-5

Bibliografische Information der Deutschen Nationalbibliothek

Die Deutsche Nationalbibliothek verzeichnet diese Publikation in der Deutschen Nationalbibliografie; detaillierte bibliografische Daten sind im Internet über http://dnb.d-nb.de abrufbar.

Vorwort

Der Band rundet eine Trilogie zu zentralen Themen des Neuen Testaments ab. Nach „Wer ist Gott? Antworten des Neuen Testaments" (2008) und „Unfassbar? Der Heilige Geist im Neuen Testament" (2010) war ein Band über Jesus Christus überfällig. Auf viele Bitten hin habe ich die vorliegende Einführung in die Christologie erstellt. Im Ergebnis ist eine weitere Einführung ins Neue Testament entstanden, die auch für theologische „Laien" lesbar sein sollte. Hierfür verzichtete ich weitgehend auf die Darstellung innertheologischer Diskussionen, reduzierte die Fußnoten auf ein Minimum und setzte griechische Vokabeln in Umschrift. Der Serviceteil bietet Literaturtipps für die Weiterarbeit, ein Glossar* für Fachausdrücke, außerbiblische Texte* und ein Register der wichtigsten Textstellen.
Über Jesus Christus gibt es eine ungeheure Fülle an Literatur. Viele Impulse daraus sind in das Buch eingeflossen; vieles musste aus Gründen der Übersichtlichkeit reduziert werden. Einzelne Vergröberungen bitte ich zu entschuldigen! Angesichts der Literaturfülle stellte sich die Frage nach dem Sinn und der Attraktivität eines weiteren Buches über Jesus Christus. Die Antwort spiegelt sich im Titel: Der Christusglaube verdankte sich Erfahrungen mit Jesus von Nazareth und provozierte seinerseits Reaktionen der damaligen Gesellschaft. Diese Wechselwirkungen sowie die Frage nach dem Verhältnis zwischen Christusglauben und jüdischer Messiaserwartung scheinen mir ein lohnenswerter Ausgangspunkt zu sein. Die Texte stellen traditionelle Vorstellungen über Gott und seinen Messias auf den Kopf und bieten sie auf eine überraschende, oft paradox anmutende Art als erfüllt dar. Zentral ist die Aussage, dass Gott sich als Mensch unter Menschen begibt, um sie „von unten" zu erlösen.
Das Buch ist im Rahmen des Seminars „Jesus Christus im Neuen Testament" im Wintersemester 2010/11 an der BU Wuppertal entstanden. Viele „Anfragen" und weitere Anregungen stammen daher. Ich danke besonders Kirstin Hänsel, Tatjana von Heimburg, Hartmut Hensel, Malte Hensler, Christian Jänig, Sebastian Kowalski, Sabine Krieg, Victoria Nagahiro und Karl Ernst Schönherr für die Korrekturhilfe. Wertvolle Hinweise kamen wieder von meinem Wissenschaftlichen Assistenten Dr. Thomas Wagner. Astrid Padberg hat erneut souverän das Layout erstellt. Meine Lebensgefährtin Stefanie Springer hat das Werden des Buches mit großer Geduld und viel Verständnis begleitet. Leif Skoglöf steuerte einmal mehr das wunderschöne Coverbild bei. Volker Hampel nahm den Band ins Repertoire der Neukirchener Verlagsgesellschaft auf. Allen sei ausdrücklich Dank gesagt! Gewidmet ist das Buch Gudrun und Henry Maiwald, den treuen Weggefährten seit Heidelberger Studienzeiten. Euch beiden danke ich von Herzen für unzählig viele Begegnungen, Gespräche und Impulse!

Wuppertal, Juli 2011

Inhalt

III Die Provokation von Karfreitag und Ostern

IV Die Provokation des Christusglaubens

V Die Provokation der Vielstimmigkeit

1 Erste Fragen und Antworten

1.1 Was ist der Anlass, was der Zweck des Buches?

Das Buch ist die Fortsetzung der beiden Bände „Wer ist Gott? Antworten des Neuen Testaments“ und „Unfassbar? Der Heilige Geist im Neuen Testament“. Die Arbeit mit den Lehramtsstudierenden der Evangelischen Theologie an der Bergischen Universität Wuppertal war so erfrischend und bereichernd, dass der Ruf nach einer Einführung in die Christologie* des Neuen Testaments laut wurde. Im Gegensatz zur Rede von Gott und vom Geist ist die Christologie ein Kernthema wissenschaftlicher wie populärer Theologie. Wer Jesus war und was die Rede von „Jesus Christus“ meint, war schon die zentrale Frage der frühchristlichen Autoren. Die Behauptung, der Handwerkersohn Jesus aus Nazareth sei der Messias Israels und sogar der Erlöser der Welt, war so bedeutungsvoll wie problematisch: Wie konnte ein Mensch, der den Verbrechertod am Kreuz der Römer starb, eine Heilsbedeutung für die Menschen haben oder gar „Sohn Gottes“ sein? Was, wenn dieser Jesus tatsächlich der war, für den er zeit seines Lebens von seinen Anhängern gehalten wurde? Was bedeutete das für den Glauben an den Gott Israels? Welche Konsequenzen hatte das für das erwählte Volk? Wie war das Ineinander von Mensch und Gott in der Person Jesu Christi zu umschreiben? Und wie war es zu erklären, dass von Erlösung weiterhin wenig zu erkennen war und ist? Mit einem Satz: Das Buch beschreibt die provozierende Behauptung, der Gekreuzigte sei der Christus Gottes und der Erlöser der Welt, und sichtet die Antworten des Neuen Testaments auf die vielen Fragen und Zweifel jener Zeit.

Das Wort „Provokation“ ist hier im doppelten Wortsinn zu verstehen: Zum einen in unserem landläufigen Verständnis als ärgerliche oder gar skandalöse Zumutung. In diesem Sinne bringt Paulus in 1 Kor 1,23 den Glauben an den Gekreuzigten auf den Punkt. Zum anderen meint *provocare* (lat.) wörtlich „herausrufen“. Im Deutschen ist diese Grundbedeutung in der Wendung „sich provozieren lassen“ im Sinne von „eine Herausforderung annehmen“ erhalten geblieben. Die Provokation, die vom Mann aus Nazareth und seinem Geschick ausging, forderte zum Umdenken und zur Verhaltensänderung auf. „Kehrt um und glaubt an das Evangelium!“ war Mk 1,15parr. zufolge die erste Aufforderung Jesu. Sie führte zur spontanen Nachfolge vieler Menschen, zu vielen Hoffnungen, aber auch zu dezidiertem Widerstand. Nach Ostern führte sie zum Nachdenken über die Bedeutung Jesu im Sinne einer Christologie mit vielen Facetten. Das Neue Testament sowie die christliche Theologie und Kirche sind die positiven Antworten auf die Provokation Jesu von Nazareth. Das Nachdenken über Jesus, den Christus, ist dabei das Kernstück bis heute, und es entwickelt sich immer weiter. Das Buch versucht, die neutestamentlichen Schriften als Antwort auf die Herausforderungen, vor die sich Jesu Zeitgenossen und die frühen Christen gestellt sahen, zu interpretieren: Was war so faszinierend an Jesus? Was ließ ihn als zu bekämpfende Gefahr erscheinen? Wie war sein Tod zu deuten, wie die Erfahrung von Ostern? Wie kam es zur Ausbildung der Christologie, welche Antworten gab es gegen Spott, Skepsis und „Irrlehren"? Was war Jesu Vermächtnis, zu welchem Verhalten sahen sich die Glaubenden dauerhaft herausgefordert?

1.2 Jesusbuch oder Christologie?

1.2.1 Eine wichtige Abgrenzung

Das vorliegende Buch ist kein „Jesusbuch", kein Buch über das Leben des „historischen" oder „irdischen" Jesus. Statt auf die Frage danach, was sich historisch verlässlich über den Nazarener sagen lässt, konzentriert sich das Buch auf die Bedeutung Jesu als des Messias-Christus, so wie sie im Neuen Testament entfaltet wird. Dennoch kommt es um die Frage nach Jesus nicht herum: Die Begegnung mit ihm war der Auslöser des christlichen Glaubens. Was sich historisch exakt abspielte, lässt sich nicht mehr rekonstruieren. Wir sind auf die Erinnerung vor allem der Evangelien und auf einige außerbiblische Notizen angewiesen.[1]

1.2.2 Ein grundsätzlicher Vorbehalt

Das Schweigen der meisten antiken Texte lässt erkennen, dass der Jesusbewegung zunächst kaum Bedeutung beigemessen wurde. Sicher ist lediglich, dass Jesus lebte und unter Pontius Pilatus gekreuzigt wurde. Alles andere, wovon die Evangelien berichten, ist das Ergebnis jahrzehntelangen Nachdenkens über seine Bedeutung. Das betrifft Aussprüche und Reden sowie Wunder und andere Taten Jesu. Selbst seine Passion und Auferstehung wurden durch die Brille des Glaubens dargestellt und sind nicht als historisch bare Münze zu nehmen. Allein schon die Unterschiede zwischen den Evangelien sowie Berichte über Situationen, in denen es keine Augenzeugen gab – z.B. Jesus in der Wüste, in Gethsemane oder vor dem Hohen Rat – machen das Problem deutlich. Somit ist grundsätzlich bei allen „historischen" Aussagen dieses Buches vorausgesetzt, dass die Erinnerung der Texte in die richtige Richtung weist. Dazu kommen redaktionskritische Überlegungen: Die Jesuserinnerungen orientierten sich an aktuellen Problemstellungen der Zeit, jeder Autor drückte den Texten seinen persönlichen theologischen Stempel auf (vgl. Abschnitt 5.4.5).

---

[1] Wichtige außerbiblische Quellentexte zu Jesus stammen von Flavius Josephus, dem Talmud, Tacitus, Sueton und dem Syrer Mara bar Serapion. Die Texte sind in Abschnitt 7.11.2 bzw. im Serviceteil abgedruckt.

1.2.3 Exkurs: Die Rückfrage nach Jesus in der Forschung

Die Rückfrage nach Jesus ist ein Dauerbrenner der Forschungsgeschichte. Im 18. und 19. Jh. sollte das Leben Jesu anhand der Evangelien rekonstruiert werden. Am Ende resümierte Albert Schweitzer, dass hier keine Sicherheit zu gewinnen sei.[1] Die Texte gelten seither nicht mehr als historisch zuverlässige Biographien, sondern als Glaubenszeugnisse. Der zweite Anlauf nahm die vorösterlichen Ursprünge des Christusglaubens in den Blick. Leitend war die Unterscheidung zwischen vorösterlichem Jesus und Christus des Glaubens. Der Fokus lag auf der bleibend wichtigen Botschaft (dem „Kerygma"*) des Neuen Testaments; teilweise wurde der historische Jesus völlig ausgeblendet.[2] Ab ca. 1980, in der Phase des „third quest", wurde Jesu jüdische Identität wiederentdeckt. Zu einer einheitlichen Erkenntnis kam es hier allerdings nicht.[3] In der neuesten Phase erscheint Jesus als Objekt frühchristlicher Erinnerung; gesprochen wird nicht mehr vom prinzipiell unzugänglichen historischen, sondern vom „erinnerten Jesus". Das Interesse richtet sich auf den Glauben schaffenden Eindruck, den Jesus auf seine Zeitgenossen ausübte, sowie auf die Prozesse der Erinnerung an ihn und auf ihre Verschriftlichung im Neuen Testament.[4]
Der Gang durch die Forschungsgeschichte bestätigt die Skepsis Albert Schweitzers: Über Jesus lässt sich weit weniger Sicheres sagen als über die Jesusbilder der Jesusbuch-Autoren. Es gibt keinen Weg hinter die Erinnerungen der Evangelien zurück. Ausgangspunkt des Buches ist dementsprechend das provozierende Geschehen, das zum Nachdenken über Jesu Bedeutung und zur Sammlung der Erinnerungen an ihn führte.

1.3 Wie ist das Buch aufgebaut?

Das Buch folgt den historischen Eckpunkten rund um die provozierenden Wirkungen Jesu. Nach der Beschreibung der grundsätzlichen und bleibend

---

1 Albert Schweitzer, Geschichte der Leben-Jesu-Forschung, Tübingen 1906 und seitdem vielfach neu aufgelegt. – Einen kurzen, gut verständlichen Überblick über die Jesusforschung bietet Ekkehard W.Stegemenan, Jesu Stellung im Judentum seiner Zeit, in: W.Stegemann u.a., Jesus in neuen Kontexten*, 237-245: 237-239. Zur Methodologie der Rückfrage nach Jesus vgl. Rau, Freund von Sündern und Zöllnern*.

2 Programmatisch bei Rudolf Bultmann, Theologie des Neuen Testaments, Tübingen 1953, S.1: „Die Verkündigung Jesu gehört zu den Voraussetzungen der Theologie des NT und ist nicht Teil dieser selbst." Dagegen hielten Theologen wie Ernst Käsemann und Günter Bornkamm die Rückfrage nach der Verkündigung Jesu als Ausgangspunkt der nachösterlichen Christusverkündigung für unerlässlich.

3 Peter Müller, Neue Trends in der Jesusforschung (ZNT* 1, 1998), 2-16. Exemplarisch für den „third quest" steht Geza Vermes, Jesus der Jude, Neukirchen 1993.

4 Vgl. Carsten Claußen, Vom historischen zum erinnerten Jesus. Der erinnerte Jesus als neues Paradigma der Jesusforschung (ZNT* 20, 2007), 2-17.

provozierenden Behauptung, der Tod Jesu sei als Heilstod zu verstehen (Teil I), werden die Herausforderungen, die sich mit dem Auftreten Jesu und des frühchristlichen Glaubens verbanden, abgeschritten. Teil II fragt nach der Provokation, die der Erinnerung nach vom Mann aus Nazareth ausging, Teil III nach der Herausforderung, die die Ereignisse von Karfreitag und Ostern für die Anhänger Jesu bedeuteten. Teil IV wendet sich der frühen Christologie* als Antwort auf die genannten Herausforderungen und als weiterführende Provokation zu. Auch die Diskrepanz zwischen dem neuen Glauben und der alten, nach außen hin unveränderten Welt ist hier Thema. Dabei geht es unter anderem um das ethische Vermächtnis Jesu als bleibende Herausforderung an die christlichen Gemeinden. Teil V entwickelt unter der Überschrift „Provokation der Vielstimmigkeit“ christologische Profile einzelner neutestamentlicher Autoren. Teil VI bündelt die Ergebnisse mit Blick auf verbindende rote Fäden, wichtige provozierende Erfahrungen und auf das Verhältnis zur Hebräischen Bibel. Zwischen die einzelnen Kapitel sind, wie in den Vorgängerbänden, Anfragen eingestreut, die sich mehrheitlich aus den Diskussionen mit Studierenden ergaben; sie werden in kurzen Skizzen einer vorläufigen Antwort zugeführt. Die verschiedentlich auftauchenden Asteriske (*) weisen auf Einträge im Serviceteil hin. Dieser enthält ein Glossar, ein Abkürzungs- und Stichwortverzeichnis, ein Verzeichnis der Bibelstellen, wichtige außerbiblische Texte sowie Hinweise auf weiterführende Literatur.

1.4 Welche Themen sind mitzudenken?

Wer über Jesus Christus spricht, muss auch über Gott und den Heiligen Geist sprechen. Das geschieht beiläufig, wo es sich ergibt. Beiden Themen sind eigene, bereits erschienene Bücher gewidmet. Darüber hinaus ist die Frage nach dem frühchristlichen Welt- und Geschichtsbild sowie nach dem Verhältnis zwischen jüdischer und frühchristlicher Erlösungshoffnung zu stellen. Über Jesus in den Apokryphen* handelt eine Anfrage, eine andere über die Schuldfrage am Tod Jesu. Wieder andere Anfragen betreffen den Ursprung der Kirche, die Frage eines Irrtums Jesu, was das Kommen des Gottesreiches angeht, die Rede von der Gottebenbildlichkeit Christi und des Menschen sowie die Forschungsgeschichte zum Ostergeschehen. Das Themenfeld des Monotheismus und der Trinität wird ebenso gestreift wie die Frage eines adäquaten und verantwortbaren Umgangs mit historisch überholt erscheinenden Vorstellungen wie das Endgericht oder die Naherwartung der Parusie*. Schließlich sind zahlreiche historische und religionsgeschichtliche Fragen zu stellen wie nach dem juristischen Stellenwert einer Kreuzigung, dem historischen Profil der Pharisäer, nach der Rede vom leeren Grab oder von der Himmelfahrt Jesu. Vieles wird aus Platzgründen nur angeschnitten, auf viele Forschungsdiskussionen wird aus Gründen der besseren Lesbarkeit lediglich in Fußnoten hingewiesen.

I Die bleibende Provokation des Kreuzes

2 Ein gekreuzigter Retter?

Bis heute ist die Behauptung, der am Kreuz gestorbene Nazarener sei der Messias Israels oder gar der Heiland der Welt, eine Provokation für den menschlichen Verstand. Das Schicksal des Menschen Jesus steht in krassem Widerspruch zu den Vorstellungen von einem Heilsbringer. Retter der Welt kann nach gesundem Menschenverstand keiner sein, der als Verbrecher ans Kreuz genagelt wurde. Die Auferstehung und das leere Grab können nicht als Beweise des Gegenteils dienen (vgl. Abschnitt 5.1).

2.1 Das Kreuz – Skandal des Glaubens

2.1.1 Ein Skandal für das logische Denken (1 Kor 1)

Der Apostel Paulus prägte die Rede vom „Ärgernis des Kreuzes" (gr. *skándalon tou stauroú,* 1 Kor 1,23). Es sei eine Zumutung für den menschlichen Verstand, im Kreuz von Golgatha ein Heilshandeln Gottes zu erkennen. Paulus bringt damit die intellektuelle Kritik am Christusglauben auf den Punkt. Die „Weisheit der Weisen" (gr. *sophía ton sophón*), gleich ob jüdische oder griechische Weisheit, schien geradezu auf den Kopf gestellt. In jüdischen Ohren klang der Kreuzesglaube skandalös, in griechischen schlichtweg dumm (V.22f.). Aus Sicht des Paulus ist die Vorstellung eines gekreuzigten Retters jedoch nicht absurd, sondern paradox. Er erkennt im Kreuz den handelnden Gott, der die menschlichen Maßstäbe und Wertvorstellungen auf den Kopf stellt.[1] Die göttliche Weisheit sei so groß, dass sie von menschlicher Weisheit nicht erfasst werden kann (V.25). Es gehört nach Paulus zu den Geheimnissen dieses Gottes, dass er gerade das Törichte und Schwache erwählt (V.26-28). Das provokante Handeln Gottes soll demnach das Pochen auf Erkenntnis und die Arroganz gegenüber Ungebildeten und Schwachen zunichte machen (V.29.31, ausweislich Jer 9,22f.). Die Überlegungen des Paulus sind das Ergebnis langen Nachdenkens über den Tod Jesu, der für die Jüngerinnen und Jünger ein massives Problem gewesen sein dürfte (vgl. Apg 5,30).

2.1.2 Der fehlende Beweis

Der Tod am Kreuz war aus Sicht der Gegner Jesu nur die Konsequenz seines skandalösen Verhaltens: Er hatte göttliche Vollmacht für sich in

---

[1] V.19f., vgl. Jes 29,14 und den Lobgesang der Maria – das Magnifikat – Lk 1,46-55.

Anspruch genommen, war aber letztendlich den Beweis schuldig geblieben; weshalb, war kaum zu vermitteln, nicht einmal den eigenen Jüngern. Aus ihrer Sicht hätte es den Glauben deutlich erleichtert, hätte Jesus zu Lebzeiten seine Identiät ein für allemal und widerspruchsfrei geklärt. Doch wies er den Texten zufolge dieses Ansinnen beharrlich zurück. Schauwunder vollbrachte er keine, Zeichenforderungen lehnte er ab. Programmatisch ist seine Haltung in der Versuchungsgeschichte (Mt 4,1-11parr.): Die Demonstration göttlicher Macht gilt hier als *die* entscheidende satanische Versuchung, gegen die er zu kämpfen hatte und der er bis zum Schluss widerstand. Somit blieben Wundertaten und Lehre Jesu in ihrer Wirkung ambivalent; sie vermochten die Skeptiker nicht zu überzeugen – im Gegenteil: Jesus wird sogar unterstellt, er beziehe seine Macht von Satan persönlich (Mt 12,24). Auch die Gleichnisse polarisierten eher, als dass sie überzeugten.[1] Jesu Umgang mit Sündern und Zöllnern schließlich sprach nach gegnerischer Einschätzung nicht eben für seine göttliche Sendung.

2.1.3 Der Eindruck der Hilflosigkeit

Nicht nur für Petrus war der Gedanke unerträglich, dass sein Herr leiden sollte (Mk 8,31f.). Möglicherweise war auch Judas bei seinem Verrat vom Gedanken getrieben, Jesus zur Offenbarung seiner Göttlichkeit zu zwingen. Doch der ging seinen Weg weiter bis ans Kreuz. Die Gethsemaneszene (Lk 22,39-46parr.) zeigt Jesus in Glaubenszweifeln und hilflos. Und selbst die letzte, vom Spott besetzte Provokation, er möge sich doch selber helfen und vom Kreuz steigen (Mk 15,29-32), führte zu keiner Klarstellung. Die göttliche Identität Jesu blieb somit uneindeutig bis zum Schluss. In den Augen seiner Gegner war sie mit dem Kreuz widerlegt.

2.1.4 Fazit: Ein Glaube gegen Vernunft und Fakten

Die Frage nach Beweisen der Göttlichkeit Jesu ist keine moderne Frage. Sie war von Anfang an vorhanden und durchzieht schon das Neue Testament. Die Beanspruchung göttlicher Vollmacht durch Jesus selbst sowie die Behauptung seiner Messianität durch seine Jünger und Apostel provozierte von Anfang an die Forderung nach einem „objektiven", rational nachvollziehbaren Beweis. Aus Gründen, die noch zu beschreiben sind (vgl. Abschnitte 3.3.1; 6.3-6.5), bleibt Jesus diesen Beweis konsequent schuldig. So ist der christliche Glaube, der trotz des Kreuzestodes Jesu dessen Messianität behauptet, eine bleibende Provokation für den menschlichen Verstand.

---

[1] Beispiel: Die Reaktion der Pharisäer auf das Winzergleichnis (Mk 12,1-12).

2.2 Das Kreuz – Enttäuschung vieler Erwartungen

Durch den Tod Jesu wurden manche Erwartungen an einen messianischen Heilsbringer enttäuscht; für viele Zeitgenossen Jesu machte das Kreuz viele Hoffnungen vom einen auf den anderen Tag zunichte. Bis heute reiben sich die Sehnsüchte und Erwartungen der Menschen am Kreuz von Golgatha. Nur kurz seien an dieser Stelle offene Fragen genannt: Warum heilte Jesus nicht alle Menschen? Warum rettete er sich nicht vom Kreuz? Warum hat sich seit damals kaum etwas in der Welt verbessert? Wo bleibt die Zusage seiner Wiederkunft? Diese Fragen werden in den folgenden Kapiteln nach und nach erörtert. Zu den vermutlichen Erwartungen seiner Zeitgenossen nimmt Abschnitt 4.4 ausführlich Stellung.

2.3 Das Kreuz – Angriff auf den Gottesglauben

Ein gekreuzigter Messias ist aber auch eine Zumutung für die Vorstellung von einem allmächtigen, gütigen und barmherzigen Gott. Dass Gott seinen Sohn hat ans Kreuz gehen lassen, ist für viele ein nicht nachvollziehbares oder akzeptables Ärgernis. Wie lässt sich nachvollziehen, dass der „liebe Gott" seinen Sohn opfert? Das klingt nicht nach Vaterliebe, sondern eher nach Despotismus, Willkür oder – im besten Falle – nach Ohnmacht.[1]

2.3.1 Ein hilfloser Gott?

Das Unbehagen richtet sich unter anderem gegen die Vorstellung eines letztlich hilflosen, ohnmächtigen Gottes, der tatenlos zusieht, wie sein Sohn ans Kreuz genagelt wird. Es kann doch nicht sein, dass der Allmächtige das Liebste, was er hat, einfach so „opfert"! Warum setzte er sich nicht machtvoll für seinen Sohn ein? Wieso gebot er dem Treiben der Gegner nicht Einhalt? Weshalb ließ er es bis zum Äußersten kommen? Wo war Gott, als Jesus am Kreuz hing? Zu den überlieferten letzten Worten Jesu gehört sein Schrei „Mein Gott, mein Gott, warum hast du mich verlassen?" (Mk 15,34par. Mt 27,46 als Zitat aus Ps 22,2). Der Kreuzestod Jesu, der von vielen Menschen als Gottes Sohn und vollmächtiger Bote angesehen wurde, steht in scheinbar zwingendem Widerspruch zu Gottes Allmacht (weiter Anfrage 14).

---

[1] Insbesondere psychologische Zugänge zum Gottesbild sprechen von einem krank machenden Gottesbild; vgl. Hanna Wolff, Neuer Wein, alte Schläuche. Das Identitätsproblem des Christentums im Lichte der Tiefenpsychologie, Stuttgart 1981.

Das Ringen Gottes um seine Ebenbilder

Es bedarf schon einer intensiven theologischen Bemühung, um hinter der scheinbaren Hilflosigkeit einen Gott zu erkennen, der die Fäden der Geschichte in der Hand hält. Ein erster Schritt ist hier der Abschied von einem statischen Begriff von Allmacht, so als ob sich Gott jederzeit und überall als der Mächtigere erweisen müsse. Eine solche Vorstellung kann zwar beruhigen und Trost spenden; zudem ist sie eine tragende Säule des antik-philosophischen Gottesbegriffs.[1] Sie entspricht jedoch nicht dem biblischen Denken. Mit der Erschaffung des Menschen „zu seinem Bilde" (1 Mos 1,27) waren die Weichen gestellt, denn Gott erschuf sich keine Marionette, vielmehr ein Gegenüber mit eigenem Kopf. Die Geschichte Gottes mit seinem Volk war ein stetiges Werben und Ringen Gottes um die Herzen der Seinen. Immer wieder ging Israel seine eigenen Wege und verließ die Geschäftsgrundlage – den Bund und das Bekenntnis zu dem einen Gott (5 Mos 6,4f.: *sch´ma Jisrael*). Und immer wieder sandte Gott seine Propheten, um das Volk zu sich zu führen. Auf Zorn und Gericht folgte regelmäßig eine neue Zuwendung Gottes und damit ein Neuanfang.

Ein Moratorium für die Allmacht

Mit der Sendung seines Sohnes machte Gott definitiv seinen Willen kund, das Verhältnis zu den Seinen auf eine neue Grundlage zu stellen. Das Winzergleichnis (Mk 12,1-12) stellt die Erwartung Gottes in einem Selbstgespräch heraus: „Sie werden ihm mit Respekt begegnen" (V.6). Das heißt, das Gleichnis deutet das Schicksal Jesu als durchaus vermeidbar und auch als Enttäuschung Gottes. Die Allmacht Gottes ist kein Werkzeug, um die eigenständigen Entscheidungen der Menschen zu unterbinden. Dieser Gott verzichtet (vorerst) auf Mittel des Zwangs und auf die öffentlich sichtbare Durchsetzung seiner Allmacht. Diese ist erst für das Ende der Geschichte zu erwarten (V.9). Die Allmacht Gottes, die auch an anderer Stelle der Bibel unterstrichen wird,[2] zeigt sich durch die Geschichte hindurch nicht immer gleich; sie ist vielmehr dynamisch zu denken: Aus Gründen, die in Gott selber liegen, inszenierte er am Anfang (allmächtig) die Schöpfung, um sogleich den Menschen als sein Gegenüber zu erschaffen und damit vorläufig auf die Durchsetzung seiner Allmacht zu verzichten. Auch Jesus verzichtete der Erinnerung nach auf Allmachtsdemonstrationen.[3] Selbst der Tod seines Sohnes beendete diesen Weg Gottes nicht. Die machtvolle Durchsetzung der Gottesherrschaft wird einhellig für das Ende dieser Weltzeit erwartet.[4] Das Kreuz Jesu spricht, so betrachtet, nicht gegen einen allmächtigen Gott an sich. Aber es provoziert unser Denken über diesen Gott und seinen besonderen Weg mit den Menschen.

---

[1] Zum Gottesbegriff der Philosophen vgl. Anfrage 1.

[2] 1 Mos 17,1; Ez 1,24; 2 Kor 6,18; Offb 1,8 u.a.

[3] Mt 4par. Lk 4: Versuchungsgeschichte; Mt 12,38ff.: Zeichenforderung der Pharisäer.

[4] Beispiele: Dan 7; Mk 13parr.; 1 Kor 15,23-28; Offb 19-21.

2.3.2 Ein sadistischer Gott?

Auch wenn die Allmacht Gottes durch das Kreuz Jesu nicht widerlegt ist, bleibt doch die Frage, weshalb der liebende, gütige und barmherzige Gott seinen Sohn, der wie kein anderer die Not der Menschen gelindert und ihnen Hoffnung gebracht hatte, dem Martyrium preisgab. Warum zog er nicht die Notbremse; weshalb läutete er nicht am Kreuz – oder bereits davor – das Ende der Geschichte ein und griff machtvoll ein? Hatte er etwa einen festen Plan, nach dem sein Sohn geopfert werden musste? Viele Texte des frühen Christentums versuchen mit dieser Vorstellung das Unverständliche zu deuten: Gott sei allmächtig und allwissend, also wusste er, was kommen würde; ja, er habe Jesu Geschick in seiner Souveränität vorherbestimmt (vgl. Anfrage 13). Diese Deutung ist bis heute Grundbestand christlicher Theologie. Ein solcher Gott erscheint aber für modernes Denken geradezu sadistisch und das Kreuz als Rückfall in Opfervorstellungen, die bereits im alten Israel überwunden schienen.

Ein nochmaliger Blick auf das Winzergleichnis (Mk 12,1-12) stellt die Vermutung, Gott habe den Tod des Sohnes geplant, in Frage: Anstelle von Sadismus schimmert hier Enttäuschung durch. Das Ende der Mission des Sohnes war offen – er hätte nicht getötet werden müssen. Die nachträglichen Deutungen des Todes Jesu als Sühne- oder Opfergeschehen, als Heilstod, stehen dazu scheinbar im Widerspruch. Denkt man beide Möglichkeiten zusammen, wird ein Gott erkennbar, der aus der Ablehnung seines Sohnes am Ende etwas Heilvolles entstehen ließ. Die Lösung des Neuen Testaments heißt: Gott ließ es, weshalb auch immer, geschehen, er ließ und lässt der Geschichte ihren Lauf, doch er macht das Beste daraus. Gott ist sozusagen ein „Krisenmanager" in eigener Sache und behält seinen Heilsplan gegen allen menschlichen Eigensinn im Auge. Anstatt ohnmächtig zu resignieren oder machtvoll dreinzuschlagen, hält sich Gott noch immer zurück und lässt die Geschichte mit den Menschen weiterlaufen. Sein oberstes Ziel ist die Versöhnung, ist die Zustimmung der Menschen zu seinem heilvollen Plan. Unzählige Umwege, die ihm der menschliche Eigensinn aufnötigt, ist er bereit zu gehen. Dieser Gott ist weder sadistisch noch ohnmächtig, vielmehr hat er die Versöhnung mit den Menschen im Blick und ist dabei unglaublich geduldig und beharrlich.

2.3.3 Ein leidender Gott?

Eine Frage, die besonders in der frühkirchlichen Auseinandersetzung mit dem antik-philosophischen Gottesbegriff eine tragende Rolle spielt, ist die nach der Leidensfähigkeit Gottes. Eine solche konnten sich die Philosophen jener Zeit nicht vorstellen, sie war für sie ein absurder Gedanke. Im Gegensatz dazu legt die biblische Rede über Gott eine hohe Leidensfähigkeit und -bereitschaft Gottes geradezu zwingend nahe: Gott ist ein Gott, der immer wieder vom eigensinnigen Menschen, seinem eigenen Geschöpf, enttäuscht wird. In der altkirchlichen Christologie* wurde die Frage der Leidensfähigkeit Gottes kontrovers diskutiert; gnostisch* orientierte Christen legten Wert auf die Aussage, dass nicht Gott am Kreuz gelitten habe, sondern nur ein Mensch.[1] Die philosophisch motivierte Frage nach dem leidenden Gott findet im biblischen Gottesbild eine klare Antwort: Gott hat schon immer Partei für die Kleinen und Schwachen in der Gesellschaft ergriffen; er hat „Sympathie" für sie, was wörtlich meint: Er leidet mit ihnen mit. Das Kreuz Jesu signalisiert die Bereitschaft Gottes, bis in den Tod mitzugehen. Das bedeutet keine Kapitulation vor dem Leiden, wie die nachfolgende Osterbotschaft zeigt. Gott leidet mit den Seinen mit, er verwendet seine Göttlichkeit nicht dazu, sich die Schöpfung und ihre Leiden auf Distanz zu halten. Er macht sich die Vergänglichkeit der Welt zu Eigen und die Überwindung des Todes zu seiner obersten Aufgabe. Dafür sind Kreuz und Auferstehung Jesu sinnbildlicher Ausdruck.

2.3.4 Fazit: Ein geduldiger und zielstrebiger Gott!

Die Überlegungen zeigen, dass das Kreuz auf Golgatha zwar eine Zumutung für den Gottesglauben darstellt; das Bild vom allmächtigen Gott lässt sich, statisch verstanden, nicht durchhalten. Sofern jedoch die Bereitschaft besteht, darin nicht gleich die Unglaubwürdigkeit des Gottesglaubens an sich zu sehen, sondern die eigene Vorstellung zu überdenken und zu korrigieren, eröffnen sich überraschende und äußerst dynamische Züge an diesem Gott. Der Gott der Bibel erschuf sich den Menschen als ernst zu nehmendes Gegenüber – mit allen Konsequenzen, vor allem mit dessen (erwartbaren?) Eigensinn. Seither ist es sein fester Vorsatz, die Menschen zu ihrem Heil zu führen; allerdings nicht mit der Brechstange seiner Allmacht, sondern mit Sanftmut und werbenden Appellen. Wo diese nicht fruchten und wo er enttäuscht wird, reagiert er nicht mit dauerhaftem Zorn, sondern öffnet immer wieder Hintertürchen für einen neuen Anfang. Solche Umwege nimmt Gott seit Anbeginn der Geschichte in Kauf; nach menschlichen Maßstäben verbiegt er sich dabei fast bis zur Unkenntlichkeit. Seine Wege erscheinen unbegreiflich und unerforschlich (Röm 11,33); sie lassen sich nur als Ausdruck einer schier unendlichen, liebevollen Geduld begreifen, die mühsam, aber zielstrebig auf die Versöhnung hinarbeitet – mit dem Menschen zusammen oder auch in heilvoller Verkehrung seines eigensinnigen Tuns.

---

[1] Die doketische* Christologie geht von einer nur scheinbaren Verbindung zwischen Gott und Mensch aus. Vgl. dazu die Darstellung der Lehre des Basilides bei Irenäus, haer 1,24,4* (Adolf M.Ritter, Alte Kirche, Neukirchen-Vluyn, 6. Auflage 1994, 50). Weiter dazu Anfrage 18).

2.4 Ergebnis: Durchkreuzung von Glauben und Denken

Im Symbol des Kreuzes kulminiert die Provokation des christlichen Glaubens: Ein göttlicher Heilsbringer, der von den Römern als Schwerverbrecher ans Kreuz geschlagen wurde, widerspricht dem antiken Gottesbegriff ebenso wie dem Gottesbild der Zeitgenossen Jesu und dem durch die Aufklärung geprägten, rational geschulten Denken. Die Formel „Jesus Messias" bzw. „Jesus Christus" bündelt den paradox anmutenden Kern des christlichen Glaubens; beweisen lässt sich die Wahrheit dieser Formel nicht; Jesus selbst wies Zeichenforderungen stets zurück. Seinem Auftreten fehlte es letztlich an Eindeutigkeit, die an ihn gestellten Erwartungen durchkreuzte er wortwörtlich. Zudem mutete seine Botschaft den Menschen eine neue, überraschende Sicht auf die Wirklichkeit zu und stellte viele Wertmaßstäbe auf den Kopf. Was sich im glaubenden Nachvollzug als heilvolle Ankunft des Gottes Israels bei seinem Volk darstellt, war für die Skeptiker und Gegner Jesu eine ungeheuerliche, Staunen und Entsetzen auslösende sowie Widerspruch provozierende Zumutung.

Bis heute nötigt das Kreuz zu theologischen Erklärungen, zumal sich, äußerlich betrachtet, die Wende zu einer heilvolleren Welt nicht abzeichnet. Mit dem Kreuz steht nicht nur das christliche Bekenntnis zur Debatte, sondern auch der Glaube an den allmächtigen und barmherzigen Gott. Das Bekenntnis zu Jesus von Nazareth als Sohn und Gesandten Gottes fordert auch eine tiefgreifende Revision lieb gewordener Redeweisen über Gott.

Anfrage 1: Wie sah der Gott der antiken Philosophen aus?

Der Gott der Bibel ist ein dynamisches und persönliches Gegenüber des Menschen, von dem anthropomorph* gesprochen werden kann. Dieser Gott zeigt Gefühle und ist immer wieder für Überraschungen gut. Der Gott der antiken Philosophie hingegen ist eher ein abstrakter Begriff und ein unpersönliches, ontologisch*-statisches Prinzip, das nicht zwingend Gott genannt werden muss. Adäquat zu umschreiben ist er hier letztlich nur in negativen Formulierungen: Er ist bedürfnis-los, leidens-unfähig, un-teilbar, emotions-los, un-wandelbar und zeit-los.

Nach Aristoteles verkörpert er das höchste Gute (lat. *summum bonum*); er gilt als unbewegter Beweger (gr. *akínetos kinoún*), somit als Ursprung der Welt (Met. XII 1,1069a30-1069b2) und als das, was sie in ihrem Innersten zusammenhält (Met. XII 7, 1072b23ff). Er ist transzendent*, steht dem Materiellen als immaterielle* Vernunft (gr. *nous*) konträr gegenüber und betätigt sich lediglich im Denken seiner Selbst (Met. XII 9,1074b34f.). Platon spricht von der Weltseele (gr. *psyché tou pantós;* Tim 30a-b; 34b-37c), die von einem Demiurgen (Weltschöpfer) in die Welt gesetzt wurde, um dieser die Vernunft zu bringen. Diese Weltseele entspricht dem aristotelischen unbewegten Beweger, wird bei Platon aber weltimmanent* gedacht. Die Seele des Menschen hat über die Vernunft Anteil an der Weltseele.

Unter dem Einfluss des Gnostizismus wurde das biblische Gottes- und Christusbild philosophisch eingefärbt. Im Glaubensbekenntnis des Häretikers Arius (ca. 320 n.Chr.) wird der philosophische Gottesbegriff klassisch formuliert: „Wir anerkennen einen Gott, der allein ungeworden, ewig, anfangslos, wahrhaftig, unsterblich, weise, gut, [...] unveränderlich und unwandelbar ist."[1] Der Gedanke der strengen Transzendenz* Gottes führte unter anderem zum Doketismus* (vgl. weiter Anfrage 18).

Anfrage 2: Das Kreuz – heute noch vermittelbar?

Das Kreuz symbolisiert, theologisch betrachtet, das Heilsereignis schlechthin: die Selbsthingabe des liebenden Gottes zur Befreiung der Menschen von den Fesseln der Sünde und des Todes. Bis heute ist es für viele jedoch eher ein Symbol der Trauer, des Unrechts und der Depression. Die theologische Deutung erscheint spekulativ, kompliziert und mittels moderner Vernunft kaum nachvollziehbar. Einen Ansatzpunkt für die Vermittelbarkeit des Kreuzes sehe ich in Erfahrungen freiwilliger und heilvoller Selbsthingabe heutiger Menschen. Wo Menschen ihren Partnern, Eltern, Kindern oder anderen zuliebe auf Freizeit verzichten, Pflege- und Haushaltsdienste übernehmen – Arbeiten, die wortwörtlich „ins Kreuz" gehen – und so dafür sorgen, dass besagte Menschen neuen Lebensmut schöpfen, da lässt sich meines Erachtens die Bedeutung des Kreuzes erahnen. Auch die Erfahrung, dass zeitweiliger Verzicht auf Freizeit zugunsten einer großen Aufgabe am Ende zu tiefem Glück, andauernder Freude und wohltuender Befreiung führt, kann die Brücke zum Kreuz Christi schlagen; ebenso die Alltagserfahrung, dass ernsthaftes Engagement für eine gute Sache oft in Konflikte führt und an die Substanz geht, zugleich aber nur dadurch glaubwürdig und am Ende erfolgreich wird. Am intensivsten aber erhellt die Liebe, die dazu antreibt, Grenzen zu überschreiten und für den geliebten Partner Opfer zu bringen, die Bedeutung des Kreuzes Christi. Dass Gott aus schierer (Feindes-)Liebe zu uns Menschen, die wir gewöhnlich nicht ihm, sondern unserem eigenen Dickkopf folgen, sogar seinen geliebten Sohn investiert, übersteigt freilich unsere Alltagserfahrungen bei weitem.

---

[1] Text (leicht gekürzt) nach Adolf M.Ritter, Alte Kirche, Neukirchen-Vluyn, 6. Auflage 1994, 132.

II Die Erinnerung an die Provokation Jesu

Teil II des Buches wendet sich dem irdischen Jesus als dem historischen Ausgangspunkt des christlichen Glaubens zu. Was hatte Jesus so Besonderes an sich, dass viele in ihm den Gesandten Gottes und den ersehnten Messias Israels sahen (Kap. 3)? Und was brachte ihm einen solchen Widerstand ein, dass er schließlich gekreuzigt wurde (Kap. 4)? Die Ausführungen stehen unter dem Vorbehalt, dass die Erinnerungen der Evangelien das historische Geschehen zumindest im Kern korrekt einfangen.

3 Was hatte Jesus Besonderes an sich?

Auslöser des christlichen Glaubens waren die Erfahrungen, die die Menschen mit Jesus zeit seines irdischen Wirkens gemacht hatten. Der Osterglaube war die folgerichtige Konsequenz der Überzeugung, dass mit Jesus der letztgültige und vollmächtige Bote Gottes gekommen war. Was brachte die Menschen dazu, Jesus so zu deuten? Zuerst Jesu Geistbegabung, sein Charisma*, das ihn vor allen anderen Menschen auszeichnete (3.1). Sodann seine Vision vom besseren Leben und von Gottes Herrschaft (3.2). Weiter die Wunder als Zeichen seiner göttlichen Vollmacht (3.3). Dazu seine Kunst, vom Gott Israels zu erzählen, vor allem in Gleichnissen (3.4). Schließlich seine Bibelfestigkeit und die vollmächtige Toraauslegung, mit der er sich oft frappierend gegen seine Gegner durchsetzte (3.5). Darüber hinaus beinhalten die Evangelien Spurenelemente anderer Seiten Jesu, die im Rückblick freilich als weniger charakteristisch angesehen wurden (3.6).

3.1 Mitreißendes Charisma

Charisma* ist ein schillernder Begriff. Er stammt aus dem Neuen Testament und bedeutet Gnadengabe (von gr. *cháris*, Gnade). Charisma wird auf den Heiligen Geist zurückgeführt. In den Evangelien ist Jesus der Geistträger schlechthin.[1] Es liegt nahe, im Charisma Jesu einen wesentlichen Grund für seine große Wirkung auf seine Zeitgenossen zu sehen.

3.1.1 Was meint „Charisma"?

Im landläufigen Sinne bezeichnet Charisma* die Ausstrahlungskraft eines Menschen. Menschen mit Charisma vermögen andere für ihre Ideen zu

---

[1] Vgl. Erlemann, Unfassbar*, 40ff.

begeistern und mitzureißen. Der Charismatiker erscheint eins mit sich selbst, steht für seine Überzeugungen ein und verfolgt seine Ziele mit großem Elan. Er ist mutig und lässt sich nicht durch Kritik aus der Bahn werfen. Er ist moralisch integer; Skandale lassen den Eindruck des Charismas schnell verblassen. Heute gelten etwa Barack Obama und Margot Käßmann als Menschen mit Charisma. Letztere hat sich ihre Glaubwürdigkeit durch ihr Schuldeingeständnis und entsprechende Konsequenzen erhalten. Das zeigt, dass Charismatiker auch Fehler machen dürfen, wenn sie nur zu ihnen stehen und die Konsequenzen zu tragen bereit sind. Die Bereitschaft zum Machtverzicht gehört grundsätzlich zum Charisma dazu.
Auch Menschen wie Hitler oder Goebbels galten als charismatisch. Sie hatten Ausstrahlung, waren rhetorisch gewandt und hatten eine Vision. Diese Beispiele lassen nach dem, was „gutes" Charisma ausmacht, fragen. Am Beispiel Jesu soll dies beschrieben werden. Das liegt nahe, denn gerade er gilt als Träger des Heiligen Geistes und seiner Gaben.

3.1.2 Die Berufung der ersten Jünger

Jesu Wirkung auf Menschen wird zuerst am See Genezareth deutlich, wo er Fischer wie Simon und Andreas vom Fleck weg in seine Nachfolge berief. Sein Ruf löste keine langwierigen Diskussionen aus, er musste die Fischer nicht erst mühsam von der Richtigkeit ihres Schrittes überzeugen. Vielmehr ließen sie spontan alles hinter sich und folgten ihm nach (Mk 1,16-20).[1] Jesu Auftreten war demnach so überzeugend, dass es nicht vieler Worte bedurfte. Entscheidend war die Klarheit seines Auftretens und der Botschaft, die er zu vermitteln hatte. Den Fischern vom See Genezareth tat sich gewissermaßen der Himmel auf, als sie Jesus erstmals sahen. Sie spürten intuitiv, dass er etwas äußerst Wertvolles zu bieten hatte: Jesus verkörperte Wahrheit, Sinn und Leben in Fülle.
Mehrere Facetten von Charisma* werden hier deutlich: Erstens, Jesus und seine Botschaft bildeten offenbar eine Einheit. So wirkte er vollmächtig und authentisch. Zweitens, Jesus hatte die Fähigkeit, seine Botschaft gegen Vorbehalte, die normalerweise aufkeimen müssten, klar und überzeugend „an den Mann" (und an die Frau) zu bringen. Drittens, Jesus hatte offensichtlich eine bestechende Vision, die das Leben der Menschen zu verwandeln vermochte. Zweifel daran, dass diese Veränderung zum Guten sein würde, kamen nicht auf. Jesus war, so die Evangelien, in einer Weise und Intensität glaub-würdig, dass er aus dem Stand heraus Vertrauen schaffen konnte – ein Vertrauen, das mehr Sicherheit versprach als ein lukratives Zöllnerdasein oder eine sichere Fischerexistenz am See Genezareth.

---

[1] Nathanael wird nach Joh 1,45-51 durch die prophetische Kraft Jesu überzeugt.

3.1.3 Der Führungsstil Jesu

Wie ging Jesus mit seinen Jüngern um? Hatte er einen besonderen „Führungsstil"? Er konnte sie durch sein Charisma* dauerhaft an sich binden. Selbst große Volksmengen konnte er begeistern und führen. Sie folgten ihm auf Berge und in Wüsten nach, nur um ihn zu hören. Sie vergaßen darüber sogar ihren Hunger, wie die Speisungsgeschichte zeigt (Mk 6,30-44parr.). Sie überwanden allerlei Widerstände, um ihm nahe zu kommen und von seiner heilenden Ausstrahlung zu profitieren (vgl. Mk 5,24-34: die blutflüssige Frau). Selbst Pharisäer suchten seine Gemeinschaft (Joh 3: Nikodemus; vgl. Lk 7,36; 11,37; 14,1).
Was zog die Menschen so sehr in Bann, dass Jesus diesen Erfolg hatte? Die Texte betonen, dass er niemanden nötigte, ihm zu folgen. Zwang war nicht sein Mittel. Die Menschen folgten ihm freiwillig und hörten ihn gerne (Mk 12,37). Er führte sie allein durch sein Auftreten und die Glaubwürdigkeit seiner Botschaft. Dabei konnte er durchaus autoritär sein. Wo es geboten schien, wies er die Jünger unmissverständlich zurecht – so etwa Petrus, der das angekündigte Leiden Jesu nicht hinnehmen wollte (Mk 8,32f.), so auch die Söhne des Zebedäus, die sich Ehrenplätze im Himmelreich ausrechneten (Mt 20,20-23), so schließlich die Jünger, die versuchten, Jesus von Bittgängern abzuschirmen (Mk 10,13: Kindersegnung; Mk 10,48: Bartimäus). Selbst der couragierte Schwerthieb des Jüngers im Garten Gethsemane wurde mit einem Verweis quittiert (Mt 26,51-53).

3.1.4 Polarisierungen

Klare Prioritätensetzung
Nicht zum friedliebenden Messias passt der Jesus zugeschriebene Ausspruch: „Ich bin gekommen, das Schwert zu bringen" (Mt 10,34; vgl. Lk 12,51). Dahinter stehen Konflikte, die durch den Entschluss zur Nachfolge in den Familien ausgelöst wurden. Der Spruch wird gefolgt von einem kompromisslosen Entweder-Oder: „Wer Vater oder Mutter mehr liebt als mich, der ist meiner nicht wert; und wer Sohn oder Tochter mehr liebt als mich, der ist meiner nicht wert. Und wer nicht sein Kreuz auf sich nimmt und folgt mir nach, der ist meiner nicht wert." (Mt 10,37f.; Lk 14,26f.). Jesus wirkte den Texten zufolge durchaus polarisierend; was er zu vertreten hatte, duldete keine Halbheiten, sondern forderte eine klare Prioritätensetzung. „Trachtet zuerst nach dem Reich Gottes und nach seiner Gerechtigkeit, dann wird euch das alles zufallen" (Mt 6,33) – das Wort der Bergpredigt bringt es auf den Punkt. Auch die Gleichnisse vom Schatz im Acker und von der Perle weisen darauf hin (Mt 13,44-46).

Klarer Blick nach vorn
Der Ton beim Ruf in die Nachfolge liegt auf der klaren Entscheidung. Die Logien* „wer die Hand an den Pflug legt und sieht zurück, der ist nicht

geschickt für das Reich Gottes" (Lk 9,62) und „lass die Toten ihre Toten begraben; du aber geh hin und verkündige das Reich Gottes" (Lk 9,60) mahnen die konsequente Hinwendung zur Zukunft an. Die Vergangenheit ist die Zeit eines alten, überwundenen Lebens, das denen zu überlassen ist, die sich nicht zum neuen Leben mit Jesus aufraffen können. Der Blick zurück lähmt, nur der Blick nach vorn birgt die Chance für einen Neuanfang. Das bedeutete in der ersten Zeit oft den radikalen Bruch mit der eigenen Vergangenheit und der Herkunftsfamilie.

Klare Parteinahme
Aussprüche wie „der Menschensohn ist gekommen, zu suchen und selig zu machen, was verloren ist" (Lk 19,10), „die Gesunden bedürfen des Arztes nicht, sondern die Kranken" (Lk 5,31) oder die schwer zu deutende „Parabeltheorie" (Mk 4,10-12) wirken in ihrem Kontext ebenfalls polarisierend. Sie stehen für die klare Parteinahme Jesu für Randgruppen der Gesellschaft wie Sünder, Zöllner, Kranke und Nichtjuden; mit diesen ließ er sich immer wieder ein und provozierte damit die Führer des Volkes. Die Gleichnisse vom Verlorenen in Lk 15 begründen Jesu Verhalten mit der Freude Gottes über diejenigen, die der Verlorenheit entkommen. Das offene Ende der Gleichnisse lädt ein, diese Sichtweise zu übernehmen. Ähnlich offen bleibt die Reaktion der „Ersten", die im Gleichnis von den Arbeitern im Weinberg (Mt 20,1-16) dazu aufgerufen werden, die Güte des Herrn den „Letzten" gegenüber zu akzeptieren.

Polemik gegen Pharisäer
Jesus polarisierte den Texten zufolge nicht nur innerhalb der Familien, sondern auch zwischen seinen Jüngern und der religiösen Elite Israels. Sprüche wie „wer nicht für mich ist, der ist gegen mich" (Lk 11,23) oder polemische Reden gegen Pharisäer, Schriftgelehrte und „die Juden" (vor allem Mt 23; Joh 8) fordern zur klaren Abgrenzung auf. Der polemische Ton zeigt die Brisanz der Auseinandersetzungen zumindest zur Abfassungszeit der Evangelien; nicht grundsätzlicher Antijudaismus, sondern schmerzhafte Verarbeitung verletzender Ab- und Ausgrenzung seitens der eigenen jüdischen Landsleute erklärt die heftige Polemik. Inhaltlich stand der Streit um die messianische Vollmacht Jesu, das Volk zu führen, im Zentrum (weiter dazu Abschnitt 4.3.3).

Streit unter den Pharisäern
Nach dem Johannesevangelium sorgte Jesus für eine Polarisierung in den Reihen der Pharisäer selbst. Mehrfach werden innerpharisäische Dispute darüber beschrieben, was denn von Jesus zu halten sei; immer geht es dabei um seine messianische Vollmacht. So wird gefragt: Ist Jesus in der Davidsstadt Bethlehem oder in Nazareth geboren (Joh 7,40-43)? Kommt er von Gott oder ist er ein Sünder (Joh 9,16)? Ist er von Dämonen besessen oder wirkt in ihm der Geist Gottes (Joh 10,19-21)? Als Sympathisant ging

der Pharisäer Nikodemus zu Jesus, allerdings nachts, um nicht erkannt zu werden (Joh 3,2). Viele „Obere" des Volkes waren von Jesus überzeugt, behielten aber ihre Meinung aus taktischen Gründen für sich (Joh 12,42; vgl. Eltern des Blindgeborenen, Joh 9,21f.). Damit macht Johannes deutlich, weshalb sich am Ende die Gegner Jesu durchsetzten: Sie übten immens Druck auf das Volk und die Abweichler in den eigenen Reihen aus.

Fazit: Jesu Botschaft zwingt zu klarer Stellungnahme
Der frohen Botschaft Jesu und seiner Vision vom guten Leben für Alle kann man sich entweder entschieden anschließen oder sie entschieden ablehnen. Da es ums Ganze geht, sind Halbheiten unmöglich. Jesu Charisma* polarisierte dementsprechend nicht nur zwischen den gesellschaftlichen Lagern, sondern auch innerhalb einzelner Familien und Gruppen.

3.1.5 Unbestechlichkeit

Zum Charisma* Jesu gehörte seine Unbestechlichkeit. Angefangen von den verlockenden Versuchungen Satans, seine Macht als Sohn Gottes auszunutzen und auszuleben (Mt 4,1-11parr.), über zahlreiche kleine Episoden im öffentlichen Wirken Jesu bis hin zur Konsequenz des Todes am Kreuz bringen die Texte diese Eigenschaft Jesu in Erinnerung. Unbestechlichkeit bzw. Immunität gegenüber irdisch-weltlichen Versuchungen werden als wesentliche Wirkung des Heiligen Geistes dargestellt: Er führte Jesus in die Begegnung mit Satan und half ihm, sie zu bestehen. Nach der prinzipiellen Absage an weltliche Machtansprüche erschien Jesus bereit, auch kleinere Versuchungen abzuwehren. Selbst Petrus, der als einer der Ersten die Identität Jesu erkannte und formulierte (Mk 8,29: „Du bist der Messias"), wurde als „Satan" tituliert, da er Jesu Leidensankündigungen nicht wahrhaben wollte (Mk 8,33). Die Versuche der Pharisäer, Schriftgelehrten und Herodianer, ihn zur Gallionsfigur des Kampfes gegen Rom zu machen, konterte Jesus entschieden und souverän (Mk 12,13-17: Steuerfrage; Mk 12,35-37: Davidssohnfrage). Die Gethsemaneszene zeigt sein inneres Ringen, welchen Weg er gehen solle, und gleichzeitig die klare Unterordnung unter den Willen des Vaters (Mk 14,32-42). Vor dem Sanhedrin* stand er ohne Wenn und Aber zu seiner Sendung und handelte sich damit das Todesurteil ein (Mk 14,53-65). Vor Pilatus verzichtete er auf rettende Klarstellungen, mit denen er seinen Kopf aus der Schlinge hätte ziehen können (Mk 15,1-5). Selbst am Kreuz hielt er konsequent an der Haltung fest, die er gegenüber Satan demonstriert hatte (Mk 15,29-32). Der Charismatiker Jesus ging nach dem Zeugnis der Evangelien unbeirrt seinen Weg, um seine Botschaft und Sendung glaubwürdig zu halten.

3.1.6 Mut zur Auseinandersetzung

Kampf um die rechte Schriftauslegung
Den Texten zufolge ging Jesus keinem Konflikt aus dem Weg; wo er herausgefordert wurde, stellte er sich und war am Ende zumindest der „moralische Sieger". Er zeichnete sich durch die Schlagfertigkeit seiner Argumente und durch eine virtuose Handhabung seiner Schriftkenntnis aus; keiner konnte ihm das Wasser reichen, selbst die professionellen Schriftgelehrten nicht. Seine Kompetenz als Rabbi, als Meister der Schriftauslegung, wurde nicht in Frage gestellt. Nikodemus sprach ihn als von Gott gesandten Lehrer an, der sich durch seine Zeichen ausweise (Joh 3,2; vgl. Mk 12,14.19). Allerdings fielen Jesu Antworten nicht so aus wie von seinen Gesprächspartnern erwartet (weiter Abschnitt 4.3.2).

Dosierter Machtkampf
Jesu Konfliktbereitschaft laufen Aussagen zuwider, nach welchen er dazu aufforderte, über seine Wundertaten zu schweigen. Das markinische Schweigegebot stellt eine *crux interpretum** dar. Wird hier eine konfliktscheue Seite Jesu deutlich? Die Schweigegebote enden erst mit der Passion Jesu. Und sie erreichten häufig das Gegenteil – Jesu Charisma* ließ sich nicht verheimlichen. Möglicherweise wollte Markus ausdrücken, dass Jesus mit den Schweigegeboten Zeit gewinnen wollte, um möglichst lange und ungehindert wirken zu können. Seine Popularität musste in den Machtkampf mit seinen Gegnern führen; möglichst lange beschränkte er seine Wirksamkeit auf Galiläa, fernab von Jerusalem, so das Gestaltungskonzept der synoptischen* Evangelien. Wo er zu früh in den Konflikt gedrängt wurde, wich er aus (vgl. Joh 6,15; 11,53f.).[1] Vielleicht ging es Markus aber auch darum, eine Erklärung für die Uneindeutigkeit des Wirkens Jesu zu geben: Jesus selbst wollte inkognito bleiben![2]

3.1.7 Verzicht auf Sicherheiten

Vertrauen auf den fürsorglichen Gott
Die Bergpredigt ruft zum Verzicht auf Schätzesammeln und Sorgen auf (Mt 6,19-34). Das passt zu Aussprüchen Jesu, die auf klare Prioritätensetzung ausgerichtet sind (vgl. Abschnitt 3.1.4). Wer sich Gottes Herrschaft zuwendet und an ihr Anteil haben möchte, muss sich Gottes Fürsorge anvertrauen. Den Synoptikern* zufolge forderte Jesus den konsequenten

---

[1] Johannes betont auffällig die Souveränität, mit der Jesus seinen Weg bis zuletzt bestimmte. Sein prophetisches Charisma zeigte sich in der Fähigkeit, die aktuelle Situation und die kommende Entwicklung abzuschätzen und sich darauf einzustellen.

[2] Vgl. William Wrede, Das Messiasgeheimnis in den Evangelien: Zugleich ein Beitrag zum Verständnis des Markusevangeliums, Göttingen 1901; zur Diskussion vgl. Udo Schnelle, Einleitung in das Neue Testament, Göttingen 2. Auflage 1996, 252-256.

Verzicht auf irdische Sicherheiten, vom Geld angefangen bis hin zum Dach über dem Kopf. Jesus, der mittel- und wohnsitzlose Wanderprediger, gilt als Vorbild des Menschen, der sich allein Gottes Fürsorge anvertraut. „Der Menschensohn hat nichts, wo er sein Haupt hinlege" (Mt 8,20). Wer ihm nachfolgen wollte, musste sich auf eine solche Existenz einlassen.[1]

Kein Dach über dem Kopf
Viele der in den Evangelien aufbewahrten Episoden zeigen Jesus in Häusern wirken. Oft ist er bei Freunden zu Gast,[2] oft auch bei Fremden (Lk 19,1-10: Zachäus). Eine dauerhafte Bleibe ist nicht erkennbar, im Gegenteil: Häuser sind immer nur eine Zwischenstation auf dem Weg Jesu. In der Aussendungsrede (Mt 10,5-14) wird diese Existenzform den Jüngern vorgegeben. Auch der Apostel Paulus verweist für seine Glaubwürdigkeit darauf, dass er niemandem je zur Last gefallen sei (1 Thess 2,9).

Ehe- und Familienlosigkeit
Ebenfalls verzichtete Jesus auf die Sicherheit einer Familie. Verheiratet war er nicht, und zu seiner Herkunftsfamilie ging er Mk 3,31-35 zufolge auf Distanz. Seine Familie wiederum hielt ihn nach Mk 3,20 für übergeschnappt. Seine leiblichen Geschwister verweigerten ihm den Glauben ebenso wie die Nachbarn aus Nazareth (Joh 7,5; Mk 6,4). An die Stelle der Herkunftsfamilie trat bei Jesus die Schar derer, die Gottes Willen taten (Mk 3,35). Seine Jüngerinnen und Jünger waren seine Freunde (Joh 15,13-15). Doch nicht einmal auf sie war am Ende Verlass – Judas verriet ihn, die männlichen Jünger flohen bei seiner Verhaftung, Petrus verleugnete ihn mehrfach. Eine solch ungesicherte Existenzform ist nicht nur heute kaum vorstellbar und sorgt für Argwohn, sie war auch zur Zeit Jesu nicht „normal". Gleichwohl galt sie als sein Markenzeichen und förderte seinen Ruf als eines charismatischen* Propheten (vgl. Mt 3,4: Johannes der Täufer).

3.1.8 Fazit: Überwältigende Glaubwürdigkeit

Was die Evangelien an Erinnerungen preisgeben, erweckt den Eindruck höchster Glaubwürdigkeit Jesu. Der, der zeit seines Lebens auf Sicherheiten verzichtete und sich allein Gott anvertraute, der, der um seiner Sache willen keinen Konflikt scheute, sich von niemandem von seiner Vision abbringen ließ und immun gegen jede Form von Korruption war, lebte vor, was er verkündigte und wofür er die Menschen begeisterte. Botschaft und Leben, Vision und Moral waren bei ihm in Deckung. Hierin zeigten

---

[1] Aufgrund solcher Notizen wird Jesus oft in die Nähe kynischer Wanderphilosophen gestellt, vgl. Theißen / Merz, Der historische Jesus*, 200. – Vgl. auch Hartmut Rosenau, Art. Kynismus (NTAK* 3, 2005), 5-7.

[2] Mt 8,14-17: Petrus und seine Mutter; Lk 10,38-42: Maria und Martha.

sich seine Geistbegabung, seine Authentizität und seine Einmaligkeit. Wenn einer zu Recht als Messias Israels angesehen wurde, dann er, so die Überzeugung der Evangelisten.

3.2 FaszinierendeVisionen

Nach der Betrachtung des Charismas* Jesu geht es im nächsten Abschnitt um seine Botschaft und Vision. Sie wird oft auf den Begriff „Reich Gottes" bzw. „Himmelreich" gebracht. Der Begriff ist eine Metapher*, die ihrerseits viele Aspekte der Botschaft Jesu bündelt.

3.2.1 Wein schon jetzt für alle!

An Wein soll es nicht mangeln! Das steht hinter dem Weinwunder von Kana (Joh 2,1-12). Wein ist Ausdruck von Lebensfreude und Lebensqualität, von Fest und Feier. Wo Hochzeit gefeiert wird, darf Wein nicht fehlen. Wo Jesus auftauchte, wurde das volle Leben greifbar. Er kam als Bräutigam, der seine Hochzeit vorbereitete. Solange er wirkte, wurde nicht gefastet (Mk 2,18-22). Es wird der Eindruck vermittelt, als ob Jesus sich diesen Lebensstil leisten konnte, gerade weil er frei von allen sonstigen Sicherungen lebte. Zum letzten Mahl Jesu mit den Jüngern gehörte selbstverständlich auch Wein (Mk 14,25). Am Ende bekam der Gekreuzigte in bitterer Ironie Essig gereicht (Mk 15,36).
Wein war das Zeichen des Messias.[1] Im Weingenuss unterschied sich Jesus von Johannes dem Täufer (Lk 1,15; 7,33).[2] Der war nur Jesu Wegbereiter; mit Jesus brach die Zeit des vollen Lebens an. In ihm wurde die Festfreude des Himmels sichtbar, die über die Vergänglichkeit hinausweist. Wer sich wie Jesus auf Gott einlässt, (er)lebt das Leben in Fülle und gibt es weiter.

3.2.2 Das Himmelreich auf Erden

Im Mittelpunkt der Botschaft Jesu stand das Himmelreich bzw. das Reich oder die Herrschaft Gottes (gr. *basileía tou theoú* bzw. *basileía ton ouranón*).[3] Jesus kündigte die heilvolle, Leben bringende Herrschaft des Gottes Israels für die allernächste Zukunft an. „Die Zeit ist erfüllt, und das Reich Gottes ist herbeigekommen. Tut Buße und glaubt an das Evangelium"

---

[1] Berger, Wozu ist Jesus*, 197ff.

[2] Zu Johannes d. Täufer vgl. Knut Backhaus, Täufergruppen (NTAK* 3, 2005), 44-47.

[3] Der Begriff „Himmelreich" wird vor allem von Matthäus benutzt, um nach jüdischer Weise den Gottesnamen zu umgehen. Der gr. Begriff *basileía* ist doppeldeutig: Er bezeichnet das Königreich als Territorium und die Art der Herrschaftsausübung.

(Mk 1,15) – diese Sätze am Beginn seiner öffentlichen Wirksamkeit sind als „Regierungserklärung" stilisiert. Gottes große Nähe, ganz gleich, ob man sie räumlich, zeitlich oder personal versteht[1], war die frohe Botschaft für alle, die sich nach heilvoller Veränderung sehnten. Sie zog den Aufruf zum Umdenken, zur geistigen Kurskorrektur (so wörtlich gr. *metanoeín, metánoia*) nach sich. Das Leben war nunmehr unter dem Vorzeichen des nahen Gottes und seiner Herrschaft zu sehen, und es war Jesu Aufgabe, die Menschen dafür bereit zu machen.

Neben Aussagen über die nahe Gottesherrschaft gibt es auch solche über ihre Gegenwart. Die prägnanteste findet sich in Mt 12,28: „Wenn ich aber die bösen Geister durch den Geist Gottes austreibe, so ist ja das Reich Gottes zu euch gekommen." Die Durchsetzung der Herrschaft Gottes kommt einem kosmischen Sieg über die Dämonen Satans gleich. Wo sie zurückgedrängt werden, ist der Weg frei für Gott. Jesus kündigte nicht nur Gottes Herrschaft an, er sprach nicht nur von einem jenseitigen „Himmelreich", sondern brachte es konkret zu den Menschen. Wo Menschen von dämonischen Fesseln und Zwängen frei werden, erleben sie das Himmelreich schon hier und jetzt. Gottes Herrschaft bedeutet entfesseltes Leben im eigentlichen Wortsinn, ein von den Mechanismen des Bösen befreites Leben, das auf die Mitmenschen ansteckend und befreiend wirkt. In seinen Gleichnissen entfaltete Jesus ein Kaleidoskop der Gottesherrschaft und machte Appetit auf sie (weiter Abschnitt 3.4).

3.2.3 Umfassende Gerechtigkeit

Das Gottesreich ist nach Matthäus durch umfassende Gerechtigkeit charakterisiert. Das Weinberggleichnis (Mt 20,1-16) bringt auf den Punkt, was das meint: Der „Herr" ist gerecht, weil er den „Letzten" gerecht wird, ihnen mit Güte begegnet und das Lebensnotwendige zukommen lässt. Umfassende Gerechtigkeit bedeutet auch, auf gegenseitiges Be- und Verurteilen zu verzichten und Gott zu überlassen, über Gut und Böse zu richten.[2] Er lässt in seiner umfassenden Güte und Gerechtigkeit die Sonne über Gute und Böse aufgehen und über Gerechte und Ungerechte regnen (Mt 5,45). Darin ist er das Urbild ethischen Verhaltens: „Darum sollt ihr vollkommen sein, wie euer Vater im Himmel vollkommen ist" (Mt 5,48; vgl. Lk 6,36). Konkret bedeutet das schier grenzenlose Vergebungsbereitschaft und Barmherzigkeit den Mitmenschen gegenüber.[3] Jesus selbst

---

[1] Der gr. Begriff *engýs* (nahe) umfasst alle Aspekte (Kurt Erlemann, Naherwartung und Parusieverzögerung im Neuen Testament, Tübingen/Basel 1995, 387-391; ders., Endzeitvorstellungen zwischen Hoffnung und Vertröstung (ZNT* 22, 2008), 62-69.

[2] Mt 7,1-6: Vom Richtgeist; Mt 13,24-30: Gleichnis vom Unkraut unter dem Weizen.

[3] Mt 18,21-35; vgl. die Vaterunserbitte Mt 6,12.

lebte die Vision umfassender Gerechtigkeit vor und ließ so die Herrschaft Gottes konkret werden – in seiner Zuwendung zu den „Letzten".

3.2.4 Der allzeit nahe Vatergott

Die neue Nähe Gottes erleichterte den Kontakt zu ihm. Jesus präsentierte den Menschen Gott als Vater. Mit dieser Metapher* sind mehrere positive Aspekte verbunden, vor allem Liebe, Fürsorge, Treue und Schutz. Dieser Gott lässt sich direkt ansprechen. Im Gebet kann man an sein Vatersein appellieren und ihn um Hilfe bitten. Das Vaterunser, zentrales Gebet der Christenheit, wird auf Jesus selbst zurückgeführt und zeigt exemplarisch, worum man den Vater bitten kann: um Anerkennung und Wertschätzung seines Namens, um universale Durchsetzung seiner Herrschaft und seines Willens, tägliches Wohlergehen, Sündenvergebung und Erlösung vom Bösen. Insgesamt haben die Bitten ihren Fokus in der täglich neuen Verwirklichung eines Lebens in Freiheit, Frieden und Gerechtigkeit.
Jesus selbst hatte nach Auskunft der Texte ein sehr vertrautes Verhältnis zum Vater. Er nannte ihn „Väterchen" (aram. *abba*, Mk 14,36) und stand in ständigem Kontakt mit ihm. Er rang mit ihm um seine Zukunft (Mk 14: Gethsemane), bat ihn um Kraft und Hilfe (Joh 11: Erweckung des Lazarus), leistete Fürbitte für die Seinen (Joh 17: hohepriesterliches Gebet) und für seine Verfolger (Lk 23,34). Die Erfahrung der Gottverlassenheit am Kreuz war für ihn quälend und ließ ihn laut aufschreien (Mk 15,34).
Der Vatergott war den Menschen nicht nur zur Zeit Jesu nahe, sondern allezeit. Darauf weisen Jesu Beiname „Immanuel" – „Gott mit uns" (Mt 1,23) und die Zusage des Auferstandenen, allezeit bei den Jüngern zu sein, hin (Mt 28,20). Die dauerhafte Nähe Gottes bzw. Jesu wird in der Sendung des Heiligen Geistes spürbar und immer wieder neu erlebbar. Er schlägt die Brücke zu Gott und zu Jesus, er schenkt den Menschen Hoffnung und allerlei Charismen*, die auf Gottes heilvolle Gegenwart hinweisen.

3.2.5 Das große Freudenfest

Die Erfahrung, dass mit Jesu Wirken das Himmelreich zwar konkret erlebbar und sichtbar wurde, jedoch nur in zeichenhaften Episoden, hat die Hoffnung auf eine baldige Erfüllung aller Sehnsüchte deutlich verstärkt. Jesus setzte mit seiner Botschaft und seinen Zeichen eine qualitativ neue Hoffnung in die Welt, die die Christenheit seither von Generation zu Generation weitergibt. Die Bilder eines überschwänglichen Hochzeits- oder Freudenmahls, die Jesus in seinen Gleichnissen verewigte, bringen die Vision vom umfassenden Heil sinnenfällig zur Geltung (vgl. Abschnitte 3.4 und 8.5.3).

3.2.6 „Noch in dieser Generation!"

Mk 9,1parr. zufolge lebte Jesus in einer intensiven Naherwartung des Reiches Gottes: „Wahrlich, ich sage euch: Es stehen einige hier, die werden den Tod nicht schmecken, bis sie sehen das Reich Gottes kommen mit Kraft". Gerade weil diese Ansage zur Abfassungszeit der Evangelien, als die Zahl der Augenzeugen merklich abnahm, nicht zensiert wurde, sondern ihren Platz in der Erinnerung behaupten konnte, dürfte sie auf Jesus selbst zurückgehen. Was Jesus selbst gesagt hatte, musste in irgendeiner Form wahr sein, selbst wenn es sich, äußerlich betrachtet, durch den Fortgang der Geschichte von selbst erledigt hatte. Die nachfolgende Verklärungsgeschichte (Mk 9,2-13parr.) lässt Petrus, Johannes und Jakobus, stellvertretend für viele andere, Jesus im Kreis der wichtigsten Bewohner des Gottesreiches – Mose und Elia – sehen. So gesehen, war die Verklärung eine Art Vorabertüllung der Prophetie Jesu. Doch damit hatte sich die Naherwartung der ersten Christengemeinden nicht erledigt. Paulus bestätigt sie in 1 Thess 4,15 eindrücklich: „[...] wir, die wir leben und übrig bleiben bis zur Ankunft des Herrn [...]." Er beruft sich hier ausdrücklich auf ein unbekanntes Wort Jesu.

Was von der Naherwartung geblieben ist, ist eine neue Sicht auf Zeit und Wirklichkeit: Gott ist den Menschen jederzeit nahe, die Zukunft, auch die allernächste, ist sein „Hoheitsgebiet". Mit Gott ist jederzeit zu rechnen, und das wirft ein neues Licht auf die Gegenwart. Zeit, vor allem die individuelle Lebenszeit, erscheint als kostbares Gut, das zum ethischen Tun, zur Vorbereitung auf das Kommen Gottes, verpflichtet. Das duldet keinen Aufschub, denn der Zeitpunkt des Kommens Gottes ist unbekannt – selbst Jesus kannte ihn nicht (Mk 13,32). Dem entspricht, dass niemand die Stunde seines eigenen Todes kennt. Der Tod markiert das Ende jeglicher Handlungsmöglichkeiten und den Zeitpunkt der persönlichen Erlösung. Die Hoffnung auf eine universale Erlösung der Schöpfung wurde von der Hoffnung auf persönliche Erlösung im bzw. nach dem Tod überholt.

3.2.7 Fazit: Hoffnung für die kleinen Leute

Jesus brachte den Menschen, so die Texte, Hoffnung auf eine heilvolle Wendung ihres Schicksals. Besonders bei denen, die unter Unrecht, Ausgrenzung und Unterdrückung litten, deren Lebensmöglichkeiten aus welchen Gründen auch immer eingeschränkt waren, fiel sie auf fruchtbaren Boden. Jesu Vision vom heilvoll nahen und gütigen Vatergott, der den Menschen umfassende Gerechtigkeit und Frieden bringt, sowie die Vision von einem Leben voller Sinn und Freude für alle sind seither für den christlichen Glauben leitend. Ihre Glaubwürdigkeit bezieht diese Hoffnung aus dem Wirken Jesu, der sie in vielen Zeichen und Wundern in Szene gesetzt und so „Appetit auf mehr" gemacht hat.

3.3 Überwältigende Wunderkraft

Die Fähigkeit Jesu, Wunder zu tun, war unumstritten. Selbst die Gegner zogen nach dem Zeugnis der Texte die Wunderkraft Jesu nicht in Zweifel. Wunder und Zeichen gehörten zu den besonderen Fähigkeiten des Charismatikers* Jesus. Das gilt, auch wenn sie in ihrer Außenwirkung offenbar zwiespältig waren – die einen kamen über sie zum Glauben, die anderen lehnten Jesus trotz oder gerade wegen der Wunder ab. Als objektive Beweise taugten die Wunder nicht; dennoch waren sie für die, die sich ihnen nicht verschlossen, Hinweise auf Gottes Handeln in der Welt.

3.3.1 Keine Schauwunder

Jesus tat keine Schauwunder. Seine Wunder waren die Antwort auf konkrete Not. Er demonstrierte nicht göttliche Allmacht, sondern half denen, die ihn baten. Zeichen, die seine Identität und Vollmacht hätten beweisen können, lehnte er ab – so in der Versuchung durch Satan (Mt 4,1-11parr.), so auch gegenüber seinen Gegnern (Mt 12,38-42). Das einzige „Beweiszeichen", das er zugestand, war das „Zeichen des Jona" (V.41). Die kundige Leserschaft denkt hierbei an die Auferstehung Jesu am dritten Tage, die dem Geschick Jonas im Bauch des Wals entspricht. Doch selbst dieses Zeichen war kein objektiver Beweis und von Anfang an höchst umstritten.

3.3.2 Keiner soll verloren gehen!

Die Hilfewunder unterstreichen Jesu Programm, die Nähe Gottes zu allen Menschen, auch und gerade zu den Vergessenen, eindrucksvoll: „Der Menschensohn ist gekommen, zu suchen und selig zu machen, was verloren ist" (Lk 19,10). Die Wunder verweisen auf Gottes Kraft, selbst aus dem Tod neues Leben entstehen zu lassen. Das ist zum einen physisch gemeint – die Totenerweckungen[1] dokumentieren das eindrücklich – zum anderen übertragen, so wie die Rede von „tot" und „lebendig" übertragen verstanden werden konnte: „Ich bin gekommen, die Sünder zur Buße zu rufen und nicht die Gerechten" (Lk 5,32). Bekehrungs- und Vergebungsepisoden sind, so gesehen, ebenfalls Wundergeschichten: Für „tot" erachtete Sünder, Gottlose und Nichtjuden kamen durch ihre Hinwendung zu Gott zu neuem Leben. Der Gelähmte aus Mk 2,1-12 erfuhr beide Aspekte der Heilung: Er wurde physisch gesund, und ihm wurde vergeben.

Die Hilfewunder waren Teil des Programms Jesu, den Menschen die Nähe Gottes nicht nur anzukündigen, sondern erlebbare Wirklichkeit werden zu

---

[1] Mk 5,21-43: Tochter des Jairus; Lk 7,11-17: Jüngling zu Nain; Joh 11,17-44: Lazarus.

lassen, und sei es auch nur exemplarisch, in Zeichen hier und da. Adressaten der Botschaft waren insbesondere die „Verlorenen", die die Gesellschaft vergessen hatte. Das bedeutete keine Absage an die „Gerechten" und „Gesunden". Es wird vielmehr der Eindruck erweckt, als hätte Jesus ursprünglich an ihrem Heil keine Zweifel gehabt – sie waren schon immer in der Nähe des Vaters und hatten Anteil an der Erwählung.[1]

3.3.3 Keine Berührungsängste

Was Jesus als Wundertäter auszeichnete, war seine Art, mit den Kranken und „Unreinen" umzugehen: Er ging auf sie zu, sprach sie an, berührte und heilte sie. Er übertrug seine Heiligkeit und „Reinheit" auf die Kranken und heilte sie so. Dank des Geistes, den er in sich trug, konnte er das Böse zurückdrängen und die Menschen umfassend heilen.[2] Zugleich holte er sie in die Gesellschaft und Kultgemeinschaft zurück (Mt 8,4parr.; Lk 17,14). Die heilvolle Wirkung bestätigte das Vorgehen Jesu und stellte die Doktrin der offiziellen Religionshüter in Frage. Deren Art, mit Krankheit und kultischer Unreinheit umzugehen, wird kontrastiv geschildert: Sie hielten Abstand und forderten die Betroffenen auf, ihrerseits Abstand zu den Gesunden und „Reinen" zu halten. Reinheit war für sie ein kostbares und schützenswertes Gut. Und so legten sie die Reinheitsgebote der Tora tendenziell defensiv aus. Im Gegensatz dazu hatte Jesus ein mutiges, offensives Verständnis – um der Betroffenen willen. Anstatt Kranke und Sünder auszugrenzen, ging Jesus den Weg der Integration und setzte damit den universalen, alle Menschen umspannenden Heilswillen Gottes in Szene (weiter dazu Abschnitte 4.3 und 7.5).

3.3.4 Befreiung von inneren Fesseln

Die Exorzismen* waren eine besondere Form der Wunder Jesu. In ihnen wird der kosmische Konflikt zwischen Gott und den Mächten des Bösen ausgetragen. Der Mensch erscheint dabei als Spielwiese der Dämonen.[3] Viele Krankheitsbilder galten als Symptome für ihr Wirken; die körperlichen Gebrechen wiesen auf die Einwohnung eines Dämons hin. Dieser wurde als übermächtige Fessel erlebt.[4] Heilung konnte es hier nur durch die Ausmerzung der Ursachen geben. Jesus trieb die bösen Geister mithilfe

---

[1] Lk 5,31: Wort vom Arzt; Lk 15,31: Antwort des Vaters an seinen älteren Sohn. Weiter zum Thema Erwählung Abschnitt 4.4.4.

[2] Berger, Wer war Jesus wirklich*, 166-168.

[3] Erlemann, Unfassbar*, 16f.

[4] Christian Strecker, Jesus und die Besessenen (in: W.Stegemann u.a., Jesus in neuen Kontexten*, 53-63), spricht von einer regelrechten Verschmelzung des Opfers mit dem Dämon, was psychologisierende Deutungen von Besessenheit nicht zulässt.

des Heiligen Geistes aus und befreite ihre Opfer zu neuem Leben. So veränderte er die kosmische Ordnung zugunsten der Gottesherrschaft, in der die Menschen in Freiheit (auf-)leben können (Mt 12,28; vgl. Lk 11,20).

3.3.5 Aufrichtung der Menschen

Die körperliche Heilung führte nicht nur zur gesellschaftlichen und kultischen Wiedereingliederung, sondern auch zur „Aufrichtung" des Menschen. Oft heißt es in Wunderberichten: „Stehe auf!" oder „er stand auf". Jesus, so die Erinnerung, richtete die Menschen auf. Das ist nicht nur physisch zu verstehen, sondern umfassend: Die Menschen erhielten ihr Menschsein zurück, konnten aufrecht durch die Welt gehen, mussten sich nicht mehr verkrümmen und verbiegen. Sie wurden mobil und bekamen die Fähigkeit wieder, ihren Alltag eigenständig zu gestalten. Modern gesprochen: Sie erhielten die ihnen zustehende Würde zurück.

3.3.6 Selbst die Natur hörte auf ihn!

Wenn nötig, gebot Jesus auch über die Natur. Die Erzählungen von der Sturmstillung und vom Seewandel Jesu (Mt 14,22-33) stellen Jesus als Herrn der Schöpfung heraus. Aufschlussreich ist, dass die Szenen exklusiv vor Jüngerinnen und Jüngern spielen. So können diese Naturwunder nicht als Schauwunder gelten; im Jüngerkreis haben sie eine andere Qualität: Die Jünger kannten Jesus bereits als Messias, sie benötigten keine Schauwunder und kamen über das Erlebte zum Christusbekenntnis (V.33).[1]

3.3.7 Fazit: Hinweise auf Gottes Schöpferkraft

Die Wunder unterstreichen eindrücklich Jesu Vollmacht als von Gott gesandter Bote. Die Wunder und Zeichen gelten als das Pendant zu seinen Worten, mit denen er auf Gottes Heilswillen hinwies. Gott und sein Bote machten sich zu Anwälten der Notleidenden der Welt, und das weniger in kernigen Erklärungen als in spontaner praktischer Hilfe. Die Betroffenen wurden von allem befreit, was das Leben beeinträchtigte: von Krankheit, Ausgrenzung, Entwürdigung, Zwängen und unsichtbaren Fesseln, ja selbst vom Tod. Jesus hatte dazu die Vollmacht Gottes und nicht etwa die des

---

[1] Naturwunder wurden auch aus Jesu Umfeld erzählt, vgl. Choni der Kreiszieher. Text und Kommentar bei Klaus Berger / Carsten Colpe (Hgg.), Religionsgeschichtliches Textbuch zum Neuen Testament, Göttingen 1987, 47-49. Eine Diskussion zum Verhältnis Jesu zu jüdischen Wundertätern führt Klaus Wengst, Der Jesus der Evangelien und die Chasidim in der rabbinischen Literatur, in: W.Stegemann u.a., Jesus in neuen Kontexten*, 246-254.

Teufels, wie seine Gegner ihm nach Mt 12,24 unterstellten. Eindeutig wurde dies im öffentlichen Gebet um die Kraft Gottes vor der Erweckung des Lazarus (Joh 11,41f.). Trotz der offensichtlichen Eindeutigkeit wirkte die Vollmacht Jesu auf seine Gegner bedrohlich; den Texten zufolge sahen sie durch ihn ihre eigene (Voll-)Macht gefährdet (weiter Abschnitt 4.3).

3.4 Fesselnde Erzählkunst

In der nachösterlichen Erinnerung zählten die Gleichnisse zu den herausragenden Verkündigungsformen Jesu. Gleichnisse gab es in vielen antiken Texten und erfreuten sich großer Beliebtheit.[1] Jesus favorisierte diese Form, wenn er auf Gott und seine Herrschaft zu sprechen kam. Viele kleine Gleichnisszenen schenken einen Blick hinter die himmlischen Kulissen.

3.4.1 Türen zum Himmelreich

Gott und sein Reich sind menschlicher Erkenntnis prinzipiell entzogen. Die Wirklichkeit Gottes ist anders als die der Welt. Das besagen schon die Texte der Hebräischen Bibel.[2] *Finitum non capax infiniti* – das Endliche kann das Unendliche nicht erfassen –, das ist eine wesentliche Antwort auf das menschliche Ansinnen, Gott in die Karten zu schauen (vgl. Hi 38; 4 Esr 5,35-40). Wenn Jesus über Gott und seine Herrschaft sprach, musste er besondere Erkenntnistüren öffnen. Die bildhaften Gleichnisse sind solche Türen. Sie zeigen Berührungspunkte zwischen der Wirklichkeit Gottes und der der Menschen; sie lassen das, was Gott wichtig ist, an alltäglichen Vorgängen sichtbar werden. Gleichzeitig verhindern sie eine Vereinnahmung Gottes und seiner Wirklichkeit; die geschilderten Szenen wirken zwar durchaus realistisch, stellen den Alltag aber zugleich auf den Kopf. Ähnlichkeit und Fremdheit kommen so gleichermaßen zum Ausdruck.

3.4.2 Provozierende An- und Einsichten

Die erzählerische Durchkreuzung des menschlichen Alltags birgt ein erhebliches Provokationspotenzial. Die Gleichstellung der „Letzten" mit den „Ersten" im Weinberggleichnis (Mt 20,1-16) widerspricht den „normalen" Gepflogenheiten und Erwartungen. Die Wiedereinsetzung des „verlorenen" Sohnes in seine alten Rechte brüskiert den anderen Sohn, der immer treu seine Dienste verrichtet hat (Lk 15,11-32). Die Stilisierung eines suspekten Samaritaners zum Vorbild der religiösen Elite Israels ist

---

[1] Eine Textsammlung findet sich in Erlemann, Gleichnisauslegung*, 261-302.
[2] Vgl. Ps 90 zum Zeitbegriff oder Hi 38 zur Frage der Gerechtigkeit Gottes.

ein ausgesprochener Affront (Lk 10,25-37). Die Einladung des Pöbels zur Hochzeit des Königssohnes ist ein Schlag ins Gesicht der Privilegierten (Mt 22,1-14). Die Liste ließe sich verlängern. Mit den Szenen zeigte Jesus, wo Gottes Wirklichkeit mit der der Menschen kollidiert. Der Gott Jesu lässt sich nicht ohne Rest in die menschlichen Vorstellungen einpassen, er ist vielmehr unkonventionell und widerständig.

3.4.3 Fesselnde Stories

Die Gleichnisse werden so erzählt, dass sie die Hörer- und Leserschaft fesseln. Sie sind kleine, aber feine Kompositionen, die durch Arrangement, Realistik, Bildwahl, straffen Handlungsverlauf, subtile Leserlenkung und viele Überraschungsmomente Spannung erzeugen. Alles konzentriert sich auf die Auflösung der Spannung am Ende der Erzählung. Die „Pointe", der Zielgedanke des Gleichnisses, soll möglichst störungsfrei erreicht und erfasst werden. Über die oft überraschende Pointe soll Zustimmung zur Provokation der Erzählung erreicht werden. So geht es darum, das Lob des Herrn über seinen Verwalter, der sich egoistisch die Zukunft sicherte, nachzuvollziehen (Lk 16,1-8: schlauer Verwalter); darum, das drohende Kommen des Großgrundbesitzers für angemessen zu halten (Mk 12,1-12: böse Winzer); darum, den nachträglichen, unerbittlichen Zorn des Königs zu verstehen (Mt 18,25-37: Schalksknecht) oder darum, die Bestrafung des wenig engagierten Knechts für folgerichtig zu halten (Mt 25,14-30: Talente). Wird die Pointe akzeptiert, ist der Weg frei, das Erzählte aufs eigene Leben zu übertragen und daraus praktische Konsequenzen zu ziehen. Mit den Gleichnissen kämpfte Jesus um die Herzen seiner Zuhörer und um die Zustimmung zu „seinem" Gott.

3.4.4 Verwirrende Rätselreden

Gleichnisse sind einerseits wie gute Witze: Sie sind auf eine spontane Reaktion, einen Aha-Effekt, auf Lacher oder Nachdenklichkeit aus. Sie lassen sich intuitiv verstehen; selbst die Gegner Jesu merken, dass das Winzergleichnis eigentlich ihnen galt (Mk 12,1-12). So gesehen, wirken sie ohne weitere Auslegung, und das fasziniert bis heute. Andererseits sind sie höchst verwirrend und erzeugen Ratlosigkeit, wenn nicht Widerstand. Diese Erfahrung steht wohl hinter der sogenannten „Parabeltheorie" (Mk 4,10-12). Auf die Frage der Jünger, weshalb er in *parabolaí* (gr. für Gleichnisse, Rätselreden) spreche, antwortet Jesus mit einem Zitat aus Jes 6,9f.: „damit sie [gemeint sind die Außenstehenden als Zielgruppe der Gleichnisse] es mit sehenden Augen sehen und doch nicht erkennen, und mit hörenden Ohren hören und doch nicht verstehen, damit sie sich nicht etwa bekehren und ihnen vergeben werde." So eindeutig die *parabolaí* auch sind, so sehr sind sie offen für Deutung und verlangen nach Aneignung.

Sie zwingen nicht zum Verstehen, appellieren aber daran, seinem Herzen einen Ruck zu geben und die Wirklichkeit mit anderen Augen zu sehen – mit den Augen Gottes, der den Alltag hier und da auf den Kopf stellt.

3.4.5 Harte Kontraste

Was sagen die Gleichnisse über Gott? Vorab: Sie bieten keine geschlossene Theo-logie*. Die Aussagen gleichen eher einem an den Rändern offenen Puzzle, sie bieten schlaglichtartige Einblicke in die ansonsten unzugängliche Wirklichkeit Gottes. Vieles von dem, was hier sichtbar wird, ist altbekannt. Der barmherzige und liebende Gott etwa ist keine Erfindung Jesu, sondern findet sich bereits in Texten wie Ps 103,13; so auch der zornige und strafende Gott. Auffallend sind die harten Kontraste im Gottesbild der Gleichnisse: Von unerwartet barmherzig zu unnachgiebig strafend ist Gott im Gleichnis vom Schalksknecht (Mt 18,23-35); überaus großzügig und zugleich übermäßig hart im Talentegleichnis (Mt 25,14-30par.); schier unendlich langmütig und konsequent strafend im Winzergleichnis (Mk 12,1-12); erstaunlich einladend und doch äußerst wählerisch im Hochzeitsgleichnis (Mt 22,1-14); unmissverständlich und kompromisslos, aber am Ende doch überraschend voll des Lobes beim schlauen Verwalter (Lk 16,1-8). Die ganze Bandbreite an Emotionen und Reaktionen wird aufgeboten, um zu zeigen, womit bei Gott zu rechnen ist. Bei ihm ist alles möglich, man darf von ihm alles erhoffen, muss aber auch mit allem rechnen.
Die praktische Konsequenz daraus besteht in einem klugen, Gott gegenüber loyalen Verhalten. Die Szenen lassen erkennen, was Gott wichtig ist und worauf er hinaus will: auf umfassende Gemeinschaft und Festfreude, auf Gerechtigkeit und Güte für alle, auf Barmherzigkeit und Befreiung zu einem guten Leben. Dafür wirbt er mit schier unendlicher Liebe und Geduld, mit der Bereitschaft zum Erbarmen und Verzeihen. Die Gleichnisse markieren aber auch die „Schmerzgrenze" Gottes, den Punkt, an dem diese Bereitschaft umschlägt in Zorn. Sie liegt da, wo der Mensch Gottes Zuwendung seinen Mitmenschen verweigert; wo er auf Gottes Güte mit Neid reagiert und sein Erbarmen mit Kleingeistigkeit quittiert, wo er seine Geduld als Schwäche auslegt und sie ausnutzt. So gesehen, haben die Kontraste ihren Grund im festen Willen Gottes, mit seinen Menschen heilvolle Gemeinschaft auf der Basis von Gerechtigkeit und Liebe zu erhalten.

3.4.6 Fazit: Der Alltag in himmlischer Vogelperspektive

Die Gleichnisse, die Jesus der Erinnerung nach gesprochen hat, stellen den Alltag der Menschen ins Licht der Wirklichkeit Gottes. Er ist nah und dabei, seine Herrschaft zum Wohl der Menschen zu installieren. Das ist für die einen das pure Evangelium, für die anderen eine Zumutung. Die Herrschaft Gottes ist auf Gerechtigkeit und Güte für alle Menschen, auch für die „Verlorenen“ und Vergessenen, aus. Damit wurden altbekannte Denk- und Verhaltensweisen auf den Kopf gestellt. Privilegien gibt es bei diesem Gott keine, zumindest nicht auf Kosten anderer. Wer an Gottes Herrschaft Anteil haben möchte, ist aufgerufen und eingeladen, die Gemeinschaft mit seinen Mitmenschen zu suchen; wer sie nicht will, bleibt außen vor. Mit den Gleichnissen schenkte Jesus den Menschen einen Blick hinter die Kulissen Gottes und begründete zugleich, weshalb er selbst sich den Menschen in seiner unverwechselbaren Art und Weise zuwandte.

3.5 Frappierende Bibelfestigkeit

Ein letzter Punkt, in dem Jesus offenbar hervorstach, war seine Schriftkenntnis. Jesus kannte die heiligen Schriften seines Volkes hervorragend und verstand es, sie mit Vollmacht auszulegen und (oftmals gegen die Auslegungstradition) auf die aktuelle Situation zu beziehen.

3.5.1 Zuerst gegenüber Satan…

Die Begabung mit Gottes (Tauf-)Geist führte Jesus zunächst in die Wüste, in die Begegnung mit Satan (Mt 4,1-11parr.). Dessen Überwindung war dem legendarischen Bericht zufolge der Sieg der geistgemäßen Schriftauslegung über die korrumpierte des Satans. Der Tenor der Schriftauslegung Jesu lag darauf, der Mensch solle Gott nicht versuchen (V.7), sondern ihm allein dienen (V.10). Jesus hielt gegen allzu verständliche Verlockungen das Erste Gebot des Dekalogs* hoch, und zwar überall da, wo Gottes Monopolanspruch auf Verehrung in Frage stand. So erscheint der (ungerechte) „Mammon“ als Gegengott, der zur Entscheidung für oder gegen Gott zwingt (Mt 6,24; Lk 16,13). Und Petrus, der (allzu) menschliche Interessen gegen Jesu Leidensankündigung stellte, wurde als „Satan“ gemaßregelt und zur (Unter-)Ordnung gerufen (Mk 8,31-33).

3.5.2 … dann gegenüber den Schriftgelehrten

Der Konflikt um die legitime Schriftauslegung zieht sich als roter Faden durch die Evangelien. In manchen Szenen wird Jesus als Autorität in Sachen Schriftgelehrsamkeit aufgesucht und respektvoll um Rat gefragt (Mk 12,28-34; Lk 10: Schriftgelehrte; Joh 3: Nikodemus), in anderen versuchen Jesu Gegner, ihn mithilfe der Schrift aufs Glatteis zu führen (Mk 12,13-17: Steuerfrage; Mk 12,18-27: Auferstehungsfrage). Die Versuche führen regelmäßig zur Bestätigung der Vollmacht Jesu und zur Blamage der Fragesteller. In der Frage nach der Davidssohnschaft (Mk 12,35-37) widerlegt Jesus von sich aus die Schriftgelehrten. Nach Joh 7,15 erregte Jesus Ver-

wunderung, da er als Laie die Schrift auszulegen verstand (vgl. Lk 2,41-52: der Zwölfjährige im Tempel). Die offensichtliche Überlegenheit Jesu auf diesem Terrain führte dazu, dass die Oberen des Volkes ihre Strategie wechselten und Jesus anders anzugreifen versuchten (Mk 12,12.34b).
Ein Kriterium für vollmächtige, geistgemäße Schriftauslegung ist die Übereinstimmung mit dem Verhalten. Den Schriftgelehrten der Zeit Jesu wird Heuchelei vorgeworfen, da es ihnen um Selbstdarstellung gehe (Mt 6,1-6; 23,5-8; Mk 12,38-40) und sie sich nicht an ihre eigene Auslegung hielten (Mt 23). Die heilvolle Wirkung auf die Menschen ist ein weiteres Kriterium; die Kernaussage Jesu dazu ist: Nicht ist der Mensch für die Tora, sondern die Tora ist für den Menschen da (Mk 2,27). Hieraus wird die Souveränität Jesu im Umgang mit Speise-, Reinheits- oder Sabbatgeboten abgeleitet. Das zeigt sich etwa an der Episode vom Ährenzupfen am Sabbat (Mk 2,23-28) oder an mehreren Sabbatheilungen (z.B. Mk 3,1-6: Heilung der verdorrten Hand). In der Not, so die Evangelien, übertrat Jesus auch die Reinheitsgebote, um die „Unreinen" ins Leben zurückzuführen (z.B. Mk 5: Heilung des Geraseners; weiter dazu Abschnitt 4.3.2).

3.6 Verdrängte Seiten Jesu? Eine Spurensuche

Es ist davon auszugehen, dass die in den Evangelien dargebotenen Überlieferungen nur einen kleinen Ausschnitt aus den Jesuserinnerungen bieten. Dafür sprechen mehrere Beobachtungen: Einmal gibt es eine reichhaltige apokryphe* Jesustradition, der nicht *in toto* jegliche Glaubwürdigkeit aberkannt werden kann. Die Apokryphen bergen viele Erinnerungen, manche davon in legendarischer Übermalung, manche wohl auch nachträglich zu erbaulichen Zwecken erfundene Episoden und Aussprüche, aber eben auch einige, die durchaus authentisch sein könnten (vgl. Anfrage 5). Dazu kommt, dass sich nach Karfreitag und Ostern viele Eindrücke, die Jesus hinterlassen hatte, grundlegend anders darstellten als vorher. Die Aufgabe, den Christusglauben trotz des Kreuzestodes zu begründen, führte zu einer (Neu-)Pointierung der Überlieferung. Dennoch finden sich in den Texten Spurenelemente verdrängter Seiten Jesu, die sich nicht in das Bild des gekreuzigten Heilsbringers einpassen lassen.

3.6.1 Jesus – ein Kyniker?

Das deutsche Wort Zyniker leitet sich von der griechischen Philosophenschule der Kyniker, wörtlich der „wie Hunde Lebenden", ab. Hauptmerkmal dieser mit Diogenes von Sinope (ca. 405-320 v.Chr.) verbundenen Bewegung war die radikale Kritik an gesellschaftlichen Normen, die sie durch eine provokante, antibürgerliche Lebensweise zum Ausdruck brachte. Einige Notizen in den Evangelien rücken Jesus in die Nähe des Kynismus. So passt die Beschreibung Jesu als eines wohnsitzlosen Wanderpredigers in dieses Bild (Mt 8,20; vgl. 10,5-12), ebenso der Verzicht auf irdische Sicherheiten und das alleinige Vertrauen auf die Fürsorge Gottes (Mt 6,19-34) sowie die Ausrüstung der ersten Wandermissionare (Mt 10,9f.). Doch ist ein kynischer Einfluss auf Jesus eher unwahrscheinlich.[1]

3.6.2 Jesus – ein Esoteriker?

Zum Bild des Retters der „Verlorenen" steht die „Parabeltheorie" (Mk 4,10-12; vgl. Abschnitt 3.4.4) in Spannung. Weshalb sprach Jesus mitunter in Rätseln? Wollte er nur bestimmte Menschen ansprechen? Weshalb vermittelte er seinen Jüngern exklusives Sonderwissen? Die Wurzel dieser „esoterischen" Züge Jesu liegen in der jüdischen Apokalyptik*. Sie gab den Menschen Antwort auf bedrängende Sinnfragen, besonders auf die nach der „Gerechtigkeit Gottes" (Theodizeefrage*) in einer Zeit, in der von Israels Erwählung sowie von nationaler und kultischer Eigenständigkeit kaum noch etwas zu sehen war. Die Antworten wurden in Form von Visionen gegeben, die einigen erwählten Menschen zuteil wurden, mit dem Auftrag, sie zu einem bestimmten Zeitpunkt allen Menschen zu offenbaren. Das heißt, der fiktive Empfänger der Visionen – wichtige Gestalten der Vorzeit wie Henoch, Elia, Esra oder Baruch – erhielt eine Mittlerfunktion zugesprochen. Das Wissen war nicht für ihn persönlich gedacht, sondern für einen größeren, privilegierten Personenkreis.
In der Erinnerung der Texte wird Jesus zuweilen in die Nähe eines apokalyptischen Visionärs gerückt. Er hatte exklusiven Einblick in Gottes Pläne und Reich, wie die Gleichnisse und die Ölbergrede (Mk 13parr.) zeigen. Im Johannesevangelium gilt er als der Offenbarer Gottes, der exklusiv den Weg zum Vatergott zeigen kann (Joh 1,18; 14,6). Sein Wissen teilte Jesus zuerst den Jüngern mit, nicht jedoch, damit sie ihr Wissen für sich behalten, sondern um es in die Welt zu tragen.[2] Sie fungierten damit als Mittler, an denen Jesus exemplarisch seine Botschaft verdeutlichte; an ihrem Beispiel können und sollen die Leserinnen und Leser lernen.
Der Eindruck des esoterischen Lehrers wird durch Episoden ausbalanciert, nach denen sich Jesus unters Volk begab, zu großen Menschenmengen sprach und viele Kranke heilte. Gegen den Widerstand seiner Jünger ließ er Kranke und Kinder an sich heran, um sie zu heilen und zu segnen. Die Selbstvorstellung Jesu in der Synagoge zu Nazareth (Lk 4,18-21) sowie seine programmatische Zuwendung zu den Nichtjuden (Mt 12,15-21) lassen den Eindruck eines Esoterikers nicht aufkommen, im Gegenteil.

---

1 Ausführlich dazu Wolfgang Stegemann, Kontingenz und Kontextualität der moralischen Aussagen Jesu, in: ders. u.a., Jesus in neuen Kontexten*, 167-184: 179f.

2 Vgl. beispielhaft die Aussendungsrede Mt 10 und den Missionsbefehl Mt 28,18-20.

3.6.3 Jesus – ein Besessener?

In den Exorzismen begegnete Jesus den Dämonen auf Augenhöhe. Sein Charisma* konnte äußerlich sogar als Besessenheit missverstanden werden (Mt 12,24).[1] So war er für die einen der verheißene Messias, für die anderen ein vom Bösen Getriebener. Manche erlebten ihn als Befreier, manche als Bedrohung, wie etwa seine Angehörigen (Mk 3,20f.). Sein Erfolg beim Volk machte ihnen Angst; sie fürchteten um ihren Frieden und wollten ihn stoppen, bevor die Situation außer Kontrolle geriet. In ihren Augen war er „von Sinnen"[2]; man musste ihn aufhalten und sich vor ihm schützen. Auch anderswo spiegelt sich die Erinnerung an ein distanziertes Verhältnis der Familie Jesu zu ihrem populären Spross wider.[3] Jesu Bruder Jakobus trat denn auch erst geraume Zeit nach Ostern als Christ in Erscheinung, namentlich zuerst in Apg 15,13. Auch Joh 7,5 berichtet vom Unglauben der Brüder Jesu und seiner Verweigerung, ihnen seine Vollmacht zu beweisen. Der Unglaube derer, die ihn von klein auf kannten, machte es ihm fast unmöglich, Wunder zu wirken (Mk 6,5).

Als Bedrohung wurde Jesus auch von denen empfunden, die er kritisierte und in Frage stellte. Das betrifft seine Gegner ebenso wie das Volk allgemein. Ihnen warf Jesus vor, die Tora nicht zu erfüllen und ihm nach dem Leben zu trachten. Daraufhin wurde er für besessen erklärt – ein Hinweis darauf, dass seine prophetische Vollmacht zwar erkannt, aber abgelehnt wurde (Joh 7,19f.). Nochmals wird Jesus als Besessener (und als Samaritaner!) in Joh 8,37-48 bezeichnet.[4] Hier schließt er aus den Mordgelüsten der Juden auf Satan als ihren Vater. Wer so wie Jesus den traditionell Erwählten ihre Privilegien absprach, musste vom Bösen besessen sein; beide Parteien konnten nicht gleichzeitig zum Gott Israels gehören!

3.6.4 Jesus – ein Magier?

War Jesus möglicherweise ein Magier oder bediente er sich magischer Praktiken? Der Eindruck könnte entstehen, da Jesus, besonders in der Erinnerung des Markusevangeliums, bei seinen Heilungen magisch anmutende Techniken einsetzte: Dem Blindgeborenen schmierte er einen Erdbrei in die Augen (Joh 9,6), die Tochter des Jairus erweckte er durch eine Art Zauberformel vom Tod (Mk 5,41: „Talita kum", das heißt „stehe auf!"), dem Taubstummen legte er die Finger in die Ohren, berührte seine Zunge mit Speichel und heilte ihn durch den merkwürdigen Befehl „Hefa-

---

[1] Dies stellt Christian Strecker, Jesus und die Besessenen (in: W.Stegemann u.a., Jesus in neuen Kontexten*, 53-63), eindrücklich heraus.

[2] Gr. *exéste*, wörtlich ein vom Bösen getriebener Ekstatiker*.

[3] Mk 3,31-35: die wahre Familie Jesu; Mk 6,4: ein Prophet gilt nichts in seiner Heimat.

[4] Zum Image der Samaritaner bei den Juden zur Zeit Jesu vgl. Jürgen Zangenberg, Die Samaritaner (NTAK* 3, 2005), 47-50.

ta" (Mk 7,31-37: „Tu dich auf!"). Jesu Heilkraft übertrug sich „magisch" von seinem Gewand auf die blutflüssige Frau (Mk 5,27; 6,56).
Die Beispiele zeigen, weshalb sich viele Menschen von Jesus geradezu magisch angezogen fühlten. Sein Charisma* konnte durchaus mit magischen Fähigkeiten verwechselt werden. Doch, im Unterschied zu Magiern à la Simon Magus (Apg 8,4-25), wissen die Texte nichts von einer Ausbildung Jesu zum Magier, auch nichts von Einkünften aus magischer Praxis. Jesu merkwürdige Sprüche und Praktiken sind nicht auf magische Literatur zurückzuführen, sondern unterstreichen seine Vollmacht: Ein Befehl oder ein Wort genügten, um die Menschen zu heilen! Auffällig ist, dass Matthäus und Lukas die magisch anmutenden Züge deutlich reduzierten.[1]

3.6.5 Fazit: Der Glaube – Filter der Erinnerung

Das Bild Jesu in den Evangelien ist uneinheitlich. Neben Zügen des messianischen Heilsbringers gibt es andere, uneindeutige Züge. Jesus zog demzufolge eine Existenz jenseits gesellschaftlicher Normen vor, behandelte längst nicht alle Menschen gleich, versorgte seinen Jüngerkreis mit esoterischem Spezialwissen, wurde von seiner Familie für verrückt erklärt, hatte für viele wortwörtlich den Teufel im Leib, schien von allen guten Geistern verlassen, hantierte mit magisch anmutenden Praktiken und übte mit alledem eine enorme Anziehungskraft aus. Seine Eindeutigkeit erhielt Jesus nur im Glauben; der war nicht zuletzt das Ergebnis seiner durch nichts korrumpierbaren Vision, für die er sein Leben bis zuletzt einsetzte.

3.7 Ergebnis: Jesus – überzeugender Hoffnungsträger!

Jesus von Nazareth war der Erinnerung der Evangelien zufolge zwar historisch durchaus umstritten; seine Worte und Taten reichten nicht als objektive „Beweise" für seine göttliche Vollmacht aus. Doch er erwies sich denen, die sein Charisma* entdeckt hatten, als der entscheidende Prophet der Endzeit, ja als der von Gott bevollmächtigte Messias Israels. Das entscheidende Kriterium seiner Vollmacht und der Wahrheit seiner Botschaft war seine heilsame Wirkung. Die ausschlaggebenden Gründe für seine Glaubwürdigkeit waren seine Unbestechlichkeit und seine Unbeirrbarkeit, mit der er seine Vision vom besseren Leben zu den Menschen brachte.

---

[1] Ausführlich dazu Peter Busch, Wunder, Wundertäter und Magie (NTAK* 3, 2005), 133-137. – Weiter zum Thema Abschnitt 5.4.2.

Anfrage 3: Wusste Jesus, wer er war?

Die Frage ist historisch nicht zu beantworten; die Forschung äußert sich dementsprechend kontrovers.[1] Die Evangelien sprechen vom Menschensohn nur in der dritten Person. In der zweiten Person wird Jesus Heiliger Gottes (Mk 1,24), Sohn Gottes, des Allerhöchsten (Mk 3,11; 5,7; 15,39) oder Christus (Mk 8,29) genannt. Erst vor Gericht bestätigt Jesus seine Gottessohnschaft (Mk 14,62). Das heißt, Jesus war der Erinnerung nach äußerst zurückhaltend mit Ich-Aussagen; den Texten zufolge erkannten Dämonen, Jünger oder Römer seine wahre Bedeutung. Das unterstützt die sozialwissenschaftliche Vermutung, dass Jesus als Kind seiner Gesellschaft kein „Selbstverständnis" im modernen Sinn hatte, sondern auf seine Außenwahrnehmung angewiesen war (vgl. Mk 8,27: „Wer sagen die Leute, dass ich sei?"). Wir können demnach sicher nur sagen, dass Jesus von vielen Zeitgenossen als der erwartete Messias Israels angesehen wurde.[2]

Anfrage 4: Humor und Lebenslust – Fremdwörter für Jesus?

Auch diese Frage lässt sich nicht historisch beantworten. Der Erinnerung nach sprach Jesus von seiner Freudenzeit und vom Gottesreich als einer großen Feier (Mk 2,18-22; Mt 25,1-13; Lk 14,15-24). Er verwandelte Wasser in Wein und trank ihn auch selbst (Joh 2,13-21; Mk 14,23-25). Speiseverbote lehnte er Mk 7,15-23 zufolge ab. Ein humorloser Jesus passt nicht zu diesem Bild, auch wenn uns die Texte keine Beispiele seines Humors übermitteln. Dem lebensfrohen Jesus steht ein asketischer Jesus gegenüber: Er fastete vierzig Tage in der Wüste (Mt 4,1-11parr.), verzichtete auf einen festen Wohnsitz und mutete das auch den Jüngern zu (Mt 8,20; 10,5-14). Der Gegensatz erklärt sich aus unterschiedlichen Kontexten: Wo Jesus vom Reich Gottes spricht und zeichenhaft inszeniert, hat das Feiern seinen Platz. Wo es um das Engagement für das Gottesreich und um die Konzentration aufs Wesentliche geht, ist radikale Enthaltung angesagt. Auf das Weinen jetzt folgt das Lachen im Himmelreich, so Lk 6,21.

Anfrage 5: Wer war Jesus nach den Apokryphen?

Die Apokryphen* sind in ihrem historischen Wert umstritten, werden aber heutzutage zur Vervollständigung des Bildes Jesu regelmäßig heran-

---

[1] Zur Diskussion: Volker Hampel, Menschensohn und historischer Jesus, Neukirchen-Vluyn 1990, besonders 1-4.

[2] Ausführlich dazu Richard Rohrbaugh, Ethnozentrismus und geschichtliche Fragen, in: W.Stegemann u.a., Jesus in neuen Kontexten*, 212-223.

gezogen.[1] Sie bieten Evangelienstoffe, Worte und Wunder Jesu, Darstellungen seiner Kindheit und Passion sowie esoterische Unterweisungen. Nach den „Kindheitsevangelien" war Jesus ein Wunderknabe, der schon früh seine Göttlichkeit mit allerlei Wundern erkennen ließ. Neben Heilwundern überliefert etwa das Kindheitsevangelium des Thomas zahlreiche Verfluchungen, mit denen sich der halbwüchsige Jesus Respekt verschafft haben soll.[2] Der erwachsene Jesus erhält besonders in gnostisch* beeinflussten Texten die Züge eines esoterischen Lehrers.[3] Die Zeit zwischen Auferstehung und Himmelfahrt gilt hier als Phase exklusiver Unterweisung an die Jünger.[4] Rätselhafte Sprüche wie „wenn ihr die zwei zu einem macht [...], dann werdet ihr eingehen in Gottes Herrschaft" (EvThom Log 22; vgl. 2 Clem 12,2) oder „werdet Vorübergehende" (EvThom Log 42) sind typisch. Frauen wie Salome und Maria Magdalena werden als besondere Offenbarungsempfängerinnen dargestellt und in Konkurrenz zu den männlichen Jüngern gesetzt (EvÄg). Die ethischen Weisungen Jesu erhalten oft einen ausgesprochen asketischen und leibfeindlichen Touch (EvEb; vgl. 2 Clem 12,2; EvThom Log 22 und 37). Das Petrusevangelium schildert die Auferstehung Jesu vor vielen Zeugen (EvPetr 9-11), das gnostische Johannesapokryphon bietet ausgeweitete Erscheinungsberichte (ApcrJoh, NHC I 1,5-2,25*).[5] Gegen gnostische Tendenzen betont Ignatius von Antiochien die Leiblichkeit des Auferstandenen (IgnSm 3,2: „Fasst mich an!"). Die großenteils arabisch erhaltenen Agrapha* bieten interessante gleichnishafte Stoffe wie „lasst uns tüchtige Geldwechsler werden, die nach genauer Prüfung das Wertlose ablehnen und das Gute behalten".[6]

Der Blick auf die apokryphen Stoffe kann das Bild von Jesus bereichern und auf im Neuen Testament verdrängte Seiten aufmerksam machen. Die Frage, ob die Texte authentische Erinnerungen enthalten oder nicht, muss je und je neu gestellt werden (vgl. auch Abschnitt 3.6).

---

1 Theißen / Merz, Der historische Jesus*, 35-37; Berger, Wer war Jesus wirklich*, 151-168. Beide bieten Beispiele für apokryphe Jesusüberlieferung. Zurückhaltend urteilt Rau, Freund von Sündern und Zöllnern* über den Wert etwa des EvThom.

2 Neben KThom sind vor allem das ProtEv des Jakobus und das Pseudo-MtEv zu nennen; die Texte sind abgedruckt in E.Hennecke / W.Schneemelcher, Neutestamentliche Apokryphen, Bd. 1, 5.Auflage 1987. Eine kritische Einleitung bietet Hans-Josef Klauck, Apokryphe Evangelien. Eine Einführung, Stuttgart 2002ff.

3 EvThom 17: „Ich werde euch geben, das kein Auge gesehen und kein Ohr gehört hat, das keine Hand berührt hat und das keinem Menschen in den Sinn gekommen ist". Im Geheimen MkEv ist Jesus esoterischer Lehrer des auferweckten Lazarus.

4 ApcrJak (NHC I/2, frühes 2. Jh.): 550 Tage Geheimlehre vor Himmelfahrt.

5 Karrer, Jesus Christus*, 34.

6 Resch Agraphon Nr. 87. Ein weiteres Beispiel: „Es sprach Jesus, Friede mit ihm: Die schlechten Gelehrten sind wie die Felsen, die in die Flussmündung gefallen sind: Sie trinken das Wasser nicht, und sie lassen das Wasser nicht auf das Saatfeld gelangen. Die schlechten Gelehrten sind wie das Toilettenrohr, sein Äußeres ist Gips und sein Inneres ist verfault, und wie die Gräber, ihr Äußeres ist bewohnt (oder: glänzend ausgestattet), und ihr Inneres besteht aus den Gebeinen der Toten" (Resch Nr. 165).

4 Warum wurde Jesus bekämpft?

Jesus erzeugte nicht nur Hoffnungen, sondern auch Widerstand. An ihm schieden sich die Geister; für die einen war er der Heilsbringer, für die anderen die Bedrohung ihrer vitalen Interessen. Im Folgenden geht es nicht um die theologische Deutung des Todes Jesu (vgl. dazu Kapitel 6), sondern um die offenen und versteckten Motive, die zum Prozess gegen ihn führten. Das schließt politische und psychologische Aspekte ein (4.1; 4.2); inhaltlich stehen der Streit um die religiöse Vollmacht in Israel (4.3) sowie enttäuschte Erwartungen an Jesus im Mittelpunkt (4.4).

4.1 Eine politische Überlebensfrage

Die Sorge vor politischer Konkurrenz war dem legendarischen Bericht Mt 2 zufolge schon für Herodes das Motiv, in Bethlehem einen Kindermord anzuzetteln. Johannes der Täufer bezahlte seine Kritik an Antipas mit dem Leben (Mt 14,1-12). Bei der Verurteilung Jesu war, so die Texte, das politische Überleben der Machthaber in Judäa das entscheidende Argument.

4.1.1 Die Pharisäer: Eine fatale Fehleinschätzung

Folgt man dem Winzergleichnis (Mk 12,1-12parr.), führte eine doppelte fatale Fehleinschätzung zur Tötung Jesu. Die Sendung des „geliebten Sohnes", wird von den „Winzern", die hier für die Volksoberen stehen, als Kommen des ungeliebten Konkurrenten um den „Weinberg", sprich um die Führungsrolle im Volk mit all ihren Privilegien, missverstanden. Dass jedoch gerade in der Anerkennung des Sohnes die Chance auf die Erhaltung dieser Position liegen könnte, ziehen sie nicht in Erwägung. Umgekehrt sitzt auch der „Herr des Weinbergs", der für Gott steht, einer Fehleinschätzung auf, wie das Selbstgespräch in V.6parr. zeigt: Gegen seine Erwartung zollen die Winzer dem Sohn keinen Respekt, im Gegenteil.

4.1.2 Kaiaphas: Gedanken der Staatsraison

„Es ist besser für euch, ein Mensch sterbe für das Volk, als dass das ganze Volk verderbe" (Joh 11,50). Das Votum des Hohenpriesters Kaiaphas, gesprochen nach der spektakulären Auferweckung des Lazarus, ist nach Darstellung des Johannes der Abschluss einer hitzigen Debatte im Hohen Rat, wie mit Jesus umzugehen sei. Die offensichtlichen Zeichen göttlicher (Voll-)Macht, die Jesus tat, beschworen eine messianische Massenbewegung und damit das Eingreifen der Römer herauf. Der Beschluss, Jesus zu töten, war nach Joh 11,46-53 ein Kalkül der Staatsraison. Nicht davon zu trennen ist die Sorge um den Erhalt der Machtposition der Pharisäer und Hohenpriester. Sie waren von den Römern abhängig; jede romfeindliche Stimmung hätte ihre eigene Position gefährdet. Die Sorge um das Wohl des Volkes erscheint damit vorgeschoben; jedenfalls gelten die Volksoberen nach Joh 10 als „schlechte Hirten" – nicht etwa, weil sie das Volk in die Arme der Römer trieben, sondern weil sie es von Gott fernhielten. Die Gedanken des Kaiaphas bestätigen in ironischer Weise dieses Bild.

4.1.3 Pontius Pilatus: Schwach und korrumpierbar

Pontius Pilatus, 26-36 n.Chr. römischer Statthalter von Judäa und Samaria, hinterlässt bei der Lektüre der Evangelien einen zwiespältigen Eindruck: Einerseits fand er formal-juristisch keine Schuld an Jesus (Mt 27,23; Mk 15,14; Lk 23,14.22; Joh 19,4), andererseits gab er am Ende dem Druck des Volkes nach und verurteilte Jesus zum Tode. Die Texte führen unterschiedliche Gründe für sein Einknicken an: Nach Joh 19,12 drohten ihm die Volksoberen mit Denunziation beim Kaiser, wenn er Jesus als jüdischen Thronanwärter und damit als politischen Konkurrenten nicht ausschalte. Die Erpressung zeigte die gewünschte Wirkung: Jesus wurde verurteilt (Joh 19,13). Nach Mt 27,24 und Lk 23,23 fürchtete Pilatus eine Eskalation der angespannten Situation und gab nach – obwohl er gleich zweimal die Unschuld Jesu feststellen musste.[1] Nach Markus zeigte sich Pilatus maßgeblich von der Stimmung des Volkes abhängig, welches die Freilassung des Barabbas verlangte (Mk 15,15). Unterm Strich betrachtet, erscheint Pilatus in einer fragwürdigen Rolle. Formal-juristisch trug er die Verantwortung für den Tod Jesu; mit seinem Plädoyer für Jesus drang er nicht durch. Am Ende erscheint er schwach und korrumpierbar.

4.1.4 Fazit: Jesus – eine unkalkulierbare Bedrohung

Im komplizierten und instabilen Machtgefüge seiner Zeit wurde Jesus, so die Evangelien, als potenzieller Unruhestifter und als Gefahr für das politische Gleichgewicht empfunden. Die Sorge ums eigene politische Überleben wird als sehr banaler Grund für seine Beseitigung dargestellt.

4.2 Ein psychologisches Dilemma

Das nackte politische Überleben ist nur ein Strang im Geflecht der Motive, die schließlich zur Verurteilung Jesu führten. Daneben spielen zwischen

[1] Lk 23,14.22; vgl. Mt 27,23 und V.24b: „Ich wasche meine Hände in Unschuld".

den Zeilen andere, eher hintergründige Motive eine wichtige Rolle. Sie durchziehen die Evangelien ebenfalls von Anfang an.

4.2.1 Neid wegen übergroßer Popularität

Neid war das Hauptmotiv für die Auslieferung Jesu an Pilatus. Er entsprang, so Mt 27,18, dem unübersehbaren Erfolg Jesu beim Volk.[1] Sein befreiendes Handeln, seine erfrischende Art, mit der Tora umzugehen, sowie seine zielgenaue Kritik an den Praktiken der Oberen untergrub mehr und mehr deren Autorität. Die Beliebtheit Jesu ließ seine Gegner ein ums andere Mal davon absehen, ihn „auf frischer Tat" festzunehmen (Mt 21,46; Mk 3,6f.; vgl. 12,37). Sie sponnen ihre Ränke weiter und provozierten Gelegenheiten, Jesus an den Karren zu fahren. Formal-juristisch war ihm nichts vorzuwerfen; die Beharrlichkeit, mit der sie gleichwohl ihre Mordpläne verfolgten, wirft ein Licht auf die hintergründigen Motive.

4.2.2 Angst vor Prestigeverlust

Es musste die Oberen des Volkes ins Mark treffen, auf eine Stufe mit all jenen gestellt zu werden, von denen sie sich abzuheben versuchten. Die Zuwendung Jesu zu den Unterprivilegierten und Vergessenen der Gesellschaft sowie deren programmatische Aufwertung vor Gott war für sie ein Affront. Die Karten der Erwählung schienen neu gemischt, und das bedeutete für sie einen erheblichen Prestigeverlust. Das Argument, dass vor Gott alle Menschen gleich seien, fand hier kein Gehör. Selbst die grundsätzliche Wertschätzung der Pharisäer durch Jesus (Mt 23,1-3a) und seine Einladung auch an sie konnten den Affront nicht wettmachen.

Das Gleichnis vom verlorenen Sohn (Lk 15,11-32) macht das Dilemma anschaulich und stellt zugleich die Position Jesu bzw. Gottes klar: Der ältere Sohn, der sich immer an die Anweisungen des Vaters gehalten und nichts Ungebührliches für sich eingefordert hatte, soll die Zuwendung des Vaters und sein Erbe erneut mit seinem sündigen Bruder teilen. Das widersprach jeglicher Vorstellung von Gerechtigkeit. Selbst das Argument des Vaters, dass er (der Ältere) doch jederzeit am Reichtum des Vaters teilhabe, zieht nicht – zumindest bleibt das Ende der Erzählung offen.

Das Weinberggleichnis (Mt 20,1-16) lässt ebenfalls das menschliche Gerechtigkeitsdenken, das auf Leistung gründet und zwischen „Ersten" und „Letzten" unterscheidet, fragwürdig erscheinen. Was vor Gott zählt, ist das Wohlergehen aller; wo Gott gütig ist, kann der Mensch nicht neidisch sein (V.15). Die göttliche Gerechtigkeit ist mit Güte gepaart und darauf

---

[1] Joh 12,19: „Ihr seht, dass ihr nichts ausrichtet; siehe, alle Welt läuft ihm nach."

aus, auch den „Letzten" gerecht zu werden. Für diejenigen, die sich zu den „Ersten" zählten, war das eine kaum hinnehmbare Zumutung.
Dass der Prestigeverlust nicht nur ein Problem jüdischer Pharisäer war, sondern auch das Miteinander in der christlichen Gemeinschaft gefährdete, zeigen nicht nur diese Gleichnisse, sondern auch die Anfrage des Petrus nach angemessenem „Lohn" (Mt 19,27) und die Einforderung von Privilegien durch die Söhne des Zebedäus (Mt 20,20f.). Jesu Forderung nach Selbstbescheidung (gr. *tapeínosis*) ist ein Grundzug frühchristlicher Ethik und erinnert an die Gleichheit aller Menschen vor Gott.

4.2.3 Misstrauen gegenüber Neuerungen

Die Autorität der religiösen Führung Israels gründete nach Mk 7,3-9 im Wesentlichen darauf, die überkommenen Gebote der Tora sowie die Satzungen der „Ältesten" hochzuhalten und einzuschärfen. Das religiöse Leben spielte sich in den Bahnen von Sabbat-, Reinheits-, Speise- und vielen anderen Geboten ab. Die Haltung Jesu zur Tora und zur Halacha* stellte das in Frage: Nicht der Mensch sei für die Tora, sondern umgekehrt die Tora für den Menschen da (Mk 2,27). Damit war die Autorität der religiösen Führer Israels ausgehebelt (weiter Abschnitt 4.3.2; 7.7.1).
Der Fastenperikope (Mk 2,18-22) zufolge sah Jesus in der neuen Zeit, die mit ihm angebrochen war, die Legitimation, mit Vorgaben wie den Fastenregeln zu brechen: Die Zeit der Vorfreude auf die bevorstehende „Hochzeit" des „Bräutigams" ließ Abstinenz und Fasten deplatziert erscheinen. Das Liebesgebot gilt nach den Evangelien und anderen neutestamentlichen Schriften als Kern der Ethik Jesu. An ihm werden die Glaubenden erkannt (Joh 13,34f.). Umstritten war, ob das Liebesgebot eine religiöse Neuerung war. Besonders in konservativen Kreisen waren Neuerungen suspekt, weil sie die Geltung der „alten" Gebote und Bräuche relativierten.[1]

4.2.4 Fazit: Zuviel der Zumutung!

Jesus entzog den Texten zufolge mit seinem Handeln und seiner Toraauslegung den religiösen Führern Israels den Boden unter den Füßen. Seine souveräne Art, das Wohl der Menschen in den Mittelpunkt der Toraauslegung zu rücken, stellte ihre Autorität grundlegend in Frage. Erst recht war für sie die Gleichstellung aller Menschen vor Gott eine unerträgliche Zumutung. Zu den „objektiven" Argumenten der Staatsraison gesellten sich psychologische Motive von Misstrauen gegenüber Neuerungen über Neid

---

[1] Die Rede von einem „neuen Gebot" war zumindest in johanneischen Kreisen umstritten, vgl. die Diskussion um das Liebesgebot (vgl. Joh 13,34; 1 Joh 2,7; 2 Joh 5).

bis hin zu Angst vor Prestigeverlust. Angesichts der „objektiven" Unschuld Jesu erscheint das Vorgehen gegen ihn als Folge niederer Motive.

4.3 Eine religiöser Konflikt

Neben dem (außenpolitischen) Kalkül der Staatsraison und den genannten psychologischen Motiven gilt der (innenpolitische) Streit um den religiösen Führungsanspruch als dritter wichtiger Grund für das Vorgehen gegen Jesus. Folgt man den Evangelien, war dieser Streit ein Dauerbrenner. Die Interpretation der Mosetora war dabei ein Kernstück. Allerdings ist aus den Darstellungen eher etwas über die Theologie der Evangelisten als über die historische Haltung Jesu zu lernen. Nur so viel darf als gesichert gelten: Die charismatische* Vollmacht Jesu wurde von der religiösen Führungsschicht als Bedrohung wahrgenommen und gab Anlass, ihn zu verfolgen. Der Streit lässt sich in mehrere Fragestellungen gliedern.

4.3.1 Was ist die Kraftquelle Jesu?

Jesu charismatische* Vollmacht (gr. *exousía*) an sich war unstrittig. Seine Wundertaten wurden den Berichten nach selbst von seinen Gegnern anerkannt. Regelmäßig priesen die Augenzeugen Gott für die erlebte Wundertat. Die Wunder waren ein wesentlicher Grund für den großen Zulauf, den Jesus beim Volk hatte und zugleich für den Widerstand der religiösen Führung. Aus ihrer Sicht war zu allererst zu fragen, woher Jesus seine Vollmacht bezog. Entweder war er tatsächlich der Gesandte Gottes, und in ihm handelte Gott selbst. In diesem Falle wäre ihre Opposition gegen Jesus zugleich Opposition gegen den Gott Israels, dessen Willen sie ja doch erfüllen wollten. Oder Jesus stand mit Satan im Bunde – nur er konnte vergleichbare Zeichen vollbringen.[1] Wollten sie sich nicht selbst als Gottesleugner darstellen, mussten sie Jesus als Gesandten Satans entlarven.
In Mt 12,22-32parr. wird der Streit um die Vollmacht Jesu ausgefochten. Auf die Vertreibung eines Dämons aus einem Taubstummen hin bezichtigen die Pharisäer Jesus, mit Beelzebul, dem Chef der Dämonen, im Bunde zu stehen. Jesus weist den Vorwurf plausibel zurück: Nur ein in sich einiges Haus hat Macht; ein Vorgehen gegen Dämonen im Auftrag Beelzebuls wäre unlogisch und widersinnig! Dann geht Jesus in die Offensive. Erstens: Auch Pharisäer betätigen sich als Exorzisten – doch nicht etwa in satanischer Vollmacht?![2] Zweitens: Die Austreibung der Dämonen ge-

[1] Joh 10,20 bezieht den Vorwurf auf die Hirtenrede Jesu: „Viele unter ihnen sprachen: Er hat einen bösen Geist und ist von Sinnen; was hört ihr ihm zu?" (vgl. auch Abschnitt 3.6.3)

[2] Dieses Argument fehlt bei Markus.

schieht mithilfe des Geistes (Mt) bzw. des Fingers Gottes (Lk). Wo Satans Truppen zurückweichen, etabliert Gott hier und jetzt seine Herrschaft (Mt 12,28par. Lk 11,20). Drittens: Wer die offensichtliche Göttlichkeit Jesu verleugnet, begeht eine unvergebbare Sünde gegen den Geist (Mt 12,32parr.). Die Frage ist also nicht, ob Jesu Vollmacht erkennbar ist, sondern wie man sich zu ihr stellt. Daher weist Jesus auch die Forderung nach beweiskräftigen „Zeichen" zurück (Mt 12,38-42parr.).

4.3.2 Wie ist die Tora auszulegen?

Der Streit um die legitime Auslegung der Mosetora ist ein zentrales Thema der Evangelien. Sie machen Jesus zum Anwalt eines Verständnisses, das streng auf das Wohl des Menschen bezogen ist. An exemplarischen Themenfeldern wie Sabbat-, Fasten- und Reinheitsgeboten wird die Haltung Jesu in Erinnerung gehalten.

Sabbat
„So ist der Menschensohn ein Herr auch über den Sabbat" – mit diesem Spruch endet die Szene vom Ährenraufen der Jünger am Sabbat (Mk 2,23-28). Die Übertretung des Toragebotes wird durch die Not der Jünger und mit Hinweis auf den Präzedenzfall Davids begründet (1 Sam 21,7). Nicht sei der Mensch für die Einhaltung des Sabbats, sondern umgekehrt der Sabbat um des Menschen willen geschaffen (Mk 2,27). Die Not von Menschen und Tieren rechtfertigte den Bruch des Sabbatgebotes (Mt 12,11; Lk 14,5). Die Gebote Gottes sollen das Leben fördern, nicht gefährden – das gilt als Grundsatz der Gesetzesauslegung Jesu. Nicht zufällig lassen die Evangelien viele Wundergeschichten am Sabbat stattfinden, um das zu demonstrieren.[1] Die Übertretung des Sabbatgebots musste für konservative Toraausleger eine Provokation darstellen. In ihren Augen brach Jesus dadurch mit der Mosetora an sich. Das konnte nicht toleriert werden![2]

Fasten
Aus Mk 2,18-22parr. wird deutlich, dass Jesus in puncto Fastengebote sowohl von der Gruppe Johannes des Täufers als auch von den Pharisäern abwich. Der provokative Bruch mit den Konventionen wurde dem Text zufolge von Jesus damit begründet, dass mit ihm die Zeit der Hochzeitsvorbereitung, also eine Freudenzeit, angebrochen sei. Die Metapher* erinnert an die prophetische Verheißung der „Hochzeit" des Gottes Israels mit seiner Braut Zion (Jes 62,5; Jer 2,2). In Mk 2 wird das Bild auf Jesus über-

1 Heilung der verdorrten Hand Mk 3,1-6parr.; der verkrümmten Frau Lk 13,10-17 u.a.

2 Die Evangelien differenzieren nicht zwischen jüdischen Auslegungstraditionen wie den Schulen Hillels und Schammais; vgl. dazu Friedrich Avemarie, Die Formierung des rabbinischen Judentums (NTAK* 1, 2004), 194-198.

tragen: Er ist der Bräutigam und die Jünger sind seine Freunde, mit denen er die Hochzeit vorbereitet! Eine solche Freudenzeit verträgt sich nicht mit Fasten – die neue Situation erfordert neue Spielregeln. Fasten und Festefeiern passen nicht zusammen, genauso wenig wie ein neuer Lappen auf ein altes Tuch oder neuer Wein in alte Weinschläuche.[1] Lukas macht das provokative Potenzial dieser Argumentation noch deutlicher, indem er anfügt: „Niemand, der vom alten Wein trinkt, will neuen; denn er spricht: Der alte ist milder" (Lk 5,39). Damit ist der „neue Wein" Jesu als scharf und wenig schmackhaft charakterisiert.

Speise und Reinheit

„Es gibt nichts, was von außen in den Menschen hineingeht, das ihn unrein machen könnte; sondern was aus dem Menschen herauskommt, das ist´s, was den Menschen unrein macht." (Mk 7,15). Auch in diesem sensiblen Bereich setzte Jesus neue Maßstäbe. Gegen die pharisäische Toraauslegung in den „Satzungen der Väter"[2] favorisierte Jesus, folgt man Mk 7, ein konträres Toraverständnis: Während Speisen jedwelcher Art vom Menschen am Ende wieder ausgeschieden würden und daher unschädlich seien, mache ihn das, was aus seinem Mund kommt, unrein und stelle ihn ins Abseits.[3] Schwerer als äußerliche wiege innerliche Unreinheit, die sich in allerlei Fehlhaltungen äußert (vgl. Mk 7,21f.: Lasterkatalog). Hier klingt ein Prinzip an, das auch in anderen Kontexten begegnet und tendenziell die Haltung Jesu anzeigen dürfte: Das Innerliche ist wichtiger als das Äußerliche, die „herzliche" Befolgung des göttlichen Willens wichtiger als die äußerliche Einhaltung von Riten,[4] denn Gott schaut in die Herzen, der Mensch jedoch nur auf das Äußere (Lk 16,15 u.ö.). Die Vätersatzungen gelten dagegen als unverbindliche „Menschengebote" (Mk 7,8-13).

Einen eigenwilligen und provokativen Umgang mit den Reinheitsgeboten zeigte Jesus nach einhelliger Meinung auch in seinen Wundern: Anstatt sich von „Unreinen" fernzuhalten, ging er auf sie zu, scheute nicht vor Körperkontakt zurück und hielt Gemeinschaft mit ihnen (vgl. Abschnitt 3.3.3). Das musste auf die Kultvertreter bedrohlich wirken: Zum einen war Jesus ein potenzieller Überträger von Unreinheit, zum anderen stellte er mit seinem Erfolg die Grundlage der Kultvorschriften in Frage.

---

[1] Auch Kol 2,16-23 sowie EvThom Log 14 und Log 104 lehnen das Fasten ab. Es wurde später wieder eingeführt (Mk 2,20; Justin, apol. I 61,2; Did 7,4 usw.).

[2] Mk 7; zur so genannten Halacha* vgl. Ulrich Kellermann, Jüdisches Recht (NTAK* 1, 2004), 258-268; zur Frage der Reinheit vgl. Wolfgang Schneider, Gesellschaft und Ritus, (NTAK* 1, 2004), 48-60.

[3] Eine grundsätzliche Infragestellung von Speisegeboten findet sich in 1 Kor 8,8 und 1 Tim 4,3: Alle Speise kommt von Gott und ist von daher grundsätzlich gut.

[4] Vgl. die Rede von der „Beschneidung des Herzens" bei Paulus, Röm 2,28f., ausweislich 5 Mos 30,6. Deutlich ist der Anklang an die Verheißung des neuen Bundes in Jer 31.33 und Ez 11,19. Schon für Philo v.Alexandrien ist die innere Haltung entscheidend, auch wenn er an äußerlicher Toraobservanz festhält (z.B. Quaest in Ex 2,2).

Fazit: Die Tora zum Heil des Menschen

Der Streit um die legitime Toraauslegung war ein wichtiger, innerjüdischer Konfliktpunkt zwischen Jesus und den Religionshütern.[1] Während Letztere in der Tora den unbedingt und möglichst präzise zu erfüllenden Willen Gottes sahen, bezog Jesus die Gebote konsequent auf den Menschen und sein Wohlergehen. Gegen ein restriktives, am Buchstaben der Tora und der Halacha* orientiertes Verständnis, das Leben zu gefährden drohte, stellte Jesus souverän das Wohl des Menschen in den Mittelpunkt.

4.3.3 Wer führt das Volk zu Gott?

Die Macht in Palästina war zur Zeit Jesu auf mehrere Instanzen verteilt: Die oberste politische Macht lag bei den Römern. Von ihnen eingesetzt, sorgten in einigen Landesteilen die Herodianer, in anderen römische Prokuratoren für Ordnung in der unruhigen Provinz. Die eigentliche Volksvertretung war der Hohe Rat (Sanhedrin*), ein Parlament, in dem die wichtigsten Gruppen repräsentiert waren. An der Spitze des Tempelkultes, den die Juden zu jener Zeit noch eigenständig organisieren konnten, stand der Hohepriester. Die Ordnung des religiösen Alltagslebens war eine Herzensangelegenheit der Pharisäer. Alle Gruppen konnten für sich einen Führungsanspruch über das Volk reklamieren. Er wurde von Jesus allein schon durch sein Charisma* in Frage gestellt. Die Evangelien machen den politisch-religiösen Führungsanspruch in mehreren Szenen zum Thema.

Der gute und die schlechten Hirten (Joh 10)

Als prominenter Text ist hier die Hirtenrede Jesu (Joh 10) zu nennen. Der Text benennt Kriterien für gute und schlechte „Hirten“: Schlechte Hirten wirtschaften in die eigene Tasche und lassen die Herde im Zweifelsfall im Stich. Ein guter Hirte kennt seine Schafe, achtet ihr Wohl und riskiert gegebenenfalls sein Leben, um sie vor Gefahren zu schützen. Jesus präsentierte sich nach Joh 10 als der „gute Hirte“, der die Seinen kennt und sein Leben für sie lässt.[2] Wer ihn akzeptiert und durch ihn das Heil sucht, wird selig werden („Ich bin die Tür“, V.9). Mit seiner Rede steht Jesus in der Tradition der Propheten Israels, die die Verantwortlichen im Volk an ihren Auftrag erinnerten und sie zur Ordnung riefen. Ihre provozierende Ansprache hatten viele von ihnen mit dem Leben bezahlt. In Jesus schien die Verheißung Ezechiels erfüllt, nach welcher Gott seinem Volk einen wahren Hirten in Gestalt Davids schicken werde (Ez 34,23).[3]

---

[1] Mit Wolfgang Stegemann, Kontingenz und Kontextualität der moralischen Aussagen Jesu, in: ders. u.a., Jesus in neuen Kontexten*, 167-184.

[2] Joh 10,11.14; vgl. Joh 15,13: „Niemand hat größere Liebe als die, dass er sein Leben lässt für seine Freunde.“

[3] Vgl. zum Bild vom Hirten auch den bekannten Ps 23. Weiter dazu Abschnitt 6.4.

„Blinde Blindenführer" (Mt 15 und 23)
Im Kontext der Debatte um Reinheit und Unreinheit fällt in Mt 15,14 Jesu Wort über die Pharisäer „Lasst sie, sie sind blinde Blindenführer! Wenn aber ein Blinder den anderen führt, so fallen sie beide in die Grube." Das Bildwort, dessen ursprünglicher Kontext nicht mehr erkennbar ist,[1] bringt die Kritik an den fehlenden Führungsqualitäten der Pharisäer auf den Punkt: Sie seien unverständig und hätten dem Volk nichts voraus, was sie zu dessen Leitung befähigt. Der Hauptvorwurf war Mt 23,15-28 zufolge die Heuchelei (gr. *hypókrisis*): Die Pharisäer stellten ihre Frömmigkeit zur Schau und ließen sich ehren, sie seien dem Volk gegenüber äußerst penibel und kleinkariert, zugleich aber äußerst großzügig, wo es um ihren eigenen Vorteil geht. Auch hier ist das Verhältnis von äußerlich und innerlich ausschlaggebend: „Weh euch, Schriftgelehrte und Pharisäer, ihr Heuchler, die ihr die Becher und Schüsseln außen reinigt, innen aber sind sie voller Raub und Gier! Du blinder Pharisäer, reinige zuerst das Innere des Bechers, damit auch das Äußere rein wird!" (V.25f.). Das Kennzeichen echter Führungsqualität ist hingegen Selbstzurücknahme bzw. Dienstbereitschaft am Nächsten (gr. *tapeínosis*): „Wer sich selbst erniedrigt, der wird erhöht" (Mt 23,12). Das lebte Jesus vor, und das forderte er von seinen Jüngern.

4.3.4 Wer darf Sünden vergeben?

Das Innerliche ist das Entscheidende, nicht das Äußerliche – das gilt auch bei Heilungen. Die physische Heilung des Gelähmten in Mk 2,1-12 hat (lediglich) die Funktion eines Zeichens, das die göttliche Vollmacht des „Menschensohnes" unterstreicht. Das Entscheidende ist die Sündenvergebung am Kranken. Die äußerliche Gesundheit verliert angesichts der innerlichen Reinigung von Sünden an Gewicht; die innerliche Verunreinigung gilt als die größere Gefahr für den Menschen.[2] Die pharisäischen Augenzeugen wissen das und wittern Gotteslästerung, denn Sündenvergebung war ein Privileg Gottes[3] und ihre Vermittlung dem Hohenpriester am Jom Kippur vorbehalten (3 Mos 16). Was Jesus hier tut, ist aus pharisäischer Sicht Amtsanmaßung, ja Gotteslästerung. Das und andere Provokationen führten, folgt man Mk 3,6, schon früh zum Beschluss, Jesus zu töten.

---

[1] In Lk 6,39 wird dasselbe Wort als Mahnung vor gegenseitigem Richten überliefert.

[2] Vgl. Joh 5,14, Heilung des Kranken am Teich Bethesda, sowie Joh 8,11, Jesus und die Ehebrecherin. – Nach jüdischer Ansicht war Krankheit überhaupt eine Folge von Sünde, vgl. die Frage der Jünger in Joh 9,2. Jesus scheint diese Auffassung nicht geteilt zu haben, wie seine Antwort (V.3) und seine Reaktion auf das Unglück von Siloah zeigen (Lk 13,1-5). Nach dem letztgenannten Text müssen alle Menschen gleichermaßen umdenken („Buße tun"), um nicht dasselbe fatale Schicksal zu erleiden.

[3] Mk 2,6f., ausweislich Ps 130,4; Jes 43,25 u.a.

4.3.5 Wem gehört die Erwählung?

Nicht automatisch den geborenen Juden

Wer Jude ist, gehört zum erwählten Volk Gottes. Diese pauschale Auskunft wurde bereits früh differenziert: Tritojesaja* nennt als Erwählungskriterien die Anerkennung Jahwes und das Tun der Gerechtigkeit (Jes 56-59.65f.). Das Erwählungsbewusstsein der religiösen Führung Israels, das auf Toraobservanz* gründete, wurde Mt 23 zufolge von Jesus nachhaltig in Frage gestellt. Die Bußpredigten Jesu und des Täufers stellten das ethnische Kriterium grundsätzlich in Frage: „Denkt nur nicht, dass ihr bei euch sagen könntet: Wir haben Abraham zum Vater. Denn ich sage euch: Gott vermag dem Abraham aus diesen Steinen Kinder zu erwecken" (Mt 3,9par. Lk 3,8; vgl. Mt 8,11f.; 12,41f.). Provokativ war die Vorstellung, dass Gott die Erwählung (zumindest zeitweise) ganz von Israel abziehen und anderen Menschen übertragen könnte (Mk 12parr.: Winzergleichnis).

Denen, die Jesus anerkennen und „Frucht" bringen

Mehrfach wird der Erwählungsanspruch an die Anerkennung Jesu gebunden: Er war der „Schlussstein" des Erwählungsgebäudes und zugleich der „Stein des Anstoßes", über den die Erwählten Israels stolperten (Mk 12,1-12parr.: Winzergleichnis). Wie im Weinberglied (Jes 5) wird an die Verantwortlichkeit des Volkes Gott, dem Herrn des „Weinbergs" gegenüber, erinnert. Erwählung gibt es nicht zum Nulltarif; Gott hat Anspruch auf „Früchte". Im Winzergleichnis verweigern die Pächter dem Herrn seinen Pachtanteil. Übertragen bedeutet das die Weigerung der religiösen Führungsschicht, Gott die fälligen „Früchte", sei es in Form von Gerechtigkeit und Barmherzigkeit, sei es in Form von Menschen, die durch sie wieder zu Gott finden, abzuliefern. Nach der Version des Matthäus gilt dieser Anspruch weiter für die christliche Gemeinde, die mit dem Gleichnis ebenfalls angesprochen und an die fälligen „Erträge" erinnert wird (Mt 21,43).[1]

Den Würdigen und Ungebundenen

Die Zugehörigkeit zum Volk Israel bzw. die christliche Taufe sichern nicht automatisch das Heil – so sagt es das Hochzeitsgleichnis (Mt 22,1-14par. Lk 14,15-24). Zunächst komme es darauf an, der Einladung Jesu zum großen Fest Gottes zu folgen, und das heißt: Jesus als den „Sohn" bzw. entscheidenden Boten Gottes anzuerkennen. Nach der Szene vom Hochzeitsgewand (Mt 22,11-13) sind zusätzlich eine adäquate Festvorbereitung und ein würdiges Erscheinen wichtig. Das „weiße Gewand" steht in anderen Kontexten für Gerechtigkeit als Erkennungsmerkmal der Erwählten (Offb 3,4f. u.a.); das kommt der matthäischen Ethik sehr nahe (vgl. Mt 5,20, die

---

[1] Das „Fruchtbringen" ist im Neuen Testament regelmäßig Metapher* für das Tun des Guten, vgl. Joh 15,1-16; Gal 5,22f. – Auch das Hochzeitsgleichnis Mt 22,1-14par. und das Wort vom Ärgern Mt 11,6 binden die Erwählung an die Anerkennung Jesu.

Forderung nach „besserer Gerechtigkeit"). Die lukanische Version sieht ebenfalls in der Anerkennung Jesu das Entscheidende und warnt zugleich davor, in weltlichen Verbindlichkeiten und Geschäften aufzugehen und dadurch das Entscheidende zu verpassen. Die Armen haben hier einen enormen Vorteil: Sie haben nichts zu verlieren und sind zur rechten Zeit zur Stelle. Das lukanische Gleichnis endet offen – als Appell an die Reichen und Etablierten, ihren Alltag und ihre Haltung zu den Randständigen zu überdenken. Nur, wenn sie bereit sind, sich mit ihnen an einen Tisch zu setzen, werden sie selbst an der Feier teilhaben.[1]

Die Sanftmütigen, Verfolgten und Randständigen
Die Seligpreisungen der Bergpredigt (Mt 5,3-12) stellen programmatisch klar, wem die Erwählung aus der Sicht Jesu gehört: denjenigen, die darauf verzichten, ihre Interessen mit Ellbogen durchzusetzen und stattdessen ihr Leben für Frieden und Gerechtigkeit investieren. Lukas legt den Akzent auf die Seligkeit derer, die am Rande der Gesellschaft leben und an ihren Errungenschaften keinen Anteil haben (Lk 6,20-23). Die Hinwendung Jesu zu den „Verlorenen" Israels entwickelte sich zu einem Hauptkonfliktpunkt mit dem pharisäischen Judentum (vgl. Abschnitte 7.5 und 7.11.1).[2]

4.3.6 Fazit: Vollmacht zeigt sich in der Sorge um die „Verlorenen"

Jesu charismatisches* Auftreten führte den Texten zufolge zu einer intensiven Auseinandersetzung um den religiösen Führungsanspruch über Israel. Dabei wird das Konkurrenzdenken der Pharisäer und Schriftgelehrten als fatale Fehleinschätzung dargestellt: Es ging nicht um die Alternative Jesus oder die Anderen, sondern um den Erhalt des Führungsanspruchs *durch* die Anerkennung Jesu. Gerade darin hätten die „Hirten" des Volkes ihren Auftrag, das Volk zu Gott zu führen, erfüllt. Diese Paradoxie wird durch die Metaphern* „Schlussstein der Erwählung" oder „Stein des Anstoßes" zum Ausdruck gebracht. Die Auskunft der Evangelien zur Frage der Erwählung untermauert das: Erwählung ist nicht teilbar, sie ist kein Privileg, sondern gilt allen, auch den „Verlorenen" und Vergessenen.

4.4 Enttäuschte Erwartungen

Jesus weckte große Erwartungen und Hoffnungen. Manche von ihnen sind in jüdischen Texten nachzulesen, manche werden in den Evangelien aufgegriffen. Die Gründe, weshalb das Volk und seine Führung Jesus am

---

[1] Ähnlich offen endet das Gleichnis vom verlorenen Sohn (Lk 15,11-32).
[2] Mit Rau, Freund von Sündern und Zöllnern*, 166.

Ende ans Kreuz brachten, werden von den Texten auch in enttäuschten Erwartungen gesehen. Sie sind im Folgenden Gegenstand der Betrachtung.

4.4.1 Die Erwartung politischer Befreiung

Die alttestamentlich-jüdische Messiaserwartung
In der Zeit des Babylonischen Exils (587-538 v.Chr.) wuchs die Sehnsucht nach einem neuen König aus der Dynastie Davids. Er sollte dem leidenden Volk die befreiende Botschaft verkündigen, den Erwählungsstand wiederherstellen und das Volk in einen unabhängigen und florierenden Staat Israel zurückführen (Jes 61,1; vgl. Dan 9,25). Die Beschreibungen lassen einen messianischen Geistträger erwarten, ausgestattet mit Gerechtigkeit, Weisheit, Macht, Erkenntnis und Gottesfurcht.[1] Historische Figuren wie Serubbabel, Jeschua und der Perserkönig Kyros wurden als Messias gehandelt.[2] Die politische Messiaserwartung setzte sich auch in späterer Zeit fort und reichte bis in die neutestamentliche Zeit.[3]

Jesus von Nazareth – einer von vielen Messiasanwärtern
Dass Jesus von vielen Zeitgenossen als der ersehnte Befreier angesehen wurde, lag im Gefälle der damaligen Situation des Landes.[4] Seit dem Verlust der politischen Unabhängigkeit im 6. Jahrhundert v.Chr., und erst recht seit dem Einmarsch der Römer im Jahre 63 v.Chr., konzentrierte sich die Hoffnung auf einen politischen Messias aus dem Hause Davids. Der Leidensdruck erhöhte sich durch soziale Repressionen der römischen Prokuratoren und der Herodianer ständig, bis das Fass überlief und sich die angestaute Wut im Ersten Jüdischen Krieg gewaltsam entlud (67-72 n.Chr.). Der Aufstand unter Simon bar Kochba (132 n.Chr.) war ein später Ausläufer politisch-messianischer Hoffnungen. Wie wir vom jüdischen Geschichtsschreiber Flavius Josephus (ca. 36-100 n.Chr.) wissen, war die Zeit Jesu eine Zeit hoch angespannter messianischer Erwartungen. Jesus war einer von vielen, die in jener Zeit als Messiasprätendent gehandelt und vor den politischen Karren der Zeloten* gespannt wurden.[5]

---

1 Jes 9,5f.; 11,1ff.; Jer 33,14-26; Mi 5,1; vgl. Ez 34,23.

2 Jes 45,1: Kyros; Hag 2,23; Sach 4,14: Serubbabel und der Hohepriester Jeschua.

3 Vgl. die apokryphen* Psalmen Salomos (PsSal 17,32*; 18,5-7*; kurz nach 48 v.Chr.), die mit dem Messias die Vernichtung der Feinde Israels und das Zeitalter einer gerechten Gesellschaft erwarten. Weiter 1QS 9,9-11* (Erwartung zweier politischer und eines prophetischen Messias). Eine endzeitliche Gestalt jenseits der Geschichte wird im äthiopischen Henochbuch (äthHen 48,10*; 52,4*) und im Vierten Esrabuch erwartet (4 Esr 7,28f.*; 12,31f.*: ein politischer Messias und Vollstrecker des Endgerichts). – Zu priesterlichen Messiaserwartungen vgl. Abschnitt 4.4.3.

4 Dazu Kurt Erlemann, Propheten und Messiasse (NTAK* 3, 2005), 40-44.

5 Vgl. Mk 13,6.22. Flavius Josephus nennt u.a. den Sklaven Simon und den Hirt Athronges (Bell 2,57ff. = Ant 17,273ff.). Weitere Namen sind der Zelot* Menahem,

Politische Erwartungen in den Evangelien
Jesus wurde den Evangelien zufolge als messianischer Befreier gehandelt. Matthäus und Lukas lassen ihn in Bethlehem, der Heimatstadt Davids, geboren sein und führen seinen Stammbaum auf David zurück (Mt 1par. Lk 2f.). Die Weisen aus dem Orient erkennen im Kind von Bethlehem den künftigen König der Juden (Mt 2,1f.). König Herodes sieht der Legende nach in ihm einen Konkurrenten, den er zu vernichten sucht (Mt 2,16-18). Joh 7,40-43 berichtet von einer Diskussion über den Herkunftsort Jesu, die die Entstehung der Rede von seiner Davidssohnschaft spiegeln dürfte.[1]
Besonders Markus streicht die politische Erwartung des Volkes an Jesus heraus. Bei seinem Einzug in Jerusalem skandieren die Massen „Hosianna! Gelobt sei, der da kommt in dem Namen des Herrn! Gelobt sei das Reich unseres Vaters David, das da kommt! Hosianna in der Höhe!“ (Mk 11,9f.).[2] An den erwarteten Davididen richtete sich der Hilferuf „Hosianna – hilf doch!“ Die anschließende Fangfrage, ob Jesus Steuern an den Kaiser gutheiße oder nicht (Mk 12,13-17), war ebenfalls politisch motiviert: Steuerverweigerung gehörte schon immer zu politischer Rebellion, zu Intifada. Auch die Frage nach der Davidssohnschaft (Mk 12,35-37) lässt die politische Erwartung erkennen. Und das Johannesevangelium bestätigt sie: Nach der Speisung der 5000, so Joh 6,15, entwich Jesus allein auf einen Berg, als er merkte, dass ihn das Volk zum König machen wollte.

Die große Enttäuschung
Die politischen Erwartungen wurden den Berichten nach nicht erfüllt. Statt Realpolitik betrieb Jesus mit der Berufung des Zwölferkreises Symbolpolitik und propagierte Gewaltverzicht.[3] Der Einzug in Jerusalem auf dem Füllen einer Eselin drückte symbolisch den Weg der Sanftmut und des Gewaltverzichts aus (Mt 21,5 zitiert hierzu Sach 9,9). Nicht der königliche Palast oder das Palais des Pilatus, sondern der Tempel war die erste Station Jesu in Jerusalem (Mk 11,15-18). Die Steuerfrage beantwortete er nicht im gewünschten Sinne, sondern erklärte sie für zweitrangig gegenüber dem, was man Gott zu geben schuldig sei.[4] Die Frage nach der Davidssohnschaft beantwortete er überraschend: Er sei nicht der Sohn, sondern der Herr Davids! (Mk 12,37) – eine Äußerung, die das Volk offenbar missverstand, wie die geschilderte Reaktion („und alles Volk hörte ihn

---

der angeblich wie David in Bethlehem geboren wurde, und Simon bar Giora, der wie Jesus von den Römern als „König der Juden“ hingerichtet wurde (Bell 7,26-31).

1 Mündlicher Hinweis von Klaus Berger.

2 Matthäus und Lukas mildern etwas ab, lassen den politischen Anspruch aber auch erkennen: „Hosianna dem Sohn Davids. Gelobt sei, der das kommt in dem Namen des Herrn! Hosianna in der Höhe!“ (Mt 21,9); „Gelobt sei, der da kommt, der König, in dem Namen des Herrn! Friede sei im Himmel und Ehre in der Höhe!“ (Lk 19,38).

3 Gerd Theißen, Die politische Dimension des Wirkens Jesu, in: W.Stegemann u.a., Jesus in neuen Kontexten*, 112-123.

4 Mk 12,17: „Gebt dem Kaiser, was des Kaisers ist, und Gott, was Gottes ist!“

gern", V.37b) zeigt. Der Verzicht Jesu auf jegliche Verteidigung bei seinem Prozess führte zur Enttäuschung der hoch gesteckten politischen Erwartungen, wie die Barabbasszene (Mk 15,6-15) unterstreicht; das Volk setzte statt auf Jesus am Ende auf einen eher unbekannten Zeloten.

4.4.2 Die Erwartung des endzeitlichen Propheten

Die Hoffnung auf den endzeitlichen Elia, der den Tag Gottes ankündigen bzw. dem Messias den Weg bereiten sollte (Mal 3,23; vgl. Mk 9,11f.), wurde, folgt man etwa Mk 6,15, auf Jesus bezogen. Von vielen wurde er als Prophet wahrgenommen, auch von der Samaritanerin am Brunnen (Joh 4,19). Seine prophetische Vollmacht wurde wohl weithin akzeptiert. Seine Wunder, die deutlichen Worte in Sachen sozialer Gerechtigkeit, die unmissverständliche Kritik an der Führungsschicht sowie Jesu Worte gegen den Tempel[1] erinnern an das Vorbild der Propheten Israels und führten schließlich zum Prozess gegen ihn. Sein Image bewahrte Jesus Mt 21,46 zufolge aber vorerst vor dem Zugriff seiner Gegner.
Die frühchristliche Deutung sah nicht in Jesus, sondern mehrheitlich in Johannes dem Täufer den endzeitlichen Elia (Mk 9,13parr.; anders Joh 1,21). Seine Wunder und eschatologischen* Zeichen machten Jesus zum Messias Israels. Er kündigte das Gottesreich nicht nur an, sondern er war Teil desselben. Die wohl auf Jesus selbst zurückgehende Aussage: „Wahrlich, ich sage euch: Es stehen einige hier, die werden den Tod nicht schmecken, bis sie sehen das Reich Gottes kommen mit Kraft" (Mk 9,1) signalisiert ein Geschichtsverständnis, das weit über das der Propheten hinausging.[2] In der „Antrittspredigt" Jesu in der Synagoge von Nazareth (Lk 4,18-21) wird sein messianischer Anspruch auf den Punkt gebracht: „Heute ist dieses Wort der Schrift erfüllt vor Euren Ohren" (V.21, bezogen auf die Verheißung Jes 61,1f.). Statt einer „geordneten" und planbaren Vorbereitung auf das Reich Gottes bot Jesus die überraschende Ankunft Gottes hier und jetzt. Anstelle eines spektakulären Eingreifens zugunsten seines Volkes kam er unspektakulär, in Gestalt eines umstrittenen Provokateurs.

4.4.3 Die Erwartung einer Tempelreform

Eine andere Erwartung, die im zeitgenössischen Judentum kursierte, war die einer messianischen Kultreform. Die Schriften von Qumran erwarten für die Endzeit einen aaronitischen Messias.[3] Das Testament Levis be-

---

[1] Mt 26,61; 27,40; Mk 13,2; Joh 2,20f.; vgl. Jer 26!

[2] Zur Zeit der Abfassung der Evangelien war Mk 9,1 wohl hoch problematisch und verdankte es am ehesten der Autorschaft Jesu, dass es nicht zensiert wurde.

[3] Gemeinderegel 1 QS 9,11; Damaskusschrift CD 12,23; 14,19; 19,10f. 20,1.

schreibt die Dekadenz des levitischen Priestertums und die Ankunft eines neuen Priesters, der allen Völkern Erkenntnis bringen und ein Gericht der Wahrheit halten werde (TestLev 17f.).

Die Rückführung des Tempels zu seiner ureigensten Bestimmung war Jesus, folgt man Mk 11,15-19parr., so wichtig, dass er zu ungewohnt rabiaten Mitteln griff. Er agierte als der endzeitliche Kultreformer von Sach 14,21.[1] Nach Mk 11,17 setzte er den Anspruch von Jes 56,7 („mein Haus wird ein Bethaus heißen für alle Völker") in die Tat um. Mt 21,14 zufolge ging es ihm um die Integration der Ausgesonderten in den Tempelkult. Auch das Wort vom Tempelabriss (Mk 13,2; Mt 26,61; 27,40) deutet auf eine Runderneuerung des Tempels hin. Jesu Vorgehen rief den Widerstand der religiösen Führung auf den Plan. Aus dem Wort vom Tempelabriss wurde ihm später ein Strick gedreht (Mk 14,58).

Von einem Vorgehen Jesu gegen die levitische Priesterkaste ist allerdings ebenso wenig zu lesen wie von einer Opposition gegen die Tempelsteuer, die den Geldbeutel der kleinen Leute schwer belastete. Ebenso wenig reihte sich Jesus bei den Essenern ein, die sich aus Opposition gegen die Jerusalemer Priesterkaste in die judäische Wüste zurückgezogen hatten. An einer äußerlichen Tempelreform war ihm offenbar nicht gelegen. Er arbeitete vielmehr auf eine grundlegende Neuorientierung der Menschen an Gottes Willen hin. Statt der äußerlichen Toraerfüllung forderte er eine innere Kurskorrektur, statt eines äußerlichen Tempelkultes propagierte er die Anbetung Gottes „im Geist und in der Wahrheit" (so Joh 4,23). Statt einer glanzvollen Restauration des Tempelkultes forderte er die radikale Umkehr zu sozialer Gerechtigkeit und Barmherzigkeit. Joh 2,20f. sieht in in Jesu Tod und Auferstehung die „Erneuerung" des Tempels. Nach dem Hebräerbrief wurde der Jerusalemer Tempelkult durch ein neues Priestertum am himmlischen Heiligtum ersetzt (weiter Abschnitte 6.8 und 8.4.3).

4.4.4 Die Erwartung messianischer Bestätigung

Die religiösen Führer Israels wussten sich aufgrund ihrer Position und ihres Toragehorsams als erstrangige Träger der göttlichen Erwählung. Aus ihrer Sicht musste der Messias, wenn er kommt, ihren Anspruch bestätigen. Die Härte der Auseinandersetzung um die richtige Toraauslegung lässt erkennen, dass beiden Seiten gleichermaßen an deren Erfüllung gelegen war. In einigen Szenen wird Jesus ausdrücklich als „Rabbi" anerkannt (vgl. Joh 3: Nikodemus), in anderen Szenen sieht man Jesus als Gast im Hause von Pharisäern (Lk 14,1 u.a.). Die mutmaßlichen Erwartungen der Pharisäer werden von Jesus jedoch enttäuscht. Seine Toraauslegung hatte

---

[1] Joh 2,13-16: „Und es wird keinen Händler mehr geben im Hause des Herrn Zebaoth zu der Zeit." – Zu den Tempelhändlern und zur Tempelsteuer vgl. Heinz-Martin Döpp, Der Jerusalemer Tempel (NTAK* 3, 2005), 187-200.

einen anderen Tenor; außerdem entpuppte er sich als Anwalt der „Verlorenen“, nicht der Gesetzestreuen, die „keinen Arzt benötigten“ (Mt 9,12). Die Führer Israels wurden dadurch nicht vom Heil ausgeschlossen, jedoch wurde die Orientierung an der Tora durch die Ausrichtung an Jesus und seiner Botschaft ersetzt. Diese Neudefinition der Erwählungskriterien konnte für die Gegner Jesu nicht akzeptabel sein. Auch die Hohenpriester hatten von Jesus keine Bestätigung zu erwarten, wie die Episode von der Tempelreinigung zeigt (Mk 11,15-18parr.).

4.4.5 Fazit: Ein unverstandenes Angebot

Jesus von Nazareth passte in keine Schublade, die die religiöse Tradition Israels für den Messias bereithielt. Er sorgte nicht für politische Befreiung, der endzeitliche Elia schien in ihm bereits überholt, die geltenden Wertmaßstäbe der religiösen Elite Israels stellte er auf den Kopf. Jesus enttäuschte die Erwartungen des Volkes, indem er sie atemberaubend übertraf und in eine andere Richtung lenkte. Die Zeichen seiner Vollmacht riefen den Berichten nach fast stereotyp Entsetzen hervor. Mit solch einer Ankunft Gottes und seines Messias, mit all den erkennbaren Konsequenzen, hatte kaum jemand gerechnet. Die Ausdehnung der Erwählung auf alle Menschen im Volk war ein Affront gegen die religiöse Führung. Diese Enttäuschungen gelten als Hauptgrund dafür, dass Jesus am Ende abgelehnt und verurteilt wurde. Was er zu bieten hatte – ein grundlegend neues Verhältnis zwischen Gott und seinem Volk, eine dauerhafte Nähe des „Vaters“ zu seinen „Kindern“ – ließ sich nur schwer mit den Bedürfnissen und Sehnsüchten der Zeit in Einklang bringen. Die traditionelle Vorstellung vom endzeitlichen, definitiven Heilsbringer sah anders aus.

4.5 Ergebnis: Karfreitag – Tragödie mit innerer Logik

Warum wurde Jesus bekämpft? Mannigfache Tötungsmotive werden in den Evangelien überliefert: Vom rein äußerlich-politischen Machtkalkül angesichts der argwöhnischen Römer und allzu menschlichen Regungen wie Angst und Neid über den religiösen Streit um die Legitimität Jesu als Toraausleger, Messias und Gottessohn bis hin zu enttäuschten Erwartungen des Volkes wird alles aufgeboten, um das Schicksal Jesu als Folge der Verkettung von Missverständnissen und als Tragödie mit innerer Logik darzustellen. Gerade Jesu offensichtliche Vollmacht führte am Ende dazu, dass die Führung des Volkes die Notbremse zog. Die Weigerung Jesu, ein „objektives“, eindeutiges und machtvolles Zeichen seiner Göttlichkeit zu setzen, sowie sein Verzicht auf Verteidigung während seines Prozesses spielten Skeptikern und Gegnern in die Hände. Jesus verkörperte nicht den ersehnten Befreier, und es gelang ihm nicht, seinen Weg als den Weg des

Gottes Israels allgemein überzeugend glaubhaft zu machen. Am Ende wurde er abgelehnt und verurteilt, und mit ihm der Weg Gottes.

Anfrage 6: Wer waren die Pharisäer wirklich?

Das neutestamentliche Pharisäerbild ist von den negativen Erfahrungen der Glaubenden zur Abfassungszeit der Evangelien geprägt. Damals gingen die Pharisäer bzw. Rabbinen daran, das bis dahin vielgestaltige Judentum neu zu definieren und unter anderem von den Jesusgruppen abzugrenzen.[1] Die Pharisäer zur Zeit Jesu waren eine unter mehreren Gruppen der jüdischen Führungsschicht. Neben den Pharisäern waren damals vor allem Sadduzäer, Herodianer und Essener von Bedeutung. Unterrichtet sind wir über sie hauptsächlich durch Flavius Josephus. Die Pharisäer entwickelten sich aus der prophetisch-apokalyptischen* Bewegung der Chasidim im zweiten vorchristlichen Jahrhundert als politische Oppositionsbewegung gegen die Hasmonäer. Ihr Vorhaben war es, hellenistische Einflüsse in Israel zurückzudrängen. Ab dem ersten vorchristlichen Jahrhundert waren sie eine wichtige Größe im jüdischen Sanhedrin*. Zur Zeit Jesu spalteten sich die Zeloten* als militante antirömische Gruppe von den Pharisäern ab.

Der Polemik in den Evangelien nach zu urteilen, lagen die theologischen Positionen Jesu und der Pharisäer nicht weit auseinander. Das betrifft Fragen kultischer Reinheit, die pazifistische Grundhaltung, die Hoffnung auf eine endzeitliche Totenauferstehung, das Endgericht und das Reich Gottes sowie die Zielsetzung, das Volk an die Tora heranzuführen und damit das Reich Gottes vorzubereiten. In der Gerechtigkeit als höchstem Wert trafen sich Pharisäer und Jesus ebenfalls; wie Jesus pflegten die Pharisäer eine intensive Gemeinschaft mit ihren Schülern (Josephus, Ant 13,289.291) und standen im Volk aufgrund ihrer asketischen Lebensweise in hohem Ansehen (Josephus, Ant 18,12). Wie Jesus wurden die Pharisäer von Frauen gesponsert (Josephus, Bell 1,571; vgl. Lk 8,1-3).[2]

Die Position der Pharisäer wurde von Jesus grundsätzlich anerkannt (Mt 23,2f.), Jesus wird von Matthäus als „Superpharisäer" vorgestellt (Mt 5,17-20). Innerhalb der Jesusgruppen gab es ebenfalls pharisäische Strömungen (Apg 15,5); Paulus selbst war von Hause aus Pharisäer (Phil 3,5).[3]

---

[1] Vgl. Roman Heiligenthal, Pharisäer / Zeloten / Sikarier (NTAK* 3, 2005), 26-34.

[2] Rau, Freund von Sündern und Zöllnern*, 156, sieht in der Anziehungskraft der Pharisäer auf die Jesusleute den historischen Kern antipharisäischer Polemik.

[3] Zum innerchristlichen Pharisäismus vgl. Klaus Berger, Jesus als Pharisäer und frühe Christen als Pharisäer (NT 30, 1988), 231-262.

Anfrage 7: Kam Jesus zur falschen Zeit?

Folgt man dem Neuen Testament, war die Sendung Jesu Christi exakt zu jener Zeit von Gott seit der Erschaffung der Welt geplant (Eph 1,9f.). Christus kam, als die Zeit erfüllt war (Gal 4,4). Überhaupt stand den Texten zufolge das Geschick Christi in voller Übereinstimmung mit dem Zeugnis der Hebräischen Bibel, wie die vielen Erfüllungszitate und Anspielungen betonen. Das alles ist als Deutung des Geschehens im Nachhinein zu lesen. Gleichwohl könnte man fragen, ob die Botschaft Christi, historisch gesehen, die Menschen und insbesondere das erwählte Volk zu früh und unvorbereitet traf. So jedenfalls könnte es aus dem Hochzeitsgleichnis (Mt 22,1-14par. Lk 14,15-24) zu lesen sein.

Die Fragestellung wertet die Ablehnung Jesu als Indiz für ein schlechtes „Zeitmanagement" Gottes und ist ihrerseits ein Indiz für das Unverständnis darüber, dass Gottes Gesandter sein Vorhaben nicht mit göttlicher Allmacht durchsetzte. Das war offensichtlich nicht das Mittel der Wahl. Angesichts des menschlichen Eigensinns darf bezweifelt werden, ob je ein anderer Zeitpunkt mehr „Erfolg" gebracht hätte. Gleichwohl hat sich die Hoffnung auf ein Leben in Fülle in der Herrschaft Gottes seither immer weiter verbreitet. Und die neutestamentlichen Schriften zeigen sich überzeugt, dass Christus zur rechten Zeit in die Welt gesandt wurde. Das genannte Hochzeitsgleichnis (Mt 22par. Lk 14) zieht nicht den gewählten Zeitpunkt in Zweifel, sondern appelliert daran, die richtigen Prioritäten zu setzen und der Einladung zur Gottesherrschaft zu folgen, auch wenn sie zur Unzeit kommt. Gott ist der Herr der Zeit und seine Wege sind unerforschlich (Röm 11,33) – das ist das Vorzeichen vor der Klammer der Weltgeschichte. So gesehen, gibt es keine „falsche Zeit" für Gottes Handeln. Allenfalls kommt Gott für uns zur Unzeit, durchkreuzt unsere Pläne und lässt sich durch unseren Eigensinn zu weiteren Umwegen drängen, um sein Ziel zu erreichen.

III Die Provokation von Karfreitag und Ostern

Jesus von Nazareth provozierte und polarisierte. Für die einen war er der ersehnte Heilsbringer, für die anderen ein Scharlatan und Volksverführer. Die Provokation, die von ihm ausging, führte nicht nur zum Glauben vieler Menschen, sondern am Ende auch zu seinem Kreuzestod. Doch die Geschichte ging weiter und zeigte, dass das Kreuz für viele Glaubende nicht das Ende ihres Glaubens bedeutete. Im Gegenteil: Sie formierten sich neu, und der Glaube an den gekreuzigten Messias zog immer weitere Kreise. Das ging nicht ohne ein intensives Nachdenken über den Sinn des Todes Jesu, und es zeugt von der Überzeugungskraft dieses Nachdenkens.

Vor allem zwei Ereignisse waren zu deuten: Erstens der Tod Jesu (Kap.6) und zweitens das Ostergeschehen (Kap.5). Im Folgenden werden die beiden Fragestellungen in umgekehrter Reihenfolge behandelt, denn das Ostergeschehen gab überhaupt erst den Anstoß zum Nachdenken. Ohne Ostern hätte sich ein weiteres Nachdenken über die Göttlichkeit Jesu und den tieferen Sinn seines Todes von selbst erledigt.

5 Wie entstand der Osterglaube?

Das Neue Testament bekennt in allen Teilen den Osterglauben. Er besagt, dass Jesus von Nazareth am dritten Tag nach seinem Kreuzestod von Gott auferweckt wurde. Dieser Glaube ist der Ausgangspunkt des weiteren Nachdenkens über die Identität Jesu und den Sinn seiner Sendung. Man kann mit Paulus sagen, ohne den Glauben an die Auferstehung Jesu wäre der christliche Glaube insgesamt null und nichtig (1 Kor 15,14).

Der Osterglaube ist seit der Antike umstritten. Ging es anfangs eher um die Fragen von Betrug und Grabraub (Mt 27,64, vgl. Abschnitt 5.6) sowie darum, ob eine leibliche Auferstehung überhaupt denkbar ist (1 Kor 15), konzentriert sich die Diskussion seit der Aufklärung auf die Frage, ob die physische Auferstehung Jesu ein historisches Faktum sei oder nicht. Angezweifelt wird, dass das Grab wirklich leer war. Auch geht es um die Qualität der Ostererscheinungen: Erschien der Auferweckte den Jüngern leibhaftig oder eher spirituell? Waren die Ostererscheinungen subjektive oder objektive „Visionen"? Zuletzt geht es um die Motive des Osterglaubens: War alles nur psychologisch erklärbare Projektion oder gab es einen „objektiven" Anhaltspunkt? Geistesgeschichtlicher Hintergrund ist die rationalistische Anzweiflung wunderhafter Ereignisse überhaupt. Hinzu kommt, dass die Osterberichte in sich widersprüchlich sind. Das einzige, was feststeht, ist, dass die Jünger an die Auferstehung Jesu glaubten – weshalb auch immer. Die Ratlosigkeit lässt sich auf die Frage konzentrieren: Was ist mit der Rede von der Auferstehung überhaupt gemeint? Auch innertheologisch wirft das Ostereignis eine Menge Fragen auf. Allen voran die christologische* Frage: Wie ist das Verhältnis zwischen erinnertem Jesus und auferstandenem Christus vorzustellen? Der folgende Abschnitt versucht, die Entstehung des Osterglaubens nachzuzeichnen.

5.1 Die Widersprüchlichkeit der Texte

Die Texte sind sich einig: Jesus von Nazareth wurde am dritten Tag nach seinem Tod am Kreuz von Gott auferweckt. Die Berichte sind indes widersprüchlich und werfen Fragen auf. Zuerst fällt auf, dass das Ereignis der Auferstehung an sich nirgends beschrieben wird; lediglich über seine Wirkungen wird berichtet.[1] Die ältesten Osternotizen, die wir haben, finden sich in den Briefen des Paulus. Deutlich jünger sind die Texte der Evangelien.[2] Sie berichten übereinstimmend von der Auferweckung Jesu am dritten Tag, vom leeren Grab und von Frauen als ersten Osterzeuginnen. Die Erinnerungen sind uneinheitlich. Das betrifft die Angaben über die Namen der Zeugen (vgl. 5.1.1 und 5.1.3) und über das leere Grab (5.1.2). Dazu kommt, dass die Historie durch spezifische Interessen bzw. Lokaltraditionen der Evangelisten und des Paulus überlagert wurde. So tappen wir, zumindest was historische Details angeht, im Dunkeln. Was sich rekonstruieren lässt, sind die Wirkungen des Ostergeschehens auf die Jüngergemeinschaft. Diese stehen in den Abschnitten 5.2 bis 5.4 im Mittelpunkt. Abschnitt 5.5 nimmt das Pfingstgeschehen in den Blick, Abschnitt 5.6 fragt abschließend nach den negativen Reaktionen auf die Osterbotschaft.

5.1.1 Auf der Suche nach den ältesten Notizen

Im Osterbericht 1 Kor 15,3-5, entstanden um das Jahr 55 n.Chr., gibt Paulus als altes Lehrstück an seine Gemeinde weiter, „dass Christus gestorben ist für unsre Sünden nach der Schrift; und dass er begraben worden ist; und dass er auferstanden ist am dritten Tage nach der Schrift; und dass er gesehen worden ist von Kephas, danach von den Zwölfen." Weitere Zeugen werden im Anschluss aufgeführt. Theologisch wichtig ist für Paulus der Sinn des Todes Jesu („für unsere Sünden"), sein physisch nachweisbarer Tod (er wurde begraben), seine Auferweckung durch Gott (gr. *egérthe,*

---

[1] Darauf gründet das Resümee von Paul Hoffmann, Zur neutestamentlichen Überlieferung von der Auferstehung Jesu (WdF 522, Darmstadt 1988), 2: „Gegenstand der historischen Untersuchung kann nur der urchristliche Glaube an die Auferstehung Jesu sein, nicht diese selbst." – Eine erste Schilderung der Auferstehung selbst findet sich im apokryphen Petrusevangelium (EvPetr 35-42*). Ausgeweitete Erscheinungsberichte finden sich in ApocrJoh (NHC II) 1,5-2,25ff.* (Karrer, Jesus Christus*, 34).

[2] Die Paulusbriefe sind zwischen 49 und 59 n.Chr., die Evangelien zwischen 69 und 100 n.Chr. entstanden.

er wurde auferweckt) und dass all diese Vorgänge „nach der Schrift", also in der Hebräischen Bibel vorhergesagt sind. Die Glaubwürdigkeit der Ereignisse gründet auf historisch zuverlässiger Überlieferung durch Augenzeugen, allen voran Kephas-Petrus und den Zwölferkreis. Die Notiz von den 500 Zeugen (1 Kor 15,6) könnte auf Pfingsten hindeuten.

5.1.2 War das Grab wirklich leer?

An der Frage nach dem leeren Grab scheiden sich bis heute die Geister.[1] Am Nachweis bzw. an der Widerlegung des leeren Grabes wird oft die Glaubwürdigkeit der Osterbotschaft an sich festgemacht. Paulus erwähnt das leere Grab nicht, sei es, dass er es nicht wusste, sei es, dass er es für unwichtig erachtete. Die Evangelien sind uneinheitlich: Nach Markus und Matthäus fanden die beiden Marias einen Engel im leeren Grab vor (Mk 16,1-8par. Mt 28,1-10). Maria, Maria Magdalena, Johanna und andere, anonyme Frauen trafen nach Lk 24,1-11 auf zwei Engel im Grab. Nach Joh 20,1-10 kam es auf die Meldung Maria Magdalenas hin zu einem Wettlauf zwischen Petrus und dem so genannten Lieblingsjünger. Letzterer gewann den Lauf, sah das leere Grab und kam zum Glauben. Engel werden hier gar nicht genannt. – Der Textbefund spricht eher gegen das leere Grab. Dazu kommt, dass ähnliche Berichte aus antiken Entrückungslegenden bekannt sind und ein gängiges Muster darstellen (vgl. Anfrage 8). Für das leere Grab sprechen der Vorwurf des Grabraubs (vgl. Abschnitt 5.6.2) und die Beobachtung, dass der Auferstehungsbotschaft von Skeptikern in keiner bekannten Quelle das volle Grab entgegengehalten wurde. Es hat den Anschein, als habe sich die Rede vom leeren Grab erst mit der Zeit durchgesetzt. Sie richtete sich wahrscheinlich gegen eine Schockstarre und verwies auf den bleibenden Auftrag Jesu (weiter dazu vgl. Abschnitt 5.2.2).

5.1.3 Wer hat den Auferstandenen zuerst gesehen?

Im Gegensatz zu 1 Kor 15 ist Petrus in keinem Evangelium der erste Auferstehungszeuge. Nach Matthäus sind es Maria und Maria Magdalena, die Jesus vor dem Grab begegnen (Mt 28,9f.); nach Lukas erscheint der Auferstandene den beiden anonymen Emmausjüngern (Lk 24,13-35). Markus beinhaltet in seiner Urfassung gar keine Ostervisionen; der spätere Nachtrag Mk 16,9-20 nennt als erste Zeugin Maria Magdalena und danach die beiden anonymen Jünger aus Lukas. Johannes nennt ebenfalls Maria Magdalena (Joh 20,11-18). Von Petrus ist keine Spur in diesen Berichten!

---

[1] Hierzu vgl. beispielhaft die Kontroverse in: Carsten Peter Thiede / Gerd Lüdemann, Die Auferstehung Jesu – Fiktion oder Wirklichkeit?, Basel 2001. Vgl. auch die Diskussion bei Theißen / Merz, Der historische Jesus*, 435-439.

5.1.4 Fazit: Die Wirkung des Ostergeschehens war entscheidend!

Der Textbefund lässt eine Rekonstruktion des Geschehens am Ostermorgen nicht zu. Mit Blick auf die Augenzeugen ist zu fragen, ob Paulus die Rolle der Frauen herunterspielt. Dafür könnte sprechen, dass nach Mk 16,8 die Frauen über das Gesehene schweigen und nach Lk 24,11 die männlichen Apostel den Frauen kein Wort glauben.[1] Dagegen betont Paulus, möglicherweise aus „politischen" Gründen und um die Bedeutung des Petrus hervorzuheben, dessen Erstzeugenschaft.[2] Der einzige Punkt, in dem alle Berichte übereinstimmen, ist der Osterglaube als Wirkung der Geschehnisse. Seine Entstehung ist Gegenstand des nächsten Abschnitts.

5.2 Der Weg von Gründonnerstag nach Pfingsten

Die Zeit zwischen dem Verrat Jesu durch Judas im Garten Gethsemane und dem begeisternden Aufbruch von Pfingsten ist die Phase, in der die Weichen für die Entstehung der christlichen Gemeinschaft und ihres Glaubens gestellt wurden. Markiert war diese Phase durch ein emotionales Kontrastprogramm, das extremer wohl nicht vorzustellen ist: Von Depression, Trauer und Fluchtgedanken hin zu einer nicht zu steigernden Euphorie; dann auch wieder Angst und ungläubige Skepsis und schließlich selbstbewusste Auftritte der Apostel in der Öffentlichkeit Jerusalems. Die Entstehung des Osterglaubens ist alles andere als eine „logische" Konsequenz des Ostergeschehens. Das Fortbestehen der Jüngergemeinschaft stand auf Messers Schneide und gibt, historisch betrachtet, nach wie vor Rätsel auf. Spuren der inneren und äußeren Kämpfe finden sich im Neuen Testament. Sie stehen im Fokus der folgenden Betrachtung.

5.2.1 Der Schock von Gründonnerstag und Karfreitag

Am Anfang steht die Szenerie des letzten Abendmahls: Jesus feiert noch einmal mit seinen Jüngern und kündigt den bevorstehenden Verrat durch Judas an. Die Stimmung, die aus den Berichten spricht, ist die von Unsicherheit, Trauer und Depression der Jünger. Am Ende eines langen Weges in der Nachfolge des Mannes aus Nazareth steht die ernüchternde Feststellung, dass in Jerusalem nicht der erhoffte Durchbruch der Botschaft Jesu, nicht der ersehnte Anbruch des Gottesreiches, sondern eher Jesu Scheitern zu erwarten ist. Die Resignation zeigt sich besonders in der

---

[1] Im Gegensatz zu Männern waren Frauen vor Gericht nicht zeugnisfähig, vgl. Josephus, Ant 4,8.15: „Das Zeugnis der Frau ist nicht rechtsgültig wegen der Leichtfertigkeit und Dreistigkeit des weiblichen Geschlechts."

[2] Die Akzeptanz der Heidenmission durch Petrus war für Paulus sehr wichtig.

Gethsemane-Szene: Die Jünger schlafen und sind nicht zu motivieren, mit Jesus zusammen das, was kommt, durchzustehen. Es ist mehr ein Ausdruck der Hilflosigkeit, wenn nach Mt 26,51 ein Jünger (nach Joh 18,10 ist es Petrus) bei Jesu Festnahme einem Soldaten das Ohr abschlägt. Einhellig wird von der Flucht der meisten Jünger aus Angst, sie könnten selbst inhaftiert werden, berichtet. Petrus, der sich trotzdem in die Nähe Jesu begibt, schafft es nicht, sich zu ihm zu bekennen; zu groß ist seine Angst, selbst am Kreuz der Römer zu enden. Zuletzt folgen nur drei Frauen (und nach dem Johannesevangelium der „Lieblingsjünger") Jesus unters Kreuz. In den Tagen danach tauchen die Jünger, sofern sie überhaupt in Jerusalem geblieben sind, unter und versammeln sich allenfalls hinter verschlossenen Türen (Joh 20,19; Apg 1,13). Der Schock von Karfreitag war auch mit der Überraschung von Ostern nicht sogleich überwunden. Es dauerte wohl eine ganze Weile, bis sich der Osterglaube durchsetzen konnte.

5.2.2 Das leere Grab: Kein Ort für Trauerarbeit!

Der Ostermorgen begann den Berichten zufolge mit einem Paukenschlag: Das Grab war leer! Die Frauen, die Jesus die letzte Ehre erweisen wollten, trauten ihren Augen nicht: Der Stein vor dem Felsengrab war weggewälzt, ein Engel verkündigte ihnen die Osterbotschaft. Historisch lässt sich das nicht nachweisen; das Schweigen der Frauen nach Mk 16,8 liest sich als Erklärung, weshalb die Rede vom leeren Grab erst später aufkam.
Für Markus ist das leere Grab ein Symbol für die Auferstehung Jesu und ein Hinweis darauf, nicht zurück, sondern nach vorne zu schauen: Für Trauer und Grabpflege war hier kein Ort! Die angemessene Art, Jesus zu ehren, galt es in Galiläa zu entdecken (Mk 16,7par. Mt 28,7.10): Das Sammeln, Sortieren, Wachhalten und Weitergeben der Erinnerung an Jesus. So betrachtet, bedeutet das leere Grab: Wer sich auf das Grab Jesu fixiert, geht den falschen Weg. „Lass die Toten ihre Toten begraben" – der Ausspruch Jesu aus Mt 8,22 findet auch hier eine Anwendung. Im Wachhalten der Erinnerung und des Vermächtnisses Jesu wird die Rede von der Auferstehung lebendig, bleibt der Auferstandene präsent. Die wahre Bedeutung des Geschehens erschließt sich nach Joh 20,9 und Lk 24,25-27 außerdem im Studium der Hebräischen Bibel.

5.2.3 Erste Ostervisionen

Auch nicht beweisbar sind die Ostervisionen, von denen das Neue Testament an mehreren Stellen spricht. Visionen eröffnen in der apokalyptischen* Literatur Einblicke hinter die Kulissen des Himmels, sei es, dass sich der Himmel für einen begnadeten Menschen öffnet, sei es, dass der Visionär in denselben entrückt wird (vgl. 2 Kor 12,1-4). Die Ostervisionen sind Erscheinungen des auferweckten Jesus vor den Jüngerinnen und Jüngern. Sie sind für die Evangelien wie für Paulus von zentraler Bedeutung für den Glauben (1 Kor 15). Sie reichen von Begegnungen und Gesprächen über gemeinsame Mahlzeiten und letzte Unterweisungen bis hin zu Wundertaten. Die Evangelien lassen den Auferstandenen seltsam verändert, aber dennoch eindeutig identifizierbar auftreten. Für Paulus hingegen zählt nur die Tatsache, dass er durch verschiedene Jünger bezeugt wurde.

Fest steht, dass die Ostererscheinungen wesentlich zum Osterglauben beigetragen haben. Umstritten ist, wie sie historisch zu beurteilen sind: Als objektive Tatsachen, als psychologisch zu erklärendes Wunschdenken oder als wie auch immer zu erklärende Erlebnisse eines radikalen Neuanfangs. Die Diskussion darüber wird in den nächsten Abschnitten geführt.

5.2.4 Alles nur Wunschdenken?

Der Osterglaube gründete auf Erscheinungen bzw. Visionen des Auferstandenen, die einem kleinen, privilegierten Jüngerkreis vorbehalten waren. Außenstehenden wurden sie nicht zuteil.[1] Vergleichbar ist das mit dem Pfingstgeschehen (Apg 2, vgl. Abschnitt 5.5), das für viele ähnlich undurchschaubar war. So konzentriert sich die Osterfrage auf die Qualität jener Visionen und die Glaubwürdigkeit ihrer Träger. Handelte es sich um soziologisch oder psychologisch erklärbare, subjektive Einbildungen oder gar um Halluzinationen nach dem Motto: Es kann nicht sein, was nicht sein darf – Jesus kann nicht gescheitert sein! – oder lässt sich mehr sagen?

Machte die Not erfinderisch?

Der Verdacht, die Jünger hätten im Nachhinein die Auferstehung erfunden, liegt nahe, bedenkt man, wie viele Hoffnungen sie in Jesus gesetzt und wie viel sie durch ihre Nachfolge auch sozial riskiert hatten. Die Fischer vom See Genezareth hatten sich von ihren Familien getrennt, auf ein bescheidenes, aber gesichertes Einkommen verzichtet und ihren guten Ruf riskiert, um Jesus nachzufolgen. Die Frustration von Karfreitag muss immens gewesen sein. Entsprechend hoch darf man ihre innere Bereitschaft ansetzen, ein Wunder in letzter Minute, das die Welt wieder in Ordnung brachte, zu erwarten. Die subjektive Vision eines der Jünger könnte da schon ausgereicht haben, um die anderen mit dem Glauben an die Auferstehung des geliebten Herrn und Meisters anzustecken. So wäre der Osterglaube das Ergebnis von Wunschdenken und Projektion.

Saulus-Paulus: Kronzeuge gegen den Projektionsverdacht

Gegen die Projektionsthese spricht zu allererst der Werdegang des Paulus: Er kommt aufgrund einer Christusvision vor Damaskus zum Glauben und

---

[1] Nicht einmal die römischen Grabwachen kommen als Zeugen in Frage – sie fielen nach Mt 28,4 im entscheidenden Moment in Ohnmacht.

vollzieht eine umfassende Wandlung – vom radikalen Christenverfolger Saulus zu einem der wichtigsten Glaubensvermittler der ersten Generation. Als Pharisäer hatte er einen hohen sozialen Status und viel zu verlieren. All das erachtet er im Nachhinein für Dreck (Phil 3,7f.). Ein solches Profil passt nicht zum Projektionsverdacht. So wird Paulus zum „unzeitigen" Kronzeugen der Auferstehung Jesu (1 Kor 15,8).

Der Osterglaube - eine unbequeme Lösung!
Ein weiteres Argument sind die Ostertexte selbst: Die Jünger können die frohe Kunde erst einmal gar nicht glauben, sie müssen nachdrücklich überzeugt werden (Mt 28,17; Lk 24,37-41; Joh 20,25). Und sie werden gewusst haben, worauf sie sich mit ihrem Glauben einlassen: Die Auseinandersetzung mit der Öffentlichkeit musste sie in Schwierigkeiten bringen; die Apostelgeschichte ist voller Berichte darüber. Um diesen Weg zu gehen, bedurfte es einer Glaubensgewissheit, die nicht nur auf Erinnerungen an vorösterliche Zeiten gründete. Neue, lebendige Erfahrungen sind hier vorauszusetzen. Von welchen Erfahrungen sprechen die Texte?

5.2.5 Typische Handlungen mit Wiedererkennungswert

Leeres Grab und Ostervisionen sind weder im Sinne „harter Fakten" beweisbar noch widerlegbar. Sie gründen auch nicht auf purem Wunschdenken – zu umwälzend war die Wirkung auf die Jünger. Sie führten zu einer neuen Wahrnehmung der Wirklichkeit; diese hatte ein neues Vorzeichen: Jesus war nicht tot, sondern wirkte weiter! Ob dabei an leibhaftige Erscheinungen zu denken ist (vgl. Joh 20,24-29: Thomaserzählung), bleibt offen; wohl wurde der Auferstandene anders erlebt als vor seinem Tod: Er tauchte aus dem Nichts auf und verschwand spurlos (Lk 24,31.36), konnte durch verschlossene Türen gehen (Joh 20,19), ließ sich teilweise nicht mehr anrühren (Joh 20,17; anders Lk 24,39; Joh 24,24-29; IgnSm 3,2) und wurde zuerst nicht erkannt (Lk 24,16; Joh 21,4). Aber er wurde eindeutig identifiziert – an seinen Worten, seiner Schriftauslegung und an der Gemeinschaft, die er stiftete; das alles war noch oder wieder da, hierin blieb er präsent und unverwechselbar lebendig. Doch war die Zeit der physischen Gemeinschaft vor Ostern unwiederbringlich vorbei: Der Auferstandene blieb dem physischen Zugriff entzogen; im Moment der Erkenntnis verschwand er vor den Augen der Jünger (Lk 24,31.50f.). An die Stelle der physischen Präsenz trat eine neue: Die des Geistes Jesu. Das Erlebnis der neuen Gemeinschaft ist im Pfingstbericht eingefangen (Apg 2).

5.2.6 Gott steht zu seinem Gesandten und zu seinem Auftrag!

Neben lebendigen Erfahrungen bieten die Texte auch eine theologische Erklärung des Geschehens: Es wird als Eingreifen Gottes, als „Offenbarung" (gr. *apokálypsis*, vgl. Gal 1,12.15) gedeutet. So, wie sich der Gott Israels in der Geschichte seines Volkes und seines Sohnes schon oft offenbart hatte, so auch jetzt. Außerdem war die Auferweckung Jesu „von den Schriften" vorhergesagt (1 Kor 15,3f.). Die Ostervisionen schlagen die Brücke zu den früheren Erfahrungen mit dem Menschen Jesus; nicht zufällig verweist Mk 16,7 zurück auf Galiläa; die Geschichte geht weiter, das war die Erfahrung von Ostern. Ausschlaggebend war der Glaube an Gott, der selbst aus dem Tod heraus neues Leben schaffen konnte. Er hatte seinen Gesandten nicht fallengelassen, sondern nach seinem Tod eindrucksvoll bestätigt. Der Weg Gottes ging weiter – wenn schon nicht in der vertrauten Weise, so doch in einer neuen Form der Gemeinschaft. In den für Jesus typischen Handlungen erlebten die Jüngerinnen und Jünger, dass die Verbindung zu ihm nicht abriss. Das war die Osteroffenbarung Gottes.

5.2.7 Fazit: Ostern – Herausforderung zu einem neuen Auftrag

Die historischen Ereignisse, die zum Osterglauben führten, lassen sich nicht mehr rekonstruieren. Auslöser war den Texten zufolge eine in mehreren Visionen greifbare Offenbarung Gottes, die auf eine neuartige, den Tod überwindende und dauerhafte Form der Gemeinschaft mit Jesus hinauslief. Dessen physische Erscheinung war verändert, an ihr war er nicht zweifelsfrei zu erkennen. Doch in für ihn typischen Vollzügen – einer bestimmten Form der Anrede, dem Brotbrechen, seiner Art der Schriftauslegung, der Botschaft der Hoffnung sowie in Zeichen und Wundern – erschien er den Glaubenden lebendig und zeigte ihnen, wo und wie sie auch weiterhin seine Gegenwart erfahren konnten. Die vormals physische Präsenz wurde durch eine neue, vorher so nicht gekannte, intensive spirituelle Gemeinschaft ersetzt. Jesu „Geist" war mehr denn je spürbar und lebendig. Diese Erfahrung war so stark, dass sie selbst einen so gefestigten Mann wie Saulus von Tarsus zu überzeugen und umzukrempeln vermochte. Für die Zeitgenossen Jesu schlug sie die Brücke zu den eindrucksvollen Erfahrungen der Zeit vor Ostern. Und sie bestätigte zweifelsfrei, dass Jesu messianischer Anspruch nicht aus der Luft gegriffen war. Gott hatte ihn bestätigt und damit Hoffnung auf ein Ende des Todes gemacht.

Aus Trauer und Resignation wurde neue Gewissheit. Das ist das emotionale Wunder von Ostern. Auf den Schock von Karfreitag folgte die allmähliche Erkenntnis, dass doch nicht alles aus war. Die Ostervisionen weisen darüber hinaus auf das bleibende Vermächtnis Jesu hin, das es zu pflegen und weiterzugeben galt: Eine einzigartige Form der Gemeinschaft, eine vollmächtige Art der Schriftauslegung, die helfende und heilende Zuwendung Gottes zu den Menschen, die Hoffnung auf das Reich Gottes. In diesen typischen Vollzügen wurde Jesus nach Ostern neu erlebt. Auf sein Vermächtnis und die bleibende Verheißung weist auch das leere Grab hin: Der Blick zurück nach vorn, verbunden mit der Gewissheit der bleibenden Gegenwart Christi, wurde als angemessene und verheißungsvolle Fortsetzung des eingeschlagenen Weges der Nachfolge erkannt.

5.3 Der Weg zurück nach Galiläa

Die erste Herausforderung, die sich nach Ostern stellte, bestand in der Erinnerung an Jesus und im neuen Nachdenken über seine Bedeutung. Markus, das älteste Evangelium, weist in seiner Schlussbemerkung auf diese bleibende Aufgabe hin (5.3.1). Der Weg zurück zu den Ursprüngen führte zur Neuformierung des Jüngerkreises (5.3.2), zur Organisation der Jesuserinnerung (5.3.3) und zur Verbreitung der Osterbotschaft (5.3.4).

5.3.1 Eine geheimnisvolle Anweisung

„Geht aber hin und sagt seinen Jüngern und Petrus, dass er vor euch hingehen wird nach Galiläa; dort werdet ihr ihn sehen, wie er euch gesagt hat" (Mk 16,7; vgl. 14,28). Die Anweisung des Engels an die beiden Frauen am leeren Grab ist das Schlusswort des ursprünglichen Markusevangeliums. Es verweist zurück auf die Anfänge – in Galiläa erkannten die ersten Jünger in Jesus den erwarteten Messias Israels. Dort vollzog er seine Wunder und predigte das nahe Gottesreich. Dorthin will der Auferstandene den Jüngern vorausgehen und sich ihnen neu zeigen. Doch von solchen Erscheinungen in Galiläa berichtet Markus nichts mehr. Der abrupte Schluss kommt der Aufforderung gleich, das Evangelium noch einmal von vorn zu lesen. Das ist der Schlüssel, um das Ostergeheimnis zu verstehen: Die vorösterlichen Erfahrungen gelten über den Tod Jesu hinaus; der mit göttlicher Vollmacht ausgestattete Sohn wirkt weiter im Alltag der Jünger. Wer sich mit dem Osterglauben schwer tut, soll im Evangelium die Geschichte Jesu neu lesen – das meint der Aufruf von Mk 16,7.

5.3.2 Die Neuformierung des Jüngerkreises

Zurück nach Galiläa hieß zurück zum Vermächtnis Jesu. Das bestand nicht nur in Worten und Zeichen, sondern auch in der von ihm begründeten Jüngergemeinschaft. Deren Neuformierung wäre in Jerusalem und Umgebung viel zu gefährlich gewesen (vgl. Joh 20,19). Die Jünger waren dort bekannt und wurden mit dem Gekreuzigten in Verbindung gebracht, wie die Episoden von der Verleugnung des Petrus und der Flucht der Jünger zeigen. In Galiläa waren sie zuerst einmal aus der Schusslinie.
Zur Neuorganisation des Gemeinschaftslebens gehörten identitätsstiftende Einrichtungen ritueller und diakonischer Art, allen voran das Herrenmahl, das Jesus wohl regelmäßig mit seinen Jüngern feierte und nach Lk 22,19;

1 Kor 11,25 „zu seinem Gedächtnis" eingesetzt hatte. Daneben erfüllten liturgische Feiern, Lesungen und Gebete die Jesusgruppe mit Leben (Apg 2,42.46). In der diakonischen Sorge um Mittellose, Witwen und Kranke spiegelte sich die Sorge Jesu um diese Menschen wider.[1]

5.3.3 Die Organisation der Erinnerung

Um Ostern zu verstehen, war der Blick zurück auf die Anfänge wichtig. Und umgekehrt: Um Jesu vorösterliches Wirken zu verstehen, war der Blick auf Ostern wichtig. Das Ostergeschehen gab den Anstoß, noch einmal alles aufzurollen, zu sammeln und zu sortieren, was an Jesus wichtig schien. Seine Worte wurden gesammelt und mündlich weitergegeben; keines sollte verloren gehen. Aus ihrer Gesamtschau war am ehesten der tiefere Sinn der Sendung Jesu zu entdecken. Später, als sich die Hoffnung auf die nahe Parusie* zerschlagen hatte, ging man daran, die Logien* schriftlich zu fixieren. Schließlich entstanden die Evangelien als Versuche, Jesu Wirken und Geschick „biographisch" darzustellen und zu deuten.
Dieses Ansinnen führte nicht zu einer möglichst präzisen Beschreibung seines Lebens, sondern zum theologisch motivierten Versuch, seine Sendung und sein Geschick als von Gott geleitetes Geschehen darzustellen. Karfreitag und Ostern waren die entscheidenden Filter der Jesuserinnerung. Das Geschehen musste als in sich stimmig und folgerichtig erklärt, Jesu Messianität damit gerechtfertigt werden – gegen seinen Tod am Kreuz. Dementsprechend sind die Evangelien eine Mischung aus Biographie und Glaubenszeugnis; historische Erinnerung und theologische Deutung sind eng ineinander verwoben. Das macht es schwer, wenn nicht unmöglich, aus den Evangelien ein „Leben Jesu" zu entwickeln.[2] Doch nur durch diese Art der Darstellung gelang es, die Erinnerung an Jesus wachzuhalten und den Glauben an ihn als den Christus bis heute zu begründen.

5.3.4 Bekenntnis und Verbreitung der Botschaft

Zum Vermächtnis Jesu gehörte weiterhin der Auftrag, das Gehörte und Gesehene an andere Menschen weiterzugeben. Nicht nur der relativ spät zu datierende Missionsbefehl (Mt 28,18-20), sondern auch die Wachstumsgleichnisse (Mk 4), die Aussendungsrede (Mk 6,7-13parr.) und die Beauftragung zur Zeugenschaft (Apg 1,8) machen die missionarische Ausrichtung der Jesusbewegung deutlich. Die von Galiläa aus operierenden

---

[1] Die in Apg 2,44; 4,32-37 geschilderte Gütergemeinschaft war problematisch, wie die Episode von Ananias und Saphira zeigt (Apg 5,1-11). Ausführlich dazu Vouga, Geschichte*, 37f.

[2] Vgl. dazu die Ausführungen in Abschnitt 1.2.

Jünger wird man sich als Wanderprediger vorzustellen haben, die von Ortschaft zu Ortschaft zogen und vornehmlich in den Synagogen das Evangelium verkündigten.[1] Erst später, im Gefolge der Ausgrenzung aus den Synagogen und ersten Verfolgungen seitens der Juden, expandierten die Apostel nach außen und missionierten unter Nichtjuden (vgl. Apg 8).

5.3.5 Fazit: Erinnerung als erste Herausforderung

Bevor die durch Karfreitag geschockten Jüngerinnen und Jünger nach vorne schauen und ihre Zukunft gestalten konnten, mussten sie ihren Blick zurück richten. Sich selbst und die Jesuserinnerungen sammeln sowie eine deutende Gesamtschau des Wirkens Jesu entwickeln – das war die Herausforderung der ersten Stunde. Leben und Sterben Jesu mussten theologisch erklärt, sein Anspruch als Messias und Gottessohn begründet werden. Das Ergebnis liegt uns in Gestalt der Evangelien und apokrypher* Texte mit ihrer je eigenen Christologie* vor (dazu weiter Kapitel 9).

5.4 Die Herausforderung der Erinnerung

Von Karfreitag und Ostern her erschien Jesus in einem neuen Licht. Das führte zu einer qualitativen Gewichtung der einzelnen Erinnerungen.

5.4.1 Erinnerung an Jesu Leidensankündigungen

Eine wichtige Frage war, ob Jesus selbst Andeutungen über seinen Tod gemacht hatte. Sie zu finden und zu sammeln konnte helfen, Karfreitag nicht als unglückliches Scheitern, sondern als von Jesus selbst akzeptiertes Geschick zu verstehen. Solche Andeutungen bieten die Texte, die Jesu Schicksal mit dem gewaltsamen Schicksal der Propheten Israels verknüpfen (Mt 17,12; 23,29-35; vgl. Apg 7,52). Auch Anspielungen auf den „leidenden Gottesknecht" (Jes 52f.), mit dem sich Jesus den Texten zufolge verglich, konnten zum Verstehen seines Leidensweges dienen (Mt 12,15-21; Lk 22,37; Joh 12,37-40). Dasselbe gilt für die Metapher* „Lamm Gottes", das die Sünde der Welt trägt (Joh 1,29.35). Die Jesus zugesprochene „Parabeltheorie" (Mk 4,10-12parr.) deutet die Ablehnung Jesu als Entwicklung mit tragischer Logik. Unter Rückgriff auf Jes 6,9f. wird die mangelnde Bereitschaft, Jesu Gleichnisbotschaft zu akzeptieren und umzusetzen, als „Verstockung" erklärt: Das Hören, aber Nichtverstehen der

---

[1] Gerd Theißen, Studien zur Soziologie des Urchristentums (WUNT 19), 3. Auflage Tübingen 1989.

Gleichnisse war eine Strafmaßnahme Gottes wegen des fortgesetzten Ungehorsams der Betroffenen (vgl. Joh 12,37-40).
Eine zentrale Rolle spielen die Leidensankündigungen, in denen Jesus mit dem Menschensohn identifiziert und sein kommendes Geschick angedeutet wird.[1] Ob sie auf Jesus selbst zurückgehen oder ob sie ihm nachträglich in den Mund gelegt wurden, ist unklar. Sicher ist nur, dass Jesu Wirkung so überzeugend war, dass sein Tod eine tiefere Bedeutung haben musste. Aussprüche Jesu, die zu dieser Überzeugung passten, sind ihm nicht pauschal abzusprechen, andere werden unterstützend nachträglich zugeordnet worden sein. Welche Logien* in welcher sprachlichen Gestalt am Anfang standen, lässt sich freilich nicht mehr rekonstruieren.

5.4.2 Verdrängung unpassender Aspekte

Nicht zu beweisen, aber auch nicht auszuschließen, ist, dass durch das Filter von Ostern und Karfreitag Aspekte, die sich nur schwer in das Gesamtbild Jesu einpassen ließen, aus der Erinnerung verdrängt wurden. Hier ist z.B. an Handlungen und Worte zu denken, mit denen Jesus politische Hoffnungen nährte. Das Wunder von der Speisung der 5000 schließt nach Joh 6,15 mit der Notiz, dass ihn das Volk zum König machen wollte. Das fehlt in der synoptischen Überlieferung. Nicht auszuschließen ist, dass weitere „politische" Signale Jesu, zumal vor dem Hintergrund politischer Gefährdung der nachösterlichen Gemeinden, verdrängt wurden. – Weitere Beispiele sind Äußerungen im Markusevangelium, nach welchen Jesus von seiner Familie für besessen gehalten wurde (Mk 3,20; vgl. Joh 8,48) und gegen den Unglauben seiner Zeitgenossen kaum Wunder vollbringen konnte (Mk 6,5f.). Auch an Magie erinnernde Wundervollzüge werden in den späteren Evangelien an den Rand gedrängt (Joh 9,6 u.a.).[2]

5.4.3 Festhalten an delikaten Aussprüchen

Dass die Evangelisten nicht einfach eine opportune Auswahl an Jesuserinnerungen getroffen haben, sondern durchaus verantwortungsbewusst vorgegangen sind, zeigen manche delikate und zur Entstehungszeit der Evangelien problematische Logien*. Provokativ und schwer verständlich erscheint die erwähnte „Parabeltheorie" (Mk 4,10-12), die sich mit dem Bild des Verkünders der universalen Liebe Gottes schwer vereinbaren lässt. Aussprüche wie: „Wer nicht mit mir ist, der ist gegen mich" (Lk 11,23), „ich bin gekommen, das Schwert zu bringen" (Mt 10,34par. Lk 12,51; vgl. 22,36), passen nicht ins Bild des friedliebenden Messias. Sie

---

[1] Mk 8,31f.parr.; 9,30-32parr.; 10,32-34parr. Weiter dazu Abschnitt 6.5.
[2] Ausführlich dazu vgl. Abschnitt 3.6.

werden durch gegenläufige Sprüche austariert (vgl. Mt 26,52; Lk 9,50). Andere Aussagen stellen die Ausleger bis heute vor große Verstehensprobleme; so etwa der sogenannte „Stürmerspruch" (Mt 11,12par. Lk 16,16) oder die Rede von der Sünde gegen den Geist (Mt 12,31). Das Motiv, solche Logien* nicht aus der Erinnerung zu tilgen, liegt in der Autorität des Sprechers begründet: Da Jesus es gesagt hatte, war es im Gedächtnis aufzubewahren. – Schließlich gehören Aussagen, die Jesus als irrenden Menschen zeigen, hierher, allen voran die Ansage der nahen, noch in seiner Generation machtvoll einbrechenden Gottesherrschaft (Mk 9,1parr.; 13,30parr.). Solche Überlieferungen verdanken sich ganz entscheidend dem Glauben daran, dass das, was der Sohn Gottes zu sagen hatte, wahr ist – selbst wenn es sich dem äußeren Schein nach als unwahr entpuppt hatte.

5.4.4 Die Ankündigung des Geistes

Der Prozess der Jesusüberlieferung war nicht unumstritten und musste legitimiert werden. Johannes beruft sich in diesem Kontext auf den Heiligen Geist als Lehrer und „Inspirator" der Gemeinde (Joh 14,26; 16,13). Die Berufung auf den Geist war indirekt die Berufung auf Christus selbst. Der Geist war derselbe, der schon durch die Propheten Israels Christus angekündigt hatte und somit sein Kronzeuge war (vgl. 1 Petr 1,11).

5.4.5 Fazit: Die aktuelle Situation – Filter der Erinnerung

Die Sammlung und Selektion der Jesuserinnerungen war ein komplizierter Prozess, auf den mehrere Faktoren einwirkten: Erstens, der Respekt vor der Autorität Jesu als des Autors bestimmter Sprüche; zweitens, die Herausforderung, Jesu Leiden und Sterben theologisch zu deuten; drittens, die Festigung des messianisch-charismatischen* Gesamtbildes Jesu; viertens, der Schutz und die Stärkung der nachösterlichen Gemeinden in der aktuellen politischen und religiösen Situation; fünftens, die Herausarbeitung des bleibenden Vermächtnisses Jesu.

Der Prozess der Sammlung führte zum steten Anwachsen der Stoffe; neben authentischer Überlieferung bildeten sich viele Legenden. Außerdem führte der Prozess zur Herausbildung inhaltlicher Schwerpunkte, die je nach Autor variieren konnten und zum Profil des Evangeliums beitrugen. Wer Jesus war und welche bleibende Bedeutung er für die Glaubenden hatte, ist in den vier kanonischen* Evangelien beispielhaft festgehalten.

5.5 Die Begeisterung von Pfingsten

Der Pfingstbericht Apg 2 und die Auftritte der Apostel in Jerusalem zeigen eine Gemeinschaft in Aufbruchsstimmung. Nach der Depression von Karfreitag, der zaghaften Euphorie von Ostern und der ersten Neuorganisation tritt uns hier eine nach außen hin werbende, mit Selbstbewusstsein auftretende und Begeisterung auslösende Gemeinschaft entgegen. Was war die Grundlage dieses Schritts nach vorne, in die Jerusalemer Öffentlichkeit? Und welche Reaktionen darauf sind aus den Texten erkennbar?

5.5.1 Die Erfahrung bleibender Nähe

Die wichtigste Grundlage war die Erfahrung bleibender Verbindung mit dem Auferstandenen. Sie beseelte die Glaubenden, ihren Weg weiterzugehen – gegen alle Skepsis, gegen Spott und Verfolgung. In den rituellen Vollzügen und in der neuen Gemeinschaft, war die Jesuserinnerung lebendig, seine bleibende Nähe spürbar. Die Immanuelszusage von Mt 28,20 war für die Glaubenden eine konkrete Wirklichkeitserfahrung.

5.5.2 Zeugen im Auftrag Jesu

Apg 1,8 zufolge bestellte Christus vor seiner Himmelfahrt die Jüngerinnen und Jünger zu Zeugen, beauftragte sie, das Evangelium bis ans Ende der Welt zu verbreiten und verhieß ihnen die Kraft des Heiligen Geistes dazu. Die Weltmission unter der Schirmherrschaft des Geistes soll die Wartezeit bis zur Parusie* füllen, das ist sein Vermächtnis. Von zwei Engeln wird der Blick der Jünger vom Himmel auf die Erde, von der Zukunft auf die Gegenwart mit ihren anstehenden Aufgaben gelenkt. Wie an Ostern werden sie damit aus ihrer Schockstarre herausgeholt (Apg 1,10). Sie wandten sich nach Jerusalem und stießen an dem geheimen Versammlungsort auf die dort verbliebenen Jüngerinnen und Jünger (Apg 1,12-14).

5.5.3 Massentaufen contra Spott und Gelächter

Das in Apg 2 geschilderte Pfingstereignis, verbunden mit Geistausgießung, inspirierter Predigt sowie Zeichen und Wundern, wirkte dem Bericht nach in doppelter Weise provozierend. Zum einen positiv: Durch die Pfingstpredigt des Petrus kam es zu einer Massentaufe (Apg 2,14-36.37-41). Zum anderen negativ: Viele Augenzeugen reagierten mit Entsetzen oder hielten die Begeisterten für betrunken (Apg 2,12f.). Die Taufe erfolgte auf den Namen Jesu Christi, führte zur Vergebung der Sünden, zur Eingliederung in die Gemeinschaft und zum spontanen Besitzverzicht (Apg 2,38-44; 10,48; 19,5).

5.5.4 Provokante Apostel-Auftritte

Im weiteren Verlauf der Apostelgeschichte treten Petrus und Johannes in Jerusalem auf. Sie vollbringen in Jesu Namen Wunder und predigen die Botschaft vom auferstandenen Christus in aller Öffentlichkeit, unerschrocken und wirkungsvoll (Apg 3f.). Ihre Auftritte sind selbstbewusst und provokativ. Mutig gehen sie die jüdische Führung an und benennen ihre Schuld am Tod Jesu. Ein Teil der Zuhörer lässt sich überzeugen, andere reagieren gereizt, werfen die Apostel ins Gefängnis, versuchen, sie als „ungebildete Analphabeten" zu diskreditieren, und verbieten ihnen den Mund (Apg 4,1-18). Sie haben freilich keinen Erfolg damit: Apg 2,37-41 berichtet von Massenbekehrungen unter den Jerusalemern. Wieder einmal wirkte das Evangelium doppelt provozierend: Ablehnung und sprachlose Verwunderung einerseits, Glaube und Begeisterung andererseits. Der unwiderstehliche Erfolg der Apostel wird auf das Charisma* überzeugender Rede (gr. *parrhesía*) zurückgeführt. Hierin konkretisiert sich die neue und bleibende Nähe des Auferstandenen bei den Seinen (Apg 4,13.31).[1]

5.5.5 Gemeinschaft mit provozierendem Ethos

Nicht nur die Predigt der Apostel, sondern auch die junge Gemeinschaft stach aus dem „normalen" gesellschaftlichen Rahmen hervor und provozierte – die einen zum Beitritt, die anderen zur Ablehnung. Die Gemeinschaft wird, vielleicht etwas romantisierend, als Idealbild an Harmonie und Gerechtigkeit gezeichnet. Markantes Merkmal war der Besitzverzicht, zu dem sich Neubekehrte entschlossen (Apg 2,42-47; 4,32-37). Aber auch Mahlgemeinschaft, Gottesdienste und eine ausgeprägte Diakonie waren Kennzeichen der Jerusalemer Christen. In ihrer vom Geist geleiteten Gemeinschaft gewann die Jesuserinnerung Gestalt, verwirklichte sich das Vermächtnis des Auferstandenen, wurde er als lebendige Kraft erfahren.

5.5.6 Fazit: Begeisternde Umsetzung der bleibenden Gegenwart Christi

Mit der Geistausgießung an Pfingsten sowie den daraus resultierenden Charismen* und Missionserfolgen realisierte sich die Zusage der bleibenden Gegenwart des Auferstandenen. Sein Geist wurde in der jungen christlichen Gemeinschaft lebendig spürbar, er unterstützte sie bei ihrem Auftrag, die Menschen von der Wahrheit der Osterbotschaft zu überzeugen. Mit der Gabe des Geistes wird die Gegenwart Jesu Christi unabhängig von physischen Beschränkungen – er agiert überall da, wo sich christliche Gemeinschaft zusammenfindet und seinen Auftrag weitertreibt.

---

[1] Zur Gabe der *parrhesía* vgl. Erlemann, Unfassbar*, 130-134.

5.6 Die große Skepsis

Nicht nur das irdische Wirken Jesu, auch die Osternachricht stieß auf ein geteiltes Echo. Der Schock von Karfreitag saß bei vielen Jüngern zu tief; Euphorie wollte nicht aufkommen. Kritik von außen gab es an der Rede von einer leiblichen Auferstehung sowie an der vom leeren Grab.

5.6.1 Thomas & Co.: Ungläubige Skepsis

Die Osterbotschaft erzeugte unter den Jüngern weithin ungläubige Skepsis (Lk 24,11). Zu abwegig erschien der Gedanke, zu fremd das Äußere Jesu,[1] und so musste er seine Identität unter Beweis stellen. Die Zweifel werden von den Texten nicht unterdrückt. Ehrlich unterstreichen sie, dass der Osterglaube alles andere als selbstverständlich war. Den Berichten zufolge musste er sich gegen viele Widerstände durchsetzen. Der ungläubige Thomas (Joh 20,24-29) steht stellvertretend für die Zweifler bis heute. Doch während er sich als letzter Jünger von der Wirklichkeit des Auferstandenen überzeugen durfte, bleibt den Nachgeborenen nur der – ungleich schwerere – Glaube auf das Zeugnis der Augenzeugen hin. In Joh 20,29 wird dieser Glaube selig gepriesen. Die Zeichenhandlungen des Auferstandenen sind eine Hilfestellung zum Glauben und ein Hinweis darauf, wo und wie sich der Osterglaube entwickeln kann: in typischen Vollzügen wie Brotbrechen, Schriftauslegung und Segnung (vgl. Abschnitt 5.2.5).

5.6.2 Kelsos & Co.: Polemik gegen die leibliche Auferstehung

Schon die Adressaten von 1 Kor 15,35ff. konnten sich eine körperliche Auferstehung nur schwer vorstellen. Unumkehrbar erschien der Vorgang der Verwesung; möglicherweise stellte der Gedanke einer unsterblichen Seele den Sinn einer körperlichen Auferstehung in Frage.[2] Dagegen betonte Paulus die Notwendigkeit des physischen Sterbens und der wunderbaren Auferstehung eines neuen, pneumatischen* Körpers (1 Kor 15,35ff.). Im gnostischen* Schrifttum von Nag Hammadi wird Auferstehung vollends unkörperlich, als religiöse Erfahrung, gedeutet.[3] Der Platoniker Kelsos (spätes 2. Jh.) hält den Osterbericht für eine unglaubwürdige Legende und den Glauben an eine körperliche Auferstehung Christi für absurd.[4]

---

[1] Lk 24,37; Joh 20,15: Jesus wird für ein Gespenst bzw. für einen Gärtner gehalten.

[2] Zur Diskussion Wolfgang Schrage, Der Erste Brief an die Korinther (EKK VII/4), Neukirchen-Vluyn 2001, 270-277.

[3] Nicholas Thomas Wright, The Resurrection of the Son of God, London 2003, 547-551, unter Hinweis auf den Rheginosbrief und die „Exegese über die Seele“.

[4] Origenes, Gegen Kelsos 2,47-79. Ich danke Dr. Soham al-Suadi für den Hinweis.

5.6.3 Reimarus & Co.: Der Verdacht von Fälschung und Grabraub

Das Gerücht eines von den Jüngern selbst inszenierten Grabraubs wird in Mt 27,63f. zur Sprache gebracht und zugleich entkräftet: Die Wachen des Pilatus sicherten und versiegelten das Grab! Sofern das Gerücht authentisch ist, setzt es das leere Grab voraus. Möglicherweise war es aber eine geschickte Fiktion des Matthäus, der damit die Römer zu unfreiwilligen Zeugen des leeren Grabes gemacht hätte. Vielleicht wurde von den Jüngern auf ein anderes, zufällig leeres Grab in der Umgebung verwiesen, während Jesu Grab woanders lag oder seine Grabstätte überhaupt unbekannt war.[1] Möglicherweise schwiegen die Frauen deswegen, um nicht als Grabräuberinnen belangt zu werden (Mk 16,8).[2] Historisch lässt sich das Gerücht vom Grabraub weder bestätigen noch dementieren. Das Gerücht wurde von Hermann Samuel Reimarus 1778 als Argument gegen die Glaubwüridgkeit der Rede vom leeren Grab eingebracht (vgl. Anfrage 9).

5.6.4 Fazit: Ostern – eine nicht widerlegbare Wahrheit

Der Bericht von der Auferstehung Jesu führte zu Skepsis und Ablehnung. Die Erzählung vom ungläubigen Thomas steht exemplarisch für die großen Zweifel innerhalb des Jüngerkreises. Auch das Schweigen der Frauen (Mk 16,8) könnte durch Zweifel und Angst vor Verlust der persönlichen Glaubwürdigkeit motiviert gewesen sein. Ungleich größer war wohl die Polemik von Juden und Römern auf die Osternachricht. Das Gerücht vom Grabraub ist hier durchaus plausibel, wenngleich die Vorstellung der Auferstehung eines Menschen grundsätzlich bekannt war; so setzt Mk 6,14 zufolge Herodes Antipas die Möglichkeit voraus, dass Johannes der Täufer in Gestalt Jesu auferstanden sei. Die philosophische Kritik richtete sich vor allem gegen die Notwendigkeit körperlicher Auferstehung und gegen die Glaubwürdigkeit der Berichte. Unterm Strich ist festzuhalten, dass sich der Osterglaube gegen alle Zweifel durchsetzen konnte und objektive Beweise gegen die Auferstehung Jesu nicht ins Feld zu führen waren.

5.7 Ergebnis: Ostern – Fortsetzung des Wirkens Jesu

Ostern – das ist die Herausforderung, den Weg Jesu von Nazareth weiterzugehen, an seinem Vermächtnis festzuhalten und die Bedeutung seiner Person zu reflektieren. Ostern ist die Geburtsstunde christlicher Theologie

---

[1] Gegen die Tradition, Josef von Arimathäa hätte sein Grab zur Verfügung gestellt, steht Apg 13,29, wonach „die Jerusalemer" Jesus beerdigt hatten. – Weitere Belege für den Vorwurf sind Justin, Dial 108,2 und EvPetr 30. Vgl. auch Abschnitt 5.1.2.

[2] Zur Diskussion vgl. Theißen / Merz, Der historische Jesus*, 435-439.

und Gemeinschaft, in der das Vermächtnis Jesu weitergetragen wird. Der Übergang vom charismatischen* Wirken Jesu zur Gestaltung der Gesellschaft durch die nachösterlichen Gemeinschaften war ein schwieriger und dramatischer Prozess. Am Ende präsentierte sich eine selbstbewusste und offensiv auftretende Gruppe jesusgläubiger Juden, die das Vermächtnis Jesu aufgriff und weiterführte. Für sie war eindeutig: Der Mann aus Nazareth war der verheißene Messias-Christus, trotz seines Todes am Kreuz. In der gemeinsamen Erinnerung an sein Reden und Handeln ließen sich genügend Hinweise für diese Überzeugung finden.

Aus dem verkündigenden Nazarener wurde der verkündigte Christus. Sein Heil und Hoffnung schaffendes Wirken fand in den Jüngern und Aposteln eine adäquate Fortsetzung. Die Jesuserinnerung und der Heilige Geist sorgten für Kontinuität über den Graben von Karfreitag und Ostern hinweg. Der Geist sorgte dafür, dass das Vermächtnis Jesu authentisch und lebendig blieb, er stattete die nachösterliche Gemeinschaft mit dem aus, was sie für ihren Auftrag nötig hatte, vor allem mit Mut zum öffentlichen Auftreten (gr. *parrhesía*) und zur Zeugenschaft (gr. *martyría*). Er führte die Verkündiger des jungen Glaubens auf die Erfolgsspur und sorgte somit dafür, dass sich die Erinnerung an Jesus in aller Welt verbreitete.

Anfrage 8: Auferstehung – ein christlicher Gedanke?

Der Gedanke einer leiblichen Auferstehung war bereits der alttestamentlich-jüdischen Tradition bekannt.[1] Ebenso war die Entrückung von Einzelpersonen, ohne dass diese leibliche Spuren hinterlassen hätten, eine traditionelle Vorstellung. So war Elias Leichnam unauffindbar (2 Kön 2,16f.), Moses Grab ebenso (5 Mos 34,6). Henoch wurde ohne Spuren entrückt (1 Mos 5,24), ebenso die Kinder Hiobs (TestHi 39f.*, 1.Jh. v. oder n.Chr.), ja sogar Herakles (Diodorus Siculus, 1.Jh. v.Chr.).[2] Diese Feststellungen werden zum Teil gegen die Historizität der Auferstehung Jesu ins Feld geführt: Der Osterbericht orientiere sich an literarischen Vorlagen der jüdischen und nichtjüdischen Antike. Das Argument ist nicht von der Hand zu weisen, kann aber letztlich nichts beweisen: Die Grunderfahrung, dass Jesus von Nazareth der Messias war, zog den Glauben an seine Auferweckung konsequent nach sich. Zugleich verdankte sich der Osterglaube realen nachösterlichen Erfahrungen. Das traditionelle Vorstellungsmuster wurde nicht mechanisch, sondern als Konsequenz der realen Erfahrungen vor und nach Ostern übernommen. Mit Blick auf das Verhältnis von Hebräischer Bibel und Christusglauben ist zu sagen, dass die Rede von der

---

1 Jes 26,19; Dan 12,2f.; 2 Makk 7,14.23; metaphorisch in Hos 6,2; Ez 37; 4 Q 521.

2 Texte bei Klaus Berger / Carsten Colpe (Hgg.), Religionsgeschichtliches Textbuch zum Neuen Testament (NTD Textreihe Bd.1), Göttingen 1987, 89-92.

Auferstehung keine theologische Neuerung darstellte; auch nicht die Erwartung der Wiederkunft eines entrückten Menschen (Elia, Mal 3,1.23). Neu war nur, dass Jesus von Nazareth in den Rang entrückter Größen der Heilsgeschichte Israels wie Henoch, Mose oder Elia erhoben und mit dem wiederkommenden Menschnsohn-Richter identifiziert wurde.

Anfrage 9: Was sagt die Forschung zu Ostern?

Zu unterscheiden ist grundsätzlich zwischen der historischen Wirklichkeit und der theologischen Wahrheit von Ostern. Im Gefolge des Rationalismus gilt das als wahr und glaubwürdig, was historisch beweisbar ist. Seither wird auch Ostern in der Theologie kontrovers diskutiert. Die Debatte konzentriert sich auf die historische Glaubwürdigkeit der Berichte.[1]
Als erster unterzog 1777 Hermann Samuel Reimarus die Rede von der Auferstehung der historischen Kritik: Sie basiere auf einem Betrug der Jünger, die den Leichnam Jesu geraubt hätten. Die Wache des Pilatus (Mt 27,54) sei eine Erfindung des Evangelisten. Glaubwürdig wären die Berichte nur dann, wenn sich Jesus der jüdischen Öffentlichkeit gezeigt hätte.[2] Theologen späterer Generationen versuchten, die Auferstehung Jesu rational, etwa im Sinne einer Scheintodhypothese, zu erklären.[3] Die Entdeckung mythischer Redeweise führte David Friedrich Strauß zu dem Schluss, Ostern sei ein unglaubwürdiger Mythos, der im Laufe der Zeit verobjektiviert worden sei; das Grab sei nicht leer gewesen. Die Ostervisionen verdankten sich psychischen Bedürfnissen der Jünger und Apostel.[4] Diese Visionshypothese wurde von Christian Hermann Weiße ausgebaut: Das Grab war nicht leer, die Auferstehung ein rein geistig-seelischer Vorgang, der Osterglaube eine Reaktion auf den Vorwurf des Leichenraubes.[5]
Den Ursprung des Osterglaubens in den vorösterlichen Erfahrungen mit Jesus sah erstmals der Liberale Theologe Ferdinand Christian Baur.[6] Die

---

[1] Vgl. den Forschungsbericht von Theißen / Merz, Der historische Jesus*, 415-446.

[2] Hermann S.Reimarus, „Von dem Zwecke Jesu und seiner Jünger." Noch ein Fragment des Wolfenbüttelschen Ungenannten. Hg. G.E.Lessing, Braunschweig 1778.

[3] So etwa Heinrich E.G. Paulus, Das Leben Jesu als Grundlage einer reinen Geschichte des Urchristentums, Heidelberg 1828. Eine vermittelnde Position nahm Karl August Hase ein: Es bleibt offen, ob Jesus scheintot war oder tatsächlich erweckt wurde.

[4] David Friedrich Strauß, Das Leben Jesu, 1835/36. In der jüngeren Forschung finden diese Argumente wieder Eingang. Nach Gerd Lüdemann (Die Auferstehung Jesu, Göttingen 1994, 106-112) hatte Paulus einen Christuskomplex, der Auferstandene war eine Projektion seiner verdrängten Wünsche. Petrus leistete Trauerarbeit und Schuldverarbeitung und konnte Jesus nicht loslassen. Der Rest sei Massenhysterie.

[5] Christian Hermann Weiße, Die Evangelische Geschichte kritisch und theologisch bearbeitet, 2 Bde., Leipzig 1838.

[6] Ferdinand Christian Baur, Kritische Untersuchungen über die kanonischen Evangelien, Tübingen 1847.

Erforschung religionsgeschichtlicher Vergleichstexte führte zur Auffassung, der Osterbericht sei nach einem gängigen antiken Muster gestrickt und daher historisch unglaubwürdig.[1] Rudolf Bultmann schloss einerseits an die Position von Strauß an, deutete andererseits die Auferstehung auf die „Auferstehung ins Kerygma*", das heißt in die christliche Botschaft hinein. Der Osterglaube sei der Glaube an den im Kerygma präsenten Christus.[2] Die redaktionskritische Erforschung des Neuen Testaments erkannte in den Unterschieden der Osterberichte die Handschriften verschiedener Theologen; das entschärfte die Kritik an den Quellen, radikalisierte sie aber auch: Nichts von dem, was in den Texten zu lesen ist, kann seither frei von nachträglicher redaktioneller Bearbeitung gelten.[3]
Ein vorläufiges Fazit zieht Eckart Reinmuth: Die Alternative Tatsache oder subjektive Einbildung wird den Osterberichten nicht gerecht. Ostern ist vielmehr als göttliches Ereignis zu deuten, das den lebendigen Erfahrungen mit dem Auferstandenen zugrunde liegt. Anders gesagt: Das Ostergeschehen erschließt sich von seiner Wirkung her; das Ereignis selbst ist unverfügbar und mehrdeutig.[4]

Anfrage 10: Wie kann man heute an Ostern glauben?

Das Ostergeschehen ist weder zu beweisen noch zu widerlegen. Die Texte selbst laufen nicht auf einen Beweis des christlichen Glaubens hinaus. Historisch war es eher umgekehrt: Der Glaube provozierte die Berichte, die Erfahrungen vor und nach Ostern fanden in ihnen ihren adäquaten Ausdruck. An Ostern glauben setzt keine intellektuelle Naivität voraus, es geht nicht um Glauben gegen erwiesene Fakten. An Ostern glauben bedeutet vielmehr, sich durch die Lektüre der Evangelien und andere authentische Glaubenszeugnisse von der Faszination, die von Jesus ausging, anstecken zu lassen. Zu einem Osterglauben kommt es aber nur, wenn auch persönliche Lebenserfahrungen dazukommen – Erfahrungen mit gelebter christlicher Gemeinschaft sowie Erfahrungen damit, dass Jesus in seinem gelebten Vermächtnis, in der Praxis der Nächstenliebe ebenso wie in rituellen Vollzügen, lebendig präsent ist. Ein solcher Osterglaube ist von historischen Beweisen unabhängig.

---

[1] Religionsgeschichtliche Schule (seit Anfang 20. Jh.; Vertreter: Johannes Leipoldt, Wilhelm Bousset u.a.). Ähnlich die Formgeschichtliche Schule (seit ca. 1920; Vertreter: Martin Dibelius, Rudolf Bultmann u.a.).

[2] Rudolf Bultmann, Theologie des Neuen Testaments, Tübingen 1953.

[3] Seit ca. 1950; Exemplarisch: Willi Marxsen, Die Auferstehung Jesu von Nazareth, Gütersloh 1968.

[4] Eckart Reinmuth, Ostern – Ereignis und Erzählung. Die jüngste Diskussion und das Matthäusevangelium (ZNT* 19, 2007), 3-14.

6 Wie war Jesu Tod zu deuten?

Die Erklärung des Todes Jesu war eine der vordringlichsten theologischen Aufgaben der nachösterlichen Gemeinden. Nach Faktenlage war der messianische Anspruch Jesu widerlegt; ein Messias, der von den Römern gekreuzigt wurde, war für Juden nicht vorstellbar. Die Tatsache, dass der Glaube an Jesus als den Christus nach Karfreitag weiterging, verdankt sich vor allem zwei Faktoren: zum einen dem Ostergeschehen samt der Entdeckung, dass Jesus weiterhin in der Gemeinschaft der Glaubenden lebendig war. Zum anderen der Erinnerung an Jesu irdisches Wirken, das keine Zweifel an seiner messianischen Identität zuließ. Beides provozierte die Frage, wie sich der Tod Jesu mit den traditionellen messianischen Erwartungen in Einklang bringen ließ. Das Neue Testament lässt sich als Sammlung unterschiedlichster Antworten auf diese Frage lesen.

Das Geschehen wurde auf mehreren Ebenen gedeutet: Erstens, historisch-politisch: Was konkret führte zur Verurteilung Jesu? Das war bereits Thema von Abschnitt 4.1. Zweitens, psychologisch: Was waren die hintergründigen Motive, Jesus ans Kreuz zu liefern? Auch diese Frage wurde schon diskutiert (Abschnitt 4.2). Drittens, juristisch: War der Prozess Jesu rechtens oder ein Justizskandal? Wer war juristisch schuld am Tod Jesu? Und viertens, theologisch: Wie war der Tod Jesu, jenseits aller äußeren Vorgänge und Motive, theologisch zu deuten? Hatte er irgendeine Bedeutung, die mit seiner Sendung zu tun hatte? Musste er etwa sterben, weil Gott es so wollte? Hatte sein Tod am Ende eine positive Bedeutung? Diesen Fragen sind die folgenden Abschnitte gewidmet. Ausgehend von der juristischen Schuldfrage (Abschnitt 6.1 und Anfrage 12) schreitet das Kapitel die wichtigsten theologischen Lösungsmodelle ab (6.2-6.10).

6.1 Komplott gegen den Sohn Davids

Der Prozess Jesu speiste sich aus religiösen und politischen Motiven gleichermaßen. Beteiligt waren jüdische und römische Instanzen. Auch die Jerusalemer Bevölkerung spielte, folgt man den Texten, eine nicht unerhebliche Rolle. Zu welchen Teilen wer zur Verurteilung Jesu beitrug, wird nicht genau erkennbar. Das Leitmotiv der Evangelien ist die theologische Deutung des Geschehens, nicht ein historisch-juristisches Protokoll.

Die Schuldfrage wurde in der Wirkungsgeschichte der Texte weitgehend antijüdisch beantwortet. Neben Analysen, die die Darstellung der Berichte im Grunde für sachgemäß halten, treten heute solche, die sie gänzlich gegen den Strich bürsten, um die jüdische Seite zu entlasten.[1] Die Wahrheit dürfte in der Mitte liegen: Nach einhelliger Meinung der Evangelien ging die Initiative zur Verurteilung Jesu von der jüdischen Führung aus, das Urteil wurde durch die römische Kapitalgerichtsbarkeit vollstreckt. Texte wie 1 Thess 2,15 oder Apg 2,22-24 unterstreichen das. Jenseits des Neuen Testaments bestätigt Tacitus in seinen Annalen XV 44,3 (um 115 n.Chr., Text in Abschnitt 7.11.2) die Verurteilung Jesu durch Pilatus.[2]

Ein weiteres Problem ist die Uneinheitlichkeit der Evangelienberichte. So unterscheidet sich die johanneische Darstellung zum Teil signifikant von der synoptischen*. Und auch die ist nicht einheitlich. Der Wortlaut der einzelnen Verhöre ist grundsätzlich fiktiv; wie er an die Jünger kolportiert worden sein soll, ist nicht zu klären. Anstelle historischer Zuverlässigkeit bieten die Texte eine nachträgliche, theologische Deutung des Geschehens.

6.1.1 An welchem Maßstab ist der Prozess Jesu zu messen?

Maßstäbe moderner Rechtsstaatlichkeit sind für den Prozess gegen Jesus nicht anzulegen; das betrifft das Vorgehen des Hohen Rates ebenso wie das des Pilatus.[3] Die Evangelien vermitteln den Eindruck, als ob Jesus möglichst rasch und ohne öffentliches Aufsehen beseitigt werden sollte. Das wird schon an der Inhaftierung im Garten Gethsemane, abseits der Jerusalemer Öffentlichkeit, deutlich: Die jüdischen Tempelwachen, nach Joh 18,3 verstärkt durch römische Soldaten, nehmen Jesus auf den Verrat des Judas hin diskret fest. Das anschließende Verhör vor dem Hohen Rat findet nach Mk 14,53-65par. Mt 26,57-68 noch am selben Tag bzw. in der folgenden Nacht statt, wohl um Zeit zu gewinnen.[4] Nach Joh 18,13 findet erst einmal eine private Unterredung Jesu mit dem Hohenpriester Hannas statt. Eine regelrechte Gerichtsverhandlung ist nicht erkennbar, eher ein klärendes Verhör mit dem Vorsatz, Jesus an Pilatus, den Inhaber der Kapitalgerichtsbarkeit, auszuliefern. Das alles geschieht hinter verschlossenen

---

[1] Pinchas Lapide, Wer war schuld an Jesu Tod?, Gütersloh 1987; Weddig Fricke, Standrechtlich gekreuzigt, Person und Prozeß des Jesus aus Galiläa, Reinbek 1986ff. Anders Gerhard Otte, Neues zum Prozess gegen Jesus? (NJW 1992), 1019-1026.

[2] Pilatus ist, historisch gesehen, eine undurchsichtige Persönlichkeit; die Darstellungen sind tendenziös. Lk 13,1; Philo, leg ad Gaium 299ff., und Josephus, Bell 2,169ff.; Ant 18,55ff., zeichnen ihn äußerst negativ. Das relativ positive Portrait der Evangelien verdankt sich wohl einem politischen Kalkül: Der Eindruck von Diskrepanz zwischen den jungen christlichen Gemeinden und dem römischen Imperium sollte, im Sinne der eigenen Sicherheit, vermieden werden. Das entlastet aber nicht automatisch den Anteil des Hohen Rates am Geschehen. Historisch betrachtet, war Jesus nur im Tandem der politischen Kräfte zu verurteilen; die Römer hatten das Monopol der Kapitalgerichtsbarkeit, aber selbst keinen Grund zur Anklage (Joh 18,29-31).

[3] Vgl. Massimo Miglietta, Römisches Strafrecht (NTAK* 1, 2004), 239-246, und Ulrich Kellermann, Jüdisches Recht in neutestamentlicher Zeit, a.a.O., 258-268.

[4] Anders Lk 22,66: Jesus wird erst am nächsten Morgen befragt und dann überstellt.

Türen im Palast des Hohenpriesters Kaiaphas (Mk 14,53parr.). Die Sorge der jüdischen Führung vor Tumulten um Jesus während des Passafestes lässt ein solch informelles Eilverfahren glaubwürdig erscheinen.
Auch vor Pilatus kommt es den Texten zufolge zu keinem regelrechten Prozess. Pilatus fragt Jesus, ob er sich für den König der Juden halte, was dieser nicht leugnet (Mk 15,2parr.).[1] Obwohl Pilatus das Geständnis nicht für glaubwürdig hält, verurteilt er Jesus zum Tode. Inwieweit er sich dabei von der jüdischen Seite hat unter Druck setzen lassen, mag offen bleiben und ist für die Beurteilung auch nicht ausschlaggebend. Unterm Strich entsteht der Eindruck eines informellen Eilverfahrens, bei dem jüdischer Sanhedrin* und römischer Statthalter in möglichst kurzer Zeit und unter weitgehendem Ausschluss der Öffentlichkeit Jesus aus dem Weg räumten, wohl um politisch motivierte Unruhen am Passafest im Keim zu ersticken.

6.1.2 Fadenscheinige Anklagepunkte und falsche Zeugen

Die folgenden Überlegungen stehen unter dem Vorbehalt, dass wir von keinem ordentlichen Gerichtsverfahren ausgehen können und somit auch die Frage nach „Verfahrensfehlern" streng genommen nicht zu stellen ist. Gleichwohl charakterisieren die Berichte das Verfahren tendenziell als dubiose Nacht- und Nebelaktion. An folgenden Punkten wird das deutlich:

Falschzeugnisse und Denunzierung
Die Kritik der Evangelien beginnt bei den Anklagepunkten und den für sie herangezogenen Zeugen. Die Anklage des Hohen Rates stand insgesamt auf wackeligen Füßen – so die einhellige Darstellung. Entlastungszeugen wurden demnach keine aufgeboten, stattdessen reihenweise falsche Zeugen, wenn auch ohne Erfolg. Bei zwei falschen Zeugen reichte es angeblich zur Bezeugung des Tempelwortes Jesu „ich kann den Tempel Gottes zerstören und nach drei Tagen aufbauen" (Mk 14,55-58par. Mt 26,59-61; vgl. Joh 2,19-21). Aufgrund dieses Ausspruchs konnte man Jesus immerhin als Falschprophet verurteilen und steinigen (5 Mos 18,20ff.).

Blasphemie
Der überlieferte Hauptanklagepunkt des Hohen Rates ist Gotteslästerung. Schon der Zuspruch der Sündenvergebung an den Gelähmten galt Mk 2,7 zufolge als Blasphemie. Der Satz „ich und der Vater sind eins" am Ende der Hirtenrede (Joh 10,30) führte nach Joh 10,31 zum spontanen Versuch, Jesus zu steinigen. Der Vorwurf der Selbstvergöttlichung wog schwerer als die vielen Wohltaten Jesu (Joh 10,31-33) und führte zum Todesurteil (Joh 10,31-33; 19,7). Die Juden ließen sich dieser Darstellung zufolge auch

[1] Die Formulierung „Du sagst es" lässt sich für Pilatus als Geständnis verstehen.

nicht von einem Schriftzitat beeindrucken, das dem Vorwurf den Boden entzog (Ps 82,6). Es entsteht der Eindruck, als konnte nicht sein, was nicht sein durfte – nämlich dass Jesus mit göttlicher Vollmacht agierte und den Religionsführern den Rang streitig machte.
Auf die Aussage zweier falscher Zeugen hin, Jesus habe den Abriss und den Wiederaufbau des Tempels angekündigt (Mt 26,61), wird dieser vom Kaiaphas aufgefordert, seine Identität aufzudecken. Jesus dementiert nicht, der Messias und der Sohn Gottes bzw. der Menschensohn zu sein und kündigt zugleich seine Erhöhung zur Rechten Gottes und seine Wiederkunft an (Mk 14,61f.par. Mt 26,64). Für die Ratsversammlung steht damit fest: Jesus muss sterben (Mt 26,66). Matthäus stellt die Szene geschickt als Falle dar: Hätte Jesus dementiert, wäre er wegen seines angeblichen Tempelspruchs verurteilt worden. Lukas hebt auf die Psychologie der Anklage ab: Jesus gibt die Frage nach seiner Gottessohnschaft zunächst zurück, weil er weiß, dass ihm daraus ein Strick gedreht werden soll. In der Folge steht er jedoch zu seiner göttlichen Funktion (Lk 22,67-70).

Volksverführung und andere Vorwürfe
Gegenüber Pilatus, so die Texte, bezichtigen die Ratsvertreter Jesus der Volksverführung,[1] der Steuerverweigerung und des politischen Aufruhrs (lat. *seditio* bzw. *perduellio*; nur Lk 23,2-5). Johannes lässt Jesus an dieser Stelle in die Offensive gehen und Beweise fordern; Geheimlehre sei ihm nicht anzulasten, da er stets in der Öffentlichkeit gepredigt habe (Joh 18,19-24). Bei der anschließenden Überstellung an Pilatus können die Ratsvertreter keinen konkreten Anklagepunkt vorbringen – Jesus soll pauschal als „Verbrecher" abgeurteilt werden (Joh 18,29-32).

Iesus Nazarenus Rex Iudaeorum
Die mutmaßliche Kreuzesinschrift „Jesus aus Nazareth, König der Juden" (Joh 19,19parr.; lat. *Iesus Nazarenus Rex Iudaeorum*) weist auf den offiziellen Verurteilungsgrund seitens der Römer hin: Jesus wurde als „König der Juden" bzw. als einer, der sich diese Position anmaßte, gekreuzigt. Als Thronprätendent stellte er die römische Oberhoheit in Frage und beschädigte das Ansehen des Römischen Volkes und seiner Mandatsträger. Der Titel der Anklage lautete daher auf schwere Landesfeindschaft (lat. *perduellio*) bzw. Verbrechen gegen den römischen Kaiser (lat. *laesa maiestas*). Von Seiten der jüdischen Führung wurden noch weitere Anschuldigungen beigebracht (Mk 15,2f.parr.). Den Berichten zufolge antwortete Jesus auf die Frage des Pilatus, ob er der König der Juden sei, zweideutig „Du sagst es" (gr. *sy eipés*). Für den Rest des Prozesses verweigerte er die Aussage – für Pilatus eigentlich ein klarer Fall.

---

[1] Vgl. 5 Mos 13,6; Lk 23,2; Talmudtraktat Sanh 43a*.

Kein glaubwürdiger Thronanwärter
Johannes bietet eine längere Verteidigung Jesu (Joh 18,33-37). Auf die besagte Frage des Pilatus hin lässt Jesus in einem fiktiven Gespräch unter vier Augen durchblicken, dass er den Hohen Rat als Urheber der Anklage sieht, und verweist darauf, dass sein Reich nicht von dieser Welt sei und damit das Römische Imperium nicht in Frage stelle. Jesus, der Zeuge der Wahrheit, wird damit den Unwahrheiten der jüdischen Führung gegenübergestellt. Später urteilt Pilatus, er habe keine Schuld an Jesus gefunden und sehe keinen ausreichenden Grund, ihn zu verurteilen (Joh 18,38; 19,4-12). Als Thronanwärter erschien Jesus nicht wirklich glaubwürdig.

Fazit: Nach den Evangelien fehlte der Anklage die Substanz!
Die Berichte zeigen die Tendenz, die Anklagepunkte gegen Jesus als fadenscheinig zu entlarven. Es war demnach unmöglich, Jesus ein justiziables Vergehen nachzuweisen. Hintergründige, niedere Motive wie Machterhalt und Staatsraison kommen zwischen den Zeilen heraus (vgl. Kapitel 4). Die Tötungsabsicht stand angeblich schon lange vor dem Prozess fest. Die Hauptschuld wird dem Hohen Rat zugeschustert, Pilatus kommt, möglicherweise aus taktisch-politischen Gründen, vergleichsweise gut weg.

6.1.3 Von Pontius nach Pilatus

Die Darstellung des Pilatus unterstreicht die Schwierigkeit, gegen Jesus handfeste, strafrechtlich relevante Punkte vorzubringen. Die Anklagen des Hohen Rates waren religiöser Natur und mussten nach Lk 23,2-5 durch politische Punkte (Aufwiegelung, Aufforderung zum Steuerboykott) ergänzt werden, um Pilatus für ein Vorgehen gegen Jesus zu gewinnen. Die Texte vermitteln den Eindruck, als sei Pilatus die Sache lästig gewesen. Lk 23,4f. zufolge versuchte er, den schwarzen Peter an die jüdische Führung zurückzugeben. Als das nicht gelang, schob er Jesus zu Herodes Antipas, Jesu Landesherrn, ab (Lk 23,6-16). Der trieb seinen Spott mit Jesus – ein weiterer Hinweis auf die Absurdität der Behauptung, Jesus sei „König der Juden". Wer die Macht im Lande hatte, stellte Herodes eindeutig klar, und da war er sich mit Pilatus einig. Die beiden Machthaber entlasteten sich so gegenseitig und wurden darüber über Nacht Freunde (Lk 23,12).[1]
Nach der übereinstimmenden Aussage zweier so hochkarätiger Zeugen hätten die Schriftgelehrten eigentlich schweigen müssen (5 Mos 19,15). Pilatus ließ Jesus auspeitschen und hoffte damit, endlich Ruhe zu bekommen. Als auch das nicht fruchtete, schlug er eine Passa-Amnestie vor.[2]

---

[1] Die theologische Absicht des Berichts ergibt sich aus Apg 4,25-28: Der Prozess gegen Jesus war auch in diesem Detail vorhergesagt (ausweislich Ps 2,1f.)!

[2] Das Verfahren ist historisch belegt. Literatur bei Gerhard Otte, Neues zum Prozess gegen Jesus? (NJW 1992), 1019-1026.

Doch nun stellte sich auch der Jerusalemer Mob, möglicherweise angestachelt durch Mitglieder des Hohen Rates, gegen Pilatus und Jesus und forderte, für Pilatus überraschend, die Freilassung des Zeloten* Barabbas (Mk 15,6-15). Zum Druck von der Straße kam noch offene Erpressung (Joh 19,12) – der Tropfen, der nach diesem Bericht das Fass zum Überlaufen brachte. Die Angst vor Denunziation vor dem Kaiser war zuviel des (nicht) Guten. Pilatus gab nach und verurteilte Jesus zum Tode.

Diese Darstellung ist sicherlich nicht historisch. Die Evangelienberichte verfolgen eine bestimmte Tendenz: Jesus wurde das Opfer niederer Motive; sein Tod war beschlossene Sache, obwohl keine verwertbare Anklage vorlag. Der Vertreter der Verteidigung Jesu – ironischerweise in der Person des römischen Prokurators symbolisiert – drang mit seinem (halbherzigen) Plädoyer nicht durch und war sich im Zweifel auch selbst der Nächste. Und das Volk? Eben war es noch begeistert von Jesus und seinem machtvollen Auftreten, und nun schrie es „Kreuzige ihn!" Dieses Volk erscheint unfähig oder unwillens, zu Jesus zu stehen. Zumindest fungierte am Ende ein lautstarker Haufen von Opportunisten als Zünglein an der Waage. Das ist nicht frühchristlicher Antijudaismus, aber der Vorwurf, im Team und wider besseres Wissen Jesus ans Kreuz gebracht zu haben. Historisch glaubwürdig erscheint die Sorge vor Tumulten als Motiv für alle Seiten, Jesus möglichst rasch und unauffällig zu verurteilen (Mk 11,9.18; 12,12; 14,2). Die Rede von „dem Volk" beim Prozess gegen Jesus verdankt sich der Erfahrung kollektiver Ablehnung seitens der rabbinischen Juden.

6.1.4 Fazit: „Einer für alle!" – Jesus starb als Bauernopfer

Folgt man den Berichten, wurde Jesus Opfer eines einzigartigen Justizskandals. Er war von vornherein chancenlos, sein Tod war beschlossene Sache. Er musste sterben – als Bauernopfer, „einer für alle" (Joh 11,50). Das Timing des Prozesses war fein ausgeklügelt, das Spiel mit fadenscheinigen Vorwürfen und falschen Zeugen am Ende erfolgreich. Skepsis an der Rechtmäßigkeit des Urteils wurde lautstark unterdrückt, Halbherzigkeit und Opportunismus waren am Ende ausschlaggebend. Der gesamte Prozess erscheint als absurdes Theater; jede Seite – Hoher Rat, Volk und Pilatus – trug ihren Teil zu seinem „Erfolg" bei; das Zusammenspiel funktionierte wie von der jüdischen Führung erwünscht. Das Ganze geschah wider besseres Wissen und war somit unentschuldbar; an die Stelle rationaler Argumente trat im Verlauf der irrationale Tumult. Auf der Strecke blieb der gerechte Sohn Gottes. Er verhielt sich während des Prozesses auffällig schweigsam – ein für die theologische Deutung wichtiges Motiv.

Nach außen hin starb Jesus als Zelot* zwischen Zeloten, als Bauernopfer des Hohen Rates, als Exempel des Pilatus für andere aufständische Juden. Doch indem Jesus am Kreuz starb, entpuppte er sich – so die theologische Überzeugung der Texte – ironischerweise als der Messias-König der Juden. Die johanneische Redeweise von der „Erhöhung“ ans Kreuz hebt den theologischen Symbolwert der Todesart hervor (vgl. Gal 3,13, weiter dazu Anfrage 11). Dass Jesus in einem anderen Sinne als „einer für alle“ starb, war das Ergebnis weiteren theologischen Nachdenkens.

6.2 Ermordung des entscheidenden Propheten

Eine zweite theologische Deutung sieht Jesus in der Tradition der von Israel abgelehnten und getöteten Propheten. Diese Deutung ist eng mit dem Thema Erwählung verbunden.

6.2.1 Die Erinnerung an den Propheten Jesus

Im Abschnitt 4.4.2 wurden die prophetischen Züge Jesu dargestellt. Als wichtigste prophetische Züge Jesu nennen die Evangelien in Kürze: Er konnte in die Herzen der Menschen sehen, ihre Gedanken lesen und in die Zukunft schauen.[1] Für viele war er der endzeitliche Elia, der Vorläufer des Messias (Mal 3,23; Mk 6,15). Bei seiner Verklärung identifiziert Jesus Elia mit Johannes dem Täufer (Mk 9,11-13par. Mt 17,12f.; vgl. Mt 11,14). Das bekräftigte die mit Jesus verbundenen messianischen Hoffnungen.

Als Prophet erschien Jesus nicht nur durch seine Wundertaten, die seine Nähe zu Elisa hervorhoben,[2] sondern auch seine „Regierungserklärung“ in Nazareth (Lk 4,18-21 unter Rückgriff auf Jes 61,1f.), seine Kritik an kultischen und sozialen Missständen und am Nichtverstehen seiner Botschaft (Mk 4,10-12parr.: „Parabeltheorie“ unter Rückgriff auf Jes 6,9f.) weisen ihn als Prophet aus. In der Tempelreinigung (Mk 11,15-18) agiert er als Kultprophet in der Tradition Jesajas, mit seinen Angriffen auf die Glaubenspraxis der Pharisäer (Mt 23) wird er in die Reihe von Propheten wie Jeremia (vgl. Jer 23!) gestellt. Zudem erscheint Jesus als „klassischer“ Unheilsprophet, wenn er Tränen über Jerusalem vergießt oder die Zerstörung des Tempels ankündigt.[3] Die Verfluchung des Feigenbaumes (Mk 11,12-14.20-22) ist eine Zeichenhandlung in der Tradition Hoseas.

Aus Angst vor dem prophetischen Ansehen, das Jesus den Texten zufolge genoss, ließen ihn seine Gegner vorerst unbehelligt und verschoben ihren Zugriff (Mk 12,12). Doch am Ende machten sie ihm den Prozess wie anderen Propheten vor ihm; ja, mit ihrem Mord an Jesus machten sie das Maß ihrer Väter voll und zwangen Gottes Gericht herbei (vgl. Mt 23,29-32).

---

[1] Mk 2,8; 9,1; 11,2f.; 13parr.; 14,13-16; Joh 4,19 u.a.

[2] Siehe Mk 6,31-44 im Vergleich mit 2 Kön 4,42-44!

[3] Mt 23,37-39par. Lk 13,34f.; Lk 23,28-31. – Die Tempelzerstörung ist auch ein Motiv in den Qumranschriften, vgl. Tempelrolle, Kol. 29 (ich danke Dr. Thomas Wagner für den mündlichen Hinweis).

6.2.2 Der abgelehnte und unwirksame Prophet

Nicht nur in seiner Verkündigung und in seinen Wundertaten, sondern auch in seiner Ablehnung wird Jesus als Prophet in der Tradition von Propheten dargestellt. Die „Parabeltheorie" (Mk 4,10-12parr.) greift die Erfahrung Jesajas auf, dass der von Gott berufene Prophet offensichtlich nichts ausrichtet und seine Botschaft ungehört verhallt (Jes 6,9f.). Die Erfahrung der partiellen Wirkungslosigkeit Jesu wird auf ein neuerliches Verstockungshandeln zurückgeführt: Die Menschen können Jesus nicht verstehen, weil Gott es so eingerichtet hat (Mt 13,10-15), oder noch stärker: Die Gleichnisse sind ein Mittel des Verstockungshandelns Gottes; die Menschen „draußen" sollen durch die Gleichnisse vom Verstehen ab- und von der Vergebung ferngehalten werden (Mk 4,12; Lk 8,9f.).

Die Ablehnung durch die eigenen Landsleute ist auch Thema in Joh 12,37-50. Unter Rückgriff auf Jes 53,1 und Jes 6,9f. wird die historische Erfahrung, die zum Tod Jesu führte, verarbeitet.[1] Als Motiv der Verweigerung nennt Johannes die Sucht nach „Ehre bei den Menschen", die die Erkenntnis Gottes und seines Gesandten verneble (V.43-45). Wer nicht erkenne, dass mit Jesus der Retter gekommen ist, an dem vollziehe sich das Endgericht (V.47f.). In prophetischem Selbstverständnis weist Jesus abschließend darauf hin, dass nicht er, sondern Gott durch ihn spricht.

6.2.3 Der verkannte, aber entscheidende Prophet

Eine altertümliche Deutung des Todes Jesu, jenseits aller Heilstod-Überlegungen, steckt in einer Notiz im Winzergleichnis (Mk 12,1-12parr.; vgl. Abschnitt 4.1.1): Als Motiv des Herrn, gegen alle Vernunft auch noch den geliebten Sohn zu den widerspenstigen Pächtern zu schicken, heißt es in V.6: „Sie werden vor ihm Respekt haben". Das weist auf die Erwartung Gottes hin, dass Israels Führung seinen Sohn als letzten Boten akzeptieren und in ihm den über die Maßen geduldigen und letztlich auf das Wohlergehen der Menschen bedachten Vatergott erkennen werde.

Diese Sichtweise setzt den grundsätzlich freien Willen der Menschen voraus, sich für oder gegen Gott zu entscheiden, und damit ihre Schuldfähigkeit. Die jüdische Führung hätte sich auch anders zu Gottes Gesandten stellen können; der Weg zum Kreuz war nicht automatisch festgelegt oder von Gott gar so geplant und gewollt. Ohne die Tötung des Sohnes wäre Gottes Plan – im Bild: Die Erhaltung des für beide Seiten nützlichen

---

[1] Jes 53,1: Herr, wer glaubt unserem Predigen? Und wem ist der Arm des Herrn offenbart?; Jes 6,9f.: Er hat ihre Augen verblendet und ihr Herz verstockt, damit sie nicht etwa mit den Augen sehen und mit dem Herzen verstehen und sich bekehren, und ich ihnen helfe. – Vgl. Mt 12,18-21: Die Nicht-Wahrnehmung durch Israel führt zur Hinwendung Jesu zu den Nichtjuden; das ist eine Erfüllung von Jes 42,1-4.

Pachtverhältnisses – viel direkter zum Ziel gelangt. Jesus war demnach kein eingeplantes Opfer Gottes, Gott nahm vielmehr das Risiko der Enttäuschung seiner Erwartung in Kauf. Jesus wurde, wenn überhaupt, das Opfer allzu menschlicher Motive und der fehlenden Bereitschaft, sich auf den Weg der Geduld und des Allmachtsverzichts Gottes einzulassen.

6.2.4 Jesus und die ermordeten Propheten Israels

Johannes der Täufer

Schon Johannes der Täufer wurde von seinem Volk nicht erkannt (Mt 17,12f.; vgl. Mk 9,12f.). Matthäus stellt, deutlicher als Markus, das analoge Geschick des Täufers und Jesu heraus: In der Ermordung des Täufers war der Tod Jesu schon im Voraus erkennbar. Jesus ging den Weg der Propheten, so wie ihn schon viele Propheten vor ihm gegangen waren. So wird das Schicksal des Täufers zum Deutungsmodell für den Tod Jesu.

Das Maß der ermordeten Propheten Israels ist voll!

In Mt 23,29-36 wird die so genannte „Prophetenmordtradition" entfaltet.[1] Die Volksoberen setzten nach diesem polemischen Text die Schuld ihrer Väter fort; von Abel an – hier der Prototyp des Gerechten – bis hin zu Secharja, Sohn des Berechja (2 Chron 24,20f.), wurden die Propheten Gottes abgelehnt und getötet. Mit der Ermordung Jesu wurde das Maß der Schuld voll; er war der Prophet der Endzeit, an dem das Unrecht Israels seinen traurigen und schicksalhaften Höhepunkt erreichte. Die Zeit war reif für das Strafgericht Gottes (vgl. Mk 12,1-12), der das Blut der Gerechten rächt (Mt 27,25; Offb 6,9-11!). Dem entspricht die Auffassung des Matthäus, dass mit dem Tod Jesu das Weltgericht anfing (Mt 27,52f.).

6.2.5 Fazit: Die tragische Entfernung des „Schlusssteins"

Viele Evangelientexte erklären Jesu Leidensweg als den typischen Weg der Propheten Israels. Die Ablehnung der Person und Botschaft Jesu bewies nicht das Scheitern eines religiösen Hochstaplers, sondern war die Fortsetzung des Schicksals der Propheten Israels. Sein Tod war kein Muss im Sinne göttlicher Vorsehung, sondern verdankte sich einer schuldhaften, wenn auch tragischen Fehleinschätzung derer, die in Jesus den Konkurrenten, nicht den entscheidenden Boten Gottes wahrnahmen. Jesu Tod war, so betrachtet, eher ein Beweis seiner Legitimität als Bote Gottes: Er starb als der Gerechte und wurde von Gott an Ostern eindrücklich bestätigt.

---

[1] Vgl. 2 Chron 24,20ff.; 36,16; Jer 26,20-23; Hos 9,8; Mt 5,12; 22,1-14; Apg 7,52; 1 Thess 2,14-16; Hebr 11,33-38; Jak 5,10; Für die Zeit Jesu ist die Tradition durch Apokryphen* und durch Flavius Josephus, Ant 9,265; 10,38f., bezeugt.

Mit der Tötung Jesu machte die jüdische Führung das Schuldmaß ihrer Väter voll. Jesus war der letzte, entscheidende, aber gründlich verkannte und abgelehnte Prophet Gottes. Seine Botschaft schloss an die der Propheten Israels an, und er erlitt deren Geschick. Seine Gegner waren verstockt, das heißt unfähig und unwillens zugleich, seine Botschaft zu akzeptieren. So zogen sie die Strafe auf sich, die sich über viele Generationen angestaut hatte: Gott würde seinen Sohn rächen, und mit ihm alle früheren Boten.
Eine Heilsbedeutung im christlichen Sinne hat der so verstandene Tod Jesu nicht. Aber er erklärte nach 70 n.Chr. die Zerstörung Jerusalems und das Ende seiner Führer (Mt 22,7!). Jesus entpuppte sich im Nachhinein als der entscheidende „Eckstein" bzw. „Schlussstein" im Plan Gottes mit seinem erwählten Volk (Mk 12,10parr.). Mit Jesu Ermordung stürzte das Erwählungsmodell der jüdischen Führung wie ein Kartenhaus ein. Die Strafe bestand im Übergang der Erwählung auf ein „anderes Volk" (Mt 21,43) – ein Hinweis auf die heilsgeschichtliche Position der christlichen Gemeinden und eine Erklärung der Zuwendung Gottes zu den Nichtjuden.

6.3 Stellvertretendes Leiden des Gerechten

Die letzten Gedanken führen zu einer weiteren Deutung über: Jesus litt und starb zu Unrecht als der ideale, gerechte Mensch; das geschah stellvertretend für die Ungerechten, die so von ihrer Schuld entlastet wurden.

6.3.1 Das Leiden des Gerechten und Gottes Gerechtigkeit

Die Frau des Pilatus erkannte Jesus als einen Gerechten, ebenso der Hauptmann unter dem Kreuz (so Mt 27,19; Lk 23,47). Die Apostel verkündigten Jesus als den Heiligen und Gerechten (Apg 3,14). Seine Gerechtigkeit zeigte er im Verzicht auf Verteidigung und darin, dass er die Vergeltung für sein Schicksal Gott überließ (1 Petr 2,21-23). Mk 15,34 und Mt 27,46 zufolge starb Jesus mit den Worten des Gerechten, der sich von Gott im Stich gelassen fühlt: „Mein Gott, mein Gott, warum hast du mich verlassen?" (Ps 22,2). Er vertraute darauf, dass Gott ihm heraushelfe (Mt 27,43; vgl. Ps 22,9). Das Motiv des zu Unrecht leidenden Gerechten spielt vor allem in der alttestamentlichen Weisheit eine große Rolle und ist dort mit der der Theodizeefrage* verbunden (Ps 22, vgl. Ps 31 und das Buch Hiob). Im Falle Jesu wird sie durch seine Auferweckung beantwortet.

6.3.2 Der leidende Gottesknecht

Die Gottesknechtslieder Deuterojesajas* (Jes 42-53) spielen in der Jesusüberlieferung eine maßgebliche Rolle; die Anspielungen und offenen Zitate ziehen sich durch viele Schriften. Im Folgenden gilt der stellvertretend leidende „Gottesknecht" als Urbild des leidenden Messias.

Der Gottesknecht ist nach Jes 42,1-9 und 49,6 ein von Gott gesandter Gerechter, der Israel und den anderen Völkern Recht und Heil bringen sollte. Wer er ist, wird nicht gesagt. Außer im dritten Gottesknechtslied (Jes 50,4-9) ist an eine einzelne Gestalt zu denken (Jes 42,1-4; 49,1-6; 52,13-53,12).[1] Charakteristisch ist, dass der Gesandte wegen seiner Botschaft zurückgewiesen und geprügelt wird. Die Befürchtung, dass die Sendung vergeblich sein könne, durchzieht die Lieder. In dieser Lage wird sein Gottvertrauen dargestellt, das ihm immer wieder auf- und weiterhilft.

Für die Deutung des Todes Jesu im Sinne des leidenden Gottesknechts ist das vierte Lied (Jes 52f.) entscheidend. Hier wird der Gedanke entfaltet, dass das Leiden nicht sinnlos, sondern für seine Adressaten von großem Nutzen ist: „Nach der Mühsal seiner Seele wird er Licht sehen und sich sättigen. Durch sein Leiden wird mein Knecht viele rechtfertigen, indem er ihr Verschulden auf sich nimmt. Darum will ich ihm die Vielen als Anteil geben, und die Mächtigen fallen ihm als Beute zu, dafür, dass er sein Leben in den Tod dahingegeben hat und unter die Übeltäter gezählt ward, während er doch die Schuld der Vielen trug und für die Sünder eintrat" (Jes 53,11f.). Der Gerechte wird zum Tode verurteilt, obwohl er unschuldig ist. Gott konzentriert die Schuld der Menschen auf seinen Knecht, und der trägt sie wie ein Lamm auf die Schlachtbank. Er wird, ohne sich gewehrt zu haben, durchbohrt und zermalmt (Jes 53,5-7). Durch seinen Tod schafft der Eine den Vielen Gerechtigkeit und wird am Ende von Gott wegen seines Gehorsams in höchste Höhen erhöht (Jes 53,10f.).[2]

Die Parallelen zum Leiden und Sterben Jesu, so wie es in den Evangelien geschildert wird, liegen auf der Hand. Schon der Hinweis des Täufers auf Jesus als „das Lamm, das die Sünde der Welt trägt" (Joh 1,29) erinnert daran, ebenso die Misshandlungen durch den Sanhedrin* (Mt 26,67; vgl. Jes 50,6). Das Schweigen Jesu vor Pilatus (Mk 15,5; vgl. Apg 8,32f.) entspricht dem des Gottesknechts in Jes 53,7, seine Geißelung (Mk 14,65; Joh 19,1) hat in Jes 50,6 ihr Vorbild. Für die Deutung des Todes Jesu ist der Rollentausch entscheidend: Einer stirbt stellvertretend für viele, die eigentlich den Tod verdient hätten. Der Tod des Gerechten schafft einen „Überschuss" an Gerechtigkeit, der dann auf andere übertragen wird. In diesem Sinne hat der Tod Jesu Heilsbedeutung. Dieses Grundmodell wird im Neuen Testament in verschiedenen Varianten durchgespielt (vgl. Abschnitte 6.4-6.7).

---

1 Ich danke Dr. Thomas Wagner für seine mündlichen Hinweise.

2 Die Möglichkeit einer personalen Übertragung von Sühne ist in der Antike bekannt (Karrer, Jesus Christus*, 123 mit Belegstellen). Im Frühjudentum wird ein endzeitlicher Priester erwartet, der die Funktion des Gottesknechts übernimmt (a.a.O., 124).

6.3.3 Tilgung der Sünden und Befreiung zur Gerechtigkeit

Der positive Effekt des Leidens des Gerechten besteht auch nach 1 Petr 4,18, hier ohne Rekurs auf Deuterojesaja*, in der Tilgung der Sünden der Ungerechten. Bildhaft gesprochen, trug Christus die Sünden ans Kreuz, damit die Ungerechten der Sünde „absterben", das heißt von ihr loskommen und ihr Leben für die Gerechtigkeit investieren können (1 Petr 2,24). Anders ausgedrückt: Gott hat den Gerechten für die Ungerechten zur Sünde gemacht, damit sie Träger der Gerechtigkeit würden (2 Kor 5,21). Durch den physischen Tod Christi wurde die Sünde, die im Fleisch wirkt, unwirksam gemacht und dadurch in paradoxer Weise die Gerechtigkeit in den Sündern erfüllt; sie sind nun frei, sich am Geist zu orientieren (Röm 8,3f.). Oder: Christus hat die Sünder vom Fluch des Gesetzes erlöst, indem er sich ans Fluchkreuz hängen ließ und so selbst zum Fluch wurde (Gal 3,13). In all diesen Bildern drückt sich der Rollentausch zwischen Christus und den Menschen, zwischen dem Gerechten und den Ungerechten aus.[1]
Im Leiden für die Gerechtigkeit war Christus das Vorbild (1 Petr 2,21); wer wie Christus leidet, ist selig (1 Petr 3,14). Wer der Sünde „abgestorben" ist, ist von ihr frei und kann sich für das Programm der Gerechtigkeit Gottes einsetzen (Röm 6,10-14).

6.3.4 Fazit: Überschießende Gerechtigkeit durch das Leid des Gerechten

Ein Gerechter trägt die Sünden der vielen Ungerechten und befreit sie dadurch zu neuem Leben. Das ist das Leitmotiv dieser Deutung. Es machte plausibel, dass der Gekreuzigte der messianische Befreier war. Die Traditionen des zu Unrecht leidenden Gerechten und des stellvertretend leidenden Gottesknechts gaben das Vorbild für diese Deutung ab. Der Rollentausch zwischen Christus und den Sündern ist hier bereits vorabgebildet.

6.4 Selbsthingabe des guten Hirten

Einer für viele – das ist auch ein Grundgedanke hellenistisch-römischer Freundschaftsethik. Das stellvertretende Sterben für Nahestehende und Freunde wird in vielen Texten gepriesen.[2] Dieser Ethik steht die Deutung des Todes Jesu als freiwillige Selbsthingabe des guten Hirten nahe. Dass Jesus für das Volk Israel starb, ist das soteriologische* Leitmotiv des Johannesevangeliums (vgl. Abschnitte 4.1.2 und 6.1.4 zu Joh 11,50).[3]

---

[1] Karrer, Jesus Christus*, 122.
[2] Homer, Aeneis 5,8-15; Aristoteles, Nic.Eth. 1155a-1163b; Seneca, ep mor I 9,8-15.
[3] Karrer, Jesus Christus*, 112.

6.4.1 Die Bereitschaft zum Tod als Erkennungsmerkmal

Tenor der Hirtenrede Joh 10 ist, dass der gute Hirte sein Leben für die Schafe lässt, um sie zu schützen und zu retten (V.11.15.17). Das unterscheidet ihn von den „Mietlingen", die im entscheidenden Augenblick fliehen (V.11). Sie haben im Gegensatz zum guten Hirten keinen Bezug zu den Schafen und kein Interesse, für sie zu sorgen – schon garnicht unter Einsatz des eigenen Lebens. Jesu Tod ist die letzte Konsequenz seines Einsatzes; an der Bereitschaft zur Selbsthingabe wird der gute Hirte erkannt.

6.4.2 Die Suche nach den „Verlorenen" als Hauptaufgabe

Im Hintergrund ist der Konflikt um den Führungsanspruch über Israel zu sehen: Die Pharisäer nehmen im Gegensatz zu Jesus ihre Verantwortung nicht wahr – das ist Joh 10 zufolge die Kritik Jesu. Das Bild entstammt der prophetischen Kritik an den schlechten Hirten in Jer 23 und Ez 34. Der Akzent liegt dort auf der Sorge um die verirrten, verlorenen und schwachen Schafe Israels. Die politischen und religiösen Führer Israels, die ihrer Aufgabe nicht gerecht werden, werden von Gott, dem guten Hirten (Ps 23!), zur Rechenschaft gezogen.
Jesus erscheint nicht auch bei der Speisung der Fünftausend als Hirte, der sich über die zerstreuten, hirtenlosen Schafe erbarmt (Mk 6,30-44). Nicht zufällig wird er, der die Menge sättigt, zum legitimen König seines Volkes proklamiert (Joh 6,15). Folgt man dem Lukasevangelium, ist die Suche nach dem „Verlorenen" das Hauptinteresse Jesu (Lk 5,32; 15; 19,10).

6.4.3 Der Tod Jesu als Tür für die Nichtjuden

Ein weiterer Aspekt von Joh 10 ist, dass der Tod des guten Hirten den Nichtjuden ermöglichte, zu seiner „Herde" dazuzukommen (V.16!). Nach Joh 7,33-36 rätseln die Juden über Jesu Ankündigung, fortzugehen. Sie fragen sich, wohin, und sehen ihn unter Diasporajuden und griechischen Nichtjuden lehren. Joh 12,24 vergleicht den Tod Jesu mit einem Samenkorn, das dadurch viel Frucht bringt, dass es in die Erde fällt und stirbt. Im Kontext versuchen Griechen, mit Jesus in Kontakt zu kommen (Joh 12,20-23). Die dem Hohenpriester in den Mund gelegte Weissagung, Jesus müsse als „einer für alle" sterben, bestätigt die Paradoxie: Jesu Tod entpuppte sich im Nachhinein als Voraussetzung der Heidenmission (Joh 11,52!).

6.4.4 Heilwerden durch Sündenvergebung

Auch 1 Petr 2,24f. verwendet das Bild vom Hirten. Die neu Bekehrten werden mit einstmals irrenden Schafen verglichen, die nun zum „Hirten und Bischof der Seelen" bekehrt sind. Voraussetzung für ihre Bekehrung, für ihr „Heilwerden", ist der die Sündenvergebung schaffende Tod Jesu.

6.4.5 Fazit: Der Tod Jesu bewirkte seine weltweite Anerkennung

An seinem Tod wird Jesu legitimer Führungsanspruch über Israel deutlich. Der Tod Jesu gilt auch als Voraussetzung dafür, dass Menschen jenseits von Israel zum Heil kommen. Das ist die Paradoxie dieser Deutung. Sie kommt nach Joh 10 dadurch zustande, dass Jesus gerade durch seine konsequente Lebenshingabe überzeugt – über die Grenzen des Judentums hinweg. Außerdem konnte der Paraklet*, der den ungläubigen Kosmos zum Glauben führt, erst nach Jesu Tod kommen (Joh 16,7). Nach 1 Petr 2 besteht die Wirkung des Todes in Sündenvergebung und Heilseröffnung.

6.5 Rettende Selbsterniedrigung des göttlichen Richters

Die Rede von Selbsterniedrigung (gr. *tapeínosis*) setzt einen ursprünglich hohen, göttlichen Status Jesu Christi voraus. Im Gehorsam seinem Auftrag gegenüber, der auf die Erlösung der Menschen hinauslief, gab er diesen Status auf. Sein Tod erscheint als die letzte Konsequenz dieses Weges. Auch bei dieser Deutung ist das Schema „einer für viele" leitend.

6.5.1 Der Gehorsam des Menschensohnes

Dienstbereitschaft als Markenzeichen Jesu
„Wer unter euch der Erste sein will, der soll aller Knecht sein. Denn auch der Menschensohn ist nicht gekommen, dass er sich dienen lasse, sondern dass er diene und sein Leben gebe als Lösegeld für viele." (Mk 10,44f.par. Mt 20,27f.). Der programmatische Satz Jesu fällt auf die Nachfrage der Zebedäus-Söhne nach ihrer künftigen (Ehren-)Stellung im Himmelreich. Das Logion* ist für das Selbstverständnis Jesu, wie es in der Erinnerung von Markus und Matthäus festgehalten ist, aufschlussreich. Die Selbstzurücknahme und Dienstbereitschaft („Demut") war demnach ein Markenzeichen des Auftretens Jesu. Jesu Leben – nicht nur sein Tod – war Hingabe und hatte für viele Menschen Heilsbedeutung als „Lösegeld".

Hingabe statt Gericht
Die Bezeichnung Jesu als „Menschensohn" bietet eine interessante Abwandlung der apokalyptischen* Menschensohn-Vorstellung (Dan 7,13; äthHen 37-71; 4 Esr 13): Aus dem endzeitlichen Richter wurde der dienende und sich für die Menschen hingebende Herr. An die Stelle des Endgerichts trat das dienende Wirken – eine komplette Neudeutung der apo-

kalyptischen Figur, ein Rollentausch zwischen Gott und Menschen. Die Erinnerung an die Richterfunktion des Menschensohnes ist ebenfalls erhalten geblieben (Mt 25,31-46; Mk 14,62parr.). Der dienende und der richtende Menschensohn sind in Jesus vereint, jedoch in zeitlicher Abfolge: Zeit seines irdischen Wirkens war er der dienende Menschensohn; wenn er wiederkommt, wird er als Richter (und als Sammler seiner Auserwählten, Mk 13,27) auftreten. Joh 5,27 zufolge vollzieht Jesus als der Menschensohn schon zu seinen Lebzeiten das Endgericht (Joh 5,27).

Der Tod als letzte Konsequenz des Gehorsams

Zwischen den Wirkungsphasen des Menschensohnes stehen Leiden und Tod Jesu. Folgt man den Leidensankündigungen (Mk 8,31-33; 9,30-32; 10,32-34), kündigte Jesus sein kommendes Geschick – Verrat, Verurteilung, Tod und Auferstehung – mit Worten über den Menschensohn an. Leiden und Tod erscheinen im Kontext der anderen Menschensohnworte als der vorläufige Endpunkt seines Dienstes an den Menschen. An diesem Weg ist nicht zu rütteln, er steht fest, wie das Wörtchen „muss" in Mk 8,31parr. betont. Etwaige Auswege, wie Petrus sie ins Spiel bringt, werden als satanische Versuchung zurückgewiesen (Mk 8,33). Der Weg ins Leiden ist folgerichtig und konsequent, er entspricht dem Dienstauftrag des Menschensohnes. – Das „Muss" von Mk 8,31 legt aber meines Erachtens eine göttliche Vorsehung oder gar einen Plan Gottes nicht zwingend nahe. Allein die nachösterliche Erfahrung, dass Jesus diesen Weg gegangen ist, kann zur Aufnahme der Leidensankündigungen geführt haben. Aus der Perspektive der Evangelisten boten sie eine Erklärung für sein Geschick: Er hatte es selbst vorhergesagt und darin seinen Weg erkannt. Das „Muss" ist der Verhaltenslogik der jüdischen Führung geschuldet.

6.5.2 Die Lebenshingabe als „Ablösesumme" zur Erlösung

Ein Transferhandel zwischen Gott und gottfeindlichen Mächten

Mk 10,45 beschreibt als Sendungszweck des Menschensohnes, dass er sein Leben gebe als Lösegeld für viele. Wofür das Lösegeld gezahlt wurde und wer es einforderte, wird hier nicht deutlich. In der Hebräischen Bibel ist die Metapher* vom Loskauf unter anderem auf die Auslösung Israels aus Ägypten (5 Mos 15,15; 2 Sam 7,23 u.a.) und auf die Befreiung der Menschen von Sünde und Unheil bezogen (Ps 43; 53).[1] Die theologische Rede vom „Loskauf" (gr. *apolýtrosis,* was auch Erlösung meint) setzt das kosmische Gegeneinander von Gott und widergöttlichen Mächten voraus. Gott tritt dabei als Retter auf und zahlt der Gegenseite eine Ablösesumme, um die Menschen in seinen Herrschaftsbereich zu überführen.

1 Weitere Belegstellen bei Karrer, Jesus Christus*, 108.

Das Blut Christi als „Ablösesumme" an die Sünde
„Ihr seid teuer erkauft; darum preist Gott mit eurem Leibe" heißt es in 1 Kor 6,20. Und in 1 Kor 7,23: „Ihr seid teuer erkauft; werdet nicht der Menschen Sklaven".[1] In allen Texten geht es um neue Besitzverhältnisse: Mit dem Blut Christi als „Ablösesumme" sind die Menschen zum Eigentum Gottes, Christi und des Geistes geworden (1 Kor 6,15-19). Zuvor waren sie in der Verfügungsgewalt von Tora und Sünde; der Machtwechsel war ein Statuswechsel: Aus Sklaven wurden Freie.[2] Die Ablöse ging an die Tora bzw. an die Sünde(nmacht). Um von der Transferleistung zu profitieren, muss der Mensch seinerseits der Sünde „absterben" (Röm 6,11ff.).

Tilgung des himmlischen Schuldbriefs
Ein weiteres Element in diesem Zusammenhang ist die Tilgung des Schuldbriefs der Sünder, der im Himmel hinterlegt ist; der Vorgang kommt der Entmachtung der widergöttlichen Mächte gleich (Kol 2,14f.).[3]

6.5.3 Selbsterniedrigung als Voraussetzung der Erhöhung

Die Deutung des Todes Jesu als folgerichtiges Ende seines Auftrags und als letzte Konsequenz seines Gehorsams liegt unter anderem auch dem Christushymnus Phil 2,6-11 zugrunde: „Er nahm Knechtsgestalt an, wurde den Menschen gleich und der Erscheinung nach als Mensch erkannt. Er erniedrigte sich selbst und wurde gehorsam bis zum Tode, ja zum Tode am Kreuz" (V.7f.). Der Gehorsam und die Selbsterniedrigung Jesu waren nach V.9 der Grund für seine Erhöhung durch und zu Gott. Hebr 5,7-10 zufolge hat sich Christus zeit seines irdischen Wirkens durch Gehorsam ausgezeichnet; sein Flehen um Errettung aus dem Tod führte nicht am Kreuz vorbei, sondern durch den Tod hindurch (V.7). Sein Gehorsam machte ihn für die, die ihm gehorsam sind, zum Urheber des ewigen Heils (V.9).

6.5.4 Fazit: Die Selbsterniedrigung führte zu Erlösung und Erhöhung

Der verurteilte Menschensohn entpuppte sich als Richter der Endzeit
Der Weg Jesu als Weg der freiwilligen Selbsterniedrigung und sein Tod als letzte Konsequenz seines Gehorsams ist eine weit verbreitete Deutung. In seiner Leidens- und Sterbensbereitschaft erwies sich Jesus als der Gerechte, der sich nicht korrumpieren ließ, sondern ganz auf Gott vertraute. Sein Weg war nicht im Sinne einer göttlichen Prädestination* vorgezeichnet,

---

1 Vgl. weiter Apg 20,28; 1 Petr 1,18f.; Offb 5,9f.
2 1 Kor 7,17-22; vgl. Röm 6,17-22; 8,15; Gal 4,5.
3 Die Vorstellung vom himmlischen Schuldbrief findet sich auch in der apokryphen* Zephanja-Apokalypse (ApkZeph 4,2; Hinweis bei Karrer, Jesus Christus*, 110).

sondern entwickelte sich mit innerer Logik aus den damaligen gesellschaftlichen Verhältnissen heraus. In Kombination mit der Bezeichnung Jesu als „Menschensohn" erscheint die jüdische Gerichtsvorstellung in einem überraschend neuen Licht: Der endzeitliche Menschensohn-Richter hatte zunächst die Rolle des dienenden, gehorsamen und leidenden Menschensohnes. Anders gesagt: Sein Gericht vollzog sich paradoxerweise in erster Instanz in seinem Dienen, und erst das Gerichtsurteil über ihn machte ihn zum kommenden Richter im erwarteten Sinn.

Das vergossene Blut war die Transfersumme zur Erlösung der Menschen
Die Deutung des Todes Jesu als „Loskauf" greift ein Hauptmotiv der Exodustradition* auf. An die Stelle der Befreiung Israels aus Ägypten tritt im Neuen Testament die Befreiung des Menschen aus der Macht der Sünde. Der Tod Jesu ist, bildhaft gesprochen, die Ablösesumme für die Freigabe der Menschen, die dadurch in einen neuen Herrschaftsbereich wechseln.

Der Gehorsam bis zum Tod war die Voraussetzung der Erhöhung
Eine letzte Paradoxie dieses Deutungsmodells liegt darin, dass gerade der konsequente Gehorsam Jesu bis zum Tod zu seiner Versetzung in den göttlichen Status führte. Das ist ein wichtiges Motiv der so genannten Kenosis*-Christologie (Phil 2,6-11; vgl. Hebr 5 und Abschnitt 7.2).

6.6 Schlachtung des Passalamms

Die Deutung des Todes Jesu als geschlachtetes Passalamm setzt das Grundmuster „einer für viele" fort und stellt es in den Kontext der Passatradition. Die Deutung hat im Neuen Testament nicht viele Spuren hinterlassen; die Bezeichnung Jesu als „Passalamm" findet sich nur in 1 Kor 5,7: „Denn auch wir haben ein Passalamm, das ist Christus, der geopfert ist." Der Vergleich wird nicht weiter ausgeführt und ist wohl durch eine spontane Assoziation entstanden: Im Text davor geht es um den Gegensatz von altem „Sauerteig" und neuem (besseren) „Teig" – eine Anspielung an die Gebräuche des jüdischen Passafestes.

6.6.1 Der Tod Jesu als neuer Exodus?

Das Passafest gründet im Auszug Israels aus der ägyptischen Sklaverei (2 Mos 12). Die Schlachtung des Passalamms war damals der Auftakt der Befreiung. Die Tatsache, dass Jesus in unmittelbarer zeitlicher Nähe zum Passafest hingerichtet wurde, lässt seinen Tod als neues Passa, verbunden mit einem neuen Exodus*, einer neuen Befreiung aus Sklaverei, erscheinen. Es fällt jedoch auf, dass dort, wo der Tod Jesu als Befreiung oder „Loskauf" von Sünde gedeutet wird, die Passavorstellung fehlt (weiter

Abschnitt 6.5.2). In der frühen Kirche wurde vereinzelt stattdessen ein solcher neuer Exodus mit der Wiederkunft Jesu Christi verbunden.[1]

6.6.2 Ein Passalamm ohne Funktion

Die Evangelien datieren den Tod Jesu entweder auf das Passafest selbst (Mk 15parr.) oder auf den Tag davor, den „Rüsttag" (Joh 19,14.31.42); historisch wahrscheinlicher dürfte sein, dass Jesus bereits vor dem Passa hingerichtet wurde, um den Festablauf nicht zu stören. Es mag irritieren, dass das Lamm beim letzten Mahl Jesu mit seinen Jüngern nur beiläufig erwähnt wird (Mk 14,16). Der Ton liegt auf Brot und Wein. Die Leerstelle, die die Abendmahlsberichte lassen, kann auf Jesus gedeutet werden, zumal er hier auch von seinem Blut spricht und er (nach Johannes) an dem Tag gekreuzigt wurde, an dem traditionell die Passalämmer geschlachtet wurden.[2] So gesehen, wäre das Blut Jesu analog zum Blut des Passalamms aus 2 Mos 12,23 zu deuten: dort als Erkennungszeichen der Israeliten und als Schutz vor dem Zugriff Pharaos, hier als Erkennungszeichen der Jünger und als ihr Schutz vor dem Zugriff des Bösen. Doch in diese Richtung denkt das Neue Testament nicht weiter.

6.6.3 Die Heilswirkung des unschuldigen Blutes

Das (unschuldige, wehrlose, friedfertige, geschlachtete) Lamm ist in einigen Texten Metapher* für Jesus. In Joh 1,29 wird das Leiden Jesu als Sündenübernahme durch das unschuldige Lamm (gr. *ámnos*) gedeutet. Allerdings ist hier nicht vom Passa die Rede; die Aussage gehört in die Tradition vom leidenden Gottesknecht (Jes 53,7; vgl. Abschnitt 6.3.2). Das Motiv des unschuldigen und unbefleckten Lammes wird auch in 1 Petr 1,18f. aufgegriffen. Das Blut Jesu ist hier der Preis für die Erlösung der Menschen. Nach Offb 5,6 sieht der Visionär im Thronsaal Gottes einen Widder (gr. *arníon*), „wie geschlachtet", mit sieben Hörnern und sieben Augen. Die Vision lässt an den getöteten Christus denken; doch macht schon die Variation, vom Widder und nicht vom Lamm zu sprechen, eine Zuordnung zur Passatradition und zu den Johannestexten unwahrscheinlich.

6.6.4 Fazit: Die Unschuld des Lammes tilgte die Schuld der Menschen

Das Motiv des geschlachteten Passalammes greift auf die Exodustradition* zurück. Diese wird mit Blick auf Jesu Tod jedoch nirgends breiter entfaltet.

---

[1] Vgl. Hippolyt, Danielkommentar 4,18f.

[2] Vgl. Joh 19,36 mit der Anspielung auf die Passatradition 2 Mos 12,46!

Wo dieser als befreiender „Loskauf“ gedeutet wird, ist vom Passa keine Rede. Der Vergleichspunkt reduziert sich auf die Unschuld und die Wehrlosigkeit, die sich mit einem Lamm assoziieren lassen.[1]

6.7 Vollendung des Jom-Kippur-Opfers

Der Tod Jesu im Sinne eines stellvertretenden Sühnopfers zur Vergebung der Sünden ist im Neuen Testament sehr prominent. Nach dieser Deutung bewirkte das vergossene Blut des Gerechten ein neues Verhältnis der Menschen zu Gott auf der Grundlage einer kultischen Sühneleistung. Das Schema „einer für viele“ ist auch hier leitend.

6.7.1 Der Jom-Kippur-Ritus

Sündenvergebung ist nach der Hebräischen Bibel ein Monopol Gottes. Wo Jesus Sünden vergibt (etwa in Mk 2,1-12), wird es ihm von seinen Gegnern als Gotteslästerung ausgelegt. Die Vergebung der Sünden des Volkes und der Priester wird nach 3 Mos 16 durch den Hohenpriester bewirkt. Er bringt am großen Versöhnungstag (*jom kippúr*) ein Sünd- bzw. Brandopfer im Allerheiligsten des Tempels dar. Dabei wird das Blut eines Stiers und eines Ziegenbocks an den Deckel der Bundeslade (hebr. *kapporét*) gesprengt. Mit diesem Ritus wird der Tempel symbolisch gereinigt. Im anschließenden „Asasel-Ritus“ werden die Sünden des Volkes symbolisch auf einen zweiten Ziegenbock versammelt und dieser dann in die Wüste gejagt (3 Mos 16,8.10.26). Danach gilt das Verhältnis zwischen Gott und Volk als bereinigt. Die Zeremonie wird jährlich wiederholt, weil das Sündigen nicht aufhört und immer neue Schuld gesühnt werden muss.

6.7.2 Gottes eigenes Sühnopfer

Der Römerbrief kreist um das Thema, wie der Mensch vor Gott gerecht werden könne. Nach Paulus geschieht das nicht aus Torawerken, sondern aus Glauben (gr. *pístis*) bzw. aus Gnade (gr. *cháris*). Es stellt sich die Frage, worauf der Glaube gerichtet ist und was Gnade hier meint.

Glaube an die Auferweckung gegen alle Hoffnung

Vorbild des Glaubens ist nach Röm 4 Abraham: Er stellte auf Gottes Verheißung hin seine Lebensplanung komplett um; gegen alle Vernunft ver-

[1] Analog zur Schlachtung des Lammes ist in Röm 8,32a davon die Rede, dass Gott seinen eigenen Sohn nicht verschont hat – eine Steigerung der Opferung Isaaks (*aqedah,* 1 Mos 22,12.16). Dazu ausführlicher Karrer, Jesus Christus*, 81.

traute er darauf, dass Gott Sara und ihm, jenseits der biologischen Altersgrenze, den ersehnten Sohn und Erben schenken könne. Das bezeichnet Paulus als Glauben „auf Hoffnung, wo nichts zu hoffen war" (V.18). Dieser Glaube wurde Abraham zur Gerechtigkeit angerechnet (V.22, vgl. 1 Mos 15,6). Der Glaube Abrahams ist das Urbild des Osterglaubens (V.24f.). Die Auferstehung geschah zu dem Zweck, dass die Menschen an das eigentlich Unmögliche glauben und so vor Gott gerecht werden.

Glaube an den Tod Jesu als Gottes Jom Kippur
Der Glaube bezieht sich auch auf die Bedeutung des Todes Jesu. Der war nicht sinnlos; Jesus wurde vielmehr „um unserer Sünden willen dahingegeben" (Röm 4,25), die die Menschen bis dahin auf sich geladen hatten, und damit für unsere Erlösung (Röm 3,24f.; Eph 1,7; Kol 1,14).[1] Dieser Akt ist ein für allemal gültig (gr. *eph´ hápax*, Röm 6,10). In Anlehnung an 3 Mos 16 ist Jesus das Opfertier, dessen Blut die Entsühnung bewirkte. Zugleich ist er aber, und das macht die Textstelle so schwer verständlich, der „Sühnedeckel" (hebr. *kapporét*, gr. *hilastérion*), auf den das Blut gesprengt und die Sünde symbolisch versammelt wird (vgl. 2 Kor 5,21).

Gnade – eine überraschende, neue Chance auf Erlösung
Das Bild vom Jom-Kippur-Ritus lässt sich nicht eins zu eins auf Jesu Tod übertragen; der Geopferte war zugleich der Empfänger des Opfers. Das bedeutet einen Rollentausch: Gott selbst war der Initiator der Sühnehandlung, oder präziser: Gott wertete den Tod seines Sohnes überraschend als Sühne für die Vergebung der Sünden und damit für die Erlösung der Menschen um. Diese heilvolle „Umwidmung" des durch Menschen verschuldeten Blutvergießens nennt Paulus Gnade: Gott hätte so nicht reagieren müssen; er hätte genauso gut, wie zum Teil erwartet, einen Schlussstrich ziehen und den Tod des geliebten Sohnes rächen können. Mit seiner „Umwidmung" verzichtete Gott auf Rache und bewahrte die Menschen vor den eigentlich fälligen Folgen ihres Tuns. Die Forderung nach Gerechtigkeit setzt Gott um, indem er den Menschen die Chance gibt, sich durch Karfreitag und Ostern zum Glauben provozieren zu lassen.[2]

6.7.3 Der neue Jom Kippur als nachhaltige Tiefenreinigung

Der Hebräerbrief ist der zweite Kronzeuge für diese Deutung. Der Autor stellt den alten einem neuen Jom-Kippur antithetisch* gegenüber. Während der alte Versöhnungstag jährlich wiederholt werden und der Hohepriester auch für die eigenen Sünden Opfer bringen müsse (Hebr 7,27), sei der mit dem Tod Jesu vollzogene Jom Kippur eine einmalige (gr. *eph´*

---

[1] In 3 Mos 16 ging es um die Reinigung des Tempels (Karrer, Jesus Christus*, 121).
[2] Auch nach 4 Esr 8f. ist der Mensch auf Gnade angewiesen.

hápax) Angelegenheit mit dauerhafter Wirkung. Grund sei zum einen die Sündlosigkeit des Hohenpriesters, der zugleich die Opfergabe war; auch hier ist der Jom-Kippur-Ritus nicht eins zu eins auf den Tod Jesu übertragbar. Zum anderen habe der Tod Jesu keine äußerliche, oberflächliche Reinigung, sondern die Reinigung der Gewissen bewirkt (Hebr 9,6-14).

6.7.4 Fazit: Die von Gott selbst geleistete Versöhnung

Die Ermordung Jesu – Erweis der heilvollen Gerechtigkeit Gottes
Gott ist gerecht. Das ist ein roter Faden im jüdisch-christlichen Gottesbild. Als Anwalt der Gerechtigkeit kann er nicht auf die Forderung verzichten, dass man ihm und den Mitmenschen gerecht wird. Die Rede von seiner Gnade bedeutet auch nicht das Ende des gerechten Gottes, sondern eine von ihm geschenkte, neue, heilvolle und überraschende Möglichkeit, seiner Forderung gerecht zu werden. An die Stelle der Toraobservanz* tritt der Glaube, dass Gott gegen alle Hoffnung und Erwartung neues Leben schaffen und neue Heilswege eröffnen kann. Im Tod und in der Auferweckung Jesu Christi liegt die Provokation, zum Kern des Gottesglaubens zurückzukommen und im Glauben an diesen Gott das Heil zu erlangen.

Das Selbstopfer Jesu – Überbietung des Jom Kippur
Die Deutung des Todes Jesu im Sinne einer universalen und dauerhaften Versöhnung zwischen Gott und Menschen führt im Hebräerbrief zu einer nachhaltigen Kritik am noch bestehenden Jerusalemer Tempelkult. Der traditionelle Versöhnungstag wird als vorläufiger, defizitärer Ritus gekennzeichnet. Ihm steht der einmalige Jom-Kippur-Ritus, vollzogen durch das Selbstopfer Jesu, gegenüber. Durch sein Opfer installierte er einen neuen Tempelkult, der den bisherigen bei weitem überbietet und das Verhältnis zwischen Gott und Menschen auf eine völlig neue Grundlage stellt. Das einmalige Opfer Jesu ist das probate Gegenmittel gegen Tod und Endgericht, dem der Mensch entgegengeht. Wenn Jesus wiederkommen wird, dann nicht mehr zur Sündenvergebung – sie ist bereits geleistet –, sondern zum Heil derer, die auf ihn warten (Hebr 9,28).

Versöhnung zwischen Gott und Menschen
Ob heilvolle Umwidmung des Verbrechens an seinem Sohn, ob Ersetzung des Jom Kippur durch ein einmaliges Selbstopfer, das Geschehen sollte das Verhältnis zwischen Gott und Menschen bereinigen, so dass es ohne Kulthandlungen auskommt und den direkten Zugang des Menschen zu Gott eröffnet. Die Sühne wurde von Gott selbst geleistet – er war der Initiator des Versöhnungsgeschehens (vgl. auch Röm 5,1-10; 2 Kor 5,8-10).

6.8 Weihe des himmlischen Hohenpriesters

Der Hebräerbrief schließt an die Jom-Kippur-Tradition und an die Melchisedek-Vorstellung an.[1] Er spricht von Christus als himmlischem Hohenpriester. Für dieses Amt war das Leben und Sterben Jesu ausschlaggebend.

6.8.1 Jesus als Priesteramtskandidat

Vom antiken Arzt Galen ist der Satz überliefert, dass, wer Arzt werden wolle, selbst die Krankheiten durchgemacht haben müsse, die er heilen wolle. Dieses Denken steht hinter dem Konzept, nach welchem Jesus Christus durch seinen Tod der himmlische Hohepriester wurde, um für die Menschen Fürbitte einzulegen und ihre Sünden zu sühnen (Hebr 2,14-18). Nur durch seine Menschwerdung, seine eigene Todesfurcht und sein Sterben konnte er den Tod überwinden und die Menschen von ihrer Todesfurcht erlösen (V.14f.). Nur dadurch, dass er den Menschen gleich wurde und ihre Situation durchlebte, konnte er ihnen gegenüber Barmherzigkeit entwickeln und ihnen ein treuer Hoherpriester vor Gott werden (V.17): „Denn worin er selber gelitten hat und versucht worden ist, kann er helfen denen, die versucht werden" (V.18). Für den Autor ist klar: Jesus war ein Mensch wie jeder andere auch, nicht frei von Schwächen und Versuchungen, aber am Ende doch sündlos, integer (Hebr 5,1-10). Das machte ihn zum idealen Anwärter auf das Amt des himmlischen Hohenpriesters.

6.8.2 Die Priestertümer Aarons und Melchisedeks

Jesus Christus – legitimer Hoherpriester nach der Tora
Die Einstellungsbedingungen für das Amt des himmlischen Hohenpriesters entsprechen nach Hebr 5 denen der aaronitischen Hohenpriester: Einfühlungsvermögen mit den Menschen, die sie vor Gott vertreten sollen (V.2) sowie die Berufung durch Gott (V.4). Beides brachte Jesus mit. Seine Berufung wird mit Psalmworten belegt: „Du bist mein Sohn, heute habe ich dich gezeugt" (V.5, Ps 2,7) bzw. „du bist ein Priester in Ewigkeit nach der Ordnung Melchisedeks" (V.6, Ps 110,4). Darüber hinaus war er gehorsam trotz aller Todesangst – ein wichtiger Lernprozess für ihn (V.7f.).

Jesus Christus – von höchster Stelle autorisierter Hoherpriester
Mit Ps 110,4 ist der Unterschied zum aaronitischen Priestertum benannt: Nicht die gängige Ordnung Aaarons, sondern die Ordnung Melchisedeks

---

[1] Nach 11Q Melch, dem Melchisedek-Midrasch aus Qumran, war dieser ein himmlischer Hoherpriester, endzeitlicher Befreier und Richter; weiter Philo LegAll III 79-82; Abr 235; Josephus, Bell 6,438; Ant 1,180f. (Karrer, Jesus Christus*, 127).

galt für Jesus. So wurde er nicht nach den Vorschriften der Tora, sondern nach der Kraft unzerstörbaren Lebens Hoherpriester (Hebr 7,16f.). Er bekam überdies sein Priesteramt nicht auf Zeit, sondern auf Ewigkeit.

Die Ordnung Melchisedeks – die ältere und damit bessere Ordnung
Hebr 7 erklärt die Ordnung Melchisedeks. Melchisedek (*gerechter König*) war nach 1 Mos 14 zur Zeit Abrahams König von Salem (*des Friedens*) und Priester Gottes des Höchsten (V.1). Er hatte einen höheren Rang als Abraham, den er segnete und dem er Tributleistungen abverlangte (V.1f.). Was ihn zu einer für den Autor entscheidenden Figur macht, ist sein fehlender Stammbaum – völlig untypisch für Juden. Melchisedek gilt damit als Mensch ohne Anfang und Ende, als mythische Gestalt, die ihr Priestertum auf ewig ausübte. Das ist der Unterschied zum Priestertum Aarons. Jesus stand in der Ordnung Melchisedeks, die in ihm neu eingesetzt wurde. Die spätere Ordnung Aarons wurde durch die ältere, bessere abgelöst.

6.8.3 Kennzeichen des neuen Tempelkultes

Der Wechsel der Kultordnung brachte eine Ortsverlagerung mit sich: Statt in Jerusalem verrichtet der neue Hohepriester sein Amt in der himmlischen Stiftshütte. Sie ist nach 2 Mos 25 das Vorbild des Jerusalemer Tempels, und an diesen seinen Ursprung wurde der Tempelkult mit Jesu Tod zurückgeführt. Sodann gibt es keinen Vorhang mehr, der die Menschen vom Allerheiligsten und damit von Gott trennt. Der Tempelvorhang ist für den Autor Indiz für eine vorläufige, letztlich wirkungslose Kultordnung, die an Symptomen kratzt (Hebr 9,1-10). Im Gegensatz dazu führe der himmlische Kult zum Wesen der Dinge hin (Hebr 10,1-18). Das zeige sich an der dauerhaften Wirkung des einmaligen neuen Jom Kippur genauso wie an der Verlagerung des Opferdienstes nach innen, zum Tun des Willens Gottes, hin (Hebr 13; vgl. 1 Petr 2,5; weiter Abschnitt 8.6).

6.8.4 Fazit: Mit Jesu Tod war der Jerusalemer Tempelkult erledigt

Folgt man dem Hebräerbrief, lag in der Verurteilung Jesu durch die Jerusalemer Priesterkaste eine tiefe Ironie: Nur hierdurch konnte er seine „Prüfung" zum Amt des himmlischen Hohenpriesters bestehen. Und der entlarvt die alte Kultordnung als wirkungslos und überholt. Das bisherige Herumdoktern an äußerlichen Symptomen, erkennbar an der stetigen Wiederholung der gleichen Riten und an der Trennung der Menschen vom Allerheiligsten, sprich: von Gott, ist durch Jesu Selbstopfer, diesen einmaligen und dauerhaft wirksamen Akt, überholt und erledigt. Entscheidend war, dass Jesus in allem den Menschen gleich wurde, ohne jedoch wie sie zu sündigen. Der Tod des Gerechten hebelte den bisherigen Kreislauf von Sünde, Sühne und neuer Sünde aus und verschaffte den

Menschen einen freien Zugang zu Gott (Hebr 10,19-22). Damit wurde Christus zum Bürgen des besseren, effektiveren Bundes und zugleich zum höher legitimierten Hoherpriester (vgl. Abschnitt 6.8). Sein Amt übt er in der himmlischen Stiftshütte, dem Ursprung des Kultes überhaupt, aus.
Die Betonung des Gehorsams Jesu und seiner freiwilligen Selbsterniedrigung (die so genannte Kenosis*-Christologie) teilt der Hebräerbrief mit Phil 2,7 („er nahm Knechtsgestalt an") und Röm 8,3 („in der Gleichheit des Fleisches"; vgl. weiter Abschnitt 6.5).

6.9 Messianischer Bundesschluss

Mit dem Stichwort „Bund" (gr. *diathéke*) ist ein weiteres Deutungsmuster angezeigt. Unter Rückgriff auf die Geschichte Israels, die maßgeblich durch verschiedene Bundesschlüsse geprägt ist, werden der Tod Jesu und das dabei vergossene Blut heilsgeschichtlich gedeutet – als Verwirklichung der Bundesverheißung aus Jer 31,31-34 und Ez 36,26f.

6.9.1 Die bisherigen Bünde Gottes mit Israel

Abraham: Verheißung großer Nachkommenschaft gegen alle Erwartung
Die alttestamentlichen Bundesschlüsse sind mit den Namen Abraham und Mose verbunden.[1] Im vorgerückten Greisenalter erhielt Abram, dem mit seiner Frau Sarai bislang noch ein Stammhalter fehlte, eine weitreichende Verheißung: Gott, der „Allmächtige" (1 Mos 17,1), schloss mit ihm einen Bund und legte sich damit quasi „juristisch" darauf fest, den Beiden reiche Nachkommenschaft zu schenken – gegen alle biologische Erwartung. Ergänzt wurde die Zusage durch die Landverheißung (1 Mos 15,1-6.18; 17,2-21). Umgekehrt bedeutete der Bund eine Bindung Abrahams und seiner Nachkommen an Gott Jahwe, ausgedrückt in der Aufforderung, den Bund einzuhalten und Jahwe dauerhaft anzuerkennen (1 Mos 17,7-9).
Als Zeichen des Bundes bekamen Abram und seine Frau neue Namen: Abraham und Sara. Das unterstreicht ihre Bedeutung als Stammeltern vieler Völker (1 Mos 17,5.15). Der Abrahambund sollte als „ewiger Bund" für alle künftigen Generationen gelten (V.7). Mit einem Opfer war er nicht verbunden, aber mit der Beschneidung als Zeichen der Zugehörigkeit zu Jahwe (1 Mos 17,10-14). Das Blut, das dabei fließt, steht an der Stelle des Opferblutes bei anderen Bundesschlüssen. Der Abrahambund gilt nur für die Nachkommen Isaaks; die Nachkommen Ismaels, des von der Magd

[1] Im Gegensatz dazu handelt es sich in 2 Sam 7 nicht um einen Bundesschluss, sondern um die Verheißung einer eigenen Dynastie an David. – Der Noahbund (1 Mos 9,9-17) bezieht sich nicht auf das Volk Israel, sondern auf die gesamte Schöpfung.

Hagar stammenden, älteren Stiefbruders Isaaks, wurden „lediglich" gesegnet (1 Mos 17,19-21; vgl. die allegorische* Deutung in Gal 4,21-31!).

Mose: Verheißung bleibender Nähe Gottes bei seinem Volk
Der in seiner Wirkungsgeschichte wichtigste Bund zwischen Gott und Israel war der Sinaibund (2 Mos 24; 34). Er lief auf die exklusive Verbindung zwischen Volk und Gott hinaus (2 Mos 23,32f.).[1] Vermittelt durch Mose, den Anführer des Volkes beim Auszug aus Ägypten, erhielt Israel die Offenbarung des Willens Gottes. Der Bund wurde durch ein Brand- bzw. Dankopfer besiegelt. Bei der feierlichen Verkündigung der Zehn Gebote wurden von Vertretern der zwölf Stämme Israels Stiere geopfert, deren Blut erst an den Altar, dann auf das Volk versprengt wurde. Damit war die Verbindlichkeit des Bundes und seiner Verpflichtungen rituell besiegelt. Im Anschluss erhielt Mose die Gebotstafeln und den Auftrag, die Stiftshütte als Wohnung Gottes in seinem Volk und die Bundeslade als Behältnis für die Gebotstafeln zu bauen (2 Mos 24,12ff.). Damit waren die Bundeszeichen benannt. Sie sollten auf die bleibende Gegenwart Gottes bei seinem Volk und auf die Einhaltung seines Willens hinweisen.

Fazit: Bund und Blut als Zeichen gegenseitiger Verbindlichkeit
Mit den Bundesschlüssen wurden die grundlegenden Verheißungen der Nachkommenschaft und des Landes sowie der bleibenden Gegenwart Gottes in seinem Volk unterstrichen. Die Rede vom „Bund" ist eine Metapher*, die die juristisch zu denkende Verbindlichkeit und „Einklagbarkeit" der gemachten Zusagen zum Ausdruck bringt. Die Initiative zu den Bundesschlüssen ging einseitig von Gott aus, jedoch enthalten sie auch Verpflichtungen für die Verheißungsträger. Ihre Einforderung ist ein Hauptthema der Hebräischen Bibel, insbesondere der Prophetie. Während Gottes Treue außer Frage steht, zeigte sich das Volk immer wieder wortbrüchig und musste mit göttlichen Sanktionen rechnen.
In irgendeiner Form gehörte Blut zu den Bundesschlüssen dazu. Während es bei Abraham nach dem Bundesschluss floss, war es bei Mose der zentrale rituelle Akt, bei dem das Volk auf den Bund verpflichtet wurde.

6.9.2 Die Verheißung des neuen Bundes

Die Erfahrungen seit dem Sinaibund zeigten, wie schwer es Israel immer wieder fiel, die Bundesverpflichtungen einzuhalten. Immer wieder verstießen das Volk und seine Repräsentanten gegen die auf Anerkennung Jahwes, auf soziale Gerechtigkeit und *schalom** ausgerichteten Gebote und mussten von den Propheten „auf Kurs" gebracht werden. Als Folge seiner

---

[1] Vgl. das „sch^{e}ma Jisrael", das exklusive Glaubensbekenntnis, in 5 Mos 6,4f.

Untreue erlebte Israel die Strafgerichte Gottes, die im Landverlust und der Exilierung nach Babylon kulminierten. Diese Dauererfahrung führte zu messianischen Hoffnungen und zur Erwartung eines neuen Bundesschlusses, bei dem die bisherigen Probleme überwunden und das Verhältnis zu Gott auf eine neue Grundlage gestellt werden sollten. Neben 2 Mos 34 ist Jer 31,31-34 der zentrale Text. Der neue Bund unterscheidet sich vom Sinaibund grundsätzlich (V.32); Kernstück ist die Verlagerung der Tora in die Herzen und damit ins Willenszentrum der Menschen, um endlich die exklusive Verbindung zwischen Gott und seinem Volk zu verwirklichen (V.33, unter Rückgriff auf das „sch´ma Jisrael" 5 Mos 6,4). Alle Glieder des Volkes werden Gotteserkenntnis haben, so dass religiöse Belehrung nicht mehr nötig sein wird (V.34a). Der krönende Abschluss der Verheißung ist die Zusage einer kollektiven Sündenvergebung (V.34b).

Wie bei den früheren Bundesschlüssen liegt die Initiative bei Gott. Von Blut, das fließen muss, ist nicht die Rede, es wird aber auch nicht ausgeschlossen. Der neue Bund hebt den Sinaibund nicht auf, sondern sorgt für seine dauerhafte Umsetzung. Hierzu wird der Mensch als bisheriger Schwachpunkt mit seiner Unfähigkeit, sich den Willen Gottes zu Eigen zu machen und ihn quasi „von innen heraus" zu erfüllen, verändert: Er erhält das Gesetz ins Herz und in den Sinn geschrieben.

In Ez 36,26f. wird der neue Bund thematisiert, ohne dass vom Bund ausdrücklich die Rede ist. Kernstück ist die Gabe eines neuen Herzens und eines neuen Geistes. An die Stelle des toten (steinernen) Herzens tritt ein lebendiges (fleischernes) Herz, und der Geist Gottes sorgt für die Einhaltung der Bundesverpflichtungen. Die Rückkehr ins gelobte Land und die Verheißung von Wohlstand und Sündenvergebung gibt es als „Zugaben" (Ez 36,28-38). So wird das „sch´ma Jisrael" verwirklicht werden (V.28).[1]

6.9.3 Die Abendmahlsworte

In den Einsetzungsworten des Abendmahls wird die Ansage des neuen Bundes mit dem Blut Jesu in Verbindung gebracht (Mt 26,28; Mk 14,24; Lk 22,20; 1 Kor 11,25). Zu klären ist, wie der Bund zustande kommt, was er beinhaltet und welche Bedeutung die Elemente Brot und Wein haben.

Auf den ersten Blick sind die Einsetzungsworte „dieser Kelch ist der neue Bund in meinem Blut" eindeutig auf den Tod Jesu bezogen. Das Brot, welches gebrochen wird, verweist ausdrücklich auf den Leib, der nach 1 Kor 11,24 und Lk 22,19 für die Jünger gegeben wird. Die Gabe des Kelches wird nach Paulus und Lukas mit dem „neuen Bund in Jesu Blut" gleichgesetzt; nach Markus und Matthäus ist der Wein das Bundesblut, das für viele vergossen wird – zur Vergebung der Sünden, wie Mt 26,28 betont.

[1] Die Bundesverheißungen sind ursprünglich nicht eschatologisch* ausgerichtet, sondern zielen auf eine nachexilische Erneuerung (Hinweis von Dr. Th. Wagner).

Am Ende seines Wirkens schließt Jesus mit den Jüngern einen Bund und schreibt damit die bleibende Verbindung symbolisch fest. Im Nachhinein erscheinen die Einsetzungsworte als Vorausdeutung des Todes Jesu. Doch das trifft nur einen Teil des Geschehens: Der Leib, den Jesus schenkt, weist auf sein gesamtes Leben, das er in den Dienst der Menschen gestellt hat. Teilhabe am Geschenk des Lebens vollzieht sich nach Joh 6,48-58 in der „Einverleibung" Jesu und seiner Worte. Das Blut Jesu weist auf seinen Tod, aber auch auf sein biologisches Leben hin. „Wein" ist traditionellerweise keine Metapher* für Blut; was beides miteinander verbindet, ist rein äußerlich – beides ist rot (Rotwein vorausgesetzt) und flüssig. Ansonsten steht „Wein" für die (messianische) Fülle des Lebens und so für das, was Jesus den Menschen zu geben hat (Mk 2,18-22; Joh 2,1-11; 15,1-8).[1]

Für Matthäus ist die Sündenvergebung ein Kernstück der Botschaft Jesu. Deshalb wird sie auch als wesentlicher Inhalt des neuen Bundes genannt. Sündenvergebung ist den Evangelien zufolge nicht an Jesu Tod gebunden; vielmehr hatte Jesus schon immer Sünden vergeben. Die Reinwaschung von Sünden erfolgt ansonsten bei der Taufe mithilfe von Wasser.

Die Abendmahlsworte deuten Leben und Sterben Jesu als heilvolle Lebenshingabe; der Bundesschluss bringt das Vermächtnis Jesu zum Ausdruck und besiegelt die bleibende Verbindung über Jesu Tod hinaus.

6.9.4 Der neue Bund und der Heilige Geist

Paulus übernimmt diese Deutung (1 Kor 11,23-25). Für ihn ist Jesu Tod aber nur eine Etappe auf dem Weg zur Einlösung der Bundesverheißung. Die wichtigsten Texte sind Röm 11,26f. und 2 Kor 3.

In strenger Gegenüberstellung beschreibt 2 Kor 3 die Wirkweise der Tora nach den Rahmenbedingungen des alten (Wirkung als „tötender Buchstabe", V.6) und des neuen Bundes (Wirkung als „lebendig machender Geist", V.6). Damit verknüpft Paulus Jeremia mit Ezechiel: Die Gabe der Tora in die Herzen (Jer 31,31) wird durch die Gabe des Geistes (Ez 36,26; gr. *pneúma*) verwirklicht. Die Gesetzestafeln vom Sinai sind durch die „fleischernen Tafeln", das heißt die Herzen der Glaubenden, ersetzt. So steht der Mensch der Tora nicht mehr als einem Forderungskatalog gegenüber (den er ständig übertritt); vielmehr erfüllt er sie von innen heraus im Sinne des Liebesgebotes (V.3; vgl. Röm 8,2; 13,8.10; Gal 5,6.14; 6,2). Anstelle der äußerlichen Beschneidung tritt die Beschneidung des Herzens (Röm 2,29). Während die Tora als öffentlich erkennbarer Wille Gottes bestehen bleibt, wird der Mensch als die eigentliche Schwachstelle von Grund auf verändert. Dem Geist kommt in diesem Text eine tragende Rolle zu; die Rolle Christi beim neuen Bundesschluss wird nicht geklärt.

---

[1] Vgl. zum gesamten Absatz Berger, Wozu ist Jesus*, 195ff.

Die Errettung Israels ist Thema in Röm 11,25-36. In diesem Kontext zitiert Paulus Jer 31,33. Besonders die Verheißung der Sündenvergebung ist für ihn wichtig – sie gilt auch für den Teil Israels, der Christus jetzt noch ablehnt (V.26-28). Das heißt, der Bundesschluss steht zumindest teilweise noch aus. Auch hier wird die Rolle Christi nicht erläutert.
An den genannten Stellen bringt Paulus den neuen Bund nicht mit dem Tod Jesu in Verbindung; der wird in erster Linie als Sühnopfer verstanden (Röm 3,25; vgl. Abschnitt 6.7). Lediglich in 1 Kor 11,25, wo Paulus die Abendmahlsworte zitiert, ist eine Verknüpfung erkennbar (vgl. Abschnitt 6.9.3). Die Formulierung „denn die Liebe Gottes ist ausgegossen in unsere Herzen durch den Heiligen Geist, der uns gegeben ist" (Röm 5,5) erinnert an die Bundesverheißung bei Jeremia und Ezechiel. So betrachtet, ist für Paulus die Geistausgießung deren Erfüllung und der Heilige Geist die Art und Weise, in der Gott seine Liebe sichtbar und spürbar macht. Dabei ist nicht automatisch an einen öffentlichen Akt wie am Sinai oder an Pfingsten, sondern an die Taufe des Einzelnen zu denken.

6.9.5 Jesus Christus als Mittler und Bürge des neuen Bundes

Der Hebräerbrief entfaltet ebenfalls das Thema „Bund". Christus gilt als „Bürge" bzw. „Mittler" des neuen Bundes, der den alten Bund abgelöst hat (Hebr 7,22; 8,6). Geschlossen wurde er durch Jesu Blut. Mit Jesu Tod trat sein Testament in Kraft.[1] Entscheidende Merkmale sind die Gabe der Tora in die Herzen und die Sündenvergebung. Mit beiden Gaben entfällt die Notwendigkeit, Gott Kultopfer darzubringen (Hebr 10,16f.).
Die Metaphern* vom „Bürgen" und „Mittler" stellen die Verbindlichkeit der neuen Ordnung heraus.[2] Die Rede vom doppelten Eid Gottes (Hebr 6,17f.; 7,20f.28) unterstreicht das und verpflichtet die Verheißungsträger, an der Hoffnung festzuhalten (Hebr 6,11-18). Mit Jesu Tod hat Gott ein sichtbares Zeichen für die ansonsten noch nicht sichtbare neue Heilsordnung gesetzt. Die Erfüllung der noch ausstehenden Verheißungen ist verbindlich zugesichert. Das Kreuz garantiert paradoxerweise die Heilsfülle.

6.9.6 Fazit: Jesu Leben verströmte hin zur messianischen Fülle

Die Tradition vom neuen Bund begegnet im Neuen Testament an mehreren Stellen. Zum Teil werden die Verheißungen Jeremias und Ezechiels

---

[1] Das griechische Wort *diathéke* ist doppeldeutig, es meint Bund und Testament.

[2] Nach attischem Recht garantiert der Bürge das Verhalten eines Dritten (hier Gott) und haftet für den Fall, dass dieser seine Verpflichtung nicht erfüllt (Josef Partsch, Griechisches Bürgschaftsrecht I, 133ff.). Dazu Kurt Erlemann, Anfänge, die das Ganze verbürgen (ThZ 57, 2001), 60-86.

wörtlich zitiert, zum Teil finden sich nur Anspielungen. Der neue Bund erscheint eng mit dem Christusgeschehen verbunden, aber nicht primär mit seinem Tod. Die Einsetzungsworte des Abendmahls fassen Jesu Vermächtnis zusammen und symbolisieren die Fluchtlinie seines Lebens: Es verströmte hin zur Fülle der messianischen Zeit. Aus Blut, dem Träger biologischen Lebens, wird Wein, das Symbol des Messias. Jesus, das „Brot des Lebens" (Joh 6), macht dauerhaft satt. Im Genuss von Brot und Wein erinnern sich die Glaubenden an Jesu Vermächtnis und halten die Hoffnung auf die messianische Fülle wach. Paulus, der in 2 Kor 3 und Röm 7 den Stellenwert der Tora behandelt, deutet den Tod Jesu in erster Linie als Sühnetod, der von einem buchstäblichen Toraverständnis befreit. Entscheidend ist für ihn der Geist als eigentliche Bundesgabe und als Kraft, die dem Menschen zur Erfüllung der Tora in ihrem eigentlichen Sinne verhilft. Im Hebräerbrief ist die Bundestradition in das Thema alter und neuer Tempelkult eingebunden. Der neue Bund bringt nicht nur die Sündenvergebung, sondern auch das Ende des alten Tempelkultes mit seinem Herzstück, dem Jom-Kippur-Ritus (vgl. Abschnitte 6.7 und 6.8).

6.10 Sieg des Gottessohnes über Tod und Teufel

Johannes bietet eine ganz eigene, kosmische Deutung des Todes Jesu: Im vordergründigen Triumph der Gegner Jesu vollzieht sich „hinter den Kulissen" genau umgekehrt der Sieg Jesu über das Böse. Das gesamte Evangelium liest sich (neben anderen Texten) als Entfaltung dieser Paradoxie.[1]

6.10.1 Der Prozess gegen Jesus und der Prozess gegen Satan

Folgt man dem Johannesevangelium, wird auf der einen Ebene die Vollmacht Jesu immer eindeutiger, bis bei der Auferweckung des Lazarus kein Zweifel mehr an der göttlichen Vollmacht Jesu bestehen kann (Joh 11,41f.: Jesus betet öffentlich vor dem Wunder!). Zeitgleich reift der Entschluss der jüdischen Führung, Jesus aus dem Weg zu räumen (Joh 11,50ff.).
Auf der anderen Ebene entwickelt sich das Geschehen exakt gegenläufig: Die Konsequenz, mit der Jesus seinen Weg geht, führt zum Sturz Satans und zur Überwindung des Kosmos.[2] Jesu „Erhöhung" ans Kreuz ist zugleich seine Erhöhung zu Gott (Joh 3,14; 8,28; 12,32f.) bzw. seine und Gottes Verherrlichung in der Welt (Joh 17,1ff.). Dieses hintergründige, kosmische Drama verläuft in mehreren Akten, an dessen Ende Jesus als

---

[1] Kurt Erlemann, Beobachtungen zur Feinstruktur von Joh 1-12, in: C.Strecker (Hg.), Kontexte der Schrift Bd. 2, Stuttgart 2005, 390-403. Weitere Texte dazu sind 2 Tim 1,10; 1 Joh 3,8 und Hebr 2,14.

[2] Joh 12,31; 14,30; 16,11.33; vgl. Offb 12,9.

Unschuldiger, seine Gegner und das Volk aber als Schuldige und Verstockte dastehen. Jesu letzte Worte nach Johannes betonen den souveränen Sieg Jesu trotz des vordergründigen Scheiterns: „Es ist vollbracht!" (Joh 19,30).

6.10.2 Die Ablehnung Jesu – Vollzug des Endgerichts schon jetzt

Dieser Deutung entspricht, dass Jesus im vierten Evangelium nicht als der kommende Menschensohn-Richter, sondern als der, der bereits in seinem irdischen Wirken das Gericht vollzieht, präsentiert wird: Wer Gott Glauben schenkt und Jesus als seinen Sohn anerkennt und ihm nachfolgt, der hat das Gericht (in erster, aber entscheidender) Instanz bereits erfolgreich durchlaufen und hat das ewige Leben schon jetzt; vor dem Endgericht muss er sich nicht mehr fürchten (Joh 5,24-29; 6,47; 8,12.51; 10,9). Wie in den synoptischen* Evangelien ist die traditionelle Gerichtsvorstellung umgebogen: Nicht das Gericht, sondern die Rettung der Menschen ist die Aufgabe Jesu. Das Gericht vollzieht sich nicht in einem spektakulären Akt, sondern im Verhalten des Einzelnen dem Sohn Gottes gegenüber.

6.10.3 Fazit: Der Tod Jesu als kosmische Schicksalsstunde

Das Johannesevangelium und andere Texte heben die Paradoxie des Todes Jesu auf eine kosmische Ebene: In der Tötung Jesu als eines politischen Bauernopfers vollzog sich die Entmachtung Satans, des Todes und der Welt. Wie im Winzergleichnis (Mk 12,1-12; vgl. Abschnitte 4.1.1 und 6.2.3) erlagen die Gegner Jesu einer fatalen Fehleinschätzung: Sie vollzogen das Gericht über sich selbst, ohne es zu merken. Anders als in Mk 12 entscheidet sich nach Johannes an der Haltung zu Jesus nicht allein das Schicksal der jüdischen Führung, sondern das der ganzen Welt.

6.11 Ergebnis: Jesu Tod – Erweis der Feindesliebe Gottes

6.11.1 Viele Deutungs-Dimensionen

Wenn am Kreuz von Golgatha nicht ein Scharlatan starb, dann hatten der Tod und das dabei vergossene Blut Christi eine ganz besondere, umstürzende Bedeutung. Darauf deutete die Ostererfahrung: Jesus war weiterhin, wenn auch anders als zuvor, lebendig präsent. Gott hatte seinen Gesandten eindrucksvoll bestätigt, also musste sein Sterben eine tiefere Bedeutung haben! Sie zu entdecken, war eine Hauptaufgabe nach Ostern.
Der Tod Jesu wird im Neuen Testament auf vielfache Art und Weise erklärt. Unterschiedlichste Bilder und Vergleiche werden aufgeboten, um das Unfassbare zu deuten. Politische, heilsgeschichtliche, kosmische, kultische, mystische, soteriologische*, ekklesiologisch*-missionarische und

eschatologische* Dimensionen ergänzen einander. Die Vieldeutigkeit betont den Stellenwert Christi für die Glaubenden. Kein Ansatz zieht sich durch alle Schriften durch, nicht einmal der Ansatz der Stellvertretung.[1]

6.11.2 Überraschende Paradoxien

Während der Tod Jesu, äußerlich und historisch betrachtet, ein fast alltäglicher Vorgang politischer und juristischer Willkür war, der das Scheitern eines zelotischen* Aufrührers markierte, erschlossen sich dem reflektierenden Nachdenken und der Erinnerung an die Zeit des irdischen Wirkens Jesu mehrere überraschende Einsichten und Zusammenhänge.

Der König der Juden ist tot – es lebe das Reich Gottes!
Das religiös-politische Komplott gegen den „König der Juden" war vordergründig eine unverständliche, ja skandalöse Ablehnung des ersehnten Messias aus dem Hause Davids. Doch im Prozess gegen Jesus war eine Entwicklung zu erkennen, die die politischen Erwartungen an den Nazarener sprengte und transzendierte*: Jesus war nicht einfach Sohn Davids, sondern viel mehr als David (Mk 12,35-37). Das Königreich, das Jesus ankündigte, war nicht von dieser Welt (Joh 18,36). Schließlich entpuppte sich das Kalkül des Hohen Rates, Jesus als „einen für alle", als Bauernopfer, zu verurteilen (Joh 11,50), als ironischer Hinweis auf die wahre Bedeutung des Geschehens: Jesus starb als einer für alle, stellvertretend nahm er die Sündenschuld der Menschen auf sich, um die Menschen zu erlösen. Darin besteht eine politisch-kultische Dimension des Todes Jesu.

Der getötete Konkurrent entpuppte sich als das letzte Angebot Gottes
Die zweite überraschende Einsicht ist mit der so genannten Prophetenmord-Tradition verknüpft: Gegen das Kalkül seiner Gegner, mit Jesu Tod die eigene Machtposition zu sichern, entpuppte sich dieser als „Schlussstein der Erwählung" (Mk 12,1-12) und als der Mord, der das Schuldenfass der jüdischen Führung zum Überlaufen brachte (Mt 23,32-36). Allerdings blieb die Rache Gottes aus. Die Zerstörung Jerusalems im Jahre 70 n.Chr. gilt für einen Teil der Überlieferung als späte und partielle Strafe für Golgatha. Das ist eine heilsgeschichtliche Dimension des Todes Jesu.

Ein Gerechter sorgte für die Entschuldung der Ungerechten
Jesus war der Gerechte schlechthin; die Evangelien bezeugen das auf Schritt und Tritt. Jesu Tod war höchstes Unrecht, was sich in paradoxer Weise heilvoll auf die Ungerechten auswirkte: Wie auf den leidenden Gottesknecht bei Deuterojesaja* wurde auf Jesus die Sündenschuld der Men-

---

[1] Karrer, Jesus Christus*, 129, verweist auf das weitgehende Fehlen dieses Aspekts bei Lukas und im Jakobusbrief.

schen versammelt, um sie stellvertretend zu tilgen. Dieser Rollentausch zwischen dem einen Gerechten und den vielen Ungerechten markiert zugleich einen Rollentausch zwischen Gott und den Menschen. Das ist eine weitere heisgeschichtliche Deutung des Todes Jesu.

Die Ermordung Jesu war der Beginn seiner weltweiten Anerkennung
In Anlehnung an die alttestamentliche Prophetie wird Jesus in Joh 10 als der „gute Hirte" gedeutet, der die schlechten Hirten Israels kritisiert. Sein Tod sicherte nach außen hin die Rolle der jüdischen Führung und brachte das Volk wieder auf Kurs. Nach Joh 10 hatte Jesu Tod aber den gegenteiligen Effekt: Er bestätigte gerade Jesu Anspruch, der „gute Hirte" des Volkes zu sein! Dadurch fanden am Ende noch viel mehr Menschen zum Glauben. „Einer für alle!", der Slogan des Kaiaphas, fand hierin eine weitere paradoxe Bestätigung. Darin besteht die ekklesiologisch*-missionarische Dimension des Todes Jesu.

Aus dem gewaltlosen Diener wurde der endzeitliche Richter
Der lebenslange Verzicht Jesu auf Glanz und Glamour wird von den Evangelisten mit seinem Auftrag, den Menschen zu dienen, erklärt. Im Weg des konsequenten Verzichts sehen sie den Weg, den Gott für die Menschen zu gehen bereit ist. Jesus kam in die Welt als der Menschensohn, der, anders als erwartet, nicht durch göttliche Machterweise das Endgericht, sondern die Rettung der „Verlorenen" brachte. Der Weg Jesu führte mit innerer Logik zu seinem Tod. Doch gerade durch seine Verurteilung machte ihn die jüdische Führung zum endzeitlichen Richter zur Rechten Gottes. Das ist die Paradoxie dieser soteriologischen* Deutung.

Der Tod Jesu war die „Ablösesumme" für Sünde und Tod
Um die Menschen von Tora und Sünde zu befreien, zahlte Christus eine hohe Ablösesumme in Form seines Blutes. Mit dem Tod Jesu war der Transfer der Menschen in die Herrschaft Gottes vollzogen. Als der sündlos Gerechte hätte Jesus diesen Preis nicht bezahlen müssen – der Tod ist der Preis der *Sünde* (Röm 6,23)! Im Tod Jesu liegt die Befreiung der Menschen vom Tod – das ist die Paradoxie dieser kosmischen Deutung.

Das unschuldige Lamm hob die Schuld der Menschen auf
Im Johannesevangelium finden sich Anklänge an eine Deutung Jesu als Passalamm. Obgleich diese kultische Variante nicht weiter entfaltet wird, weist sie auf eine Paradoxie hin: Das Lamm, Symbol der Wehrlosigkeit und der Unschuld, trägt in seinem Sterben die Sündenschuld der Menschen weg. Darin liegt eine kultische Dimension des Todes Jesu.

Die religiöse Opferung Jesu bewirkte das Ende des alten Kultes
Wieder eine andere Dimension ist im Vergleich mit dem Jom-Kippur-Ritus angelegt: Das vergossene Blut wurde von Gott als reinigendes und

sühnendes Opferblut akzeptiert. Das von Menschen vergossene Blut des Gerechten erwies sich im Nachhinein als Grundlage eines bereinigten Gottesverhältnisses, das den alten Jerusalemer Tempelritus überflüssig gemacht hat. Dies ist eine weitere kultische Dimension des Todes Jesu.

Der Tod war das Examen Jesu zum himmlischen Hohenpriester
Der Jerusalemer Tempelkult hat sich mit dem Tod Jesu insgesamt erledigt. Das ist die paradoxe Einsicht des Hebräerbriefs. In seinem Opfertod bestand Jesus sein „Examen" zum Amt des himmlischen Hohenpriesters, der den Kult und damit das Verhältnis zwischen Gott und Menschen auf eine neue Grundlage stellte. Ironie des Geschehens: Die Hohenpriester und ihre Gehilfen nahmen Jesus, ohne es selbst wahrzunehmen, diese Prüfung ab. Das ist eine letzte kultische Dimension des Todes Jesu.

Aus Blut wurde Wein oder: Der Tod floss ins Leben über
Das Abendmahl war, rein äußerlich, das Abschiedsmahl Jesu mit den Jüngern am Vorabend seines Todes. Die Zeichen standen auf Verrat, Trennung, Tod und Trauer. Doch die Texte deuten das Ereignis als neuen Bundesschluss. Dieser sichert die bleibende Verbindung mit Jesus und hält sein Gedächtnis lebendig. Und er gibt Anlass zu freudiger Hoffnung: Das vergossene Blut wurde zu Wein, dem Zeichen des Messias. Jesu Leiden ebnete den Weg zum vollen Leben. Das vergossene Blut floss über in die Freude der messianischen Heilszeit. Und wer sich sein Vermächtnis zu Eigen macht, wird dauerhaft satt. Das ist eine weitere heilsgeschichtliche, aber auch mystische Dimension des Todes Jesu.

Der Tod Jesu war die Entmachtung des Bösen
Johannes beschreibt den Lebensweg Jesu als Prozess zwischen Gott und Satan bzw. dem ungläubigen Kosmos. Am Ende triumphierte der Kosmos – aber nur dem äußeren Schein nach. Der Blick hinter die Kulissen des Welttheaters zeigt, dass gerade der vermeintliche Sieg des Bösen dem Sohn Gottes zum Sieg verhalf. Dabei ist die Todesart Jesu bedeutsam: Die „Erhöhung" des Verurteilten ans Kreuz der Römer deutet auf die eigentliche Erhöhung Jesu zum Vater hin. In seinem Gehorsam bis ans Kreuz nahm Jesus dem Satan und dem Tod die Macht. Wer Jesus anerkennt und ihm nachfolgt, dem wird der Tod ebenfalls nichts anhaben können. Das ist eine letzte, kosmisch-soteriologische* Dimension des Todes Jesu.

Fazit: Golgatha – Neubeginn der Heilsgeschichte
Der Tod Jesu war in mehrerlei Hinsicht ein doppelbödiges Geschehen. Während die äußerliche Dramaturgie der Passion und des Todes das Scheitern Jesu signalisierte, führte sie hintergründig trotz oder geade durch den Tod Jesu zu Gottes Ziel: Das Verhältnis zwischen Gott und den Seinen wurde auf eine neue, befreiende Grundlage gestellt. Der Mord am Sohn Gottes, für den Menschen verantwortlich waren, wurde von Gott im

Nachhinein als neuer Bundesschluss und damit als Neubeginn seiner Heilsgeschichte mit den Menschen gewertet.

6.11.3 Freiwillige, stellvertretende Lebenshingabe

Viele Deutungen haben eines gemeinsam: Durch Einen wurde stellvertretend für Viele Sühne geschaffen. Ein Gerechter trat für die Sünder ein und erlöste sie durch seine Lebenshingabe von den Folgen ihrer Schuld. Blut musste nach diesem Modell jedoch nicht zwingend fließen; denkbar wäre auch eine Erlösung ohne Blutvergießen gewesen. Entscheidend für die Erlösung war die freiwillige Lebenshingabe Jesu.[1] Von Anfang an, so sagt es der synoptische* Versuchungsbericht (Mt 4,1-11parr.), verzichtete Jesus auf seine irdisch-weltlichen Möglichkeiten. Seine Sendung bestand im Dienen, Lehren und Suchen nach den „Verlorenen". Seine Mittel waren gewaltfrei. So blieb er zeit seines Lebens der Gerechte. Dass er am Ende ans Kreuz ging, war keine theologische Notwendigkeit, kein Akt göttlicher Prädestination*, sondern die Folge konsequenten Gehorsams und ethischer Integrität. Das wirkte auf seine Gegner provozierend, da es ihre Vollmacht aushöhlte und damit ihre Machtgrundlage in Frage stellte.

6.11.4 Verzicht auf Rache – Zeichen der Feindesliebe Gottes

Jesu Tod war nicht geplant, sondern mutwillig verschuldet
Die erstaunlichste theologische Leistung bei der Deutung des Todes bestand in der Überzeugung, Gott habe die Ermordung seines Sohnes als Heilsgeschehen „umgewidmet". Eigentlich zu erwarten wäre nach apokalyptischem* Denken Gottes Rache gewesen. Er hatte mit der Sendung seines Sohnes seinen letzten Trumpf aus der Hand gegeben, um unter den alten Spielregeln zu Gerechtigkeit und zu einem gedeihlichen Miteinander mit den Menschen zu kommen. Er gab seinen Sohn in ihre Hände, in der Erwartung, dass sie darin ein Signal seiner Geduld und seines Heilswillens entdeckten. Diese Erwartung wurde nicht erfüllt, stattdessen wurde Jesus als ungeliebter Konkurrent umgebracht (Mk 12,1-12parr.). Dieser Tod war weder geplant noch unvermeidlich. Jesus und seine Gegner waren keine Marionetten im Planspiel Gottes, sondern Menschen mit freiem Willen.

Ein schier unglaublicher Rollentausch
Das theologische Nachdenken nach Ostern zeigte, dass auch Gottes Rache nicht unvermeidlich war. Stattdessen setzte sich die Überzeugung durch,

---

[1] Mk 10,45; Gal 1,4; 2,20; Phil 2,6-8; 1 Tim 2,6; Tit 2,14. Die Rede vom „Dahingeben" (gr. *paradidónai*) ist nicht im Sinne von „opfern", sondern eher im Sinne von „überlassen" (mit offenem Ergebnis) zu übersetzen.

dass Gott sich nicht von seinem Heilswillen abbringen ließ – nicht einmal durch die Tötung seines Sohnes. Im Verzicht auf Rache, in der Sendung des Heiligen Geistes und im Aufbau der neuen christlichen Gemeinschaft war die Handschrift des Gottes zu erkennen, der selbst aus dem Tod heraus neues Leben erschaffen kann. Gott wertete die Tötung seines Sohnes um; das vergossene Blut wurde als einmaliges und letztgültiges Opfer akzeptiert, das das Verhältnis zu den Menschen dauerhaft bereinigte. So wurde Gott, der Vater Jesu Christi, zum Vorbild in Sachen Feindesliebe (Röm 5,10; Kol 1,21). Er leistete aus freien Stücken und unter Verzicht auf Machtgebaren das, was eigentlich Sache der Menschen gewesen wäre – die kultische Wiederherstellung eines intakten Gottesverhältnisses.[1]

Anfrage 11: Was bedeutete eine Kreuzigung?

Der Tod am Kreuz war im Römischen Reich der Schmachtod *par excellence*. Er war nach Römischem Recht nichtrömischen Bürgern oder problematischen Sklaven zugedacht. Die öffentliche Kreuzigung diente vor allem der Abschreckung. Der Tod trat in der Regel sehr langsam, zum Teil erst nach mehreren Tagen, ein und galt als besonders grausam. Nach jüdischer Tradition war die Kreuzigung ein Zeichen der Verfluchung (5 Mos 21,23). Sie wurde im jüdischen Recht unter Herodes d. Gr. (gest. 4 v.Chr.) durch die Steinigung ersetzt, von den Römern aber wieder eingeführt.[2] Josephus berichtet von mehreren großen Kreuzigungsaktionen der Römer (Bell 2,75; 5,449ff.; Ant 17,296). Von daher erklärt sich die Rede vom „Fluchtod" Jesu in Gal 3,13f.: Die Todesart war nicht zufällig, sondern hatte eine theologische Bedeutung. Ähnliches gilt für die doppeldeutige Rede von der „Erhöhung" in Joh 3,14; 8,28 und 12,32f.

Anfrage 12: Wer war schuld am Tod Jesu?

Historisch kann diese Frage wegen der Quellenlage nicht eindeutig beantwortet werden. Jüdische Führung, Volk und römische Verwaltung arbeiteten den Evangelien zufolge zusammen. Einseitige und in ihrer Wirkung fatale Schuldzuweisungen („'die Juden' sind schuld") verbieten sich. Das Zusammenwirken mehrerer Parteien mit unterschiedlichsten Motiven lässt hinter den konkreten historischen Figuren den Menschen an sich erkennen, der auf Gottes Kommen nicht vorbereitet ist und seine Pläne über die „unpassenden" Ansprüche und Einladungen Gottes stellt. Die

---

[1] Vgl. Erlemann, Wer ist Gott*, 131f.

[2] Massimo Miglietta, Römisches Strafrecht (NTAK* 1, 2004), 239-246: 245.

historischen Figuren stehen so exemplarisch für den Menschen schlechthin: Wir alle vollziehen auf unsere Weise die Ablehnung Gottes bis heute.

Anfrage 13: Brauchte Gott das Opfer seines Sohnes?

Hier lautet die Antwort nach allen Ausführungen des vorigen Kapitels eindeutig: Nein! Gott „braucht" keine Opfer, schon gar keine Menschenopfer. Gott ist der Anwalt des Lebens und der Gerechtigkeit. Die Rede vom Opfer- oder Sühnetod ist eine nachträgliche Deutung des historischen Geschehens und versucht zu erklären, weshalb sich die Menschen an Jesus vergangen haben und der allmächtige Gott das nicht verhindert hat. Da Gott allmächtig ist, aber sein geliebter Sohn getötet wurde und ein göttlicher Rachefeldzug ausgeblieben war, musste der Kreuzestod eine tiefere Bedeutung haben. Dem enormen Wert des geliebten Sohnes und vollmächtigen, gerechten Gesandten Gottes entspricht die theologische Bedeutung seines Todes: Sie konnte nicht überschätzt werden – der Tod musste eine universale Heilsbedeutung haben! Er war nicht im historischen oder heilsgeschichtlichen Sinne „notwendig", wendete aber in der nachösterlichen Optik die Not des an die Sünde verfallenen Menschen. Gott wertete den Tod des Sohnes heilvoll um – in einem paradoxen, staunenswerten Rollentausch. Wieder einmal erwies er sich dadurch als derjenige, der selbst aus dem Tod heraus Heil und neues Leben erschaffen kann. Gott brauchte nicht den Tod seines Sohnes, aber er gebrauchte das historische Geschehen in überraschender und paradoxer Weise als Heilmittel zur Versöhnung mit den Menschen.

Anfrage 14: War Jesus am Kreuz von Gott getrennt?

„Mein Gott, mein Gott, warum hast du mich verlassen!" – Mit dem Aufschrei Jesu aus Ps 22 endete nach Mt 27,46 und Mk 15,34 das Leben Jesu. Er, der Jude, musste davon ausgehen, dass Gott ein Gott der Lebenden ist und sein Tod die Trennung von ihm bedeutete (Mk 12,27parr.; vgl. Ps 30,10; 88,6). Er erlitt damit das Geschick des Sünders, der im übertragenen Sinne schon immer als tot und als von Gott getrennt galt (Jes 59,2; Apg 26,17f.). Der Tod ist nach Röm 6,23 der Lohn der Sünde. Damit der Tod des Gerechten für die Sünder etwas Heilvolles bewirken konnte, musste er auch den Aspekt der Trennung enthalten – die Trennung von Gott war aus nachösterlicher Perspektive soteriologisch* wichtig. Das hat nichts mit späteren christologischen und gnostischen* Fragestellungen zu tun, die sich um die Leidensfähigkeit Gottes drehten. Jesus musste die physische Trennung von Gott durchleiden, um die Sünder aus ihrer Trennung von Gott herauszuführen – das war die Erkenntnis der Evangelisten.

Anfrage 15: Wie ist Stellvertretung möglich?

Der Gedanke der Stellvertretung setzt voraus, dass ein Mensch für andere die Folgen ihres Tuns übernehmen kann. Das ist eine gemein-antike Vorstellung. Bereits die griechischen Mythen bieten mit Iphigenie ein prominentes Beispiel für das stellvertretende und freiwillige Selbstopfer des Helden oder der Heldin für die gesamte Gemeinschaft. Die Hebräische Bibel berichtet vom leidenden Gottesknecht, der stellvertretend für sein Volk die Strafe Gottes auf sich nimmt (Jes 52f.). Im Hintergrund ist ein Schuldbegriff zu sehen, der nicht individuell, sondern korporativ gedacht ist: Schuld betrifft immer die Gemeinschaft als ganze, denn der Einzelne ist primär Teil der Gemeinschaft und kein „autonomes" Individuum.

Anfrage 16: Was meint Verstockung?

Verstockung ist in der Hebräischen Bibel eine zeitweilige Strafmaßnahme Gottes, die zur Unfähigkeit führt, das Wort des Propheten wahrzunehmen und umzusetzen. Aus der fahrlässigen oder vorsätzlichen Missachtung der prophetischen Botschaft entsteht die chronische Form der „Hartherzigkeit", das heißt die von Gott gewirkte Unfähigkeit, das entscheidende, lebensrettende Wort wahrzunehmen. Jes 6,9f. ist die klassische Belegstelle. Der Text reflektiert die frustrierende Erfahrung Jesajas, nichts mit seiner Botschaft ausrichten zu können. Die Verstockungstheorie arbeitet dem Eindruck der Ohnmacht Gottes und seines Boten entgegen: Gott selbst ist der Initiator des Geschehens, er gibt die Adressaten seiner Botschaft den Folgen ihres Unwillens zu hören preis – so wie Eltern, die nicht mehr länger auf ihr Kind einreden, sondern es in pädagogischer Absicht mit den Folgen seines Tuns konfrontieren. Das bedeutet nicht das Ende elterlicher Liebe und Verantwortung, sondern deren sehr intensive Zuspitzung. Die Verstockung ist auch nicht auf Dauer angelegt, sondern eine zeitweilige Maßnahme, bis der überfällige pädagogische Lerneffekt eingetreten ist. Die Hebräische Bibel kennt dementsprechend ein Ende der Verstockung bzw. eine erneute Zuwendung Gottes zu seinem Volk (Jes 41,20; Jes 66).

IV Die Provokation des Christusglaubens

Nach der Provokation, die das Wirken Jesu von Nazareth auslöste, und der Herausforderung, die durch Karfreitag und Ostern gestellt war, wird in den nächsten beiden Kapiteln der Glaube an Jesus, den Christus, als Provokation der nachösterlichen Theologie dargestellt. In Kapitel 7 wird die Frage gestellt, wie der neue Christusglauben formuliert und entfaltet wurde, in Kapitel 8 wird die Spannung zwischen dem jungen Glauben und der vorfindlichen Wirklichkeit jener Zeit, und damit die Frage der „Beweisbarkeit" der neuen Heilswirklichkeit in den Blick genommen.

7 Wie war der neue Glaube zu formulieren?

Neben den in Kapitel 5 und 6 genannten Themen war das Nachdenken über die wahre Bedeutung Jesu die vordringliche Aufgabe der nachösterlichen Zeit. Das hieß, die Grunderkenntnis: Jesus von Nazareth war der verheißene Messias Israels! durchzubuchstabieren. Wenn Jesus der Christus war, hatte er eine entscheidende Bedeutung nicht nur für Israel, sondern für die Schöpfung, die gesamte Menschheit und die Erlösung der Welt. Das Kapitel formuliert zunächst das Grundbekenntnis (7.1), bevor es anhand charakteristischer Paradoxien die Bedeutung Jesu Christi erhebt (7.2 bis 7.9). Punkt für Punkt wird seine Bedeutung so, wie sie im Neuen Testament formuliert ist, abgeschritten. Das entspricht den Deutungsmustern des Todes Jesu (Kap. 6) und der Beobachtung, dass sich die Formulierung des Christusglaubens auf der Grundlage traditioneller Hoffnungen und neu gewonnener Einsichten und Gewissheiten, die jene Hoffnungen teils bestätigten, teils aufhoben und überboten, vollzog. Besonders die Themen, die nicht unmittelbar mit der Deutung des Todes Jesu verknüpft sind, werden hier besprochen. Die Palette reicht von theo-logischen* Facetten (7.2 und 7.3) über heilsgeschichtliche und soziale (7.4 und 7.5), ekklesiologische* und ethische (7.6 und 7.7) bis hin zu eschatologischen* und kosmischen Aspekten (7.8 und 7.9). Die Facetten haben ihren gemeinsamen Fluchtpunkt in der Soteriologie*, in der Erlösung der Menschen und in der Rettung der Welt. Die Aussagen sind grundsätzlich doxologisch*, das heißt zur höheren Ehre Christi formuliert und nicht als dogmatische Wesensaussagen misszuverstehen. Abschließend wird die Reaktion der Umwelt auf die neue Lehre dargestellt (7.11).

7.1 Das Grundbekenntnis: Jesus ist der Christus!

Das verbindende Element des christlichen Glaubens über alle Konfessionsgrenzen hinweg ist die Aussage: Jesus von Nazareth ist der Christus Gottes, der verheißene Messias Israels und darüber hinaus der Retter der Welt. An einigen exemplarischen Texten wird diese Kernaussage entfaltet.

7.1.1 1 Joh 4,2: Ein altes Credo*

In einem meines Erachtens recht alten Schreiben, dem Ersten Johannesbrief[1], wird ein Glaubensbekenntnis formuliert, welches die Grenze zwischen akzeptabler und nicht akzeptabler Auffassung über Jesus festlegt: „Ein jeder Geist, der bekennt, dass Jesus der ins Fleisch gekommene Christus ist, der ist von Gott."[2] Der entscheidende Punkt ist die Gleichsetzung Jesu mit dem inkarnierten* Christus. Wer sie leugnet, ist ein „Antichrist" (1 Joh 2,22; 2 Joh 7). Der Christus ist zugleich Gottes Sohn (1 Joh 2,23; 4,15; 2 Joh 3). Was heute lapidar erscheinen mag, war damals heftig umstritten. Es gab innerhalb des Judentums – und das war die geistige Heimat der ersten Christengemeinden – viele Möglichkeiten, die Bedeutung Jesu zu formulieren. Für die einen war er ein wichtiger Rabbi oder Prophet, für die anderen der verheißene Messias und Retter der Welt. Dazwischen gab es viele Grautöne. Die Unterschiede waren so lange kein Problem, wie das Gemeinschaftsleben funktionierte. In der Gemeinde, die der Autor des Briefes vor Augen hatte, war das nicht mehr so: Ein Teil der Gemeinschaft hatte dem anderen die Solidarität aufgekündigt (1 Joh 2,9-11; 3,10-24; 4,20f.). Das Gebot der geschwisterlichen Liebe war zu einem Lippenbekenntnis verkommen (1 Joh 3,18). Möglicherweise war das mit dem Schritt zurück zur Synagoge verbunden. Als Beweis für die Wahrheit des Bekenntnisses führt der Autor in 1 Joh 5,6 drei Instanzen an: Den Heiligen Geist, das Wasser (der Taufe) und das Blut (des Todes).

7.1.2 Joh 4: Jesus und die Frau am Brunnen

Die Episode von der Begegnung Jesu mit einer samaritanischen Frau am Brunnen von Sychar mag eine Legende sein. Für den Evangelisten ist sie bedeutsam, weil sie über verschiedene Erkenntnisstufen hinweg den Weg zum wahren Bekenntnis beschreibt. Zunächst weiß die Frau wenig mit Jesu Angebot, er könne ihr „lebendige Wasser" geben, anzufangen. Sie mutmaßt lediglich, er müsse wohl „mehr als Jakob" sein, der diesen Brunnen eingerichtet hatte (V.10-15). Als Jesus ihr die Wahrheit über ihre Partnerbeziehungen sagt, erkennt sie ihn als Propheten (V.19). Durch das anschließende Gespräch über die wahre Gottesverehrung erkennt sie die

---

[1] Zur Datierung des Schreibens vgl. Kurt Erlemann, I Joh und der jüdisch-christliche Trennungsprozeß (ThZ 55, 1999), 285-302.

[2] Eigene Übersetzung. Luther bietet „dass Jesus Christus in das Fleisch gekommen ist." Die gr. Formulierung *„Iesoún Christón en sarkí elelythóta"* lässt beides zu.

Messianität Jesu (V.25f.). Ihre Landsleute kommen am Ende zur Erkenntnis: „Dieser ist der Retter der Welt" (gr. *sotér tou kósmou*, V.42).
Der Weg zur Christuserkenntnis verläuft nach dieser Erzählung über mehrere Stufen. Zwischen den Möglichkeiten, Jesus sei „mehr als Jakob" und „Retter des Kosmos", liegen Welten. Die frühen Gemeinden mussten erst nach und nach sortieren, welche Aussagen der Bedeutung Jesu genügten und welche nicht. Wenn Jesus der verheißene Christus war, dann mussten ihm die höchsten Ehrenprädikate zukommen. Andere, sicher nicht falsche Bezeichnungen, konnten da nicht mehr akzeptiert werden, wo es darum ging, den eigenen Glauben gegenüber jüdischen und nichtjüdischen Gesprächspartnern zu formulieren und zu begründen.

7.1.3 Fazit: Die halbe Wahrheit genügt nicht!

Der Weg zu einer eigenständigen Identität erforderte es, die Bedeutung Jesu klar und unverwechselbar zu formulieren. Mit dem fortschreitenden Prozess der Trennung vom Judentum (dazu siehe Abschnitt 7.11.1) wurde die Messlatte der Bekenntnisse höher gelegt. Weniger als die Aussage, Jesus sei der Messias-Christus, war nach 1 Joh 4,2 nicht mehr akzeptabel. Jesus war und ist der Christus und als solcher Sohn Gottes und Retter des Kosmos; dieses Credo* durchzieht das gesamte Neue Testament und ist die unverbrüchliche Grundlage des christlichen Glaubens bis heute.

7.2 Ebenbild Gottes und Gott in Niedrigkeit

Der Kontrast von Göttlichkeit und Menschlichkeit Christi ist ein Grundzug neutestamentlicher Christologie. Das Verhältnis zwischen beiden „Naturen" beschäftigte die Theologen der Alten Kirche mehrere Jahrhunderte lang.[1] Im Folgenden wird die Erwartung Israels, Gott bzw. sein Messias werde mit einem machtvollen Auftritt für klare Verhältnisse in der Welt sorgen, mit der frühchristlichen Erkenntnis, dass sich Gottes Macht gerade in der Selbsterniedrigung entfaltet, kontrastiert. Das ist eine erste, im engeren Sinne theo-logische* Facette der Christologie.

7.2.1 Machtvoller Messias und ohnmächtiger Nazarener

Israel erwartete einen machtvoll auftretenden Messias, der gegen Römer und Herodianer die Freiheit des erwählten Volkes wiederherstellen sollte. Es kam ein Mann aus Nazareth, der zwar machtvolle Wunder tat und die

---

[1] Die trinitarischen und christologischen Auseinandersetzungen der Alten Kirche sind Thema eines nächsten Bandes (Arbeitstitel: Trinität – eine faszinierende Geschichte).

Tora vollmächtig auslegte, der aber am Ende am Kreuz der Römer starb. Ein Messias, der scheitern und sterben konnte, war eine Vorstellung, die allenfalls am Rande der jüdischen Hoffnungen aufkam (4 Esr 7,26-29*: Der Messias muss nach 400 Jahren sterben). Die traditionelle Erwartung wurde durch den christlichen Glauben überholt und paradox überhöht: In Jesus von Nazareth trat das wahrhaftige Ebenbild Gottes in die Welt und brachte gerade in seinem vordergründigen Scheitern die Erlösung.

7.2.2 Prototyp des Ebenbildes Gottes

Jesus Christus ist „Abglanz der Herrlichkeit Gottes bzw. „Ebenbild des Vaters" (2 Kor 4,4; Kol 1,15; Hebr 1,3) und damit Ur- und Vorbild der anderen „Ebenbilder" Gottes. Damit wird die Göttlichkeit Christi umschrieben. Die zitierten Hymnen bringen darüber hinaus das Wunder der Menschwerdung und Selbstentäußerung Christi zum Ausdruck. Seine Menschwerdung war der Schlüssel für die Versöhnung der Menschen mit Gott, für die Realisierung ihrer Gottebenbildlichkeit. Oder anders gesagt: Jesus Christus war das Ebenbild Gottes nicht nur in seiner Göttlichkeit, sondern auch in seiner Menschlichkeit (weiter dazu Anfrage 17).

7.2.3 Inkarnation und Selbstentäußerung

Den Weg des Ebenbildes Gottes und des präexistenten* Schöpfungsmittlers in die Welt wird als als Weg der „Fleischwerdung" (Joh 1,14: Inkarnation; vgl. Joh 3,13) oder der Entäußerung (gr. *kénosis,* Phil 2,6f.) bezeichnet. Nach Joh 1,14 wurde das Schöpfungswort Gottes „Fleisch" (gr. *sarx*) und „zeltete" (gr. *eskénosen*) vorübergehend in Jesus. So wurde seine Herrlichkeit (gr. *dóxa*) als des einen Sohnes Gottes[1] sichtbar. Seine Hauptaufgabe bestand darin, Gott „auszulegen" (gr. *exhegeísthai,* V.18).
Die so genannte Kenosis*-Christologie setzt die Präexistenz* Christi voraus. Im Fokus steht hier der Übergang von der göttlichen Vor-Existenz in die Niederungen menschlicher Existenz. Nach Phil 2,6f., einem alten Traditionsstück, das Paulus übernahm, war Christus ursprünglich in „göttlicher Gestalt"; nach Joh 17,5 hatte er „Herrlichkeit bei Gott". Den Übergang ins Menschsein nennt Paulus eine freiwillige „Selbstentäußerung" (gr. *kénosis*). Die Formulierung Luthers „er hielt es nicht für einen Raub (gr. *harpagmón*), Gott gleich zu sein" (V.6), meint sinngemäß: Christus hielt nicht krampfhaft an seinem göttlichen Chefsessel fest, sondern verzichtete darauf für eine Zeitlang und einen bestimmten Auftrag freiwillig. Der Abstieg erfolgte konsequent bis zur untersten Stufe des Menschseins – er erniedrigte sich selbst (gr. *etapeínosen*) und übernahm die Rolle eines

[1] „Eingeboren", gr. *monogenés,* weist darauf hin, dass Gott nur den einen Sohn hatte.

Sklaven. Dieser Schritt, der schließlich ans Kreuz führte, war dem Hymnus zufolge die Grundlage der Erhöhung Christi nach Ostern (V.9). Die Menschlichkeit Jesu wird besonders in den Passionsberichten der Evangelien gegen alle möglichen Zweifel herausgearbeitet. Auch im Hebräerbrief ist sie von entscheidender Bedeutung (vgl. Abschnitt 6.8 und Anfrage 18).

7.2.4 Menschwerdung Christi – Vergöttlichung des Menschen

Die ungewöhnliche Selbsterniedrigung sollte die Menschen mit Gott versöhnen (Kol 1,22), sie von Sünden reinigen (Hebr 1,3) und erlösen (Hebr 2,14-16), dazu Satan entmachten, den Vatergott bekannt machen und die Welt retten (Joh 1,18; 3,16; 4,42). Mit der Menschwerdung Christi vollzog Gott einen Rollentausch: Er wurde den Menschen gleich, um sie zu ihrer Gottebenbildlichkeit zurückzuführen. Der frühere Weg des Kultes und des Toragehorsams hatte sich hierfür als nicht praktikabel erwiesen.

7.2.5 Erhöhung in die Herrlichkeit Gottes

Die Erhöhung zur Herrlichkeit Gottes markiert nach der Kenosis*-Christologie den Eintritt in die dritte Phase des Christusgeschehens und den „Lohn“ für den geleisteten Gehorsam. Nach Phil 2,9-11 war sie mit der Verleihung des göttlichen Namens, der Übergabe der himmlischen Herrschaft und der universalen Anerkennung als des göttlichen Herrn (gr. *kýrios*) verbunden. All das geschah zur Ehre Gottes (V.11b). Eine Paradoxie liegt im Gegensatz von göttlicher bzw. sklavischer Gestalt sowie von Erniedrigung und Erhöhung. Der freiwillige Verzicht und der Gehorsam des Sohnes waren die Voraussetzungen für seine neuerliche, bleibende göttliche Machtstellung und für seine weltweite Anerkennung.
Auch andere Texte sehen im Tod Christi seine Erhöhung (Joh 3,13f.; 8,28; 12,32; Apg 2,33; vgl. Mt 23,12). Teilweise ist das verbunden mit der Ortsbeschreibung „zur Rechten Gottes“, was auf seine Anwaltsfunktion hindeutet (Apg 7,56; Röm 8,34; Eph 1,20; Hebr 1,3; vgl. Abschnitt 8.4.3).

7.2.6 Fazit: Gott wurde Mensch – Paradoxie der Versöhnung

Die Messiashoffnungen waren auf die machtvolle Aufrichtung der Herrschaft Gottes in Israel gerichtet. Der Status des erwählten Volkes sollte endgültig in der Welt offenbar werden. Stattdessen kam der Messias inkognito, als verwechselbarer Mensch. Sein Auftreten war für viele Menschen überwältigend, seine messianische Bedeutung zwingend; für andere jedoch nicht; sie zweifelten an seiner Vollmacht. Statt in Allmachtsgebaren offenbarte sich der Messias in Niedrigkeit, verletzlich, den Menschen ausgeliefert. Am Ende starb er den Fluchtod am Kreuz. Dass sich in ihm die endzeitliche Zuwendung Gottes ereignet haben sollte, erschien unglaublich. Doch gerade so erfolgte die Erlösung, die Versöhnung mit Gott. Für eine neue Gemeinschaft mit den Menschen verzichtete Gott sogar darauf, seinen Sohn zu rächen. Die Entdeckung dieser Paradoxie war ein Ergebnis nachösterlichen Nachdenkens über Jesus, den Christus. Heilsgeschichtlich betrachtet, stellt sich die Geschichte Christi in drei Phasen dar, von denen die mittlere entscheidend und für Menschen sichtbar war.

7.3 Vollmächtiger Gesandter und gehorsamer Sohn

Ein Sonderfall der erstgenannten Paradoxie ist die für Johannes typische Gegenüberstellung von vollmächtigem Gesandten und gehorsamem Sohn.

7.3.1 Vater und Sohn ziehen an einem Strang

Ausgangspunkt ist der Kontrast zwischen Joh 10,30: „Ich und der Vater sind eins" (gr. *hén esmen*) und Joh 5,19: „Der Sohn kann nichts von sich aus tun, sondern nur, was er den Vater tun sieht" (vgl. Joh 5,30; 9,4). Während Letzteres die Abhängigkeit des Sohnes vom väterlichen Auftraggeber betont, suggeriert Joh 10,30 die Identität von Vater und Sohn. „Einssein" bezeichnet hier aber nicht im ontologischen* Sinne eine Wesensidentität, sondern Einheit und Einigkeit in dem, was Vater und Sohn tun. Sie ziehen an einem Strang, und das macht sie unüberwindbar – niemand kann die Gläubigen aus der Hand des Sohnes und des Vaters reißen (Joh 10,28f.). Das ist der Tenor der Aussage. Das Einssein schließt die Abhängigkeit des Sohnes vom Vater nicht aus, sondern ein: „Mein Vater, der mir sie [die „Schafe"] gegeben hat, ist größer als alles..." (V.29).

7.3.2 Der Sohn ist der Repräsentant des Vaters

Umgekehrt drückt Joh 5,19 nicht die Unselbständigkeit oder gar Ohnmacht des Sohnes aus. Der Sohn tut das, was der Vater tut; es ist seine Aufgabe, den Willen Gottes bekannt zu machen und durchzusetzen. Hierfür hat er die Vollmacht, die in der Antike einem Gesandten zukam – die eines bevollmächtigten Stellvertreters und Repräsentanten Gottes. Ihm ist die Gerichtsvollmacht übertragen (Joh 5,22). Seine Souveränität zeigt sich nicht in einer eigenständigen Handlungslinie, sondern in der loyalen, gehorsamen Erfüllung seines Auftrags. So erweist sich der scheinbare Gegensatz als in sich sinnvolle und stimmige Spannung. Hinter dem Gesandten steht der Sender, im Sohn und seinen Werken wird der Vater sichtbar (Joh 5,36). Ohne den Vater ist der Sohn nichts. Wer den Sohn anerkennt, erkennt Gott an, und umgekehrt (Joh 5,23.38; 12,44f.; 1 Joh 2,23; 4,15).

7.3.3 Absage an einen machtvoll auftretenden Gott

Im Kern ist der johanneische Christus der Exeget* Gottes. Hierin hat er eine Monopolstellung – niemand sonst kann den Vatergott offenbaren; nur er hat ihn gesehen, nur er war bei ihm (Joh 1,18; 6,46). Darin besteht seine Vollmacht. Christologie ist bei Johannes demnach Theo-logie* im eigentlichen Wortsinn. Wer Gott ist, wurde am Wirken und am Geschick Jesu offenbar: Gott ist auf die Erschaffung neuen Lebens aus, er überwindet das Böse und den Tod. Hierfür schickte er seinen Schöpfungs-Logos* in die Welt und setzte ihn den Menschen aus – bis zur letzten Konsequenz. Der Glaube an Jesus, den Christus, ist eine Zumutung, weil er die Vorstellung eines machtvoll auftretenden, hoheitlichen Gottes erschüttert.

7.3.4 Die Ich-bin-Worte – Deklination des Leben bietenden Gottes

Die sieben Ich-bin-Worte des Johannesevangeliums umschreiben das, was Christus für die Menschen bedeutet bzw. was der Vatergott ihnen anzubieten hat. Anstelle von Gleichnissen über das Himmelreich und seine Vorzüge fasst Johannes diese Gaben in eindrucksvolle Worte wie „ich bin das Brot des Lebens" (Joh 6,35) bzw. „das Licht der Welt" (Joh 8,12), „die Tür" (Joh 10,9), „der gute Hirte" (Joh 10,11.14), „die Auferstehung und das Leben" (Joh 11,25),„der Weg, die Wahrheit und das Leben" (Joh 14,6) und „der Weinstock" (Joh 15,5). Fokus der Worte ist das Leben in Fülle und der Weg dorthin. Die Orientierung an Jesus Christus führt zur Fülle des Lebens, die im letzten Ich-bin-Wort ihren klassischen Ausdruck findet. Es ist zugleich die Orientierung an dem Vatergott, dessen Herrlichkeit (gr. *dóxa*) sich nicht in Machtdemonstrationen eines Unnahbaren, sondern in der liebevollen Hingabe des Freundes für die Seinen zeigt (Joh 15,13).

7.3.5 Fazit: Der göttliche Gesandte – eine theo-logische Zumutung

Jesus Christus, der Schöpfungs-Logos* Gottes, war der vollmächtige Gesandte und Repräsentant Gottes. Insofern erfüllte er die Erwartungen Israels. Allerdings ermunterte er die Menschen, vom Gott Israels völlig neu zu denken; ein Vatergott, der sich liebevoll für die Seinen hingibt, widersprach der Vorstellung vom hoheitlichen Auftreten Gottes und der machtvollen Durchsetzung seiner Herrschaft. Dadurch wurde er für die jüdische Führung zu einer Zumutung und Bedrohung, denn mit dem Gottesbild stand ihr Führungsanspruch zur Disposition. Dass gerade durch die Tötung Jesu der Weg Gottes vollendet wurde und die Menschen weit über die Grenzen des Volkes hinaus zum Glauben kamen, ist die Ironie der johanneischen Christologie.

7.4 Messias Israels und Herrscher der Welt (Der Messias der Anderen I)

Jesus von Nazareth ist der Messias (aram. *maschíach*, der Gesalbte) bzw. der Christus (gr. *christós*, ebenfalls der Gesalbte) Gottes – das ist das Urbekenntnis der Christen. Die jüdische Messiaserwartung wird hier universal ausgeweitet. Das ist eine heilsgeschichtliche Facette der Christologie.

7.4.1 Salbung und Geistverleihung für besondere Beauftragte Gottes

In der Hebräischen Bibel werden Menschen zu einem besonderen Auftrag mit heiligem Öl gesalbt und damit geweiht. Könige wie Saul und David,[1] aber auch Propheten und Hohepriester sind Gesalbte Gottes.[2] Selbst die Stiftshütte samt Inventar wird zu ihrer Einweihung mit Öl gesalbt (2 Mos 30,25-29; vgl. Dan 9,24). Bei der Salbung werden Saul und David mit dem Geist Gottes ausgestattet, der ihnen bei der Durchführung ihres Auftrags hilft (1 Sam 10,6; 16,13).[3] In Ps 23,5 ist die Salbung ein Symbol der Fülle.

7.4.2 „Mein Reich ist nicht von dieser Welt"

Folgt man den Evangelien, konzentrierten sich auf Jesus die politischen Messiaserwartungen der Zeit, wurden jedoch von ihm nicht erfüllt (vgl. Abschnitt 4.4.1). Das Johannesevangelium bietet eine ausführlichere Deutung des königlichen Anspruchs Jesu. In Joh 18,36f. lässt der Evangelist Jesus auf die Frage des Pilatus antworten: „Mein Reich ist nicht von dieser Welt." Und weiter: „Du sagst es, ich bin ein König. Ich bin dazu geboren und in die Welt gekommen, dass ich die Wahrheit bezeuge." Jesus bestätigt damit seinen königlichen Machtanspruch, transzendiert* ihn aber zugleich. Als König einer anderen Welt steht er nicht in Konkurrenz zu Pilatus oder zum römischen Kaiser. Statt politischer Angebote bietet er die Wahrheit an, die er bezeugt (vgl. Joh 1,17).

7.4.3 Universale Erfüllung der Messiasverheißung Jesajas

Den Evangelien zufolge überschritt Jesus die Grenzen Israels und wandte sich auch Nichtjuden zu. So heilte er die Tochter einer Syrophönizierin

---

[1] 1 Sam 9,16; 10,1: Saul; 1 Sam 16,3.12f.; 2 Sam 2,4; Ps 89,21: David; 1 Kön 19,16; 2 Kön 9,3.6: Jehu; 1 Kön 19,15: Hasael von Aram, ein Nichtisraelit!

[2] 2 Mos 29f.; 3 Mos 8; Ps 133,2: Aaron und seine Söhne; 3 Mos 21,10; 4 Mos 35,25: Hoherpriester; 1 Kön 19,16: Elisa.

[3] Ausführlich dazu Erlemann, Unfassbar*, 30-33.

(Mk 7,24-30) ebenso wie den Sohn eines römischen Hauptmanns (Lk 7,1-10). Im Ostjordanland speiste er 4000 Menschen (Mk 8,1-9) und führte in Sychar ein langes Gespräch mit einer Samaritanerin (Joh 4,1-42). Als Grund für Jesu Zuwendung zu den Nichtjuden werden seine Ablehnung durch die eigenen Landsleute und der vorbildliche Glaube der Anderen vorgebracht (Mt 8,10-12par. Lk 7,9; Mk 6,1-6; vgl. Apg 8,1-4).

7.4.4 Der erhöhte Christus als der Weltenherrscher

Im Gleichnis von den anvertrauten Pfunden (Lk 19,11-27) findet sich ein versteckter Hinweis auf die Rolle Christi nach seiner Himmelfahrt. In dem Bild ist von einem Adligen die Rede, der in ein fernes Land zieht, um ein Königtum zu erlangen und dann zurückzukommen. Das „ferne Land" steht für räumliche und zeitliche Distanz. Der Autor verarbeitet hier die Erfahrung, dass das Reich Gottes, anders als erwartet, auf sich warten ließ (V.11). Er sieht den erhöhten Christus auf dem Weg zu seiner himmlischen Herrschaft (weiter dazu Abschnitt 8.4.4).

7.4.5 Fazit: Universale Ausweitung der Hoffnungen Israels

Nach Überzeugung der Texte war in Jesus von Nazareth der verheißene Messias Israels gekommen. In weiten Teilen der Bevölkerung löste er politische Hoffnungen aus. Diese starben mit seinem Tod als „König der Juden" am Kreuz von Golgatha. In der Erinnerung blieb die messianische Rettung der „Verlorenen" in Israel haften; sie war der Schlüssel für die Neudeutung der Sendung Jesu (vgl. dazu den folgenden Abschnitt).
Der auferstandene und erhöhte Herr erwies sich den Gemeinden als Weltenherrscher an der Seite Gottes; aus der nationalen Hoffnung wurde eine universale Gewissheit. An ihm wurde Gottes universaler Machtanspruch auf paradoxe Weise offenbar: Nicht durch göttliches Allmachtsgebaren, sondern durch Selbsterniedrigung und Gewaltverzicht kamen Juden wie Nichtjuden zur Gottes- und Christuserkenntnis (Phil 2,10f.).

7.5 Sammler der Gerechten und Retter der „Verlorenen" (Der Messias der Anderen II)

Die soziale Facette des neuen Christusglaubens bezieht sich auf die Träger der Erwählungsverheißung. Die Erinnerung an die Zuwendung Jesu zu den „Verlorenen" in Israel und jenseits seiner Grenzen war im christologischen Nachdenken der frühen Gemeinden ein Kernstück.

7.5.1 Erwähltes Volk und religiöse Elite

Schon während des Babylonischen Exils wurde zwischen der erwählten Schicht der Exilierten und der in Israel verbliebenen Landbevölkerung (hebr. *am ha-árez*) unterschieden. Zum ethnischen* Erwählungskriterium kam das ethische: Nur diejenigen galten als erwählt, die sich an Gottes Gebote hielten und ihren Alltag auf sie ausrichteten (Jes 56-59; 65f.). Die Pharisäer, eine im 2. Jh. v.Chr. entstandene Laienbewegung, wollten als endzeitliches Programm die Tora in den Alltag aller Juden bringen. Das Johannesevangelium spricht von einer tiefen Verachtung des „Fußvolkes" Israels durch die Pharisäer.[1] Wer wie Jesus die Gebote brach, gehörte ihres Erachtens nicht zu Gott (Joh 9,16) und wurde massiv unter Druck gesetzt; so auch der Pharisäer Nikodemus, der Jesus heimlich, bei Nacht, aufsuchte (Joh 3,2). Sein Plädoyer für Jesus wird Joh 7,50-52 zufolge von den anderen Pharisäern zurückgewiesen. Ausdrücklich heißt es in Joh 9,22: Wer sich zu Jesus bekennt, wird aus der Synagoge ausgeschlossen. Das Label der „Verlorenen" bekamen weite Teile der Bevölkerung von der Elite aufgedrückt (Mt 10,6; 15,24; Lk 15; 19,10). Die Pharisäerschelte (Mt 6,1-7; Mt 23) kritisiert die Distanz zwischen Führung und Volk.

Auch wenn die Texte eher die Problemlage der Evangelisten und ihrer Zeit spiegeln, lassen sie das Erwählungsbewusstsein der religiösen Elite durchscheinen. Sie fühlte sich – wenn auch unausgesprochen – als Erstadressatin des kommenden Messias. Im Gleichnis vom großen Abendmahl (Lk 14,15-24; vgl. Mt 22,1-14) sind die Pharisäer in den Ersteingeladenen zu sehen, im Winzergleichnis (Mk 12,1-12parr.) in den Pächtern.

7.5.2 Soziale Erfüllung der Verheißungen Jesajas

Die Antrittspredigt Jesu in Nazareth (Lk 4,18-21) greift die Weissagung Jes 61,1f. auf und bezieht sie auf Jesu Aufgabe, den Armen, Schwachen, Kranken und Gefangenen das Evangelium zu verkündigen. Nicht die Befreiung von den Römern, sondern die Erlösung aus sozialer und religiöser Not steht bei Lukas im Vordergrund. Nach seiner Darstellung wirbt Jesus durchaus um die religiöse Elite.[2] Aber seine Sendung gilt letztlich allen Menschen in Israel – vor allem den „Verlorenen" (Lk 5,31f.par. Mt 9,12; Lk 15; 19,10). Demnach löste Jesus den universalen Anspruch des Gottes Israels, der in mehreren Texten der Hebräischen Bibel anklingt, innerhalb Israels selbst ein (Jer 31,8f.; Ez 18,23; 34,16). Almosengeben und Besitzverzicht sind für Lukas die wichtigste ethische Konsequenz: Beim Geld

---

1 Prägnant heißt es in Joh 7,49: „Nur das Volk, das nichts vom Gesetz weiß, glaubt an Jesus; „verflucht ist es!"

2 Vgl. Lk 14: Tischgespräche im Haus des Pharisäers und Gleichnis vom großen Gastmahl; Lk 15,11-32: Gleichnis vom verlorenen Sohn und dessen Bruder.

hört die Liebe nicht auf, im Gegenteil! Nach Apg 4,32-37 pflegten die ersten Christen den innergemeindlichen Sozialausgleich.[1]

7.5.3 Die Reinheit der Pharisäer und die (Un-)Reinheit Jesu

Für die religiöse Elite musste die Hinwendung Jesu zu Sündern, Kranken und Zöllnern ein Affront sein (vgl. Abschnitte 3.3.3 und 4.3.2). Einer, der sich mit Unreinen und „Verlorenen" einließ, konnte nicht der Messias sein! Schon seine Herkunft aus Galiläa sprach gegen ihn (so Joh 7,52). Aber die serienweise Durchbrechung der Toragebote bzw. deren eigenwillige Auslegung diskreditierten Jesus in ihren Augen völlig. Es ging um das Abstandsgebot im kultischen und psychologischen Sinn: Ein religiös vorbildliches Leben war anders zu honorieren als das Leben eines Zöllners oder Sünders! Wer krank war, war es aufgrund begangener Sünden und damit selber schuld (Joh 9,1f.). Die Unreinen auf Abstand zu halten, war religiöse Pflicht. Wer sich mit ihnen einließ, wurde selbst unrein. Die Karikatur des Priesters und des Leviten im Gleichnis vom barmherzigen Samaritaner kritisiert dieses Denken (Lk 10,30-37). Jesus gehörte demnach zu den Unreinen und war gefährlich, da er mehr und mehr Unreine und „Verlorene" auf seine Seite zog. Der Messias ging zur falschen Klientel!

7.5.4 Beseitigung der sozialen und religiösen Mauern

Wer erwählt ist und wer nicht, ist nach Paulus die freie Entscheidung Gottes. Angestammte Vorrechte gibt es nicht; schon oft hat Gott die erwählt, von denen es keiner erwartet hätte (Röm 9-11). Unter Hinweis auf die Haltung Christi mahnt der Apostel gegenseitige Rücksichtnahme beim Abendmahl an (1 Kor 11,17-34). Sklaven sollen wie Glaubensgeschwister behandelt werden (Phlm 16), Männer ihre Frauen in Ehren halten und lieben.[2] Für Paulus sind durch das Christusgeschehen die sozialen und religiösen Grenzen eingerissen (Gal 3,28). Alle Menschen, egal welcher Herkunft und sozialen Ranges, sind für ihn gleichgestellte Kinder Gottes.[3]

7.5.5 Fazit: Der Messias der „Verlorenen" – Signal des Schöpfergottes

Jesus war der Messias der Armen, Kranken und „Verlorenen". Das ist ein Fazit des christologischen Nachdenkens. Gerade in der Hinwendung zu diesen Menschen zeigte sich der universale Anspruch Gottes, vor dem das

---

[1] Das war kein Novum, sondern bereits in 1 QS 1,11 und 6,17 (2.Jh. v.Chr.?) verankert (ich danke Tatjana v. Heimburg für den mündlichen Hinweis).

[2] 1 Thess 4,4; Eph 5,25-33; Kol 3,19; 1 Petr 3,7.

[3] Röm 8,17; Gal 3,26; Eph 4,1-6; vgl. Joh 1,12.

persönliche Ansehen keine Rolle spielt.[1] In ihrer Rettung zeigte sich der Schöpfergott. Niemand ist verloren und niemand soll verloren gegeben werden – das ist ein Grundsatz seiner Herrschaft. Mit der Sendung Christi war einem elitären, exklusivistischen* Erwählungsdenken der Boden entzogen. Wer weiter an angestammten Privilegien festhält und auf das „Abstandsgebot" achtet, schließt sich selbst aus dem Himmelreich aus. Das galt nicht nur für Pharisäer und Schriftgelehrte, sondern auch für die Christen, unter denen es auch reichlich „pharisäisches" Denken gab. Insbesondere Matthäus mit seinem Weinberggleichnis (Mt 20,1-16), seiner Gemeinderede (Mt 18) und der Frage der Zebedäussöhne nach himmlischen Privilegien (Mt 20,20-28) nennt das Problem beim Namen.[2]

7.6 Stolperstein der Erwählung Israels und Grundstein der Gemeinde (Der Messias der Anderen III)

Die messianischen Erwartungen Israels vom Exil in Babylon bis in die Zeit Jesu liefen auf die Restitution der staatlichen und religiösen Souveränität sowie auf die Offenbarung und Durchsetzung der Herrschaft Gottes auf dem Zion hinaus. Das tief sitzende Trauma, das mit dem Verlust der Erwählungszeichen einher ging, sollte durch den Messias überwunden werden. Das Neue Testament bestätigt diese Erwartung und verändert sie zugleich. Damit gewinnt die Christologie eine ekklesiologische* Facette.

7.6.1 Gerichtsankündigung statt messianischer Machtzeichen…

Jesus wartete den Texten zufolge nicht mit göttlichem Machtgebaren auf. Schauwunder zählten nicht zu seinem Repertoire, Zeichenforderungen der religiösen Führung wies er zurück.[3] Während Markus es bei einem tiefen Seufzen Jesu über dieses Begehren belässt, spricht Mt 12par. Lk 11 vom „Zeichen des Jona" als dem einzigen Zeichen für Israel. In prophetischer Manier bezeichnet Jesus hier die jüdische Führung als „böses und ehebrecherisches Geschlecht", als Volk, das von Gott abgefallen sei und das erste Gebot missachte (vgl. Hos 3: Bild vom Ehebruch). Dieses sei nicht würdig, ein Zeichen von Gott zu erhalten.
Das „Zeichen des Jona" wird auf den gekreuzigten Menschensohn bezogen, der die Zeit bis zu seiner Auferweckung am dritten Tag im Schoß der Erde zubrachte (Mt 12,40par. Lk 11,30). Von Ostern her sollte sich den

---

1 Apg 10,34; Röm 2,11; Kol 3,25; 1 Petr 1,17.
2 Auf das hohe Konfliktpotenzial dieses Denkens weist Rau, Freund von Sündern und Zöllnern*, 166, hin.
3 Mt 12,38-42parr.; 16,1-4.

Fragestellern die Identität Jesu erschließen; die Auferstehung Jesu war das messianische Machtzeichen schlechthin. Die Folgeverse erklären das Zeichen so: Die Niniviten, Adressaten der Bußpredigt des Jona, ließen sich ansprechen und veränderten ihr Verhalten. Nicht so Israel; und so werde die Königin von Saba zusammen mit den Niniviten Gericht über Israel halten. Da Jesus König Salomo an Weisheit übertreffe, sei seine Attraktivität auf die Völker ungleich größer (Mt 12,41f.par. Lk 11,31f.).

7.6.2 … und die Übertragung der Erwählung an Andere

Mit Mt 12,40-42par. wird der drohende Erwählungsverlust vor Augen gestellt. Jesus, der Messias Israels, entpuppte sich nach Überzeugung der Texte paradoxerweise als Schlussstein bzw. Stolperstein der Erwählung. Galten traditionellerweise die Zugehörigkeit zum Volk und die Einhaltung der Tora als Erwählungskriterien, entschied sich nun an der Anerkennung Jesu das Schicksal der Erwählten. Dieser Paradigmenwechsel klingt bereits in der Bußpredigt des Täufers an; demnach sind Umkehr zum Gott Israels und „Fruchtbringen" im täglichen Verhalten entscheidend (Mt 3,7-10par. Lk 3,7-9). Ausdrücklich droht Jesus nach Mt 8,11f.par. Lk 13,27-30 seinen Gegnern mit dem Ausschluss aus dem Reich Gottes. Dahinter steht ein Gottesbild, das ihm die vollständige Umkehrung der Verhältnisse zutraut.[1] Im Winzergleichnis Mk 12,1-12parr. wird die Schlüsselstellung Jesu als des geliebten Sohnes und „Schlusssteins der Erwählung" erzählerisch entfaltet: Mit seiner Tötung verlor die jüdische Führung ihre Privilegien.

7.6.3 Hinwendung zu den Nichtjuden als Provokation Israels

Die Schlüsselrolle Christi in der Erwählungsfrage ist breit bezeugt: Ein Teil Israels ist nach Röm 9-11 verstockt, weil es Christus und den durch ihn eröffneten Heilsweg weder erkennt noch akzeptiert. Anstatt ihr Heil in Christus und der Gerechtsprechung durch Gott zu suchen, suchen sie es weiterhin in der Toraobservanz (Röm 9,30-33). Für diese Gruppe wurde Christus zum Stolperstein (V.33, unter Rückgriff auf Jes 8,14 und 28,16), während die eigentlich nicht erwählten Nichtjuden die Gerechtigkeit vor Gott erlangt haben (V.30). Während sich der andersgläubige Teil Israels seither in einer selbstverschuldeten und von Gott sanktionierten Warteschleife befindet, beruft Gott andere Völker zu Trägern der Erwählung. Damit macht er seinen universalen Anspruch deutlich (Röm 11,15.25).

Dies war nicht das Ende der Erwählung Israels; das hält Paulus ausdrücklich fest. Er selbst versteht sich als Jude und hofft, dass seine Landsleute

---

[1] Vgl. Erlemann, Wer ist Gott*, 35ff. Beispieltexte: Lk 1,46-56 (Magnifikat), Lk 6,20-26 (Seligpreisungen / Weherufe), Mt 19,30; 20,16par. Lk 13,30 (Erste und Letzte).

am Ende zur Erkenntnis und damit zum Heil finden werden (Röm 9,1-5; 10,1; 11,1f.). In der Hinwendung Gottes zu den Nichtjuden sieht Paulus ein groß angelegtes Rettungsmanöver: Auf diese Weise soll der verstockten Teil Israels zum Glauben an Christus provoziert werden (Röm 11,14; 1 Kor 9,20-22). Wie Israel zu retten ist, ist für ihn ein göttliches Geheimnis; aber er hat keine Zweifel daran, dass es geschehen wird (Röm 11,25-32).

7.6.4 Völker übergreifende Erwählungsarchitektur

Die Kehrseite der Schlussstein-Metapher* heißt: Wer über Christus stolpert, sich an ihm ärgert, anstatt ihn zu würdigen, verliert seine Würdestellung. Wer jedoch seine Bedeutung anerkennt, für den wird er eine solide Grundlage des Erwählungsgebäudes. Nach Eph 2,19f. wurde aus dem Schlussstein der Erwählung Israels das Fundament der christlichen Gemeinde.[1] Historischer Grund dafür war die Friedensbotschaft Christi an Juden wie Nichtjuden, die Aufhebung trennender Torasatzungen und damit der Grenzen zwischen den Völkern sowie zwischen Gott und Menschen. Diese Botschaft fand im Versöhnungstod ihren stärksten Ausdruck und wurde in ihm besiegelt (Eph 2,11-18; vgl. auch Joh 10,16; 12,24).

7.6.5 Ein neues Volk der Auserwählten Gottes

Ausdrücklich vom „auserwählten Geschlecht" der Glaubenden spricht 1 Petr 2,1-10. Die christliche Gemeinschaft tritt an die Stelle Israels (vgl. 5 Mos 4,20; 7,6; Jes 66,20). Ähnlich wie Paulus sieht der Autor hierin ein groß angelegtes Manöver Gottes: Es sei den „Ungläubigen" (Juden) bestimmt, (vorerst) nicht zum Glauben zu kommen, während die christliche Gemeinschaft (vorerst) von der Gnade Gottes profitiere (V.8.10). Auch hier ist Christus Stolper- und Schlussstein der Erwählung zugleich (V.6-8, unter Rückgriff auf Jes 8,14; 28,16; Ps 118,22). Das historische Ereignis, an dem sich der Übergang der Erwählung festmacht, ist einmal mehr der stellvertretende Tod des Gerechten (1 Petr 3,18). Der Brief ermahnt dazu, den geschenkten Erwählungsstand nicht aufs Spiel zu setzen.

7.6.6 Fazit: Erwählt ist, wer im Geschick Christi Gottes Weg erkennt

Der Messias hatte eine Schlüsselrolle für die Erwählung Israels. Auf ihn hatten sie gewartet, aber sie erkannten ihn nicht und lehnten ihn ab. Sie

---

[1] „So seid ihr nun nicht mehr Gäste und Fremdlinge, sondern Mitbürger der Heiligen und Gottes Hausgenossen, erbaut auf den Grund der Apostel und Propheten, da Jesus Christus der Eckstein (gr. *kephalé gonías*, exakter: Schlussstein) ist."

töteten den entscheidenden Boten Gottes. Mit ihm wurde auch Gott, der Vater, der den Menschen zuliebe auf Machtgebaren und Rache verzichtet hatte, verkannt und abgelehnt. Aus dem Schlussstein wurde in paradoxer Weise der Stolperstein der Erwählung, ja des Gottesglaubens überhaupt. Das war jedoch nicht das Ende der Erwählungsgeschichte; an die Stelle der bisherigen Erwählungsträger traten (vorerst) andere. Die Tötung Jesu erreichte damit das Gegenteil von dem, was sie erreichen sollte.

7.7 Erfüller und Schlusspunkt der Tora

Kernstücke des neuen Bundes nach Jer 31 und Ez 36 sind Sündenvergebung, Gotteserkenntnis, Geistesgabe und Implantierung des Willens Gottes in die Herzen der Menschen. Die Gaben sollten ein Gottesverhältnis ohne Forderungskataloge und reinigende Kulthandlungen ermöglichen – ein Verhältnis, das von innerer Herzenszustimmung lebt. Im Neuen Testament wird die Tradition vom neuen Bund an mehreren Stellen aufgegriffen (vgl. Abschnitt 6.9). Mit der Frage nach den Geboten ist die ethische Facette der Christologie angesprochen.

7.7.1 Das Doppelgebot der Liebe als Mittelpunkt der Tora

Jesus wandte sich gegen eine Toraauslegung, die das Leben eher behinderte als es zu fördern.[1] Nicht seien die Menschen für die Tora da, sondern die Tora für die Menschen. Orientierungsmarke seiner Toraauslegung war das Doppelgebot der Gottes- und Nächstenliebe (vgl. 3 Mos 19,18; 5 Mos 6,5).[2] Von ihm aus erschließen sich Sinn und Stellenwert der anderen Gebote. Das führt hin zur Frage nach der bleibenden Geltung der Tora.
Die Bergpredigt stellt einleitend fest, dass Jesus die Tora nicht auflösen, sondern erfüllen wollte. Die Gerechtigkeit der Jesusjünger sollte die der Pharisäer sogar noch übertreffen (Mt 5,17-20). Das liest sich als Plädoyer für die Toratreue Jesu und sollte wohl auch so verstanden werden. Die Kritik an Jesus in diesem Punkt entbehrte der Grundlage! Folgt man den „Antithesen" (Mt 5,21-48), unterstrich Jesus die Geltung der Zehn Gebote (*These*), zog sie aber so ins Grundsätzliche, dass ein wörtliches Verständnis als Missverständnis der Gebote erscheinen musste (*Antithese*). Der Dekalog*, so radikal ausgelegt, erweckt den Eindruck der Unerfüllbarkeit. Dem entspricht, dass niemand seinen Mitmenschen verurteilen soll, da niemand ist ohne Schuld ist (Mt 7,1-6).

---

[1] Z.B. Mk 2,23-28: Sabbatgebot; Mk 7,1-23: Reinheitsgebot; Mk 2,18-22: Fastengebot. Vgl. ausführlich dazu Abschnitt 4.3.2.

[2] Mk 12,28parr.; Lk 10,27; Joh 13,34; Röm 13,8-10; Gal 5,14; vgl. Mt 6,43f.; 1 Kor 13,13; Eph 5,2; 1 Tim 1,5; 1 Petr 4,8; 2 Petr 1,7; 1 Joh 2,7-11; 2 Joh 4-6; Hebr 13,1.

Hinter den Einzelgeboten erscheint das Liebesgebot in seiner Radikalität bis hin zur Feindesliebe als Schlüsselgebot, das das ganze Leben der Menschen bestimmten sollte (Mt 5,43-47; Mk 12,30parr.).[1] Anstatt 613 Einzelgebote zu beachten, kommt es nach der „Goldenen Regel" (Mt 7,12par. Lk 6,31) auf die Grundeinstellung an – darauf, das Wohl des Anderen und damit die Herrschaft Gottes zur Maxime des Handelns zu machen (Mt 6,33). Der Dekalog* ist also Punkt für Punkt zu befolgen, aber nicht als Forderungskatalog, sondern als Hinweis auf Gottes eigentlichen Willen.

7.7.2 Vollendung der heiligen, gerechten und guten Tora Gottes

Paulus knüpft in Röm 5-7 indirekt an die Bundesverheißung Ez 36,26 an und sieht in der Gabe des Geistes den Schlüssel für ein neues Verhältnis zur Mosetora. Im Grundsatz sei sie „heilig, gerecht und gut" (Röm 7,12), dazu „geistlich" (gr. *pneumatikós*, Röm 7,14) und daher nur mithilfe des Heiligen Geistes zur Geltung zu bringen. Ohne Geist werde die heilvolle Wirkung der Tora von der Sünde, die in den Gliedern der Menschen Begehrlichkeiten weckt, in ihr Gegenteil verkehrt. Als Forderungskatalog verstanden, vermehre die Tora die Sünde, anstatt gerecht zu machen.
Der Heilige Geist als Bundesgabe sorgt, so Paulus, für die Erfüllung der Tora von innen heraus. So komme es nicht auf die äußerliche Beschneidung, sondern auf die innere Beschneidung des Herzens an (Röm 2,28f.). Im Liebesgebot liege die Erfüllung der Tora (Röm 13,8-10). So wird das mosaische Gesetz für Paulus zum „Gesetz Christi" (Gal 6,2) bzw. zum „Gesetz des Geistes" (Röm 8,2). Das heißt: Dieselbe Tora wirkt nunmehr unter neuen Rahmenbedingungen und folgt der Gesetzmäßigkeit Christi bzw. des Geistes. Wie die Bergpredigt sieht Paulus in der Herzenshaltung den entscheidenden Punkt. Wer das erkennt, versteht die Rede von Christus als Ziel bzw. Vollendung des Gesetzes (gr. *télos nómou*) in Röm 10,4: Christus habe zwar durch seinen stellvertretenden Sühnetod die kultische Seite der Tora überflüssig gemacht. Aber er hat durch die Aufrichtung des Liebesgebots und die Gabe des Geistes die Tora als heilige, gerechte und gute Setzung Gottes auch bestätigt und zur Vollendung gebracht.

7.7.3 Die Mosetora als im Glauben überwundene Sackgasse

Die Ausführungen des vorigen Absatzes stehen unter dem Vorzeichen, dass Paulus ehemalige Juden und Nichtjuden in der römischen Gemeinde

---

[1] Feindesliebe ist nicht zuerst emotional, sondern vor allem sozial zu verstehen – als Aufruf, soziale Beziehungen zu ungeliebten und undankbaren Menschen nicht zu kappen (Kontingenz und Kontextualität der moralischen Aussagen Jesu, in: ders. u.a., Jesus in neuen Kontexten*, 167-184: 183f.).

zu gegenseitigem Respekt bringen möchte (vgl. Röm 11,17-24: „Ölbaumgleichnis"). Anders ist die Situation bei der Abfassung des Galaterbriefs: Paulus muss sich mit Apostelkollegen auseinandersetzen, die die Christen Galatiens zur nachträglichen Beschneidung und zur Einhaltung jüdischer Kultvorschriften überreden wollen (Gal 2,3; 4,10; 5,3; 6,13). Hier nennt Paulus die Mosetora ein erledigtes Provisorium, einen „Erzieher" (gr. *paidagogós*) und Vormund, dessen Funktion mit dem Kommen Christi, dem eigentlich verheißenen Nachkommen Abrahams, erledigt sei (Gal 3,15-25). Wer zu Christus gehöre, dem gehöre die Verheißung Abrahams, die gegenüber der 430 Jahre jüngeren Tora (so V.17) Vorrang habe.[1] Diese habe nicht die Funktion gehabt, zur Gerechtigkeit zu führen und lebendig zu machen. Sie sollte vielmehr Israel demonstrieren, dass Gerechtigkeit vor Gott nur durch Glauben und Gnade zu erreichen sei. Christus habe diesen Zusammenhang offengelegt und die Glaubenden von der Tora befreit. Mit Christus wurden die Menschen mündig und erwachsen und brauchen keinen Vormund mehr, so Paulus; aus Sklaven seien Freie geworden (Gal 4,1-7). Diese Metaphern* umschreiben die Emanzipation von der Tora und damit von der Forderung äußerlicher Beschneidung (Gal 5,1). Einzig das Liebesgebot sei wichtig (Gal 5,14; vgl. Röm 13,8-10).

7.7.4 Freier Zugang zu Gott und Ende des Jerusalemer Kultes

Am radikalsten äußert sich der Hebräerbrief zur Mosetora: Sie sei schwach und nutzlos und könne nichts zur Vollendung bringen (Hebr 7,18f.). Der Autor bezieht sich dabei auf die alte Priesterordnung Levis. Sie sei nur ein Schatten der künftigen Güter und ihrem Ende nah (Hebr 10,1; vgl. Kol 2,17). Mit Christus, dem himmlischen Hohenpriester, sei die Zeit des neuen Bundes angebrochen (Hebr 8,13) und der Zugang zu Gott für jedermann offen (Hebr 10,19-22; vgl. Gal 3,28; Kol 3,11).
Unterschiedliche Problemstellungen führen zu unterschiedlichen Bewertungen der Mosetora. Wo Paulus die christliche Gemeinschaft zusammenführen will, betont er den bleibenden Wert der Tora (Röm). Allerdings sei der innere Nachvollzug entscheidender als äußerliche Riten. Wo Paulus den Geltungsanspruch der Tora zurückweist, relativiert er ihre Funktion (Gal). Allerdings sei sie als Gesetz Christi im Sinne des Liebesgebotes weiterhin gültig. Der Hebräerbrief setzt sich mit dem Jerusalemer Tempelkult und seiner offenbar auch für Christen faszinierenden Anziehungskraft auseinander. Hier wird die Geltung der Tora radikal zurückgewiesen. Allerdings gelte das Liebesgebot weiterhin; der alte Kult sei durch neue „Opfer", die von innen heraus kommen, zu ersetzen (Hebr 13,1; 15f.).

---

[1] Gal 3,29; zum so genannten „Altersbeweis" vgl. Abschnitt 8.1.3.

7.7.5 Fazit: Grundsanierung des Verhältnisses zu Gott

Nach Ostern kam es unter Christen zu einer intensiven Diskussion über die Geltung der Mosetora. Das Wirken und Sterben Christi wurde einhellig als tiefe Zäsur wahrgenommen. Der Weg zur Gerechtigkeit vor Gott und zur Sündenvergebung, bislang durch die Gebote und den Jerusalemer Tempelkult vorgegeben, hatte sich als nicht gangbar erwiesen. Mit Christus wurde das Verhältnis zwischen Gott und Menschen eine neue Grundlage gestellt. Die Tora erschien dabei als „aufgehoben" im dreifachen Wortsinn: Konserviert, erledigt und auf ein höheres Niveau gebracht. Leitend war das Gegenüber von außen und innen, von formaler Torabefolgung und einer Herzenshaltung Gottes Willen gegenüber. Die Orientierungsmarke war das Liebesgebot, das, konsequent und lebenserfüllend verstanden, die Einzelgebote der Tora mit neuem Geist erfüllte. Nach Paulus ist es der Bundesgabe des Geistes zu verdanken, dass die Tora seither dem Sinne ihres Erfinders nach erfüllbar ist. Wer darin die Gnade Gottes erkennt und glaubt, dass mit dem Wirken Christi ein neuer, direkter Zugang zu Gott eröffnet ist, steht vor Gott gerecht da und wird leben.

7.8 Endzeitlicher Richter und Retter

Eine vorletzte Facette der Christologie bezieht sich auf die eschatologische* Funktion Christi als Menschensohn-Richter. Auch hier wird eine traditionelle Erwartung in eine neue Glaubensgewissheit umgewandelt.

7.8.1 Menschensohn und Weltenrichter

Das Danielbuch erwartete für das Ende der Zeit eine Gestalt „wie eines Menschen Sohn", die in der Vollmacht Gottes eine ewige Herrschaft aufrichten sollte. Während der Menschensohn nach Dan 7 in die Gemeinschaft der „Heiligen des Höchsten" Israels aufgeht und das Endgericht Gott selbst vorbehalten bleibt, wird er in der späteren Apokalyptik* eine eigenständige Richterfigur mit göttlicher Vollmacht (äthHen 46,3f.*; 4 Esr 13). Er wird, auf dem Thron Gottes sitzend, das Endgericht durchführen (äthHen 62,6-9*). Im apokryphen* Vierten Esrabuch stehen Menschensohn und Messias parallel zueinander (4 Esr 7 und 11-13; nach 70 n.Chr.). Vor diesem Hintergrund erscheint Christus, folgt man den Evangelien, in der Rolle des endzeitlichen, mit göttlicher Vollmacht ausgestatteten Richters.[1] Ob Jesus sich selbst in dieser Rolle sah, lässt sich nicht mehr klären vgl. Anfrage 3). Jedoch war das für die Christinnen und Christen nach

---

[1] Zur Rede vom leidenden Menschensohn vgl. Abschnitt 6.5.

Ostern keine Frage. Interessant ist jedoch, wie der Gedanke des endzeitlichen Gerichts in den Evangelien umgesetzt und umgebaut wird.

Die Synoptiker* erwarten für die nahe Zukunft die Rückkehr Jesu zur Sammlung der Erwählten und zum Endgericht. Damit führen sie die apokalyptische* Tradition weiter. Während die Ölbergrede (Mk 13parr.) lediglich von der Sammlung der Auserwählten spricht (V.27), sieht das „Gleichnis" vom Weltgericht Jesus in der traditionellen Rolle des Menschensohn-Richters.[1] Vor seinen Richterstuhl kommen alle Menschen, werden nach Gerechten und Ungerechten sortiert und der jenseitigen Vergeltung zugeführt. Die Deutung des Unkrautgleichnisses (Mt 13,36-43) bietet dieselbe Vorstellung. Hier ist der Menschensohn der Richter am Ende und zugleich derjenige, der das Evangelium verkündigt (V.37).[2]

7.8.2 Unspektakuläres Gerichtsgeschehen im Wirken Jesu

Grundsätzlich wird das Christusgeschehen als Rettungsaktion angesehen.[3] Das Gericht erscheint somit nicht vorrangig als universaler Akt in grauer Zukunft, sondern als etwas, was sich ständig vollzieht: Jesus lädt als der Sohn und Gesandte letztmalig zur großen Feier Gottes ein und öffnet damit die Tür zum Heil; wer die Einladung ausschlägt, bleibt vor der Tür.[4] Wer den Sohn angreift und sich an ihm schuldig macht, verliert die Erwählung (Mk 12,1-12: Winzergleichnis). Mit Jesus ist das Endgericht bereits angebrochen und seither in vollem Gang. Es vollzieht sich freilich überraschend unspektakulär und urteilt nach unerwarteten Kriterien.

Johannes bricht die traditionelle Gerichtsvorstellung noch radikaler auf: Einerseits ist Jesus der Menschensohn, der in Gottes Vollmacht das Gericht abhält (Joh 5,27.30). Andererseits sprechen Texte wie Joh 3,17 von einer Rettungsaktion. Wie lässt sich beides vereinbaren? Das „Vorzeichen vor der Klammer" der johanneischen Rede vom Gericht ist Joh 3,17, die „Regierungserklärung" des Sohnes Gottes: „Denn Gott hat seinen Sohn nicht in die Welt gesandt, dass er die Welt richte, sondern dass die Welt durch ihn gerettet werde". Die nachfolgenden Verse klären das Verhältnis von Rettung und Gericht: „Wer an ihn glaubt, der wird nicht gerichtet; wer aber nicht glaubt, der ist schon gerichtet, denn er glaubt nicht an den Namen des eingeborenen Sohnes Gottes. Das ist aber das Gericht, dass das Licht in die Welt gekommen ist, und die Menschen liebten die Finsternis

---

1 Mt 25,31-46; vgl. Mt 16,27; Joh 5,27; Apg 17,31.

2 Weitere Belegtexte: Röm 2,16; 2 Kor 5,10; 2 Petr 2,9; 3,7f.; Offb 20,1-6.11-15.

3 Mt 1,21; Lk 19,10; Joh 12,47; Apg 7,35; Röm 8,24; 1 Thess 1,10; 1 Tim 1,15; vgl. Joh 3,17 (weitere Texte bei Karrer, Jesus Christus*, 46-48). Die Etymologie des Namens „Jesus" (aram. *Jeschua*) deutet nach Mt 1,21 auf den hin, der sein Volk aus Sünden errettet. Als der Retter konkurrierte Christus u.a. mit Asklepios (Karrer, ebd. 54).

4 Mt 22: großes Gastmahl; Mt 25: zehn Jungfrauen; Lk 15: verlorener Sohn.

mehr als das Licht, denn ihre Werke waren böse" (Joh 3,18f.; vgl. Joh 5,24f.). Demnach ist die Rettungsaktion des Gottessohnes teilweise gescheitert, weil sich die Menschen ihm verweigerten. Das Gericht vollzieht sich in der Verweigerung der Rettung – die Menschen richten sich selbst. Das Endgericht ist hier kein zukünftiger Akt, sondern ein Prozess, der sich je individuell am Verhalten Jesus gegenüber vollzieht. Das traditonelle Endgericht ist damit freilich nicht passé (vgl. Joh 5,28f.!).[1] Nur ist es faktisch bedeutungslos, da die eigentliche Entscheidung hier und jetzt fällt.[2] Auch Paulus und der Hebräerbrief sprechen von der Gegenwart als entscheidender Zeit. Solange Gottes Wort noch zu hören sei, sei das Zeitfenster zur himmlischen Ruhe (gr. *katápausis*) noch geöffnet.[3]

7.8.3 Wer ist der Richter – Gott oder Christus?

Den Evangelien zufolge brachte Jesus auf unspektakuläre Weise das Endgericht. Er vollzog es in der Vollmacht des Vaters, und zwar im Grundsatz als Rettungsaktion. Diese läuft weiter, solange das Zeitfenster der Geduld Gottes offen steht (Röm 2,4; 2 Petr 3,9 u.a.). Die alttestamentliche Rede vom „Tag des Herrn" als Umschreibung für den großen Tag X wird übernommen[4] und teilweise auf Christus umgedeutet – ähnlich wie die Gottesbezeichnung „Herr" (*kýrios*). Daneben findet sich bei Paulus die alte Vorstellung, nach welcher Gott selbst das Endgericht vollziehen wird (Röm 2,1-11; 14,10). Da Paulus gleichzeitig aber auch von Christus als Weltenrichter sprechen kann (Röm 2,16; 2 Kor 5,10), scheint der Unterschied belanglos. Entscheidend im wahrsten Sinne des Wortes ist der Gerichtsakt an sich, den Paulus freilich für die Zukunft erwartet.

7.8.4 Fazit: Das Gericht Jesu – Rettung aus dem Endgericht

Nach dem Neuen Testament ist mit Jesu irdischem Wirken das Endgericht bereits angebrochen, aber nicht wie erwartet, sondern im Sinne einer groß angelegten, kosmischen Rettungsaktion. Sie läuft weiter bis zur Parusie* Christi, danach wird das Gericht in zweiter Instanz stattfinden. Jeder wird sich dann individuell verantworten müssen. Doch die eigentliche Entscheidung fällt bereits hier und jetzt, im tagtäglichen Leben und Verhalten. Im Johannesevangelium ist das entscheidende Kriterium die Anerkennung Jesu als des Gesandten Gottes. Der Konzeption eines Gerichts in mehreren

---

1 „Es kommt die Stunde, in der alle, die in den Gräbern sind, seine Stimme hören werden, und werden hervorgehen, die Gutes getan haben, zur Auferstehung des Lebens, die aber Böses getan haben, zur Auferstehung des Gerichts".

2 Das gr. Wort *krísis* meint Gericht, aber auch Entscheidung bzw. Unterscheidung.

3 Hebr 3,7-4,13; vgl. 2 Kor 6,2: „Jetzt ist Zeit der Gnade" bzw. „Tag des Heils".

4 Röm 13,11f.; 1 Thess 5,2f.; 1 Joh 2,8; 2 Petr 3,10 u.a.

Instanzen entspricht ein zeitlich strukturiertes Gottesbild: Die Gegenwart ist die Zeit der Geduld und des Heilsangebotes Gottes. Danach beginnt unwiderruflich die Zeit des Gerichts. Hierdurch erhält die verbleibende Zeit eine hohe Qualität und das gute Tun eine besondere Dringlichkeit.[1]

7.9 Schöpfungsmittler und Inszenator der Neuschöpfung

Wenn Jesus der Christus war, dann war von ihm in höchsten Tönen zu sprechen. Schon früh kam die Rede von seiner Präexistenz* und Schöpfungsmittlerschaft auf. Mehrere Texte umschreiben diese kosmische Bedeutung.[2] Benachbart ist die Vorstellung seiner göttlichen Abkunft (Mt 1par. Lk 1). Die kosmische Facette der Christologie hat auch eine anthropologische* Seite: Die Neuschöpfung der Welt beginnt beim Menschen.

7.9.1 Zeugung aus dem Geist, Jungfrauengeburt, Präexistenz*

Die göttliche Abstammung Jesu wird in den Vorberichten des Matthäus- und Lukasevangeliums zum Ausdruck gebracht. Der Sohn Gottes konnte nicht aus „normalen" menschlichen Verhältnissen stammen und auch nicht „normal" entstanden sein. Die Erinnerung an den Charismatiker* Jesus legte es nahe, in ihm eine Wirkung des Heiligen Geistes zu sehen. Nur jemand, der direkt aus dem Geist stammte, konnte Wunder tun wie Jesus, Erkenntnis vermitteln, vollmächtig auftreten und immun gegen die Zugriffe des Bösen leben bis zum Ende wie Jesus.[3] Die Rede von der Jungfräulichkeit Marias betont deren Würde als Trägerin göttlichen Lebens.
Einen Schritt weiter gehen Texte, die von der Präexistenz Christi, also einer Existenz vor seinem irdischen Auftreten, sprechen. Für Paulus, Johannes, den Kolosser- und Hebräerbrief ist das der adäquate Ausdruck des Christusglaubens. Christus hatte schon immer bei Gott existiert, war Gottes Ebenbild, „Abglanz seiner Herrlichkeit" und „Erstgeborener vor aller Schöpfung".[4] Als Schöpfungswort Gottes war er letztlich Gott selbst.[5]

7.9.2 Mittler der Schöpfung und des neuen Menschen

Der präexistente* Christus war zugleich der Schöpfungsmittler bzw. das Organ, mit dessen Hilfe Gott die Welt erschuf (Joh 1,3; Kol 1,16; Hebr

---

[1] Vgl. Erlemann, Wer ist Gott*, 139-143, sowie ders., Endzeiterwartungen*, 163-165.
[2] Die wichtigsten sind Joh 1,1-18, Phil 2,6-11, Kol 1,15-18 und Hebr 1,1-4.
[3] Joh 3,6 bietet ebenfalls einen Hinweis auf die Abstammung Jesu vom Geist.
[4] Kol 1,15; Hebr 1,3; vgl. Phil 2,6; weiter dazu Abschnitt 7.2 und Anfrage 17.
[5] Joh 1,1f.; vgl. 8,58: „Ehe Abraham wurde, bin ich".

1,2). Folgerichtig wird er in Joh 1,1-18 „Logos" (Schöpferwort) genannt. Der Schöpfer der Welt ist zugleich ihr Erbe (Hebr 1,2) und der Inszenator der Neuschöpfung. So liest sich das Johannesevangelium unter dem Vorzeichen des Prologs: Jesus inszenierte in Wundern, aber auch in Leben schaffenden Worten, die Neuschöpfung der Welt. Seine Wunder begannen mit einem messianischen Zeichen (Joh 2: Weinwunder von Kana) und fanden mit der Neubelebung des verstorbenen Lazarus (Joh 11) ihren Höhepunkt und Abschluss.[1] Das Schöpfungshandeln Christi begann an einzelnen Menschen, an den Vergessenen und „Verlorenen", die zu neuem Leben kamen, genauso wie an den Glaubenden, die Paulus „neue Schöpfung" (gr. *kainé ktísis*, 2 Kor 5,17) nennt. Seine Fortsetzung und Vollendung findet das in der Neuschöpfung der Welt (2 Petr 3,13; Offb 21).
Die Rede vom Logos als Schöpfungsmittler hat eine Vorgeschichte im frühen Judentum.[2] Hier galten der Geist und die Weisheit als Schöpfungsmittler. Die Rede vom Wort (gr. *lógos*) stützt sich auf 1 Mos 1,3 („und Gott *sprach*…") und Ps 33,6.[3] Bei Johannes und im Hebräerbrief ist damit die Funktion Christi ausgedrückt, die entscheidende Botschaft zu verkündigen bzw. das Schöpfungsgeschehen weiterzuführen.[4]

7.9.3 Fazit: Jesus Christus – Signal der Neuschöpfung

Der Glaube an Jesus, den Christus, führte schon früh dazu, seine kosmische Bedeutung zu umschreiben. Dazu gehörten die Vorstellungen seiner göttlichen Herkunft, Präexistenz* und Schöpfungsmittlerschaft. Besonders im Johannesevangelium wird aus dem Schöpfungsmittler derjenige, der Gottes Neuschöpfung ankündigt und in Wort und Tat inszeniert.

7.10 Ergebnis I: Alte Hoffnungen – neue Gewissheiten

Das nachösterliche Nachdenken über die Bedeutung Jesu Christi führte zur Neuformulierung vieler traditioneller Erwartungen an den Messias Israels. Im Grunde blieb keine theologische Tradition unberührt. Die Gewissheit, dass in Jesus von Nazareth Gott seinen geliebten Sohn als den endzeitlichen Gesalbten in die Welt geschickt und ihn an Ostern auferweckt hatte, veränderte die messianischen Hoffnungen grundlegend. Zugleich war die neue Gewissheit aber auch eine Rückkehr zu zentralen theologischen Einsichten und Forderungen der Hebräischen Bibel.

---

1 Die Blindenheilung Joh 9 erfolgt, wie die Schöpfung des Menschen, durch Erdbrei.
2 Dazu ausführlich Erlemann*, Unfassbar, 26-30.
3 „Der Himmel ist durch das *Wort* des Herrn gemacht und all sein Heer durch den *Hauch seines Mundes*".
4 Jesus Christus als das eine Wort Gottes, vgl. Hebr 1,2; 3,7 u.a.

7.10.1 Neue Koordinaten für alte theologische Themen

In theo-logischer Hinsicht* bedeutete der neue Glaube ein radikales Umdenken. Damit ist nicht der Wechsel vom zornigen Gerichtsgott zum gnädigen Vatergott gemeint[1], sondern die Abkehr von der Erwartung, Gott werde seine Herrschaft machtvoll und für alle Welt erkennbar durchsetzen. Im Gegensatz dazu kam er als Mensch in Niedrigkeit in die Welt, setzte sich den Menschen aus und ging den Weg des Gewaltverzichts und der Verwechselbarkeit. Christus war das Ebenbild Gottes nicht nur in der Göttlichkeit, sondern gerade auch im Verzicht auf sie. Gott wurde Mensch und ging den „unteren Weg", um die Menschen aus ihren vielgestaltigen Gefängnissen zu befreien. Durch seine konsequente Lebenshingabe setzte Christus die Mechanismen des Bösen und des Todes außer Kraft.

Auch *mit Blick auf die Heilsgeschichte Israels* forderte der Christusglaube ein Umdenken: Statt des ersehnten Befreiers Israels kam der Retter der Welt. Seine Sendung sollte nicht politische Freiheit, sondern die Freiheit aller Menschen von Sünde und die Durchsetzung der Wahrheit Gottes bringen. Während am Kreuz von Golgatha aus christlicher Sicht die Hoffnung auf den davidischen „König der Juden" starb, setzte sich nach Ostern die Gewissheit durch, dass der Gekreuzigte viel mehr erreicht hatte: die endzeitliche Rettung der Welt und der „Verlorenen" in ihr.

Weiterhin war der neue Glaube *in sozialer Hinsicht* umstürzend: Die Mission des Gottessohnes zielte nicht, wie von vielen erwartet, in erster Linie auf die Gerechten in Israel, sondern auf die Ausgegrenzten, Unreinen, Kranken und Sünder – auf die „Verlorenen" und Vergessenen. Damit setzte Jesus den schon immer bestehenden und von den Propheten Israels wiederholt angemahnten, universalen Anspruch Gottes durch. Erwählung ist seither nicht mehr die exklusive Gabe an eine religiöse Elite, sondern das Geschenk Gottes an alle Menschen im Land. Traditionelle Grenzen zwischen Gerechten und Sündern, Juden und Nichtjuden, Reinen und Unreinen sind in Christus aufgehoben. Anders gesagt: Im Himmelreich sind alle Menschen gleichermaßen willkommen; wer dazugehören möchte, muss bereit sein, sich mit den anderen an einen Tisch zu setzen. Wer es nicht ist, konterkariert Gottes Heilswillen und schließt sich selbst aus.

Die ekklesiologische Komponente* der neutestamentlichen Christologie bedeutete ebenfalls einen Bruch mit dem Denken jener Zeit. Die traditionellen Erwählungskriterien gelten als erledigt. Anstelle ethnischer* Zugehörigkeit und religiöser Korrektheit sind die Anerkennung Jesu als vollmächtiger Messias Gottes und die herzliche Erfüllung des Willens Gottes die Schlüssel zum Heil. Während sich Jesus für die jüdische Führung als Stolperstein der Erwählung entpuppte, wurde er zum Fundament und Haupt des neuen Gottesvolkes, das Juden und Nichtjuden umfasst. Die

---

[1] Zu dieser Diskussion vgl. Erlemann, Wer ist Gott*, 164-167.

Vorzugsstellung Israels ist damit nicht erledigt; der Weg Gottes zu den „Verlorenen" und zu den anderen Völkern ist für Paulus ein Moratorium: Gott geht den Umweg über die Nichtjuden, um Israel zur Erkenntnis und zum Umdenken zu provozieren. Die Erkenntnis, um die es geht, lautet: Im Geschick Christi ist der Weg Gottes abgebildet. Am Ende, so die Hoffnung des Apostels, wird auch Israel zum Heil kommen.

In ethischer Hinsicht zog das christologische Nachdenken ein Umdenken, was die Mosetora angeht, nach sich. Die Gesetzesauslegung des erinnerten Jesus machte deutlich, worin die Fluchtlinie der Tora liegt: in ihrem Leben spendenden und Gemeinschaft ermöglichenden Geist. Nicht der Mensch ist für die Tora, sondern die Tora für den Menschen da (vgl. Mk 2,27). Das Liebesgebot ist der Schlüssel der Tora; das wird durch das gesamte Neue Testament bezeugt. An die Stelle eines formalen, äußerlichen „Abarbeitens" tritt die Befolgung des Willens Gottes als Herzensangelegenheit. Das, so Paulus, wird von Gott als Gerechtigkeit angerechnet. Und wer vor Gott gerecht wird, hat das Leben. So ist der Weg zu Gott auf revolutionäre Weise frei geworden. Kult und Priestertum sind seither überflüssig.

Was den *eschatologischen* Aspekt* anbetrifft, verweist die nachösterliche Christologie auf den Menschensohn, der in Gestalt Jesu von Nazareth bereits das Endgericht in erster Instanz gebracht hatte. Jene erste Instanz sollte die Menschen zum Glauben an Gott zurückführen, ihnen das Himmelreich attraktiv machen und sie dadurch vor dem Endgericht in zweiter Instanz bewahren. Es gibt einen direkten Weg zum Leben schon hier und jetzt, das ist die neue Gewissheit. Er führt über die Anerkennung Jesu, des Menschensohnes, der zur Rettung der Menschen gekommen ist. Umgekehrt vollzieht, wer sich diesem Weg verweigert, das Gericht an sich selbst. Entscheidend ist es, in der gegenwärtigen Zeit die Krise[1] zu erkennen und die richtige Entscheidung zu treffen.

Der Weg hin zu höchsten Gottesattributen war im christologischen Nachdenken nach Ostern nicht weit. Da Jesus der Christus Gottes war, war er selbst auch schon immer göttlich und hatte seit der Schöpfung Anteil an Gottes Wirken in und an der Welt. So erhielt die Christologie eine *kosmische Facette*. Der Vorstellung vom Schöpfungsmittler benachbart ist die Rede von seiner göttlichen Herkunft, seiner Gottebenbildlichkeit, seiner Inkarnation und seiner Erhöhung zurück in den göttlichen Stand. Johannes charakterisiert das Wirken Jesu als zeichenhafte Inszenierung der neuen Schöpfung durch das „Wort" Gottes. Der neue Schöpfungsakt bringt das Leben in Fülle, für das Christus sinnbildlich steht. Wenn Paulus die Christen als „neue Schöpfung" (2 Kor 5,17) bezeichnet, wandelt er damit den mythisch-kosmischen Gedanken einer neuen Schöpfung *anthropologisch** um: In der Selbstwahrnehmung der Glaubenden ist der Neuanfang bereits spürbar. Die treibende Kraft ist dabei der Heilige Geist.

---

[1] Wörtliche Wiedergabe des gr. *krísis* (Gericht, Entscheidung).

7.10.2 Rückführung zum Kern des Gottesglaubens Israels

Zum einen stellte die nachösterliche Christologie, insgesamt gesehen, eine tiefe Zäsur zu Hoffnungen und Erwartungen des zeitgenössischen Judentums dar; der ersehnte Messias entpuppte sich als Messias auch der anderen, die man für „verloren" hielt. Die traditionellen Erwählungskriterien waren auf den Kopf gestellt – wie das Gottesbild selbst. Kein Wunder, dass Jesus damit provozierte und dass der neue Christusglaube auf ein geteiltes Echo stieß – bei Juden wie bei Nichtjuden (vgl. dazu Abschnitt 7.11).

Zum anderen knüpfte der neue Glaube an alte Einsichten und Forderungen der Hebräischen Bibel an: Gott in seinem Anspruch auf Gerechtigkeit ernstzunehmen, seinen universalen Heilswillen gelten zu lassen und zu unterstützen, seinen Willen als Herzensangelegenheit zu betrachten, seine Treue zu erwidern, seinen Heilszusagen zu vertrauen, ihn in seiner fürsorglichen Väterlichkeit wahrzunehmen und in ihm den zu erkennen, der selbst aus dem Tod heraus neues Leben erschaffen kann. So betrachtet, bleibt als „Neues" am neutestamentlichen Gottesbild lediglich die Rede von Jesus von Nazareth als seinem Sohn und endzeitlichen Gesandten übrig. Alles andere erklärt sich für das Neue Testament als reinigende Korrektur religiöser und sozialer Einseitigkeiten und Fehlentwicklungen.

7.11 Die Christologie als öffentliche Provokation

Nicht nur Jesus provozierte mit seinem Auftreten – die einen zum Glauben, die anderen zur Verweigerung. Auch der neue Christusglaube kollidierte zum Teil heftig mit Vorstellungen der Umwelt. Das Judentum bildete die erste und wichtigste Konfliktlinie. Aber auch die hellenistisch-römische Welt war skeptisch und voller Ablehnung. Bis ins vierte Jahrhundert hinein wurden die Christinnen und Christen deshalb verfolgt.

7.11.1 Konflikte innerhalb des Judentums

Das Neue Testament bezeugt die Auseinandersetzung mit dem synagogalen Judentum der Zeit auf Schritt und Tritt. Vieles liest sich geradezu antijüdisch, vor allem Äußerungen des Matthäus und des Johannes, aber auch vereinzelte Aussagen des Paulus und der Offenbarung. Der Antijudaismus ist Teil der Wirkungsgeschichte der Texte und führte im 20. Jh. zu den Gräueln der Shoa. Er setzte bei der Frage nach der Schuld am Tod Jesu an und ging weiter beim Trauma der Ausgrenzung aus den Synagogen. In diesem Abschnitt geht es zum einen darum, den Prozess, der zur Trennung der Religionen führte, nachzuzeichnen, und zum anderen darum, ein angemessenes Verständnis der problematischen und zum Teil sehr polemischen Äußerungen gegen „die Juden" zu gewinnen.[1]

Die ersten Christen waren Juden unter Juden!
Die wichtigste Erkenntnis in diesem Kontext ist, dass zu neutestamentlicher Zeit die „Christen" weitgehend ein durchaus jüdisches Selbstverständnis pflegten (vgl. nur Paulus in Röm 11,1!). Wer sich als Jude taufen ließ, verließ damit nicht das Judentum, sondern wandte sich einer neuen jüdischen Gruppe zu. Besser wäre daher von innerjüdischen „Jesusgruppen" zu sprechen. Ausgenommen sind am ehesten „heidenchristliche" Gemeinden, die Paulus jenseits der Synagoge gründete. Ein eigenständiges Selbstverständnis der Christen ist erst im zweiten Jahrhundert nachweisbar; die Entwicklung dorthin verlief regional sehr unterschiedlich.[2]

Polemik – Zeichen lebendiger Konflikte und tiefer Verletzungen
Diese Erkenntnis verbietet prinzipiell eine „antijüdische" Lesart der Texte. Alles, was in ihnen ausgesprochen wird, steht unter dem Vorzeichen innerjüdischer Konflikte. Hauptkonfliktpunkt war natürlich die Bedeutung Jesu. Weitere Punkte waren die Geltung der Tora, die Hinwendung Gottes zu den „Verlorenen", das Verhältnis zu Nichtjuden in den neuen Gemeinschaften und das Verhalten gegenüber Rom.
Die Autoren sahen sich und ihre Adressaten im Konflikt mit den Synagogen vor Ort. Sie verfolgten mindestens zwei Zielsetzungen: Einerseits wollten sie den Glauben an Jesus als Messias Israels beweisen, rechtfertigen und attraktiv machen (apologetische* bzw. missionarische Tendenz). Andererseits wollten sie die Glaubenden bestärken (affirmative* bzw. konsolidierende Tendenz). Die Konflikte spiegeln die Situation zur Abfassungszeit wider, die von der vorösterlichen Situation grundsätzlich zu unterscheiden ist. Die Polemik in Formulierungen wie „ihr Juden", „ihre bzw. eure Synagogen" (Mt 4,23; 9,35; 10,17 etc.), oder noch deutlicher in Joh 8,44 („Kinder Satans"), 1Thess 2,15 (die Juden als „Menschenhasser") oder Offb 2,9; 3.9 („Synagoge des Satans") zeugt von tiefen Verletzungen. Das Trauma des Synagogenausschlusses, zum Teil auch der Verfolgung durch die eigenen Landsleute, saß tief und musste verarbeitet werden. Die Polemik signalisiert, dass „die Christen" mit „den Juden" noch längst nicht fertig waren und um ihre eigene jüdische Identität kämpften.[3]
Der Weg der Trennung war kompliziert und schmerzhaft. Das Bemühen, Jesus ins rechte Licht zu setzen und seine Legitimität als Messias auf Schritt und Tritt zu erweisen, ist ein Grundtenor des Neuen Testaments.

---

1 Zum Begriff des „Judentums" zur Zeit Jesu, seinen „boundary markers"* und den Konfliktpunkten mit den Jesusleuten vgl. Ekkehard W.Stegemann, Jesu Stellung im Judentum seiner Zeit, in: W.Stegemann u.a., Jesus in neuen Kontexten*, 237-245.
2 Vgl. Vouga, Geschichte*, besonders 166-182.
3 Mit Rau, Freund von Sündern und Zöllnern*, 154-159.

Dennoch kam es am Ende zur Ausbildung eines eigenständigen Selbstverständnisses und zur Trennung. Diesen Prozess kann man behelfsweise in fünf Phasen beschreiben. Diese sind zeitlich nicht nicht exakt voneinander zu trennen und dürften regional recht unterschiedlich verlaufen sein:[1]

Der Prozess der Trennung von der Mutterreligion

In einer ersten Phase führte der Christusglaube wohl zu Konflikten mit örtlichen Synagogen und der religiösen Führung in Jerusalem. Auslöser war die Kritik der Jesusleute an rituellen Regeln wie Fasten-, Speise- und Reinheitsgeboten, an der Ausgrenzung von Kranken und Besessenen sowie an der Verwendung von Gewalt im Kampf gegen die Römer. Zeitgleich entwickelten sich abweichende Verhaltensmuster und Regeln wie Besitzverzicht, Sündenvergebung, Gewaltverzicht u.a.

Die zweite Phase war von ersten Abwehrreaktionen seitens der andersgläubigen Juden geprägt. Schon die Behauptung, Jesus sei der Messias gewesen und auferstanden, musste zu Reaktionen führen (Apg 4,2ff.). Aber auch Kultkritik (Apg 7,1-53: Stephanusrede) und drohende Unruhen im Volk führten zum Vorgehen gegen die Jesusgruppen. Schon früh kam es zu ersten Verfolgungen und Synagogenausschlüssen (Joh 16,1-3 u.a.).[2] Einzelmaßnahmen waren Bedrohung, Nötigung, Gewalt gegen Sachen und Personen, Synagogalstrafe (Mt 10,17: 39 Stockhiebe), vereinzelt auch Lynchjustiz.[3] Die Apokalypse Abrahams, eine kurz nach 70 n.Chr. abgefasste jüdische Schrift, ist Zeugnis früher antijesuanischer Polemik: Die Jesusleute seien die letzte Versuchung des Judentums (ApkAbr 29,3-11).[4] Der in Apg 6f. beschriebene Prozess gegen Stephanus ist sicherlich eine stilisierte Rückblende, weist aber im Kern auf die frühe Abstoßung griechisch sprechender Jesusleute hin. Auch Paulus nennt wiederholt Übergriffe der jüdischen Führung.[5] Er selbst war der Apostelgeschichte und eigener Auskunft zufolge vor seiner Bekehrung als Christenverfolger in Syrien aktiv (Apg 8,3; 9,1f.; Gal 1,13f.). Auch die Ermordung des Zebedaiden Jakobus (43/44 n.Chr., Apg 12,1-6) fällt in diese Phase.

Phase 3: Die negativen Erfahrungen führten unter den Christen zu einem Klärungsprozess und zu Diskussionen über den weiteren Weg. Die Frage

---

[1] Dazu Kurt Erlemann, I Joh und der jüdisch-christliche Trennungsprozeß (ThZ 55, 1999), 285-302. Leitend sind Erkenntnisse der Gruppensoziologie und Konfikttheorie. Am schnellsten dürfte sich der Prozess in heidenchristlichen Gemeinden vollzogen haben, am langsamsten in liberal-jüdischem Milieu (Vouga, Geschichte*, 122). Vgl. auch die Darstellung bei Ekkehard W.Stegemann, Jesu Stellung im Judentum seiner Zeit, in: W.Stegemann u.a., Jesus in neuen Kontexten*, 237-245: 244f.

[2] Interessant ist die Begründung: Die Maßnahme gilt als „Dienst an Gott" (vgl. CD 9,1; Talmudtraktat Sanhedrin 10,3f: Übertretung rabbinischer Lehrentscheidungen).

[3] So der (historisch nicht beweisbare) Bericht über die Steinigung des Stephanus (Apg 7,54-60). Vgl. weiter Apg 23,12-22; Joh 16,2b oder Hebr 10,32-34.

[4] Text bei Vouga, Geschichte*, 170.

[5] Gal 1,13.22f.; Phil 3,6; 1 Thess 2,13-16.

der eigenen religiösen Identität wurde dringend, eine Positionierung gegenüber Tempel und Tora unvermeidlich. Argumente zur Verteidigung des neuen Christusglaubens wurden gesammelt und werbend den andersgläubigen Juden vorgetragen. Verbindliche Bekenntnisse wurden formuliert, die Grenzen nach außen allmählich undurchlässiger (vgl. 1 Joh 4,2). In dieser Zeit wurden die meisten neutestamentlichen Schriften abgefasst; sie unterstützten den Klärungsprozess. Der polemische Unterton vieler Äußerungen bezeugt das Unverständnis über die Ausgrenzung und das Ringen um Anerkennung. Der Streit um die Vollmacht Jesu war zugleich ein Streit um die eigenen religiösen Wurzeln. Zum Teil zeigen sich die Texte emanzipiert, etwa was die Geltung der Tora anbelangt (Gal; Hebr; vgl. Abschnitt 7.7). Dazu gegenläufig, hielten sich noch viele Jesusleute an den Tempelkult und andere jüdische Einrichtungen (Apg 3,1.11; 5,12.21). Der Herrenbruder Jakobus wird von Josephus als „Gerechter" im jüdischen Sinne bezeichnet (Ant 20, 199f.).[1] Toratreue Missionare warben in den Gemeinden Galatiens für die Beschneidung und andere Kultvorschriften (Gal 2,3; 4,10; 5,3; 6,13) – für Paulus Anlass zu einer Grundsatzdiskussion. Konservative Kreise um Petrus und Jakobus kritisierten die Tischgemeinschaft mit Nichtjuden (Gal 2,11-14), einzelne christliche Gruppen versagten ihren Glaubensgeschwistern die Solidarität (1 Joh), das Phänomen der „Irrlehrer" war allgegenwärtig (Mk 13parr.; 2 Thess 2; Past u.a.). Zeitgleich kam es zur Ausbildung „christlicher" Einrichtungen wie Taufe, Abendmahl, heilige Zeiten und Festtage zur Stärkung der Gemeinschaft.

Die systematische Ausgrenzung der Jesusgruppen seitens des Judentums markiert *die vierte Phase* des Prozesses. Mit der Zerstörung Jerusalems 70 n.Chr. avancierten die Pharisäer zur führenden religiösen Kraft. Das aus ihnen hervorgegangene rabbinische Judentum machte nun seinerseits einen Klärungsprozess durch, in dessen Folge abweichende Lehren, unter anderem auch die Lehre Jesu, ausgegrenzt wurden. Der so genannte Ketzersegen[2] im Achtzehngebet, ein Gebet um Befreiung von politischen Unterdrückern und um Vernichtung religiöser Abweichler, wurde auch auf die Jesusleute bezogen. In einer Fassung der Kairoer Geniza heißt es: „Für die Abtrünnigen möge es keine Hoffnung geben und das anmaßende Königtum entwurzele und zerschmettere bald in unseren Tagen. Und die *Noserim* und die Minim mögen augenblicklich vergehen, getilgt werden aus dem Buche des Lebens und nicht mit den Gerechten verzeichnet werden."[3] Spätestens die Zuspitzung des Ketzersegens auf die *Noserim* (ca.

---

[1] Ant 20,200 erwähnt die Hinrichtung des „Jakobus, des Bruders Jesu, der Christus genannt wird", durch den Hohenpriester Hannas im Jahre 62 n.Chr.

[2] Aram. *birkat ha-minnim*, entstanden ca. 85 n.Chr., zu finden in jBer IV 3f.8a; bBer 28b-29a. – Die *birkat* ist für Joh 16,1-3 keine historisch zwingende Voraussetzuung; erste spontane, ungeregelte Aktionen standen wohl am Anfang des Prozesses.

[3] Text nach Vouga, Geschichte*, 169. Einen frühen Beleg für die Verfluchung der Christen in den Synagogen liefert Justin, Dialog mit Tryphon 16,4. – Zur Diskussion

135-150 n.Chr.) markiert den Beginn der systematischen Ausgrenzung der Jesusleute, die zu jener Zeit zumindest teilweise noch in der Synagoge ihre Heimat sahen. Gemäß Apg 26,9-11 und 28,21 wurden die Maßnahmen mehr und mehr aufeinander abgestimmt. Der Apologet* Justin der Märtyrer berichtet Mitte des 2. Jh. davon, dass Christen während des Bar-Kochba-Aufstands (132-135 n.Chr.) gezwungen wurden, ihrem Glauben durch Verwünschung des Namens Jesu abzuschwören (Apol I 31,6).
Die fünfte Phase des Prozesses führte schließlich zur Ausbildung eines eigenen, dezidiert christlichen Selbstverständnisses. Die einst so vitale und polemisch geführte Auseinandersetzung mit dem Judentum war überwunden, die christlichen Gemeinden sahen sich mehr und mehr als eigenständige religiöse Gruppe.[1] Diese Phase wurde zum großen Teil erst im zweiten Jahrhundert, jenseits der neutestamentlichen Zeit, erreicht.

Fazit: Die Trennung war unvermeidlich
Die Texte beschreiben die vielfältigen Auswirkungen des neuen Christusglaubens. Sie entstanden in einer hochemotionalen Phase des Konflikts der Jesusleute mit mit anderen jüdischen Gruppen zur Glaubensstärkung und Identitätsfindung nach innen und zur Verteidigung und Werbung nach außen. Sie konnten den Trennungsprozess nicht aufhalten, der sich vor allem am Streit über die Bedeutung Jesu, der Tora, am Umgang mit Unbeschnittenen und an der antirömischen Solidarität entzündete. Der Prozess war ein kompliziertes und für beide Seiten schmerzliches Wechselspiel von Provokation und Reaktion. Der Riss ging oft mitten durch die Familien (vgl. Lk 14,25-27). Der Konflikt, der die Grundlagen des jüdischen Lebens betraf, führte schließlich zum Bruch. In neutestamentlicher Zeit bildeten Christen und Juden jedoch noch keine klar voneinander abgrenzbaren Gruppen. Die Grenzen waren noch fließend, die Positionen unscharf.

7.11.2 Die Christen in der römischen Öffentlichkeit

Gesellschaftliche, nicht theologische Konflikte
Auch von Seiten der römischen Öffentlichkeit erfuhren die Christengemeinden zum Teil heftigen Gegenwind. Dabei ging es weniger um die neue Lehre als um Kollisionen im Alltag. Von Konflikten der Apostel mit lokalen Behörden berichten Apg 16,16-40 (Konflikt um die Sklavin mit dem Wahrsagegeist) und Apg 19,23-40 (Aufstand der Silberschmiede in

---

um die Identität der *noserim* und die Datierung der *birkat ha-minnim* vgl. Ekkehard W.Stegemann / Wolfgang Stegemann, Urchristliche Sozialgeschichte, Stuttgart, 2. Auflage 1997, 206f.

[1] Der Kirchenvater Tertullian greift die Polemik der Römer, die Christen seien ein minderwertiges „drittes Geschlecht“ (lat. *tertium genus*) auf und kontert mit dem rasanten Wachstum der Kirche (Tertullian, nat 1,8,1-11; vgl. apol. 57,4).

Ephesus). Dabei ging es um handfeste wirtschaftliche Interessen, die durch die Missionsarbeit gefährdet schienen. Um einem theologischen Streit geht es bei der von Lukas überlieferten Rede des Paulus auf dem Areopag in Athen (Apg 17,16-34). Die Verkündigung des unbekannten Gottes, des Weltenschöpfers und Richters, und insbesondere die Verkündigung der Auferweckung Jesu, zog den Spott vieler Zuhörer nach sich (V.32). Auf sein Bekenntnis zum Auferstandenen hin wurde Paulus vom Statthalter Festus für wahnsinnig erklärt (Apg 26,24). Im Prozess gegen Paulus kommen die römischen Behörden nach Darstellung des Lukas vergleichsweise gut weg: Sie nahmen den Apostel in Schutzhaft vor den Juden und respektierten seine römische Staatsbürgerschaft (Apg 23,23ff.). In Rom durfte er trotz Hausarrests weiter verkündigen. Sein späterer Märtyrertod stand wohl im Zusammenhang mit der neronischen Verfolgung 64 n.Chr.

Die Christen als jüdische Unruhestifter

Die Jesusleute waren für die Römer eine geraume Zeit lang nicht von Juden zu unterscheiden (Apg 16,20; 24,5). In „innerjüdische" Angelegenheiten wollte sich der Statthalter Gallio nicht einmischen (Apg 18,15f.). Der römische Geschichtsschreiber Sueton schreibt um 120 n.Chr. in seiner Claudiusbiographie (Claud 25,4; vgl. Apg 18,2) als Begründung des so genannten Claudiusedikts, das 41 oder 49 n.Chr. zur Ausweisung der Juden aus Rom führte: „Die Juden vertrieb er aus Rom, weil sie von Chrestus (= der Freundliche) aufgehetzt, fortwährend Unruhe stifteten."

Der neue Aberglaube der Chrestianer

Tacitus, ebenfalls Geschichtsschreiber, unterschied in seinen Annalen zur neronischen Christenverfolgung (64 n.Chr.) Juden und Christen voneinander: „Nero hat die vom Volk wegen ihrer Schandtaten Chrestianer genannten Leute bestraft" und: „Der Mann, von dem sich dieser Name herleitet, Christus, war unter der Herrschaft des Tiberius auf Veranlassung des Prokurators Pontius Pilatus hingerichtet worden; und für den Augenblick unterdrückt, brach der unheilvolle Aberglaube (lat. *superstitio*) wieder hervor, nicht nur in Judäa, dem Ursprungsland dieses Übels, sondern auch in Rom, wo aus der ganzen Welt alle Gräuel und Scheußlichkeiten zusammenströmen und gefeiert werden." (Ann. XV, 44,3). Demnach wurden die Christen als eigenständige Gruppe wahrgenommen und von Kaiser Nero für den Brand Roms verantwortlich gemacht. Der Name „Christus" wurde im Sinne des geläufigen Sklavennamens „Chrestus" (der Brauchbare, Freundliche) verstanden. Die Bedeutung „Gesalbter" war den Römern fremd. Der Kirchenvater Tertullian bezeugt in seiner Apologie* (Apol 3) die Bezeichnung „Chrestianer" noch zu Beginn des 3. Jh.

Die Christen als Staatsfeinde

In der Zeit nach Nero gab es immer wieder Übergriffe gegen Christen. Oft kam es auf anonyme Denunzierung hin zu ungeregelten Prozessen. Schon das Bekenntnis als Christ führte zum Todesurteil. Plinius d.J., Statthalter von Bithynien, bat um 110 n.Chr. Kaiser Trajan um eine Regelung der Rechtsverfahren: „An Verfahren gegen Christen habe ich noch nie teilgenommen. Darum weiß ich auch nicht, was und wieweit man hier zu strafen und zu untersuchen pflegt. Auch war ich mir einigermaßen unsicher, ob [schließlich] der bloße [Christen-]Name (lat. *nomen ipsum*), auch wenn keine Verbrechen vorliegen, oder [nur] die mit dem Namen zusammenhängenden Verbrechen bestraft werden müssen" (ep. X 96,2f.). Trajan ordnete in seiner Antwort ein differenziertes, rechtsstaatliches Vorgehen an (ep. X 97). Die Verfolgungen, lange Jahre lokal und zeitlich begrenzt, weiteten sich ab Mitte des 3. Jh. reichsweit aus; sie sollten die Kirche endgültig vernichten. Erst unter Galerius kam es zur Wende und zur Duldung des Christentums als „erlaubte Religion" (lat. *religio licita*, 311 n.Chr.).

Innergemeindliche Irrlehren

Die geschilderten Konflikte waren gesellschaftlich motiviert. Neben wirtschaftlichen Kollisionen ging es vor allem um die Staatsraison und um das Wohlergehen einzelner Kommunen im Römischen Reich. Daneben gab es aber auch die weltanschauliche Auseinandersetzung mit Irrlehrern und gnostischen Intellektuellen. Schon früh kam es zu innergemeindlichen Konflikten um das Credo*. Irrlehren und Spaltungen waren ein Schlüsselproblem (1 Tim 4,1; 1 Joh 4,2 u.a.). Umstritten waren unter anderem die physische Totenauferstehung (1 Kor 15), die Wiederkunft Christi[1] und die Haltung dem Staat gegenüber (Röm 13; 1 Petr 2; Offb 13). Auch der Gnostizismus* stellte eine große Gefahr für das frühe Christentum dar.[2]

Philosophische und gesellschaftliche Vorurteile

Eine dritte Konfliktlinie war die zeitgenössische Philosophie. Paulus lässt erkennen, dass die Deutung des Kreuzestodes Jesu als Heilstod in gebildeten Ohren skandalös klang (1 Kor 1,23; vgl. Abschnitt 2.1). Im zweiten Jahrhundert nahm die intellektuelle Auseinandersetzung um den neuen Glauben zu. Die Apologeten*, allen voran Justin der Märtyrer (ca. 100-165 n.Chr.), schenken uns Einblick in die Streitpunkte und Vorurteile, die den Christen zu schaffen machten. Ein Hauptvorwurf war Geheimniskrämerei; Spekulationen rankten sich um ihre geheimen Zusammenkünfte und um die Praxis des Abendmahls. Vor allem war den nichtchristlichen Nachbarn die oft betonte Abschottung gegenüber dem öffentlichen Leben suspekt. Die Staatsloyalität der Christen schien zweifelhaft, und bald galten sie als potenzielle Staatsfeinde – für Skeptiker und lokale Obrigkeiten Grund genug, gegen sie vorzugehen. Hinzu kam die Bezeichnung Christi

---

[1] 2 Thess 2; 2 Petr 3; 2 Clem 11. Vgl. Abschnitt 8.5.

[2] Vgl. 1 Tim 6,20, die „fälschlich so genannte Erkenntnis" (gr. *gnósis*). – Zur Diskussion um Gnosis im Neuen Testament vgl. Peter Schneemelcher, Gnosis: Begriff und historische Ursprünge (NTAK* 3, 2005), 65-68.

als „Retter der Welt" (gr. *sotér tou kósmou*), was als Konkurrenz zum Kaiserkult, dem sich die Christen entzogen, verstanden werden konnte.[1]

Philosophische Polemik gegen die „neue Lehre"
Notorische Unbildung und Gottlosigkeit warf M. Cornelius Fronto (Mitte 2. Jh.) den Christen vor; kein Mensch könne die Wahrheit über Gott kennen, die Christen sollten sich besser loyal erweisen und den Staatsgöttern opfern.[2] Für den Platoniker Kelsos (spätes 2. Jh.) war das Christentum eine Perversion des Judentums (Origenes, Wider Kelsos 1,1-21). Gegen die Christen sprächen ihre Heimlichtuerei, der barbarische (sprich: jüdische) Ursprung ihrer Lehre, ihre banale Ethik und die Nähe zur Magie (Jesus selbst wird als Magier beschimpft). Eine neue Lehre galt schon als solche suspekt; die Lehren der Philosophen seien älter und damit glaubwürdiger.[3] Bereits die alte Lehre des Mose sei eine Entstellung der alten Philosophie und sei durch die Christen nochmals entstellt worden. Die Christen sollten dringend mit dem Kaiser zusammenarbeiten und die Gesetze einhalten.[4]

Fazit: Der Hauptvorwurf – Störung der öffentlichen Ordnung
Das Christentum drang als eigenständige Religionsgemeinschaft nur langsam ins öffentliche Bewusstsein. Die Christen galten schon früh als Störenfriede und waren für Nero willkommene Sündenböcke für den Brand Roms. Das Vorgehen gegen sie war vor allem pragmatisch motiviert. Wirtschaftliche Kollisionen und die zweifelhafte Loyalität zum Staat und seiner Religion waren wichtige Motive für Denunzierung und Verfolgung. Erst im zweiten Jahrhundert, im Zuge des Vordringens der neuen Lehre auch in intellektuelle Schichten, kam es allmählich zur weltanschaulichen Auseinandersetzung mit Gnostikern und Philosophen. Der christliche Glaube galt unter anderem als suspekte „neue Lehre", die der alten nicht das Wasser reichen könne. Eine intensive philosophische Diskussion um Theologie und Christologie ergab sich erst später, während der Ausbildung des trinitarischen und christologischen Dogmas.[5]

---

[1] Das Thema ist umstritten, vgl. Wolfgang Christian Schneider, Herrscherverehrung und Kaiserkult (NTAK* 3, 2005), 210-217.

[2] M. Cornelius Fronto war Lehrer Mark Aurels. – Text überliefert von Minucius Felix, abgedruckt bei Adolf M.Ritter, Alte Kirche, Neukirchen-Vluyn 6. Auflage 1994, 33f.

[3] Der so genannte Altersbeweis ist auch im Judentum (Philo von Alexandrien) und im frühen Christentum wichtig (Gal, Hebr; Justin der Märtyrer u.a.). Vgl. dazu Kurt Erlemann, Alt und neu bei Paulus und im Hebräerbrief. Frühchristliche Standortbestimmung im Vergleich (ThZ 54, 1998), 345-367.

[4] Überliefert bei Origenes, Gegen Kelsos 8,73-79. Text bei Ritter (vgl. Anm.2), 41f.

[5] Dieses Thema wird Gegenstand eines gesonderten Bandes (Arbeitstitel: Trinität – eine faszinierende Geschichte) sein.

7.11.3 Fazit: Ein suspekter Aberglaube!

Der Christusglaube führte letztendlich zur Trennung von Kirche und Synagoge. Wurden die Christen zunächst als jüdische Sondergruppe wahrgenommen, traten sie alsbald aus dem Schatten (und damit aus dem Schutz!) der Mutterreligion. Die Römer waren argwöhnisch und stuften sie als Gefahr für die öffentliche Ordnung ein. Ihre heimlichen Zusammenkünfte, das Fehlen von Kultgegenständen und ihre schwer verständlichen Riten machten sie suspekt. Ihre weitgehende Abkapselung vom öffentlichen Leben brachte ihnen den Vorwurf des Menschenhasses (lat. *odium humani generis*) bzw. der Illoyalität gegenüber dem Staat ein. Erst später, angestoßen vor allem durch Philosophen, kam es zur intellektuellen Auseinandersetzung um die Christologie und andere zentrale Inhalte des Glaubens.

7.12 Ergebnis II: Der neue Glaube – provokantes Paradox

7.12.1 Neuausrichtung alter Glaubensinhalte

Die Entfaltung der Christologie war eine große Herausforderung. Sie vollzog sich im Rahmen alttestamentlicher und frühjüdischer Messiasvorstellungen. Unterschiedlichste Traditionslinien wurden auf Jesus von Nazareth bezogen – er war der erwartete Messias Israels! Das eigentliche Novum des christlichen Glaubens ist: In der Person Jesu kam der ersehnte Christus Gottes in menschlicher Gestalt zu seinem Volk, um es zu erlösen.

7.12.2 Religiöse Entwurzelung – der Preis des Christusglaubens

Die Christologie stellte viele Traditionen auf den Kopf. Die Erwartung des Gottes Israels, der seine Herrschaft im Messias allmächtig durchsetzen würde, wurde durch die Vorstellung der Erlösung qua Selbsterniedrigung Gottes ersetzt. Die Rede vom Kreuz als Vollendung des Erlösungsweges Gottes erschien paradox, wenn nicht absurd. Die Hinwendung Jesu zu den „Verlorenen“ innerhalb und außerhalb Israels machte ihn zum Messias der Anderen. Der Gedanke eines Übergangs des Erwählungsvorzugs auf Nichtjuden sprengte vollends jüdisches Denken. Daran änderte auch Paulus nichts, der in der Mission unter den Völkern einen Umweg Gottes zum Heil Israels sah. Zu schwer wog die Durchbrechung der „boundary markers*“ (Beschneidung und Reinheitsgebote). Die Toraauslegung war der Streitpunkt schlechthin. Die Akzentverschiebung von außen nach innen bedeutete die Ablösung vom Jerusalemer Tempelkult mit seinen Riten zugunsten eines radikal verstandenen Liebesgebots. Dass sich gerade so der universale Anspruch Gottes verwirklicht und sich in Christus die Verheißung des neuen Bundes erfüllt hatte, erschloss sich allein den Glaubenden. Die Trennung von der Mutterreligion war vorprogrammiert.

7.12.3 Der lange Weg zur gesellschaftlichen Anerkennung

Waren die Jesusleute zu Beginn noch eine innerjüdische Gruppe, wurden sie später systematisch aus der Synagoge ausgegrenzt. Auch in der römischen Gesellschaft wurden sie zunächst als problematische innerjüdische Gruppe, später als potenziell staatsfeindlicher „neuer Aberglaube" eingestuft. Die Vorurteile betrafen vor allem das Glaubensleben, das hinter verschlossenen Türen stattfand und zur Abschottung nach außen führte. Erst mit der Konstantinischen Wende (Anfang 4. Jh.) kam es zur allgemeinen Duldung der Kirche, und noch etwas später wurde sie die prägende Kraft im Römischen Reich. Am Ende verhalfen die Geschlossenheit der Lehre, der enge Zusammenhalt sowie die Aufsprengung traditioneller ethischer und ethnischer* Grenzen der jungen Glaubensgemeinschaft weltweit zum Durchbruch. Und das, obwohl wesentliche Hoffnungen noch unerfüllt geblieben waren: die Hoffnung auf die Wiederkunft Christi und die sichtbare Erlösung der Welt. Das führt über zum nächsten Kapitel.

Anfrage 17: Was meint „Ebenbild Gottes"?

Jesus Christus – Ebenbild Gottes par excellence

Christus ist „Ebenbild" des unsichtbaren Gottes bzw. seines Wesens (Kol 1,15; Hebr 1,3). Im Gegensatz zum Menschen – Gottes Ebenbild nach 1 Mos 1,26f. – war Christus Gottes Ebenbild *par excellence*: ethisch integer, gehorsam bis zum Tod, vollmächtig in seinem schöpferischen und rettenden Wirken an den „Verlorenen" dieser Welt. An ihm ist Gott selbst erkennbar; er ist dem Vater „wie aus dem Gesicht geschnitten". An ihm kann der Mensch sein eigentliches Wesen als Ebenbild Gottes erkennen.

Der Mensch – unsouveränes Ebenbild Gottes

Die Frage der Gottebenbildlichkeit beschäftigt bis heute Theologen genauso wie Philosophen und Verfassungsrechtler.[1] Meines Erachtens gehört zur Gottebenbildlichkeit zwingend das Element der Entscheidungsfreiheit dazu. Der Mensch wurde nicht als willenlose Marionette erschaffen, sondern als eigenverantwortliches und damit auch schuldfähiges Wesen. Anders wäre die Rede von Lohn und Strafe in der Bibel unsinnig. Schon beim Sündenfall liegt nicht der Akzent auf der Opferrolle von Adam und Eva, sondern darauf, dass sie sich von der Schlange haben verführen lassen (1 Mos 3,1-7). Die Ausweisung aus dem Paradies traf keine Unschuldigen. In der Folge erscheinen die Menschen immer wieder als Spielball kosmischer Mächte, allen voran Satans, der Dämonen, der Begierden und der Sünde.[2]

[1] Vgl. etwa Horst Dreier, Menschenwürde aus verfassungsrechtlicher Sicht (MJTh XVII), Marburg 2005, 167-210.

[2] Ausführlich dazu Erlemann, Unfassbar*, 6-23.

Ihrem Status, nach Ps 8,6 sogar über den Engeln angesiedelt, werden sie nicht gerecht. „Souveräne Personen" im modernen Sinn sind sie nicht, und das ist eine Folge ihres eigenen Tuns. In der Gestalt des Judas Ischariot wird die Tragik dieses Mechanismus überdeutlich: Judas wird zum Angriffsziel Satans und lässt sich von diesem vereinnahmen (Lk 22,3; Joh 13,2.27). Es wäre besser für ihn, nicht geboren zu sein – der Kommentar in Mt 26,24 bestätigt seine Schuldfähigkeit und seine unglückselige Verstrickung in das satanische Verschwörungskomplott. Anders ausgedrückt: Er hätte sich auch anders entscheiden können, erwies sich hierfür aber als unfähig.

Die innere Zerrissenheit des Menschen
Paulus beschreibt in Röm 2 den Menschen als in sich zerrissenes Wesen, das letztlich aus der Ursünde Adams und Evas nicht herausfindet; immer wieder bestätigt er durch sein Verhalten seine Verführbarkeit und zieht den Zorn Gottes auf sich. Die gravierendste Folge seines Tuns ist der physische Tod (Röm 6,23). Von Gottebenbildlichkeit ist hier nicht viel zu erkennen. Sie steht als Anspruch im Raum, dem der Mensch letztlich nicht gerecht wird. „Darum sollt ihr vollkommen sein, wie euer Vater im Himmel vollkommen ist" (Mt 5,48) – dieser Satz aus der Bergpredigt, ans Ende der „Antithesen" gesetzt, zeigt den Kontrast zwischen der in der Schöpfung mitgegebenen, grundsätzlichen Gottebenbildlichkeit und dem faktischen Scheitern an ihr. Selbst die Taufe und die Begabung mit dem Heiligen Geist ändern an der Zerrissenheit nichts (Röm 7); doch der Getaufte kennt nunmehr die kosmischen Zusammenhänge und kann sich immer wieder in den Dienst des Geistes stellen lassen und der Sünde „absterben" (Röm 6,1-23).

Anfrage 18: War Jesus wirklich Mensch?

Diese Frage ist so alt wie die Christologie selbst. Bereits in 1 Joh 4,2 klingt sie an: Nur wer bekennt, dass Jesus der ins Fleisch gekommene Christus ist, hat den Heiligen Geist. Offenbar war die Inkarnation* Christi nicht unumstritten, wie die Formulierung zeigt; das gilt, auch wenn es hier primär um die Identität Jesu als des Messias-Christus geht (vgl. 1 Joh 2,22!). Ab dem zweiten Jahrhundert prägte sich neben der „orthodoxen"* Auffassung eine andere, durch den philosophischen Gottesbegriff und den Gnostizismus* beeinflusste Denkweise aus, der so genannte Doketismus* (von gr. *dokeín*, scheinen). Nach dieser Auffassung wurde der Christus-Logos Gottes nur zum Schein Mensch und blieb substanzhaft vom Menschen Jesus getrennt. Ebenso habe nicht der Christus-Logos (und damit letztlich Gott selbst) am Kreuz gelitten, sondern ein menschlicher Stellvertreter, etwa Simon von Kyrene. Hinter diesem Denken steht der philosophische Gottesbegriff, nach welchem Gott streng transzendent*, immateriell* und leidensunfähig zu denken ist. Im Gnostizismus gesellt sich noch eine grundsätzlich negative Weltsicht dazu: Die Welt ist unvollkommene Materie und kann somit auch nicht die Schöpfung des Vatergottes Christi, der das höchste Gute (lat. *summum bonum*) verkörpert, sein. Das Neue Testament lässt jedoch an der Menschlichkeit Jesu Christi keinen Zweifel. Auch wenn in seinen Wundertaten seine Göttlichkeit erkennbar war, war er doch Mensch mit Fleisch und Blut, leidensfähig, mit vitalen Bedürfnissen und Emotionen. Für den Hebräerbrief etwa war das für die Funktion des erhöhten Christus als himmlischen Heilsmittlers ausschlaggebend.

Anfrage 19: Ende des Monotheismus?

Die Rede von Gottes Sohn ist in jüdischen und muslimischen Ohren eine Absage an den Eingottglauben. Außerdem passt sie, sofern sie rein biologisch verstanden wird, nicht zur grundsätzlichen Transzendenz* und Immaterialität* Gottes. Die Rede vom Sohn bringt jedoch zu allererst die innige Verbindung des Messias-Christus mit dem Gott Israels zum Ausdruck. Die Rede von seiner göttlichen Zeugung entspricht antiker Sprachgewohnheit und drückt die besondere Herkunft eines Herrschers oder Helden aus. Das Sohnsein Christi ist unmittelbar mit seinem Auftrag und seiner Vollmacht verknüpft. Als Gesandter Gottes steht er in der Linie der Propheten Israels, als „Sohn" hat er ihnen qualitativ etwas Entscheidendes voraus: Die intime Kenntnis des Willens und des Wesens Gottes als des „Vaters" der Menschen sowie seine richterliche Vollmacht. Aus christlicher Sicht ist mit der Rede vom Sohn nicht der Monotheismus durchbrochen, wohl aber ist etwas über die Art und Weise gesagt, wie sich der eine Gott den Menschen offenbart: in Menschlichkeit und in Niedrigkeit. Das ist freilich eine paradox anmutende Durchbrechung des Gottesglaubens.

8 Glaube und Wirklichkeit – ein Widerspruch?

Die Nagelprobe des neuen Glaubens bestand für Außenstehende wie für viele Glaubende in der Erfüllung der Verheißungen Jesu bzw. in spürbar positiven Veränderungen der Alltagswelt. Gerade hier zeigte das junge Christentum eine offene Flanke. Der Spott der Gegner in 2 Petr 3,4 steht exemplarisch für viele kritische Anfragen: „Wo bleibt die Verheißung seines Kommens? Denn nachdem die Väter entschlafen sind, bleibt es alles, wie es von Anfang der Schöpfung gewesen ist" (vgl. 2 Clem 11,2). Neben der Frage nach der Parusie* geht es um die Erlösung der Welt, die sichtbare Durchsetzung des Reiches Gottes und die Totenauferstehung. Nach der Darstellung des Grundproblems, an etwas Unsichtbares glauben zu sollen (8.1), werden sichtbare Hinweise auf die neue Wirklichkeit beschrieben (8.2). Wie Gemeinschaft mit Christus über die Distanz möglich schien, beschreibt Abschnitt 8.3, die Aufgaben des erhöhten Christus Abschnitt 8.4. Die Hoffnung auf ein Wiedersehen (8.5) und das bleibende Vermächtnis Christi (8.6) beschließen den Themenkreis des Kapitels.

8.1 Unsichtbare Heilswirklichkeit

Weshalb hat sich seit Jesus kaum etwas verändert? Die Frage traf den neuen Christusglauben ins Mark. Zudem hatte er im Gegensatz zu anderen Kulten wenig für die Sinne zu bieten. Das Neue war unsichtbar, der Beweisbarkeit entzogen.[1] Das führte zu Zweifeln und Polemik. Im Folgenden werden Worte Jesu, die halfen, die Misere zu erklären, betrachtet.

8.1.1 Gründe für den Abschied Jesu

Der Erinnerung nach sah Jesus eine Zeit der Trennung von der Gemeinde und die daraus folgenden Probleme und Zweifel voraus.[2] Ob diese Erinnerung authentisch ist, ist fraglich, aber nicht kategorisch auszuschließen.[3] Die Texte bieten Deutungsmuster, an denen sich die Christen orientierten.

Ein Wechselbad der Gefühle und eine himmlische Mission
„Es wird aber die Zeit kommen, dass der Bräutigam von ihnen genommen wird; dann werden sie [die Jünger] fasten, an jenem Tage" (Mk 2,20). Markus spricht von seiner Gegenwart als einer Zeit des Verzichts, symbo-

---

[1] Röm 8,24; 2 Kor 4,7; Hebr 2,8b; vgl. 1 Petr 1,8: Christus ist unsichtbar.

[2] Mk 2,20; 14,25; Lk 17,22; Joh 3,14f.; 7,33f.; 8,28; 12,32; 13,33; 14,1; 16,16-33; Joh 17.

[3] Zur Diskussion: Kurt Erlemann, Naherwartung und Parusieverzögerung im Neuen Testament. Ein Beitrag zur Frage religiöser Zeiterfahrung, Tübingen 1995, 244f. u.ö.

lisch ausgedrückt durch Fasten oder Buße. Die Gemeinden müssen auf ihren Herrn verzichten, der sie als „Bräutigam“ in Hochstimmung auf das Gottesreich versetzt hatte. Er wurde ihnen genommen – die passivische Formulierung signalisiert einen Eingriff Gottes, der unerklärt bleibt. Mk 14,25 zufolge ist Jesus ins Gottesreich eingegangen; dieses ist zwar nah, aber doch jenseits der Welt, und so war die Trennung unvermeidlich.

Die Gegenwart ist eine Zeit des Nichtsehens und der Sehnsucht nach den „Tagen des Menschensohnes“ (so Lk 17,22). Mit Jesus war das Gottesreich leibhaftig erlebbar (Lk 17,21); umso schmerzlicher war die Erfahrung der Trennung. Ein Grund für sie wird nicht genannt. Das Gleichnis von den anvertrauten Pfunden spricht von einem Weg „in ein fernes Land“, „um ein Königtum zu erlangen und dann zurückzukommen“ (Lk 19,12). Das Bild steht gegen eine überzogene „Nächsterwartung“ (Lk 19,11).

Fünf gute Gründe für den Abschied

Am reflektiertesten zeigt sich Johannes: Bereits in der Nikodemusszene wird Jesu Weggang als Erhöhung gedeutet (Joh 3,14). Sie bringt den Glaubenden das ewige Leben (Joh 3,15; vgl. 12,32). Das macht den Abschied notwendig; es gibt keinen Weg zu Jesus in jener Zeit (Joh 7,33f.; 13,33). Ein zweiter Abschiedsgrund ist die Christuserkenntnis: „Wenn ihr den Menschensohn erhöhen werdet, dann werdet ihr erkennen, dass ich es bin“ (Joh 8,28).[1] Selig ist, wer schon zu Lebzeiten Jesu zu dieser Erkenntnis und zum Glauben kam (so Joh 7,38; 12,36.46; 20,24-29). Selig sind erst recht die, die glauben, ohne sehen zu können (Joh 20,29). Mit dem Weg zum Vater wird Jesus zum Pionier, der den anderen den Weg frei macht und alles für ihre Ankunft vorbereitet (Joh 12,32; 14,1-3). Das ist der dritte gute Abschiedsgrund. Einen vierten bietet Joh 16,7: „Es ist gut für euch, dass ich weggehe. Denn wenn ich nicht weggehe, kommt der Tröster nicht zu euch. Wenn ich aber gehe, will ich ihn zu euch senden.“ Die Sendung des Geistes bzw. Parakleten* ist es wert, dass Jesus von den Jüngern weggeht. Damit ist die Bedeutung der „Zeit danach“ angedeutet: Der ungläubige Kosmos muss zum Glauben kommen; Jesus sieht darin, so der Text, die Aufgabe des Parakleten. Ein letzter, grundsätzlicher Abschiedsgrund wird aus dem hohenpriesterlichen Gebet (Joh 17) erkennbar: Die Kreuzigung ist zugleich die Erhöhung und die Verherrlichung Christi. Auf die Zeit der Trauer und Angst folgt die Wiedersehensfreude (Joh 16,16-33).

8.1.2 Wandel im Glauben, nicht im Schauen

Die Gegenwart als Zeit der Trennung ist eine Zwischenzeit mit eigener Qualität. Mit Worten des Paulus: „So sind wir denn allezeit getrost und

[1] Der gute Hirte wird an seiner Lebenshingabe erkannt (Joh 10,11; vgl. Abschnitt 6.4).

wissen: Solange wir im Leibe wohnen, weilen wir fern von dem Herrn; denn wir wandeln im Glauben und nicht im Schauen" (2 Kor 5,6f.). Ein direkter Wechsel in die Gemeinschaft mit Christus verbietet sich; die Zeit des irdischen Lebens will genutzt sein (2 Kor 5,8-10; vgl. Abschnitt 8.6). Die Zeit der Trennung ist die Zeit des Glaubens, der Liebe und der Hoffnung (Röm 8,24; 1 Kor 13,13) sowie der fragmentarischen Erkenntnis[1]. Sinn und Zweck des Nichtsehens ist es, Geduld und Vertrauen zu trainieren.[2] Nach dieser Phase wird es ein Wiedersehen, volle Erkenntnis, Freude und die allgemeine Sichtbarwerdung des Neuen geben (Joh 16,16-33; Röm 8,18f.; 1 Petr 1,8). Wer die Zeit bis dahin standhaft erträgt und „überwindet", wird selig werden (Mk 13,13parr.; Röm 8,17; 1 Petr 1,9; Offb 2f.). Ja, die gegenwärtigen Leiden „erarbeiten" die künftige Herrlichkeit, so dass sie paradoxerweise Anlass zur Freude sind.[3] Hinter diesen Leidensparänesen* steht zum einen ein hoher Leidensdruck der Gemeinden und zum anderen das Bemühen, der schwierigen Zeit etwas Positives abzugewinnen. Neutestamentliche Ethik ist über weite Strecken Durchhalteethik; die Gegenwart ist eine Zeit der Bewährung. Die Erwartung der nahen Parusie* motiviert Geduld und Leidensbereitschaft (dazu weiter Abschnitt 8.6).

8.1.3 Das Unsichtbare ist das Bessere!

Die Unsichtbarkeit des Neuen war ein gravierendes Problem der frühen Christen.[4] Eine Lösung war der Hinweis auf das nahe Ende und das Einfordern von Geduld. Eine andere war, in der Unsichtbarkeit keinen Mangel, sondern ein Qualitätsmerkmal zu sehen. Platonisch gewendet: Das Unsichtbare ist das Bessere, denn es ist ewig, während das Sichtbare vergänglich ist (2 Kor 4,18). Das Ewige ist auch nicht mit Händen gemacht – ebenfalls ein Qualitätsmerkmal.[5] Der unsichtbare Tempelkult im Himmel ist dem Jerusalemer Kult haushoch überlegen (Hebr 8,4f.). Der „Altersbeweis" unterstützt das: Der neue Kult ist an der himmlischen Stiftshütte – nach 2 Mos 25 die Vorlage für den Jerusalemer Tempel – beheimatet. Und Jesus wurde nach der älteren und damit besseren Ordnung Melchisedeks dort Hoherpriester (vgl. Abschnitt 6.8). Dagegen war die Ordnung Levis nur ein Schatten des Himmlischen (Hebr 8,5; 10,1; vgl. Kol 2,17; Weish 9,8). Mit diesem, freilich nur dem Glauben zugänglichen, Argument wird die Polemik, von der neuen Wirklichkeit sei nichts zu sehen, unterlaufen.

---

1 Glaube und Hoffnung gehen mit Nichtsehen einher: Joh 20,29; Röm 8,24; 1 Petr 1,8; Hebr 11,1; zur fragmentarischen Erkenntnis vgl. Joh 16,16-33; 1 Kor 13,9-12.

2 Lk 21,19; Röm 8,25; Gal 5,5; 2 Petr 3,12f.; Hebr 10,35f.; Jak 5,7.

3 Mt 5,10-12; 2 Kor 4,17; vgl. 1 Petr 4,12-19; Jak 1,2.

4 Zum Folgenden Kurt Erlemann, Alt und neu bei Paulus und im Hebräerbrief. Frühchristliche Standortbestimmung im Vergleich (ThZ 54, 1998), 345-367.

5 Mk 14,58, 2 Kor 5,1; vgl. Apg 7,47f; Kol 2,11, Hebr 9,24. So argumentiert bereits Philo von Alexandrien (Decal 82; VitMos II 74ff.141; SpecLeg I 66ff.; Congr 116f.).

8.1.4 Fazit: Das Unsichtbare motiviert den Glauben

Der neue Glaube stand in deutlichem Kontrast zur Wirklichkeit. Während Christinnen und Christen den Beginn der Gottesherrschaft, die Auferstehung der Toten und die Rettung der „Verlorenen" propagierten, war davon im Alltag kaum etwas zu erkennen. Die Gefährdungen des Lebens waren nicht geringer geworden, die sozialen und politischen Ungerechtigkeiten geblieben. Das führte zum einen zur Frage nach dem Sinn des Abschieds Jesu. Sie wurde mit dem Hinweis auf seine himmlische Mission und auf den kosmischen Heilsplan Gottes beantwortet. Die Gegenwart erschien so als notwendige Zwischenphase der Bewährung im Glauben. Das zog den Appell zur Geduld und zum (aktiven) Warten nach sich. Zum anderen wurde das Problem der Unsichtbarkeit des Neuen regelrecht „kultiviert": Das Unsichtbare galt (wie das Ältere) als das Bessere, weil es ewig und dazu von Gott selbst und nicht von Menschenhand gemacht sei. So wurde die Unsichtbarkeit in paradoxer Weise zum Motor der Hoffnung.

8.2 Sichtbare Hinweise auf das Unsichtbare

Flankierend zu den genannten Argumenten konnten die Glaubenden auf punktuelle „Sichtkontakte" sowie auf sichtbare Anfänge hinweisen, die die Wahrheit des neuen Glaubens gewissermaßen verbürgten.[1]

8.2.1 Momentaufnahmen des offenen Himmels

Die Ostervisionen begründeten wesentlich den christlichen Glauben (vgl. Abschnitt 5.2.3). Der Auferstandene erschien den Jüngern so real, dass er auch tief sitzende Zweifel überwand. Die Texte lassen ihn vor seinem Abschied noch vierzig Tage bei den Jüngern gewesen sein. In diese Frist wurden viele Zeichen und Lehren des Auferstandenen datiert.[2] Der Abschied vollzog sich nicht schlagartig, sondern allmählich. Mit der Himmelfahrt ist sie endgültig vollzogen. Der Blick der Jünger wird von einem Engel auf die Parusie* Christi und auf sein Vermächtnis gelenkt (Apg 1,10-12).
Auch später wurden den Glaubenden Momentaufnahmen des erhöhten Christus gewährt. Zuerst im Pfingstereignis, das nach Apg 2,1-4 die Erfül-

---

1 Zum Folgenden Kurt Erlemann, Anfänge, die das Ganze verbürgen. Überlegungen zu einer frühchristlichen Metapherngruppe (ThZ 57, 2001), 60-86.

2 Mt 28,18-20: der Missionsbefehl; Lk 24: Schriftauslegung vor den Jüngern und deren Ernennung zu weltweiten Glaubenszeugen; Joh 20f.: Bevollmächtigung und Geistübertragung an die Jünger, letzte Wunder und Nachfolgeregelung; Apg 1: Geistübertragung und Missionsauftrag. – Auch viele Apokryphen* haben in dieser Phase des Wirkens Jesu ihren Schwer- und Ausgangspunkt (u.a. Sophia Jesu Christi, Epistula Apostolorum, Evangelium der Maria oder das Johannes-Apokryphon).

lung der Geistverheißung Joels und Jesu brachte. Die Geistesgaben dienten entscheidend der Überbrückung der Sichtschranke (vgl. Abschnitt 8.2.2). Sodann öffnete sich für Stephanus bei seinem Martyrium der Himmel (Apg 7,54-56). Er sieht den Auferstandenen zur Rechten Gottes – ein Hinweis auf seine Funktion als „Rechtsanwalt" (vgl. Mk 14,62). Als nächster kam Paulus, bis dato der Christenverfolger Saulus, in den Genuss einer Christusvision (Apg 9,1-19; 1 Kor 15,8-10; Gal 1,12-16). In zahlreichen Wundern und Visionen öffnete sich der Himmel für die Apostel.[1] Der Seher Johannes bekam einen detaillierten Einblick in Gottes Thronsaal und in die Geheimnisse der Endzeit (Offb). Berichte von solchen Momentaufnahmen halfen, die Phase des Nichtsehenkönnens zu überbrücken.

8.2.2 Der Heilige Geist als Himmelsbrücke

Für Lukas, Johannes und Paulus sind die Geistesgaben das entscheidende Merkmal der neuen (Gemeinde-)Wirklichkeit.[2] Schon bei Jesu Taufe öffnete sich der Himmel, und der Heilige Geist kam auf Jesus nieder (Lk 3,21f.parr.). Jesus galt als der exklusive Geistträger vor Ostern; besonders Lukas betont sein Charisma*. An Pfingsten kam er auf die versammelten Jünger in Gestalt von Feuerzungen vom Himmel herab (Apg 2,1-4). Von da ab lenkte er erfolgreich den Weg der Weltmission.

Folgt man den Abschiedsreden des Johannesevangeliums (Joh 14-16), ist der Geist bzw. Paraklet* geradezu eine „Person", die das Werk Jesu in der Gemeinde und in der Welt fortsetzt. Jesus kündigte ihn nach Joh 16,5-15 als seinen Nachfolger an und übertrug ihn den Jüngerinnen und Jüngern (Joh 20,22). Der Paraklet* gilt als entscheidende Lehrautorität, Garant der Wahrheit und autorisierter Zeuge Jesu nach Ostern (vgl. 1 Joh 5,6). Nach 1 Joh 4,1-3 und Mk 13,11parr. inspiriert er das wahre Bekenntnis.

Für Paulus ist der Geist eine Art theologischer „Passepartout". Er sieht ihn hinter Jesu Auferstehung, der Gotteserkenntnis, dem rechten Toraverständnis und ihrer Erfüllung, die vor Gottes Zorn schützt. Weiter sorgte er für Zusammenhalt in den Gemeinden, für Gotteskindschaft und ewiges Leben. Eine Himmelsbrücke ist er als sichtbarer „Vorschuss" (gr. *arrabón*) bzw. „Erstlingsgabe" (gr. *aparché*) Gottes auf die noch ausstehende Erlösung (Röm 8,23; 2 Kor 1,22; 5,5; Eph 1,13f.).[3] Mit seinen vielfältigen Wirkungen ist er für Paulus das sichtbare Pfand in der Hand für die noch ausstehende Erlösung.[4] Mit der Rede von einem göttlichen „Vorschuss" ist

---

[1] Z.B. Apg 10,9-16: Petrus; 2 Kor 12,1-10: Paulus.

[2] Zum Folgenden vgl. Erlemann, Unfassbar*, 138-153.

[3] Zum Erstlingsopfer von Vieh und Ernte vgl. 2 Mos 13,1f.12f.; 22,28; 4 Mos 8,17f.

[4] Die Metapher* vom „Vorgeschmack auf die Kräfte der zukünftigen Welt" (Hebr 6,4-6) geht in dieselbe Richtung. Paulus nennt als Geistwirkung unter anderem die Erfahrung täglicher Erneuerung trotz physischen Verfalls (2 Kor 4,16; Eph 3,16).

ein Rollentausch angezeigt. In der Gemeinde ist die neue Wirklichkeit bereits zu spüren und zu sehen – die Getauften sind der leibhaftige „Tempel des Geistes" (1 Kor 3,16; 6,19; 2 Kor 6,16); somit haben sie eine Leuchtturmfunktion für die Welt. Eine funktionierende, vom Geist geleitete Gemeinde ist für Paulus der Ausweis seines Evangeliums.[1]

8.2.3 Weitere Überbrückungsmaßnahmen Gottes

Neben dem Geist gibt es noch andere Größen und Ereignisse, die als Maßnahmen Gottes zur Überwindung der Trennungszeit gewertet werden.[2]

Das Ostergeschehen – Fanal der allgemeinen Totenauferstehung
Zuerst ist die hier Metapher* vom Auferstandenen als „Erstgeborener" (gr. *protótokos*) bzw. „Erstling" (gr. *aparché*) von den Toten zu nennen.[3] Ostern wird damit zum Fanal der Endzeit; denn wo es einen „Erstgeborenen" und „Erstling" gibt, folgen viele weitere Auferstehungen nach.[4]

Der Glaube an das Unmögliche – Beweis für das Unsichtbare
Nach Hebr 11,1 ist der feste Glaube an Gott, der das Unmögliche möglich machen kann, geradezu eine substanzielle Vorschussleistung (gr. *hypóstasis*) auf das erhoffte Heil und ein Beweis (gr. *élengchos*) dessen, was man nicht sieht. Wer, wie die biblischen Glaubenszeugen, die Zusagen Gottes gegen alle Erwartung für bare Münze nimmt, hat damit ihre Einlösung schon so gut wie sicher (Hebr 11,2-40). Der Glaube, ein Gottesgeschenk, lässt nicht nach, bis er das Erhoffte erreicht hat. Auch in Mt 17,20parr. und 1 Joh 5,4 wird dem Glauben, sei er auch noch so klein wie ein Senfkorn, eine Wirklichkeit sprengende Kraft bescheinigt.

Die Leiden der Verfolgten – Geburtswehen der Erlösung
Selbst die Leiden der Glaubenden gelten als Zeichen, die unwiderruflich auf die Erlösung hindeuten. Leiden sind in der frühjüdischen Apokalyptik* oft zitierte Endzeitzeichen. Sie müssen durchgestanden werden und lassen sich auch durchstehen, denn Gott hat sie in seinem Weltplan vorgesehen. Niemand wird dabei überfordert, Gott erweist sich als äußerst fürsorglich (1 Kor 10,11-13). Die apokalyptisch gefärbte Ölbergrede Jesu bezeichnet die Leiden als „Anfang der Geburtswehen" – eine Metapher*,

---

[1] 2 Kor 3,1-6; vgl. 1 Kor 9,2; 2 Kor 1,14; Phil 2,16; 2 Thess 1,19.

[2] Kurt Erlemann, Anfänge, die das Ganze verbürgen. Überlegungen zu einer frühchristlichen Metapherngruppe (ThZ 57, 2001), 60-86.

[3] Apg 26,23; 1 Kor 15,20.23; Kol 1,18; Offb 1,5; vgl. Röm 8,29.

[4] Weitere christologische Metaphern* sind „Morgenstern" (Offb 22,16; vgl. Lk 1,78; 2 Petr 1,19; Offb 2,28), „Bürge des besseren Bundes" (Hebr 7,22), „Pionier" des freien Zugangs zu Gott (Hebr 6,20) oder „Anführer" des eschatologischen Gottesvolkes (Apg 3,15; 5,31; Hebr 2,10; 12,2). Weiter dazu Abschnitt 8.4.

die zwei Seiten zum Ausdruck bringt: den heftigen Schmerz jetzt und den Ausblick auf Erlösung (Mk 13,8par. Mt 24,8; vgl. Joh 16,21). 1 Petr 4,12-19 und Kol 1,24 sehen in Verfolgungen sogar Anlass zur Freude, denn sie seien Zeichen für das beginnende Endgericht. Und hier gilt: Wer zuerst gerichtet wird, kommt am glimpflichsten davon (V.18)! Nach Paulus trägt das physische Sterben das ewige Leben bereits in sich (2 Kor 4,11; vgl. Röm 8,36f. – Zu den Leidensparänesen* vgl. Abschnitt 8.2.3).

8.2.4 Fazit: Vielfältige und sichtbare Anfänge der Erlösung

Mit Ostern, der Sendung des Geistes, der Ausstattung mit starkem Glauben, ja selbst mit der Zumutung apokalyptischer* Leiden machen Gott und der erhöhte Christus die Sichtschranke zwischen alter Welt und neuer Wirklichkeit transparent. So bleibt der neue Glaube nicht pure Spekulation, sondern ist gegen den Anschein der Alltagswirklichkeit, *contra factum*, ausweisbar. Das Neue hat bereits sichtbar begonnen und kann hautnah erlebt werden – in einer neuen, vom Geist Gottes beseelten Gemeinschaft, in unerschütterlichem Glauben selbst im Leiden sowie im Rückblick auf Ostern. Der Prozess, der zur Erlösung führt, hat bereits begonnen; die Entwicklung dorthin ist unumkehrbar, ganz so, wie es die Wachstumsgleichnisse in Mk 4parr. mit dem Bild von Saat und Ernte zeigen.

8.3 Gemeinschaft über alle Distanz hinweg

Über die Zeit der Trennung hat Matthäus den Ausspruch Jesu gesetzt: „Siehe, ich bin bei euch alle Tage bis an der Welt Ende“ (Mt 28,20). Jesus kam, so der Evangelist, als Immanuel (aram. für „Gott mit uns“, Mt 1,23) in die Welt und hat sie als Immanuel wieder verlassen. Zeichen seiner Präsenz bei den Menschen wurden bereits genannt. Es gibt aber noch andere Ebenen des Miteinanders von Christus und Christen.

8.3.1 Gegenseitige Immanenz*

Die johanneischen Abschiedsreden lesen sich als Überbrückungshilfe für die Zeit der Trennung. Sie war für die Adressaten wohl hoch problematisch, denn der Autor erinnert ausführlich an Worte und Mahnungen Jesu, die auf ein bleibendes Miteinander hinauslaufen. Das Bild vom Weinstock und den Reben bringt die bleibende, innige und organische Gemeinschaft zum Ausdruck (Joh 15,8). Johannes stellt sich das Verhältnis als das zwischen Freunden vor (Joh 15,13-15). Formulierungen der Art „wer in mir bleibt und ich in ihm ...“ (Joh 15,5; vgl. 17,23, hier auf Vater und Sohn bezogen) heißen „Immanenzformeln“, denn sie beschreiben das

gegenseitige Mit- und Ineinander (Immanenz*) von Christen und Christus. Die bleibende Gemeinschaft wird dadurch ermöglicht, dass Menschen das Vermächtnis Jesu – sein Liebesgebot (Joh 13,34f.; 15,12; 1 Joh 3,23) tagtäglich umsetzen und so seinem Geist gemäß leben. Wer das tut, bei dem werden Vater und Sohn als „Untermieter" einziehen (Joh 14,23).
Das Bild vom Weinstock (Joh 15) betont den Stellenwert bleibender Verbindung: Nur wer sie hält, kann Frucht bringen, nur wer Frucht bringt, wird das Leben erhalten. „Frucht bringen" bedeutet: Durch die liebevolle Einigkeit in den Gemeinden Gott und Christus in der Welt bekannt und glaubwürdig machen und damit „verherrlichen" (Joh 15,8.16; 17,21-23). Die Gemeinschaft über den Tod Jesu hinaus ist möglich und von Jesus selbst gewollt: „Vater, ich will, dass, wo ich bin, auch die bei mir seien, die du mir gegeben hast, damit sie meine Herrlichkeit sehen, die du mir gegeben hast" (Joh 17,24). Zu erreichen ist das durch ein heilvolles Eingreifen Gottes und durch die Umsetzung des Vermächtnisses Jesu.
Nach dem Ersten Johannesbrief sind das wahre Bekenntnis zum Sohn (1 Joh 4,15), das geradezu magisch zu verstehende Bleiben in der Liebe (1 Joh 4,12.16) und die Gabe des Geistes (1 Joh 3,24; 4,13) die Zeichen der Gemeinschaft mit Gott. Die Liebe zum unsichtbaren Gott zeigt sich an sichtbarer geschwisterlicher Liebe (1 Joh 4,20). Die Initiative zur Gemeinschaft geht allein von Gott aus – er hat den ersten Schritt auf dem Weg der Liebe und der Versöhnung getan (1 Joh 4,7-11.19; vgl. 2 Kor 5,19).

8.3.2 „In Christus sein"

Eine symbiotische Wohngemeinschaft
Paulus formuliert häufig, die Getauften seien „in Christus" (gr. *en Christó*, Röm 8,1; 2 Kor 12,2; vgl. 1 Petr 5,14 u.a.). Damit ist eine enge Zusammengehörigkeit ausgedrückt, die geradezu physisch gedacht ist: Die Glaubenden sind „in Christus Jesus hinein" (gr. *eis Christón*) getauft, das heißt in seinen Herrschafts- und Schutzbereich eingegliedert, oder auch vom Apostel „in Jesus Christus gezeugt" (1 Kor 4,15) und damit „in Christus". Umgekehrt nimmt Christus Wohnung in den Glaubenden (Röm 8,10; 2 Kor 13,5; Gal 2,20) und wird in ihnen sichtbar (Gal 4,19). Der Apostel wird zum Sprecher Christi (2 Kor 13,3), seine Wahrheit und seine Kraft wohnen in ihm (2 Kor 11,10; 12,9). Dass die Glaubenden Christus in sich tragen, ist nach Kol 1,27 das große Weltgeheimnis Gottes.

Vorteile und Pflichten aus der Symbiose
Wer Christus zum „Untermieter" hat, hat viele Vorteile: Er ist geheiligt (1 Kor 1,2; Phil 4,21), frei von menschlichen Forderungen (Gal 2,4; vgl. Phlm 8), steht auf der Siegerseite (2 Kor 2,14), ist nah bei Gott (Eph 2,13). Er ist, kurz gesagt, eine „neue Kreatur" (2 Kor 5,17; vgl. Abschnitt 7.9.2). Wer „in Christus" stirbt, wird auferstehen (1 Kor 15,22; 1 Thess 4,16), in Herr-

lichkeit offenbar und selig werden.[1] Mit Hebr 3,14 ausgedrückt: Er wird an Christus Anteil gewinnen. Die korporative Einheit mit Christus soll Einssein untereinander (Gal 3,28), gute Werke (Eph 2,10; 1 Petr 3,16), das Rühmen Gottes und Christi (Phil 1,26), Glauben und Liebe (2 Tim 1,13; Phlm 6) sowie Leidensbereitschaft ermöglichen (2 Tim 3,12; 1 Petr 4,13).

Das Bild vom Leib und seinem Haupt
Paulus sieht eine geradezu physisch-organische Gemeinschaft der Christen mit Christus. Das unterstreicht die Rede von der Gemeinde als „Leib Christi" und von Christus als „Haupt der Gemeinde".[2] Die Metaphern* sind auf das funktionierende Miteinander und auf die gemeinsame Ausrichtung auf Christus als „Schaltzentrale" der Gemeinde ausgerichtet.[3]

Fazit: Bleibende Sichtbarkeit Christi in den Glaubenden und in der Welt
Wer getauft ist, gehört Christus an, ja wird von ihm dauerhaft „bewohnt". Diese symbiotische Wohngemeinschaft ist für beide Seiten von Vorteil: Die Glaubenden werden zu einer neuen Schöpfung mit allen Privilegien und Verheißungen, Christus und Gott gewinnen ein wichtiges Organ, um in der Welt bekannt zu werden. Ähnlich wie beim Bild vom „Tempel des Geistes" (2 Kor 6) ist damit der besondere, vom Weltlichen ausgesonderte Stand der Heiligkeit im Blick. Er ist Privileg und Verpflichtung zugleich.

8.3.3 Gebet und Gemeinschaft

Der direkte Draht nach oben
Das Gebet ist der direkte und kürzeste Draht zum Vater und zum Sohn. Den Texten zufolge machte Jesus immer wieder auf diese Chance aufmerksam.[4] Das Gebet steht unter der Zusage der Erhörung (Mt 7,7-11par. Lk 11,9-13; Mt 18,19); Voraussetzung ist der Glaube (Mt 21,22; Mk 11,24). Jesus selbst ist Übermittler des Gebets (Joh 14,13f.; 15,16; 16,23).

Einigkeit unter Menschen – Erlebnis der Anwesenheit Christi
In der Gemeinderegel des Matthäus wird der Einmütigkeit zweier Menschen eine geradezu magische Kraft beigemessen (Mt 18,19). Wo Menschen eins werden, beginnt nach apokryphen* Texten die Gottesherrschaft (EvThom Log 22, vgl. 2 Clem 12,2). Wo zwei oder drei Menschen in der gottesdienstlichen Versammlung einig sind, ist Christus anwesend und erlebbar (Mt 18,20).

---

1 Offenbar: Kol 3,3f.; vgl. Röm 8,18ff.; 1 Petr 5,10; selig: 2 Tim 2,10; vgl. 1 Petr 4,13.
2 Röm 12,5; 1 Kor 12,27; Eph 1,22f.; 4,15; 5,23; Kol 1,18.
3 Röm 12; 1 Kor 12-14; Eph 4.
4 Beispiele: Mt 6,9-13 (Vaterunser); Mk 14,38 (Gethsemane); Lk 21,36 (Abschluss der Ölbergrede); Joh 16,23 (Abschiedsreden).

8.3.4 Fazit: Mystisch erlebbare Gemeinschaft

Ob gegenseitige Immanenz* aus Liebe und zur Ehre Gottes, ob symbiotische Wohngemeinschaft zum beiderseitigen Vorteil, ob verheißungsträchtiges Gebet oder göttlich zu nennende Einheit unter Menschen – die Glaubenserfahrung der frühen Christen und Christinnen kennt viele Formen, die räumliche Trennung zu Christus zu überbrücken und zu überdauern. An die Stelle der äußeren Gemeinschaft mit dem irdischen Jesus tritt die innerliche Gemeinschaft, die sich geradezu mystisch ausdrücken kann. Die genannten Möglichkeiten überschreiten Raum und Zeit und machen so die Sehnsucht nach der Wiederkunft Christi und der Erlösung erträglich.

8.4 Aufgaben des erhöhten Christus

Himmelsbrücken stärken den Glauben an die unsichtbare neue Wirklichkeit. Doch worin besteht diese eigentlich? Ging es bislang um die Beschreibung eines Defizits und seiner Überwindung, geht es nun um das, was sich, wenn auch weithin unsichtbar und unmerklich, im Himmel bereits verändert hat. Die Fragen sind: Was macht Christus im Himmel? Und: Weshalb zieht sich die Zeit bis zu seiner Wiederkunft in die Länge?

8.4.1 Pionier für die Glaubenden

Nach Joh 12,32; 14,1-3 bereitet der erhöhte Christus alles für die Ankunft der Glaubenden vor. Bis dahin führt der Paraklet* den Kosmos zum Glauben (Joh 16,5-15). Beides braucht Zeit; nach einer unbestimmten „kleinen Weile“ wird die Traurigkeit in Freude verwandelt werden (Joh 16,16-33).

Begradigung des Weges zu Gott

Die Metapher* vom Pionier (gr. *pródromos*) stammt aus dem Militär und bezeichnet jemanden, der den Weg für die anderen frei macht (vgl. Polybius, Hist XII 20,7; Weish 12,8). Der Pionier muss dabei unerforschtes Gelände erschließen und lebt mitunter gefährlich.[1] Hebr 6,20 zufolge ebnet Jesus den Weg zu Gott. Durch sein einmaliges Selbstopfer hat er das himmlische Heiligtum gereinigt und zugleich den direkten Zugang zum Allerheiligsten geschaffen (Hebr 9,24; 10,19f.).[2] Der neue Weg kennt keine kultischen Barrieren. Seit diese Arbeit getan ist, können die Glaubenden barrierefrei ins himmlische Heiligtum eintreten (Hebr 10,19-22).

---

1 Christlich-gnostische Schriften stellen den Ab- und Aufstieg Christi als Weg durch feindliche Instanzen, so genannte Archonten, dar („Tarnkappenmotiv“). Dazu Kurt Rudolph, Die Gnosis, Göttingen 3. Auflage 1994, 153f.; 173 und 186ff.

2 Zum jüdischen Hintergrund der Vorstellung vgl. Philo, Vit.Mos. II 101.

Lückenschluss zwischen Tod und Leben
Dem vergleichbar ist die Rede von Christus als „Anführer“ (gr. *archegós*) des eschatologischen* Gottesvolkes (Apg 3,15; 5,31; Hebr 2,10; 12,2). Die Metapher* stammt aus der Politik bzw. aus dem Militär. Wie einst Mose hat Christus die Aufgabe, die Seinen in die Freiheit bzw. zur Auferstehung zu führen.[1] Die Aufgabe begann mit dem irdischen Wirken Jesu, führte durch sein Leiden zur Erhöhung und setzt sich im Himmel fort. Der Weg des neuen Gottesvolkes ist damit vorgezeichnet: Er geht ebenfalls durch das Leiden hindurch ins Leben. Der Trost besteht darin, dass der Anführer bereits am Ziel angekommen ist; also werden seine Nachfolger auch bald dort eintreffen! Wenn Hebr 12,2 vom „Anführer und Vollender des Glaubens“ spricht, qualifiziert er Christus damit als Grundlage des sicheren Weges zu den zukünftigen Gütern (vgl. Hebr 11,1 und Abschnitt 8.1.1).

8.4.2 Kontaktpunkt zwischen Gott und den Seinen

Christus hat eine wichtige Mittlerfunktion. Er ist nicht nur Anwalt und Mittler des besseren Bundes (Hebr 7,22; vgl. Abschnitt 6.9), sondern vermittelt die guten Gaben Gottes an die Menschen und umgekehrt die menschlichen Anliegen an Gott. Das wird durch die häufige Formulierung „durch Christus“ (gr. *diá Christoú*) kenntlich gemacht.
Die himmlischen Gaben, die Christus vermittelt, sind Friede und Versöhnung mit Gott (Röm 5,1; 2 Kor 5,18), Kindschaft, Zugang zur Gnade, Hoffnung auf die künftige Herrlichkeit (Röm 5,2; Gal 4,7; Eph 1,5; 1 Thess 5,9; 1 Petr 1,13), Sieg, Leben und Segen (Röm 5,17; 1 Kor 15,57; Eph 1,3; Phil 4,13), Gottvertrauen (2 Kor 3,4), Früchte der Gerechtigkeit (Phil 1,11; vgl. Hebr 13,21), Heiliger Geist (Tit 3,6) und Gericht (Röm 2,16). Umgekehrt übermitteln die Glaubenden Dank, Lobpreis und Ehrerbietung durch Christus an Gott (Röm 1,8; 7,25; 16,27; Phil 1,11; 1 Petr 2,5; 4,11). Zur Bekräftigung der Gebete an Gott bietet Jesus seinen Namen an (Joh 14,13f.; 15,7; 16,23f.). Das leitet zu seiner Fürsprecherfunktion über.

8.4.3 Fürsprecher zur Rechten Gottes

Eine bleibend wichtige Funktion übt der erhöhte Christus den Texten zufolge als Fürsprecher der Glaubenden aus. Zum Teil wird er ausdrücklich so bezeichnet, zum Teil gibt es eindeutige Hinweise auf diese Aufgabe. Leitend ist Ps 110,1: „Der Herr sprach zu meinem Herrn: 'Setze dich zu meiner Rechten, bis ich deine Feinde zum Schemel deiner Füße mache´“. *Expressis verbis* ist Christus himmlischer „Rechtsanwalt“ der Glaubenden

[1] In der griechischen Mythologie gibt es Analogien dazu: Orpheus und Herakles führen nach ihrem Abstieg in die Unterwelt einige Tote zurück ins Leben.

in Röm 8,34: „Wer will verdammen? Christus Jesus ist hier, der gestorben ist, ja vielmehr, der auch auferweckt ist, der zur Rechten Gottes sitzt und uns vertritt." Die Szenerie ist die des himmlischen Thron- und Gerichtssaales, mit Gott in der Mitte, Anklägern – V.38 nennt „Engel, Mächte und Gewalten" – und Christus als Rechtsanwalt. Ohne ihn wären die Glaubenden schutzlos den Klägern ausgeliefert. So aber kann sie nichts von der Liebe Gottes – hier Umschreibung für die innige Gemeinschaft – trennen (Röm 8,38f.). Flankierend vertritt auf der Erde der Geist die Interessen der Glaubenden: Er hilft ihrer Schwachheit auf, übersetzt ihre Gebete in die Sprache des Himmels und vertritt sie im Sinne Gottes (Röm 8,26f.). Demnach hat Gott für eine doppelte Verteidigung des Menschen gesorgt: Geist und Christus sind effektive Gegenmittel gegen Gottes Zorn (Röm 5,5!).

Die Rede von Christus als Rechtsanwalt ist breit bezeugt. Als Menschensohn zur Rechten Gottes wird er von Jesus angekündigt und von Stephanus erkannt (Mk 14,62 bzw. Apg 7,55f.; vgl. Mk 16,19). Er ist der himmlische Paraklet*, der die Sünden der Menschen vergibt, wenn sie sie bekennen (1 Joh 1,9-2,2). Auf den himmlischen Christus zur Rechten Gottes sollen sich die Glaubenden ausrichten, denn dort ist ihr Lebensziel (Kol 3,1f.). Nach Hebr 7,25 und 9,24 ist die Fürbitte für die Glaubenden die Hauptfunktion des himmlischen Hohenpriesters. Die Stellvertretung für die Menschen und ihre Sünden ist somit nicht mit der Lebenshingabe und dem (Opfer-)Tod Christi erledigt, sondern setzt sich bis zum letzten Gericht fort. Der Fürsprecher ist zugleich der Weltenherrscher (Eph 1,20-23).

8.4.4 Weltenherrscher und Vernichter des Bösen

Das Bild vom erhöhten Christus als Weltenherrscher ist ebenfalls breit bezeugt. Der Christushymnus Phil 2,6-11 sieht ihn in einer einzigartigen Machtposition (V.10f.). Nach Paulus ist er Herr und Hoffnung der Nichtjuden (Röm 15,12 unter Rückgriff auf Jes 11,10).

Vollzug der Gottesherrschaft im Himmel

Das Lukasevangelium nimmt als himmlische Mission Christi die Erlangung der Königswürde an (Lk 19,11). Die Metaphorik* passt zur Rede von der himmlischen Herrschaft Gottes (gr. *basileía tou theoú* bzw. *basileía ton ouranón*). Deren Durchsetzung in der Welt ist eine alttestamentliche Hoffnung.[1] Sie wurde von Jesus angekündigt, für sie machte er Werbung. Folgt man dem Abendmahlsbericht, rechnete er selbst damit, in sie einzugehen (Mk 14,25). Mit seiner Erhöhung avancierte er zum himmlischen König und damit zum Herrn über die Könige der Welt (Offb 1,5). Ihm ist alle Macht im Himmel und auf Erden übergeben (Mt 11,27; 28,18). Damit

[1] Jes 24-27; 33; 52,7; verbunden mit der Völkerwallfahrt zum Zion: Jes 2,2-4; 60; 66,20; Mi 4,1-5.

ist die Gottesherrschaft im Himmel vollzogen; der Satan ist aus dem Himmel verbannt und tobt sich noch eine Zeitlang auf der Erde aus.[1]

Vernichtung der kosmischen Feinde Gottes
Christus, der Herrscher nicht nur in dieser, sondern auch in der zukünftigen Welt, wird in Eph 1,20-23 besungen. Nach Offb 1,20 und 20,1-10 setzt der himmlische König die Glaubenden zu Königen und Priestern ein und herrscht mit ihnen nach der ersten Auferstehung ein Millennium* lang, bevor Satan endgültig vernichtet wird. Die Hauptaufgabe des Weltenherrschers[2] ist es, die gottfeindlichen Kräfte zu vernichten bzw. sich von Gott unterwerfen zu lassen (1 Kor 15,24-28; Hebr 10,13; Offb 19,11-21). Hebr 2,8f. zufolge ist Christus schon (so gut wie) der strahlende Sieger über seine Feinde, auch wenn das in der Welt noch nicht zu sehen ist. Am Ende, am „Tag Christi", wird er das Endgericht abhalten (vgl. Abschnitt 8.5.3).

Ausstattung mit dem göttlichen Namen
In diesem Kontext ist die Rede vom „Namen" Jesu Christi wichtig. Der Name wurde dem Sohn auf Zeit verliehen und macht ihn zum Herrn. Das ist der Schlusspunkt des Hymnus Phil 2,6-11. Am Ende wird er alle Macht zurückgeben (1 Kor 15,23-28). Der Glaube an den Namen Christi kommt der Anerkennung seiner göttlichen Hoheit gleich (1 Joh 3,23). Die Anrufung des Namens ist ein Appell an die göttliche Macht Christi (1 Kor 1,2) und dient der Bekräftigung der Forderungen des Apostels (1 Kor 1,10; 2 Thess 3,6). Gemeindeversammlungen und Gottesdienste finden ausdrücklich im Namen Christi – und des Vaters und des Geistes – statt (1 Kor 5,4). Aufgabe der Gemeinde ist es, Christi Namen zu verherrlichen, das heißt öffentlich für ihn zu werben (2 Thess 1,12). Wer seinen Namen ausspricht, muss dem in seinem Verhalten entsprechen (2 Tim 2,19). Wer um des Namens Christi willen verleumdet wird, ist selig (1 Petr 4,14). Allen Texten gemeinsam ist der Symbolgehalt des Namens: Der Name ist (göttliches) Programm; wer einen Namen hat, erhält Anerkennung.

Die christlichen Gemeinden – Reich des Menschensohnes
Der erhöhte Christus setzt Apostel ein[3] und herrscht über die Glaubenden – er ist ihr Herr (gr. *kýrios*), sie sind sein Besitz (1 Kor 3,23 u.a.). Matthäus nennt die Gemeinden „Reich des Menschensohnes" (Mt 13,41). Sie sind sein Herrschaftsgebiet und seine Klientel; in den Gemeinden werden die neuen Machtverhältnisse bereits sichtbar. Aus ihnen wird Christus die Verführer sammeln und vernichten. Die Gerechten werden dann „leuch-

---

[1] Lk 10,18; Joh 12,31; Offb 12,8f.; vgl. Röm 16,20.

[2] Gr. *pantokrátor*. Der Titel ist im Neuen Testament nur auf Gott selbst bezogen.

[3] Diese bezeichnen sich als „Sklaven Christi". Texte: Apg 9; Röm 15,16; 1 Kor 1.1.17; 4,1; 2 Kor 5,20 (der Apostel als Stellvertreter Christi); 2 Kor 11,23; Gal 1,10; Phil 1,1; 3,12; Kol 1,7; 4.12; 1 Tim 1,12; 4,6; 1 Petr 1,1; Jak 1,1.

ten wie die Sonne in ihres Vaters Reich" (Mt 13,43). Wie in 1 Kor 15,23-28 wird die Herrschaft des Sohnes von der des Vaters abgelöst werden.[1]

8.4.5 Fazit: Weiterführung des kosmischen Masterplans

Was Christus im Himmel tut und weshalb sich die neue Wirklichkeit noch nicht sichtbar durchgesetzt hat, wird im Neuen Testament unterschiedlich beantwortet. Verbindend ist die Vorstellung, dass sich die neue Wirklichkeit erst nach ihrer Etablierung im Himmel auf der Erde durchsetzen werde. Jesu Erhöhung diente seiner himmlischen Inthronisation (vgl. Joh 18,36!) und der Entmachtung der kosmischen, antigöttlichen Kräfte. Die Beobachtung, dass Satan auf Erden die Glaubenden bedrängt, gilt als Indiz dafür, dass er im Himmel seine Macht bereits verloren hat. Bereits jetzt ist Christus Herr der Gemeinde – sie ist sein „Leib", in ihr wird seine Herrschaft gegenwärtig auf Erden sichtbar. Umgekehrt sind die Christen als Heilige aus dieser Welt ausgesondert und haben schon jetzt das himmlische Bürgerrecht.[2] In der Zeit der Trennung werden die himmlischen Wohnungen hergerichtet (Joh 14,1-3) und die Parusie* vorbereitet.
Neben der kosmischen und ekklesiologischen* hat der erhöhte Christus auch eine fortgesetzte soteriologische* Funktion: Er ist der entscheidende Fürsprecher der Glaubenden an Gottes Thron und der Kontaktpunkt beim „Güteraustausch" zwischen Gott und Menschen.

8.5 Hoffnung auf ein Wiedersehen

Die Hinweise auf kosmische Umwälzungen im Himmel und die Brücken zur himmlischen Wirklichkeit Christi konnten die Sehnsucht der Gemeinden nach der Parusie* Christi und der endgültigen Erlösung nicht stillen, allenfalls erträglich machen. Gab es berechtigte Hoffnung auf ein Wiedersehen? Und: Was wird sein am Tage X? Das sind die nächsten Fragen.

8.5.1 Die Naherwartung Jesu und des Paulus

An der Wiederkunft Christi herrscht im Neuen Testament kein Zweifel. Jesus selbst kündigte der Ölbergrede zufolge die Ankunft des Menschensohnes mit den Wolken des Himmels an (Mk 13,24-27parr.). Große Wiedersehensfreude wird nach Joh 16,16-33 schon bald die Zeit der Trennung

---

[1] Die Rede von der Gnade (gr. *cháris*) Christi im Friedensgruß setzt ebenfalls seine hoheitliche Position voraus, vgl. Röm 16,20; 1 Kor 1,3; 16,23; 2 Kor 13,13; Gal 6,18; 1 Thess 5,28; 2 Thess 3,18; Phlm 25; Offb 22,21.

[2] Phil 3,20; vgl. Kol 1,5: Die Hoffnung liegt im Himmel bereit.

beenden. Jesus rechnete offenbar selbst mit der kraftvollen Durchsetzung der Gottesherrschaft schon zu Lebzeiten seiner Generation (Mk 9,1parr.; 13,30parr.). Für ihn war sie bereits nah und in bestimmten Vollzügen bereits sichtbar da (Mk 1,15; Mt 12,28par. Lk 11,20: Exorzismen*). Mit seinem Einzug in Jerusalem setzte eine eschatologische* Hochstimmung ein (Mk 11,1-10; Lk 19,11). Nach Jesu Tod öffneten sich, so Mt 27,52f., die Gräber – ein Signal des Endes. Paulus erwartete die Wiederkunft Christi noch zu seinen Lebzeiten (1 Thess 4,15; 1 Kor 15,51).

8.5.2 Die Frage nach dem Zeitpunkt

Die Erfahrung sich dehnender Zeit

Doch die Geschichte ging weiter, äußerlich veränderte sich erst einmal wenig. Die Zeit schien sich mehr und mehr zu dehnen, die Naherwartung wurde arg strapaziert. Diese Erfahrung, in der Forschung etwas irreführend „Parusieverzögerung"* genannt, schlug sich in vielen Texten nieder und führte zu einigen Erklärungsversuchen. Exemplarisch ist 2 Petr 3,1-13: Der Anfrage von Spöttern, wo die Parusie* bleibe, begegnet der Autor mit mehreren Argumenten: Erstens, scheinbarer Stillstand der Entwicklung besagt nichts, das zeigt schon die Sintflut (V.5f.). Zweitens, Gottes Uhren ticken anders als menschliche Uhren; das macht eine Berechnung des Endes unmöglich.[1] Drittens, was wie Verzögerung aussieht, ist ein Indiz für Gottes Geduld mit den Menschen (V.9). Die Argumentation endet mit der Aussicht auf die plötzliche Parusie* und das Weltende sowie mit dem Appell, sich beizeiten darauf einzustellen (V.10-13).

Gegen Müdigkeit und Skepsis: Aussicht auf das überraschende Ende

Das Motiv des unbekannten Zeitpunkts und des plötzlichen Kommens Christi ist der Tenor vieler Texte. Mit Metaphern* vom Dieb in der Nacht[2] oder vom Kommen zur Mitternacht[3] wird das eingeschärft. Ausdrücklich heißt es in Mk 13,32, dass niemand den Zeitpunkt kennt, nicht einmal der Sohn (nach V.30!). Gott lässt sich in dieser Frage nicht in die Karten schauen. Die Aussagen laufen auf die Mahnung, die verbleibende Zeit „auszukaufen" und nichts auf die lange Bank zu schieben, hinaus (Eph 5,16par. Kol 4,5). Alles komme auf die Bereitschaft im entscheidenden, überraschend eintreffenden Moment an (Mt 25,13 u.a.: „Wachet!").

Gegen euphorische Hochstimmung: Hinweis auf den Zeitplan Gottes

Die Sehnsucht nach der Parusie* produzierte in der Zeit des Ersten Jüdischen Kriegs (66-73 n.Chr.) viele so genannte Pseudochristusse und Pseu-

---

[1] V.8, unter Rückgriff auf Ps 90: Ein Tag ist wie 1000 Jahre vor Gott, und umgekehrt.
[2] Mt 24,42-44; 1 Thess 5,2-4; 2 Petr 3,10; Offb 3,3; 16,15.
[3] Mt 25,1-13: Gleichnis von den zehn Jungfrauen.

dopropheten, die die Rückkehr Christi ausriefen, ja sich teilweise selbst als Christus ausgaben.[1] Gegen sie polemisiert die Ölbergrede (Mk 13parr.; vgl. 2 Thess 2). Regelmäßig wird gegen solche „Nächsterwartungen" mit dem fest stehenden Weltfahrplan Gottes argumentiert: Erst müssen bestimmte Dinge historisch „abgearbeitet" sein, bevor das Ende kommen kann. Zu ihnen gehören vor allem endzeitliche, satanische Bedrängnisse.

Möglichkeiten, das Ende zu beschleunigen

Nach Auskunft einiger Texte können die Glaubenden den Zeitpunkt der Parusie* beeinflussen. Ein freiwillig übernommenes Martyrium dient der Apokalyptik* zufolge dazu, die Zahl der Märtyrer zu vollenden und damit das Eingreifen Gottes zu forcieren.[2] Das beharrliche Gebet kann Gott ebenso beeinflussen[3] wie die zielstrebig fortgeführte Mission unter den Nichtjuden (Mk 13,10f.; Apg 1,6-8; Röm 11,25). Die allgemeine Umkehr der Menschen wird in Apg 3,19f.; 2 Petr 3,9 als Vorbedingung für das Kommen Christi genannt. Nicht zuletzt könne das sehnsüchtige Warten der Christinnen und Christen die Parusie* beschleunigen (2 Petr 3,12).

Fazit: Die nahe Parusie als Vorzeichen der Gegenwart*

Das Neue Testament lebt vom Bewusstsein, dass Christus bald wiederkommen werde, auch wenn keine exakte Zeitangabe gegeben wird. Die Texte zeugen von der intensiven Beschäftigung mit Nah-Aussagen Jesu und des Paulus; deren Hoffnung auf das Ende noch zu ihrer Zeit hatte sich so nicht erfüllt. Dennoch wurden die Aussagen nicht zensiert, sondern als Ausdruck bleibender Hoffnung weitergetragen. Je länger, desto mehr galt die individuelle Todesstunde als Zeitpunkt des Wiedersehens mit Christus.[4] Gegen eine überzogene Nächsterwartung sowie gegen Glaubensmüdigkeit und Skepsis findet das Neue Testament zu einer modifizierten Naherwartung: Das Ende ist zwar noch nicht da, aber absehbar geworden (Mk 13,8; 2 Thess 2 u.a.). Jede Generation seither steht unter der Ansage, dass Gott jederzeit das Ende bringen und Christus wiederkommen kann. Das führt zu einer Ethik der Wachsamkeit (vgl. Abschnitt 8.6.6).

8.5.3 Die Schilderungen des Tages X

Einlösung aller noch offenen Verheißungen

Die Wiederkunft Christi markiert das Aus aller Leiden, das Ende aller Sehnsucht und die Erfüllung aller noch offenen Verheißungen. Die Schilderungen des Tages X sind vielgestaltig. In 1 Thess 4,13-18 schildert Pau-

[1] Dazu Kurt Erlemann, Propheten und Messiasse (NTAK* 3, 2005), 40-44.
[2] AssMos 9f.; Offb 6,9-11. – Hebr 12,24: Das Blut Christi schreit besser als Abels Blut.
[3] Mt 6,10: Vaterunser; Lk 18,1-8: Gleichnis von der Witwe; 1 Kor 16,22: „maranata".
[4] Vgl. Lk 23,43: „Wahrlich, ich sage dir: Heute wirst du mit mir im Paradies sein."

lus die Parusie*: Als erstes werden die Toten erweckt; sie haben so den Lebenden gegenüber keinen Nachteil (V.16). Danach werden alle Glaubenden gemeinsam zu Christus entrückt. Am Ende steht die ewige Gemeinschaft mit ihm (V.17). Das entspricht der Rede vom himmlischen Hochzeitsfest in den Gleichnissen Jesu bzw. vom Leben an sich im Johannesevangelium. Gemeinsamer Fluchtpunkt ist das „ewige" Leben in Fülle, das denen winkt, die am Glauben festhalten. Wer glaubt, der hat bereits das himmlische Bürgerrecht (Phil 3,20) und das Leben sicher (Joh 5,24f.).

Ausgleichendes Weltgericht
Texte, die Leiden und ungerechtes Verhalten der Menschen besprechen, betonen das Endgericht bzw. den „Tag Christi".[1] Er ist die Kehrseite der Medaille: Das kommende Reich Gottes geht mit der Durchsetzung seiner Gerechtigkeit bzw. mit der Trennung von „Spreu" und „Weizen" bei der endzeitlichen „Ernte" menschlicher Taten einher. Die Ungerechten werden zur Linken und die Gerechten zur Rechten des Throns der Herrlichkeit postiert werden (Mt 25,31-46: „Gleichnis" vom Weltgericht). Auch nach Paulus werden die Menschen grundsätzlich nach ihren Taten beurteilt (Röm 2,6f.; vgl. Jak 2). Dabei müssten alle eigentlich den vernichtenden Zorn Gottes fürchten, es sei denn, sie sind zuvor der Sünde „abgestorben" (Röm 6,11) und glauben daran, dass Gott durch den Tod seines Sohnes ihre Sündenlast entfernt hat (Röm 3,25-28). Nach Johannes vollzieht sich das Gericht in zwei Instanzen: Zuerst im Verhalten des Einzelnen dem Evangelium gegenüber und dann am Ende, bei der allgemeinen Totenauferstehung (Joh 5,25-29). Die Betonung des hiesigen Lebens als der (vor-) entscheidenden Phase teilt der Evangelist mit den anderen Autoren.

8.5.4 Fazit: Die Parusie* Christi bringt alles ans Licht!

Die Gewissheit der nahen Parusie Christi ist neutestamentliches Allgemeingut. Sie ist ein wichtiges Motiv der frühchristlichen Hoffnung und ergänzt die Erfahrungen von Ostern, Pfingsten und der sich seither fortsetzenden Gemeinschaft mit Christus. Wie nah das Ende ist, bleibt offen – es kann aber jede Generation betreffen. Bei der Parusie* werden die noch offenen Verheißungen eingelöst werden: Auferstehung der Toten, Sammlung der Gerechten, Aufrichtung der Herrschaft Gottes in der Welt und unbegrenztes Leben in der Gemeinschaft mit Christus. Die Kehrseite heißt Endgericht und Vernichtung des Bösen in jeglicher Form. Als Letztes wird der Tod vernichtet werden (1 Kor 15,26; Offb 20,14; 21,4).

Das Kommen Christi am Tage X ist freilich nicht das einzige und entscheidende Motiv frühchristlicher Hoffnung. Im Gegensatz zum Juden-

---

[1] Vom Tag Christi sprechen 1 Kor 1,8; 11,3; 2 Kor 5,10; Phil 1,6.10; 2,16; 2 Thess 2,2.

tum richtet sich der Blick auch zurück auf den Messias, der schon da war, sowie auf die vielen Zeichen der neuen Wirklichkeit schon jetzt. Das Neue, was die Parusie* bringen wird, besteht in der Sichtbarwerdung dessen, was im Himmel und in den Gemeinden jetzt schon sichtbar ist (Röm 8,18ff.). Das Christusgeschehen war der Anfang, der das Ganze verbürgt; die Entwicklung seither ist unumkehrbar. Anders gesagt: Was noch aussteht, ist Offenbarung (lat. *revelatio*), nicht Umsturz (lat. *revolutio*). Das ist der Unterschied zwischen frühjüdischer und frühchristlicher Apokalyptik*.[1]

8.6 Bleibendes Vermächtnis Christi

Zuletzt ist die Qualität der verbleibenden Zeit bzw. das adäquate Verhalten bis zur Parusie* Thema. Damit ist das Vermächtnis Jesu angesprochen, sein Auftrag, der nach Auffassung der Texte den Christen anvertraut ist.[2]

8.6.1 Der Missionsbefehl

Der wohl populärste Auftrag ist der Missionsbefehl (Mt 28,18-20; vgl. Apg 1,8): Das Evangelium muss in aller Welt verbreitet werden! Apg 1,8 beschreibt den Weg der Apostel auf ihrem Weg. Die Rede von den „Zeiten der Heiden", in apokalyptischen* Schriften Metapher* für die vorgesehene Zeit der Fremdherrschaft über die Juden,[3] wandelt sich zur Phase der Weltmission (Mk 13,10par. Mt 24,14; Röm 11,25). Nach erfolgreicher Erledigung des Auftrags steht dem Kommen Christi nichts mehr im Weg. Die Bekehrung Israels ist Apg 3,19f. zufolge Vorbedingung der Parusie*.

8.6.2 Ausschöpfen der Talente und Geistesgaben

Jedes Gemeindeglied hat nach Maßgabe des Heiligen Geistes Talente erhalten.[4] Sie verpflichten dazu, sie im Sinne des Herrn effektiv einzusetzen, mit ihnen zu „wuchern", wie das Talentegleichnis sagt (Mt 25par. Lk 19). Die Charismen* sollen der Gemeinschaft dienen und sie voranbringen; der Leitwert ist die geschwisterliche Liebe (Röm 12,1-12; 1 Kor 12-14; Eph 4,1-16), der Zweck der Werbeeffekt nach außen (1 Kor 14,21-25) bzw. das

[1] Eph und Kol haben ein eigenes, „evolutionistisches" Geschichtsbild, das von einer steten Entwicklung zum Besseren ausgeht (Erlemann, Endzeiterwartungen*, 60ff.).

[2] Statt von einer „Ethik Jesu" ist besser von situativ bedingten Aussagen zu sprechen (Mit Wolfgang Stegemann, Kontingenz und Kontextualität der moralischen Aussagen Jesu, in: ders. u.a., Jesus in neuen Kontexten*, 167-184).

[3] ApkAbr 28f.; Offb 11,2; vgl. Lk 21,24.

[4] Mt 25,14-30par. Lk 19,11-27: Talentegleichnis; 1 Kor 12,11; vgl. Röm 12,3; Eph 4,7.

Erwachsenwerden der Gemeinschaft, ihr Einswerden im Glauben und das Erreichen der Fülle Christi (Eph 4,13-16). Das Kriterium des loyalen Engagements ist laut dem Talentegleichnis im Endgericht ausschlaggebend.

8.6.3 Salz der Erde, Licht der Welt

Die Glaubenden haben eine wichtige „Leuchtturmfunktion" in der Welt. Im Wirken ihrer Charismen* und im funktionierenden, liebevollen Umgang miteinander gewinnt das Evangelium an Glaubwürdigkeit. Die Gemeinde ist die sichtbare Manifestation der neuen Heilswirklichkeit. Darin bestehen ihre Identität und ihre Existenzberechtigung. Die Bergpredigt fasst das in das Bildwort vom „Salz der Erde" und „Licht der Welt" (Mt 5,13f.). Dieser Bestimmung müssen Christen entsprechen, wollen sie nicht ihr Existenzrecht verlieren – unnützes Salz wird weggeschüttet (V.13)! An den „Früchten", das heißt an guten Werken und einem vorbildlichen Verhalten, werden die Glaubenden erkannt und geben Anlass, Gott zu preisen und zu verherrlichen.[1] Konkret denken der Text an die den Christen eigene Gerechtigkeit, die Gott das zukommen lässt, was ihm zusteht.[2]

8.6.4 Verantwortung für die Kleinen und Schwachen

Rücksichtnahme und freiwilliger Verzicht
Das Vermächtnis Jesu bezieht sich besonders auf den Umgang mit den Kleinen, Schwachen und „Letzten". In Analogie zu Jesu eigenem Verhalten, und damit auch zu Gottes Hinwendung zu den „Verlorenen", sollen sie aufeinander achten, sich gegenseitig stützen und aufeinander Rücksicht nehmen (1 Kor 11; 1 Thess 4,18; Hebr 10,25 u.a.). Paulus predigt die Ethik des freiwilligen Verzichts und der Rücksichtnahme auf die „Schwachen"; die grundsätzliche Freiheit der Glaubenden dürfe nicht auf Kosten labiler Gewissen ausgelebt werden; das wäre Sünde an Christus und seinem Vermächtnis (1 Kor 8,1-13). Daher gilt: „Alles ist erlaubt, aber nicht alles dient zum Guten. Alles ist erlaubt, aber nicht alles baut auf. Niemand suche das Seine, sondern das, was dem andern dient" (1 Kor 10,23f.; vgl. 1 Kor 6,12; Röm 15,2; Phil 4,2). Am Umgang mit den Schwachen zeigt sich die Qualität der Gemeinschaft. In Situationen wie dem Abendmahl werden Fehlentwicklungen offenkundig (1 Kor 11,17-34).

Gerechtigkeit, die auch den „Letzten" gerecht wird
Matthäus ist ebenfalls ein Anwalt des sozialen Vermächtnisses Jesu: In seiner langen Gemeinderede (Mt 18-20) stellt er die Fürsorgepflicht den

---

[1] Mt 5,16; 7,16-20; 12,33; Joh 15,8; Eph 5,8f.; vgl. Mt 21,43.
[2] Mt 21,43, Winzergleichnis; vgl. Gal 5,22f.; Eph 5,9: Güte, Gerechtigkeit, Wahrheit.

Kindern, den „Kleinen“, den „Letzten“ und den Sündern gegenüber in den Mittelpunkt. Er entwickelt eine Ethik der Selbsterniedrigung und der unbedingten Vergebungsbereitschaft.[1] Statt des herkömmlichen Gerechtigkeitsbegriffs nach dem Motto „mehr Lohn für mehr Leistung“ schärft der matthäische Jesus die Güte gegen die „Letzten“ als ergänzendes Prinzip ein (Mt 20,1-16: Weinberggleichnis). Die Kinder stehen im Mittelpunkt der Gemeinschaft; wer „wie ein Kind“ wird, geht ins Himmelreich ein (Mt 18,1-5). Wer sich an den „Kleinen“ vergeht und sie vom Glauben abbringt, macht sich größter Sünde schuldig (Mt 18,6-9). Die Christen als „Haushalter“ des abwesenden Herrn werden an ihrem Verhalten den „Mitknechten“ gegenüber gemessen (Mt 24,45-51; 25,31-46).[2]

Beim Geld fängt die Liebe an!
Bei Lukas konzentriert sich das Vermächtnis Jesu auf den Umgang mit Geld und Besitz. Besitzverzicht und Almosengeben sind für ihn Kernpunkte der Ethik.[3] Die Taufe ist in den lukanischen Gemeinden mit freiwilligem Besitzverzicht verbunden. Wer sein Geld für die Armen einsetzt, schafft sich damit eine Lobby im Himmel (Lk 16,1-9: Gleichnis vom klugen Verwalter), wer die Not seiner Mitmenschen ignoriert, hat dort keine Chance (Lk 16,19-31: Gleichnis vom reichen Mann und armen Lazarus). Wer seinen Lohn im Diesseits sucht, hat im Jenseits verloren.[4] Wer an Besitz und sozialen Bindungen festhält, schließt sich selbst aus dem Himmelreich aus (Lk 14,15-24: Gleichnis vom großen Abendmahl). Nur wer bereit ist, sich mit dem „Abschaum der Gesellschaft“ an einen Tisch zu setzen, nimmt am Fest Gottes teil.[5] Der Zöllner Zachäus ist vorbildlich in seinem Verhalten (Lk 19,1-10), das Pärchen Ananias und Saphira, das die Gemeinde betrügt, begeht eine Sünde gegen den Geist bzw. gegen das Vermächtnis Christi, was beide mit dem Leben bezahlen (Apg 5,1-11).

Fazit: Solidarität mit den „Verlorenen“ – Kernpunkt der Ethik
Als roter Faden zieht sich die Solidarität mit den Vergessenen der Gesellschaft durch die neutestamentliche Ethik. Das Vermächtnis Jesu hat eine gewichtige soziale Dimension. Beim Umgang mit den Schwachen wird die „Schmerzgrenze“ Gottes greifbar. Sein Anliegen ist die Rettung der „Verlorenen“ in der Gemeinde und weltweit. Wer sich von ihnen abgrenzt oder ihre Gewissen belastet, torpediert das göttliche Vermächtnis. Das ist eine unentschuldbare „Sünde gegen den Geist“ Christi (Mt 12,31).

---

1 Besonders Mt 18,21f. und das Gleichnis vom unbarmherzigen Knecht, Mt 18,23-35.

2 Ausführlich dazu in Kürze die Dissertation von Carolin Ortega-Blanco, Eine geistlose Gemeinde? Diskursanalytische Untersuchung der matthäischen Gemeindetexte.

3 Ausführlich Vincenzo Petracca, Gott oder das Geld. Die Besitzethik des Lukas, Tübingen / Basel 2003.

4 Lk 6,20-26: Seligpreisungen / Weherufe; Lk 12,16-21: Gleichnis vom Kornbauern.

5 Lk 14,14,1-14: Gastmahlgleichnis, und Lk 15,11-32: Gleichnis vom verlorenen Sohn.

8.6.5 Das Liebesgebot

Im Doppelgebot der Liebe findet das Vermächtnis Jesu seine letzte Zuspitzung.[1] Die Liebe gegen alle Menschen, in der Bergpredigt zum Gebot der Feindesliebe zugespitzt (Mt 5,43-48), macht die Vollkommenheit Gottes aus, zu der auch die Glaubenden fähig sind (V.48; in Lk 6,36 auf Barmherzigkeit bezogen). Das Liebesgebot ist die Leitlinie der Tora (Röm 13,8-10), sie ist die größte Gabe und Aufgabe zugleich (1 Kor 13). Wer seinen Nächsten liebt, zeigt damit seine Gottesliebe – die Ethik wird zum Ausweis des Glaubens überhaupt; wer nicht liebt, glaubt auch nicht (1 Joh 3f.)!

8.6.6 Die Zeit auskaufen

Angesichts der nahen Parusie* ist die Verwaltung des Vermächtnisses Christi nichts, was man irgendwann einmal erledigen könnte. Die Zeit drängt, nichts von dem, was Glaubende in der „Wartezeit" tun, ist ethisch „geschmacksneutral". Alles steht unter dem Vorzeichen, dass Gott der Herr der Zeit, auch der Lebenszeit der Menschen, ist und er jederzeit die Zeit abschneiden kann (Ps 90; Ps 104,29; Offb 10,6). Eph 5,16 und Kol 4,5 bringen die geforderte Haltung auf den Punkt „Kauft die Zeit aus, denn es ist böse Zeit". Die „böse Zeit" ist die eschatologische* Zeit der Bedrängnis.

8.6.7 Festhalten, aushalten, durchhalten

Angesichts der sich dehnenden Zeit kommt alles darauf an, das bisher Erreichte – Hoffnung, Bekenntnis, Erwählung – festzuhalten, das Böse in der Welt auszuhalten und in Geduld bis zur Parusie* durchzuhalten. Neutestamentliche Ethik ist über weite Strecken Durchhalteethik, denn die Gegenwart gilt als Endzeit apokalyptischen* Zuschnitts (exemplarisch: Hebr 10,23-39). Die Gemeinschaft mit Jesus und Gott führt in die Opposition zum Kosmos, der Gott nicht kennt und Jesus nicht anerkennt (Joh 15,18-16,4). Der Status der Erwählung ist gefährdet, seine Erhaltung erfordert die Bereitschaft zum Leiden. Das Leiden ist vielen Texten zufolge der Weg zur Seligkeit. Das Böse hat eine kosmische Dimension, deshalb lässt es sich nicht mit Gewalt bekämpfen, allenfalls aushalten und in Geduld überwinden (Mt 13,24-30: Unkrautgleichnis; Offb 2f.: Überwindersprüche). Die endzeitliche Situation ist das „Vorzeichen vor der Klammer" der Nachfolge Jesu. Sie bietet Gelegenheit, das Leiden und Sterben Jesu nachzuvollziehen, um so die Seligkeit zu erlangen (vgl. Mk 13,13!). Der erhöhte Christus steht den Glaubenden zur Seite und führt den kosmischen Kampf gegen die widergöttlichen Mächte zu Ende.

---

[1] Mk 12,28; Lk 10,27; Joh 13,34; Röm 13,8-10; 1 Joh 2,7-11 u.a.

8.6.8 Fazit: Verwirklichung des Vermächtnisses Christi jetzt!

Die Zeit bis zur Parusie* Christi ist eine Zeit eigener Qualität, eine Zeit des aktiven Wartens. Das gilt gegen jede nostalgische Fixierung auf die Vergangenheit mit Jesus oder auf das baldige Ende. In der Gegenwart muss das Vermächtnis Christi, das auf die Rettung der „Verlorenen" weltweit hinausläuft, zur Entfaltung kommen. Leitlinie ist das radikal verstandene Liebesgebot, das selbst bei Feinden nicht aufhört. Seine Beachtung soll die Welt überzeugen, dass die Rede von der neuen Wirklichkeit nicht leeres Gerede ist, sondern auf Wahrheit gründet. Im vorbildlichen Verhalten werden Gott-Vater und Sohn glaubwürdig – oder eben nicht. Die Gemeinden haben eine unaufgebbare „Leuchtturmfunktion". Sie tragen wesentlich dazu bei, den Willen Gottes auf Erden sichtbar zu machen und durchzusetzen; tun sie es nicht, sind sie ihr Geld nicht wert.

8.7 Ergebnis: Gelebte Hoffnung – Ausweis des Glaubens

Der neue Glaube war nicht „beweisbar", denn er bezog sich auf eine unsichtbare Wirklichkeit. Die Hoffnung auf ein rasches Ende dieses Zustands und auf die Erfüllung der Ankündigungen Jesu erfüllte sich nicht. Der „Immanuel" war an Himmelfahrt menschlichen Blicken entschwunden. Die Gewissheit, dass sich im Himmel, wenn auch unsichtbar, bereits etwas Neues etabliert hat, war Glaubenssache. Das provozierte ein breites Nachdenken über die Verzögerung der Parusie* und über die Bewertung der verbleibenden Zeit. Außerdem führte es zur Suche nach neuen, bleibenden Formen der Gemeinschaft mit dem erhöhten Christus.

8.7.1 Die Trennung forciert den Glauben an das Unsichtbare

Der Sinn der Trennung und des Nichtsehenkönnens wurde in Aussagen entdeckt, die Jesus der Erinnerung nach über die „Zeit danach" von sich gegeben hatte. Sie führten zur Vorstellung, der Auferstandene habe eine himmlische Reise angetreten, um die Gottesherrschaft zu übernehmen. Im Einzelnen gehören dazu die Vernichtung der gottfeindlichen Mächte, Lobbyarbeit für die Glaubenden und Festvorbereitungen für den großen Tag X. Außerdem gab die platonische Unterscheidung zwischen der Welt der sichtbaren Dinge und der Ideen ein Erklärungsmuster vor: Das Wesentliche habe sich bereits im Himmel unsichtbar vollzogen. Die sichtbare Welt sei kein Maßstab von Wahrheit, da die Erkenntnismöglichkeiten beschränkt seien (1 Kor 13,9). Die Wahrheit ist hier eine Sache des Glaubens, die christliche Hoffnung stützt sich auf das Unsichtbare als das Bessere (Röm 8,24; 2 Kor 4,18; vgl. Hebr 8,4-6).

8.7.2 Entdeckung vielfältiger Himmelsbrücken

Die Texte nennen erkennbare Hinweise auf das Neue und Möglichkeiten bleibender Gemeinschaft mit Christus. Sie nehmen der Sehnsucht nach der verlorenen Vergangenheit und nach der Wiederkunft Christi die Schärfe. Neben einzelnen Visionen wurden das Gemeinschaftsleben und das Gebet als Kanäle bleibenden Kontakts mit Christus entdeckt. Sie führten zur Entdeckung einer neuen, innerlichen und intensiven Form der Gemeinschaft, die sich in Körpermetaphorik* und in der Rede vom „in Christus Sein" Ausdruck verschaffte. Weitere Brücken zwischen Himmel und Erde sowie zwischen Gegenwart und Zukunft stärkten die Gewissheit, dass das Neue bereits begonnen hat und sich in Kürze in vollem Umfang verwirklichen werde. Zu diesen Anfängen der ersehnten Erlösung gehört zu allererst der Heilige Geist (2 Kor 1,22; 5,5; Eph 1,13f.). Seine vielfältigen Gaben machten die christlichen Gemeinden zu dem Ort, an dem das Neue schon sichtbar und greifbar wird. Auch der Glaube an das Unmögliche wurde als substanzhafter Anfang gewertet (Hebr 11,1), selbst die Leiden der Glaubenden galten als untrügliches Zeichen der nahen Erlösung (1 Petr 4,12-19). Am Ende, so die Texte, wird die bislang unsichtbare neue Heilswirklichkeit sichtbar werden, die Gottesherrschaft sich allgemein durchsetzen und das Böse endgültig vernichtet werden (Röm 8,18ff.).

8.7.3 Die Gegenwart als Chance und Verpflichtung

Die Frage, wie die Zeit des Wartens und der Sehnsucht positiv zu deuten sei, wurde ebenfalls theologisch durchdacht. Es ist die einhellige Überzeugung der Texte, dass die Tatsache der Gegenwart an sich einen Hinweis gibt: Sie ist geschenkte Zeit, die es aktiv zu nutzen gilt. Hier und jetzt entscheidet sich, wer in der kommenden Festveranstaltung Gottes dabei ist und wer nicht. Und sie ist die Phase, in der das Vermächtnis Christi weltweit bekannt zu machen ist. Dieses besteht im universalen Missionsauftrag und in der Befolgung des Liebesgebots. Bis zur Parusie* sind die Glaubenden Mandatsträger Christi auf Erden und sollen mithilfe des Heiligen Geistes ihn und den Vater unter allen Völkern zur Glaubwürdigkeit verhelfen. Das geschieht in vorbildlichem Verhalten und in der aktiven Verbreitung des Evangeliums. Da der Zeitpunkt der Parusie nicht bekannt ist, gilt der Slogan aus Eph 5,16par. Kol 4,5: „Kauft die Zeit aus!"

8.7.4 Der Schöpfergott – Fluchtpunkt des christlichen Glaubens

Das Problem der Nichtbeweisbarkeit des Neuen führte zu einem zeitlich gegliederten Geschichtsbild und zu einer mehrphasigen Christologie. Unterschieden werden die Phasen der Präexistenz, der geschichtlichen Zeit vor Christus, der Erhöhung und Trennung sowie der allgemeinen Sichtbarwerdung des Heils und der Erlösung der Welt. Christlicher Glaube bedeutet, gegen die vorfindliche Wirklichkeit mit der verwandelnden Schöpferkraft Gottes zu rechnen, die selbst aus dem Tod und aus scheinbarem Stillstand heraus schon morgen alles zum Guten wenden kann.

Anfrage 20: Hat Jesus die Kirche gegründet?

„Jesus kündigte das Himmelreich an, und die Kirche ist gekommen." Der berühmte Satz des französischen Theologen Alfred Loisy[1] suggeriert, dass die Kirche keine Gründung Jesu war, sondern eine spätere Verlegenheitslösung. In der Tat lässt sich fragen, ob Jesus an eine verfasste Kirche, die durch die Jahrhunderte die Weltgeschichte mitprägen sollte, gedacht hatte, als er Jünger berief und sie zur Verkündigung aussandte. Demgegenüber hat es den Anschein, als habe Jesus in einer akuten Naherwartung der Gottesherrschaft gelebt und gewirkt (Mk 9,1parr.). Gleichwohl ist mit dem Satz von Loisy nicht alles gesagt. Die Berufung des Zwölferkreises, die auf Jesus zurückgehen dürfte (vgl. 1 Kor 15,5!),[2] drückt eine Programmatik aus, die auf eine kultische und ethische Erneuerung Israels hinausläuft. Die Evangelisten bestätigen und dokumentieren einhellig die christliche Gemeinschaft als Stiftung Jesu, mitsamt ihren Vollzügen Mission, Taufe, Abendmahl und Diakonie. Auch der Heilige Geist als kybernetische Kraft der Gemeindearbeit gilt als seine Gabe. Aus dem Zwölferkreis und anderen Gruppierungen heraus hat sich unter dem Eindruck der Ostergeschehnisse die Kirche entwickelt. De-ren bleibende Messlatte ist Jesus selbst mit seinem Auftrag, die Botschaft vom liebenden Vatergott in der Welt glaubwürdig zu machen. Daran muss und kann Kirche immer wieder anknüpfen, trotz oder gerade wegen ihrer zweitausendjährigen Geschichte, in der dieser Auftrag oft zu wenig oder gar nicht zur Geltung gekommen ist.

Anfrage 21: Hat sich Jesus geirrt?

Nach allem, was wir durch die Evangelien wissen, hat Jesus (wie nach ihm Paulus) die Ankunft der Gottesherrschaft noch zu seinen Lebzeiten erwartet.[3] In der zu erwartenden Weise ist diese Hoffnung bis heute unerfüllt geblieben. So gesehen, haben sich Jesus und Paulus geirrt. Ein Problem ist diese Feststellung nur, wäre die Naherwartung auf einen nachprüfbaren Zeitpunkt bezogen; dann wäre die Glaubwürdigkeit Jesu als Sohn und Gesandten Gottes überhaupt diskreditiert. Für die Autoren der neutesta-

---

[1] Alfred Loisy, L'Évangile et l'Église, Bellevue, 3. Auflage 1904, 155.
[2] Zur Diskussion vgl. Berger, Jesus*, 529-559.
[3] Mk 9,1parr.; 13,30parr.; 1Kor 15,51; 1 Thess 4,17.

mentlichen Schriften zumindest war das nicht der Fall. Jesu Vollmacht stand für sie außer Frage; problematische Auskünfte wie diese mussten einen Wahrheitsgehalt haben, auch wenn er nicht „objektiv" zu beweisen war. Sie fanden ihn etwa in der Verklärung als Voraberfüllung dieses Wortes (Mk 9,2-13parr.) bzw. im Hinweis darauf, dass der exakte Zeitpunkt allein Gott bekannt sei (Mk 13,32). So irrte sich Jesus auf der einen Seite, und er hatte bei seiner Verkündigung sicherlich nicht die Entwicklung der nächsten zweitausend Jahre vor Augen. Auf der anderen Seite irrte er sich nicht – die Gottesherrschaft wurde in seinem Wirken schlaglichtartig sichtbar; die dadurch ausgelöste Hoffnung zieht bis heute Menschen in seine Nachfolge. Genau hier, wo Menschen zum Glauben finden, wo christliche Gemeinschaft lebt und Jesu Vermächtnis weitergetragen wird, manifestiert sich immer wieder aufs Neue das Reich Gottes. Die Ankunft der Gottesherrschaft vollzieht sich nicht primär in einem kosmischen Spektakel sondergleichen, sondern als weithin unmerklicher Prozess. Dieser ist unumkehrbar wie Wachstumsprozesse, die man in der Natur beobachten kann (vgl. Mt 13parr.: Wachstumsgleichnisse).[1]

Anfrage 22: Was meint „Himmelfahrt"?

Der Bericht von der Himmelfahrt Jesu in Lk 24, Apg 1 und Mk 16 liest sich wie ein antiker Mythos: Ein Mensch wird von der Erde zu Gott hin entrückt und damit vergöttlicht. Historisch lässt sich ein solches Geschehen nicht beweisen. Die Frage ist, ähnlich wie beim Ostergeschehen: Hängt die Wahrheit des Berichts allein von seiner historischen Beweisbarkeit ab? Meines Erachtens bringt die Rede von der Himmelfahrt zum Ausdruck, dass Jesus, der vollmächtige Bote und gehorsame Sohn Gottes, am Ende von seinem Auftraggeber und Vater bestätigt und in den ihm zukommenden Rang erhoben wurde. Die Erhöhung bzw. Entrückung symbolisiert zugleich die optische Trennung von den Glaubenden und die damit einhergehende Unsichtbarkeit der neuen Glaubenswirklichkeit. Für den wehmütigen Blick zurück bleibt, ähnlich wie beim leeren Grab, kein Raum. Der Blick wird nach oben und von dort nach vorne, zu den anstehenden Aufgaben bis zur Wiederkunft Christi, gelenkt (Apg 1,10-12). Nicht zuletzt ist die Himmelfahrt Jesu ein Signal der Hoffnung: So wie er werden die Menschen, die seinem Weg nachfolgen, am Ende in ein himmlisches Leben und in die Gemeinschaft aller Glaubenden aufgenommen werden. Jesus Christus ist der Erstling der Auferstehung und der Pionier, der den Weg „nach oben" frei gemacht und den Seinen himmlische Wohnungen eingerichtet hat. Die Himmelfahrt des Einen ist Grund zur Hoffnung für die Vielen, am Ende selbst von den Strapazen des vergänglichen

[1] Vgl. weiter Erlemann, Unfassbar*, Anfragen 29 und 30.

Lebens in dieser Welt befreit und zu einem himmlischen Leben in Fülle erhoben zu werden. Bis dahin leben wir im Glauben, nicht im Schauen, und verbreiten die Hoffnung von Ostern und Himmelfahrt in dieser Welt.

Anfrage 23: Endgericht – eine überholte Vorstellung?

Ähnlich problematisch wie die Naherwartung gilt die Rede vom Endgericht heute als schwer verständliche, antiquierte oder gar krank machende Vorstellung.[1] Hier hilft die Beobachtung, dass die neutestamentliche Rede vom Endgericht regelmäßig auf ein bestimmtes ethisches Verhalten bezogen ist – als Warnung vor einem falschen Weg oder als Trost in schweren Zeiten. Die Aussicht auf eine jenseitige Vergeltung kompensiert die Erfahrung, dass es auf dieser Welt regelmäßig ungerecht zugeht. Für viele Menschen auf der Schattenseite des Lebens ist das ein wichtiger Trost.[2] Die Metapher* vom Endgericht ist aus dem Bereich irdisch-weltlicher Rechtsordnung gegriffen. Anders als in einem universalen Gerichtsakt können wir uns den jenseitigen Ausgleich für hiesige Ungerechtigkeiten nur sehr schwer vorstellen; andere Bilder erscheinen zu schwach.

Es muss freilich offen bleiben, ob Gottes Wirklichkeit sich tatsächlich in einem solchen Gerichtsakt manifestiert, ob Gott seine Gerechtigkeit so, wie wir Menschen es uns vorstellen können, durchsetzen wird. Möglicherweise stehen ihm ganz andere Mittel und Wege hierfür zur Verfügung. Bis wir das erkennen, hat die Rede vom Endgericht eine bleibend wichtige, mahnende und tröstende Funktion: Kein Unrecht ist bei Gott in den Wind geschrieben, es gibt kein „wertneutrales" ethisches Verhalten jenseits der Geschichtsmächtigkeit Gottes! Und: Es liegt nicht in unserer menschlichen Kompetenz, über andere zu richten – Gott allein steht dieses Recht zu, denn er allein schaut den Menschen in die Herzen und kann sie möglicherweise noch bis zuletzt zum Guten wenden! Gott, der Anwalt der Gerechtigkeit, ist zugleich der Gott der Liebe, der seine Sonne auch über Ungerechte scheinen und das Unkraut bis zum Schluss wachsen lässt, um ihm eine Chance zu geben (Mt 5,45 und 13,24-30: Unkrautgleichnis). Hierin liegt nach Auskunft der Texte auch der Hauptgrund, weshalb Gott sein Kommen, was ein Kommen zum „Gericht" wäre, immer noch hinausschiebt (2 Petr 3,9). Vielleicht so lange, bis gar kein Gericht mehr nötig ist? Wir wissen es nicht. Wir wissen nur, dass Gott selbst die Vergessenen, Abgeschriebenen und Verurteilten dieser Welt zu neuem Leben erwecken kann. Das hat er in der Sendung seines Sohnes demonstriert.

---

1 Zum Folgenden Kurt Erlemann, Das 'letzte Gericht' – ein erledigtes Mythologumenon? (ZNT* 9, 2002), 47-53.

2 Vgl. als Beispiel das Gleichnis vom reichen Mann und armen Lazarus (Lk 16,19-31).

V Die Provokation der Vielstimmigkeit

Ein letzter Teil des Buches ist dem Neuen Testament an sich gewidmet. Als kanonische* Schriftensammlung enthält es eine Vielzahl christologischer* Gedanken und Entwürfe, die nicht im Sinne einer modernen Dogmatik* zu lesen sind. Sie stehen unverbunden neben-, zum Teil auch in Spannung zueinander. Viele Gedanken entstanden *ad hoc*, mit Blick auf damals aktuelle Fragen und Probleme, und wurden nicht im Hinblick auf unsere Zeit verfasst. Das Kapitel stellt die Entwürfe skizzenhaft (mehr ist aus Platzgründen nicht machbar) vor und demonstriert so noch einmal die Vielfalt der Entwürfe. Kapitel 10 geht den umgekehrten Weg und fragt nach verbindenden roten Fäden sowie nach dem „Neuen" des christlichen gegenüber dem alttestamentlich-jüdischen Glauben.

9 Einzelne christologische Entwürfe

Das Kapitel nimmt die Eigenheiten der markantesten christologischen Entwürfe in den Blick und fragt nach ihrer jeweiligen Mitte. Methodischer Ausgangspunkt sind die christologischen Schlüsselstellen, die mit anderen, eher peripheren Aussagen ins Verhältnis gesetzt werden. Das Charakteristische einer christologischen Konzeption ergibt sich aus den erkennbaren Schwerpunkten und dem Zusammenspiel der unterschiedlichen Aussagen. Der Bogen wird von den Evangelien über Paulus und die übrige Briefliteratur bis hin zur Johannesoffenbarung gespannt (9.1-9.7).

9.1 Markus: Undercover-Agent des befreienden Gottes

9.1.1 Der Rahmen: Geliebter Sohn und vollmächtiger Gesandter

Den Rahmen der markinischen Christologie bildet die Rede vom geliebten Gottessohn im Taufbericht (Mk 1,11), bei der Verklärung (Mk 9,7) und unter dem Kreuz (Mk 15,39). Der Sohn hat ein inniges Verhältnis zum Vater (Mk 8,38; 14,36: Abba), er kam als sein vollmächtiger Gesandter (Mk 2,7; 12,1-12). Er ist dem Vater streng untergeordnet: Er kennt nicht den Zeitpunkt des Endes (Mk 13,32), er nimmt sein Schicksal gehorsam an (Mk 14,36: Gethsemane). Er war wirklich Mensch; besonders die Gethsemane- und die Kreuzigungsszene kehren das hervor (Mk 14,32-42; 15,34).

9.1.2 Das Zentrum: Der Messias als leidender Menschensohn

Das zentrale christologische Bekenntnis kommt in Mk 8,29 von Petrus: „Du bist der Christus!" Die Erwartung eines hoheitlich auftretenden Messias Israels wurde jedoch sogleich enttäuscht: Die Erkenntnis des Petrus sollte geheim bleiben (Mk 8,30), der Messias offenbarte sich als leidender Menschensohn (Mk 8,31; 9,31; 10,33). Der markinische Jesus hielt so lange wie möglich seine Identität geheim, der Messias erschien inkognito bei seinem Volk. Die Uneindeutigkeit seiner Erscheinung führte zur ambivalenten Wirkung von Glauben und Ablehnung; ähnlich ist die Gottesherrschaft anfangs unscheinbar wie ein Samenkorn (Mk 4,30-33). Seine Identität sprach Jesus erst vor dem Hohen Rat offen aus: Er sei der Sohn Gottes, werde als Menschensohn an dessen rechter Seite sitzen und mit den Wolken des Himmels wiederkommen (Mk 14,61f.; vgl. 13,24-27).

9.1.3 Die Provokation: Enttäuschung hoheitlicher Erwartungen

Die Vorstellung des leidenden Menschensohnes wirkte auf die Jünger provokativ; Petrus wollte sie nicht gelten lassen (Mk 8,32). Die Erfüllung hoheitlicher Erwartungen gilt als die größte Versuchung Jesu (Mk 8,33: „Satan"). Auf den Hohen Rat wirkte die Behauptung Jesu, er sei der Sohn Gottes und der künftige Menschensohn-Richter, provozierend; er wurde der Blasphemie bezichtigt und zum Tode verurteilt (Mk 14,63f.). Diese Spannung zwischen messianischen Erwartungen und dem Konzept des leidenden Menschensohnes ist das Kennzeichen der markinischen Christologie. Provokativ wirkte es auch, dass Jesus ausgerechnet von denen als Gottessohn erkannt wurde, die nicht zu den Erwählten Israels gehörten.[1] Von seiner Familie wurde der Messiasanspruch Jesu abgelehnt (Mk 3,20f.; 6,1-6), vom eigenen Volk wurde er am Ende verraten. Der markinische Christus steht damit in der Reihe der Propheten, die in ihrer Heimat nichts gelten (Mk 6,4; vgl. 4,10-12: Verstockung; 14,65: „Weissage uns!").

9.1.4 Der Auftrag: Universale Vorbereitung der Ankunft Gottes

Die Mission des Gottessohnes diente der Ankündigung der Gottesherrschaft und dem Aufruf zur Kurskorrektur (Mk 1,15; 9,1; 12,1-12). Das versuchte er ohne „Brechstange" zu erreichen. Die Zeit seines irdischen Wirkens war die Zeit der Festvorbereitung – er war der Bräutigam, der mit den Seinen das Leben feierte; das rechtfertigte auch die Aussetzung von Torageboten (z.B. Mk 2,18-22: Fastenfrage). Seine Botschaft war nicht auf Israel begrenzt, sondern erstreckte sich auf alle Menschen.[2] Er sammelte die Verirrten und schenkte ihnen Orientierung.[3] Sein Anspruch war kos-

---

[1] Dämonen sprechen das erste, ein Nichtjude das letzte Bekenntnis (Mk 3,11; 15,39).

[2] Mk 7,24-8,9: Wirken unter Nichtjuden; Mk 13,10: Ankündigung der Heidenmission.

[3] Mk 6,30-44: Speisung der 5000; Mk 13,27-30: Weltweite Sammlung der Erwählten.

mischer Art: Er grub Satan und seinen Dämonen das Wasser ab, indem er Kranke aus ihren Fängen befreite und ihnen die Sünden vergab.[1]

9.1.5 Das Vermächtnis: Anteil und Weiterarbeit am Befreiungswerk

Der Tod Jesu war kein unvermeidliches Fatum, sondern vermeidbare Schuld der Ungerechten an dem einen Gerechten. Sein Tod besiegelte das Schicksal der religiösen Führer Israels und begründete den Übergang der Erwählung an andere (Mk 12,1-12; vgl. Mk 14,24: Rede vom neuen Bund). Er starb als „König der Juden", dessen Identität als wahrer König Israels und „Herr Davids" seinem Volk weitgehend verborgen blieb (Mk 12,25-37; 15,2.26). Zusammenfassend deutet Markus die Lebenshingabe als Dienst des Menschensohnes und als „Lösegeld für viele" (Mk 10,45; vgl. 14,24). Sein Vermächtnis besteht im neuen Bund und in den Früchten seiner Lebenshingabe (Mk 14,22-24: Einsetzungsworte), sein Auftrag in der weltweiten Verkündigung des Evangeliums (Mk 13,10), in der Fortsetzung des Befreiungskampfes gegen das Böse in der Welt (Mk 6,7-13: Aussendungsrede) und im Doppelgebot der Liebe (Mk 12,28-34).

9.1.6 Fazit: Christus – die Verkörperung des sanften Weges Gottes

Der Gottessohn propagierte die Anerkennung des Vaters und die Liebe zu ihm, die Durchsetzung seiner Herrschaft mit sanften Mitteln, die Verkündigung der Menschlichkeit Gottes und die Befreiung vom Bösen. All diese Aspekte sind Kehrseiten ein und derselben Medaille. Gott, der in seinem Sohn in die Welt kam und sich ihnen aussetzte, der den „unteren Weg" der Lebenshingabe ging, um möglichst viele Menschen zu erlösen – das ist der Kern der markinischen Christologie.

9.2 Matthäus: Promoter der gerechten Gottesherrschaft

9.2.1 Der Rahmen: Vom Messias Israels zum universalen Immanuel

Der Rahmen der matthäischen Christologie ist mit den Hoheitstiteln Davidssohn, Immanuel und Gottessohn umrissen. Alle drei Titel sind mit traditionellen Erwartungen verbunden, die im Evangelium durchbrochen werden. Hierin steckt das provokative Potenzial des Entwurfs.

[1] Mk 2,1-12: Heilung des Gelähmten; Mk 3,10f.22-30: Exorzismen.

Der Immanuel Israels und der Auftrag zur Heidenmission
Für Matthäus typisch ist der Titel „Immanuel" – „Gott mit uns" (Mt 1,23), der am Ende wieder aufgegriffen wird (Mt 28,20: „Ich bin bei euch alle Tage bis an der Welt Ende"). Während er am Anfang auf Israel bezogen war, gilt er am Ende den Missionaren unter den Völkern der Welt. Die eine Provokation bestand in der Sprengung der Grenzen Israels, die andere in der Spannung von Mitsein und Wegsein des Auferstandenen.

Die provozierende Umdeutung des Davidssohnes
Durch seinen Stammbaum, die Bezeichnung seines Vaters Josef als „Davidssohn" und seine Geburt in der Davidsstadt Bethlehem (Mt 1,1-17.20; 2,1) wird Jesus als legitimer Davidide und damit als endzeitlicher König Israels eingeführt. Sein royaler Anspruch war eine Provokation für Herodes, der Konkurrenz fürchtete (Mt 2,16-18: Kindermord in Bethlehem) und ein Ansporn für die Weisen aus dem Orient, ihn zu suchen (Mt 2,1-12). Am Ende wurde Jesus, wie bei Markus, als „König der Juden" hingerichtet (Mt 27,29.37). Die mit dem Davidssohn verbundenen Erwartungen des Volkes (Mt 21,9: „Hosianna dem Sohn Davids!") wurden so nicht erfüllt, sondern umgebogen und überhöht: Sein Königtum ist kosmischer Art, wie der Stern von Bethlehem zeigt (Mt 2,2); es verwirklicht sich nicht politisch, sondern in Weisheit (Mt 2,1-12: Die Weisen huldigen ihm), in heilender Wundertätigkeit (Mt 9,12.15.20.27; vgl. 11,2-5) und im Sammeln der verschmachtenden Schafe Israels (Mt 9,36f.). Nach markinischem Vorbild präsentierte er sich als „Herr Davids" (Mt 22,41-46). Dieser König wurde von Israel abgelehnt und getötet. Am Ende steht die programmatische Hinwendung zu den Nichtjuden.

Der einzige Sohn und Offenbarer Gottes
Wie bei Markus war Jesus der geliebte Sohn Gottes.[1] Er hatte zum Gott Israels ein inniges Verhältnis, durfte ihn Vater nennen (Mt 6,9: Vaterunser; 11,25: Jubelruf Jesu) und als einziger ihn als Vater publik machen (Mt 11,27). Sein Geständnis vor dem Hohen Rat führte wie in der markinischen Vorlage zum Todesurteil (Mt 26,63-68).

9.2.2 Jesu kosmischer Auftrag: Sieg Gottes über das Böse

Matthäus präsentiert den Messias Israels als Promoter der Gottesherrschaft. Er kündigte ihre Nähe an (Mt 4,17), setzte in den Wundern Zeichen ihres Kommens und markierte in den Exorzismen* ihren Anfang (Mt 12,28). Mit ihrer Etablierung wurden die Machtansprüche Satans zerschlagen. Das geschah programmatisch zu Beginn der öffentlichen Tä-

[1] Mt 3,13-17: Taufe; Mt 17,5: Verklärung; Mt 27,54: Hauptmann unter dem Kreuz.

tigkeit Jesu (Mt 4,1-11: Versuchung), ging weiter in den Exorzismen* und endete am Kreuz. Die Überwindung des Bösen geschah demnach durch radikalen Gehorsam Gott gegenüber (Mt 4,1-11), Feindesliebe (Mt 5,43-48), Aushalten (Mt 13,24-30: Unkrautgleichnis), Sündenvergebung[1] und durch Verzicht auf Selbsthilfe (Mt 4,1-11; 26,52f.; 27,40). Das heißt, die Gottesherrschaft wird nicht durch Machtdemonstrationen durchgesetzt, sondern durch Tun der (besseren) Gerechtigkeit, die mit Güte (Mt 20,1-16: Weinberggleichnis), Sanftmut und Dienstbereitschaft gepaart ist (Mt 11,28-30). Der Messias Israels zeigte sich für Matthäus als dienender Menschensohn (Mt 20,28) – eine weitere provozierende Umdeutung.

9.2.3 Jesu Tod: Sündenvergebung und freier Zugang zu Gott

Die Uneindeutigkeit, die Jesu Auftreten kennzeichnete (vgl. Mt 9,32-34; 12,22ff.), führte am Ende zu seiner Hinrichtung. Er starb als der Gerechte in der Traditon der ermordeten Propheten Israels (Mt 23,29-36; 27,19). Sein Tod diente der Sündenvergebung, wie die matthäischen Einsetzungsworte betonen (Mt 26,28). Der zerrissene Vorhang vor dem Allerheiligsten symbolisiert den freien Zugang zu Gott, der durch Jesu Tod möglich wurde (Mt 27,51). Darüber hinaus ist Golgatha für Matthäus das Fanal des Endgerichts (Mt 27,52f.), die Zerstörung Jerusalems die göttliche Strafe an Israel (Mt 23,35f.; 27,25). Im Nachhinein entpuppte sich Jesus als der Schlussstein der Erwählung, die auf ein neues Volk überging.[2]

9.2.4 Der Menschensohn-Richter: Anwalt der Gerechtigkeit

Der dienende ist für Matthäus zugleich der richtende Menschensohn; die markinische Vorlage wird dabei verstärkt: Wenn er wiederkommen wird, wird er nicht nur die Erwählten sammeln, sondern auch Gericht halten.[3] Dieses findet allerdings, ähnlich wie bei Johannes, in zwei Instanzen statt: Zuerst schon im irdischen Wirken Jesu; das Kriterium ist hier das christologische Bekenntnis, das den Ausgang des Endgerichts vorab entscheidet (Mt 10,32f.). Dort werden dann die Taten der Menschen auf die Waagschale gelegt. Das Verhalten den „Geringsten" gegenüber wird mit dem Verhalten dem Menschensohn gegenüber gleichgesetzt (Mt 25,31-46). Matthäus bringt das geforderte Tun auf den Begriff der Gerechtigkeit, die besser ist als die der Schriftgelehrten und Pharisäer.[4]

---

[1] Vgl. schon Mt 1,21; weiter Mt 18,21-35: Gleichnis vom Schalksknecht.

[2] Mt 21,33-46: Winzergleichnis; vgl. 22,1-14: Hochzeitsgleichnis.

[3] Mt 3,10; 13,36-43; 25,31-46; vgl. Gleichnisse vom unbarmherzigen Knecht (Mt 18,23-35); vom Hochzeitsgewand (Mt 22,11-14), von den Talenten (Mt 25,14-30) und von den Knechten (Mt 24,45-51).

[4] Mt 5,20; vgl. Mt 13,41.43.49; 22,11-14; 25,46.

9.2.5 Das Vermächtnis: Erlösung durch Demut und Vergebung

Das Vermächtnis des erhöhten Christus besteht in der globalen Verkündigung des Gottesherrschaft (Mt 28,18-20). Die breit entfaltete Ethik beschreibt den Inhalt des Evangeliums, die „Spielregeln" der Gottesherrschaft und den Weg Gottes, das Böse zu überwinden: Sanftheit, Gewaltverzicht, bessere Gerechtigkeit, barmherzige Güte, grenzenlose Vergebungsbereitschaft, Verzicht auf Verurteile, Demut und Liebe selbst gegenüber Feinden. In der „Gemeinderegel" (Mt 18-20) wird die Verantwortung Kindern, Sündern und „Letzten" gegenüber betont. Sie sind die herausragende Klientel des matthäischen Christus. Die Zuwendung zu ihnen wie zu den Völkern der Welt zeigt den universalen Anspruch Gottes an (Mt 18,10-14: verlorenes Schaf). Im besseren Sinne gerecht bzw. vollkommen wie der Vater im Himmel (Mt 5,48) ist der, der selbst den Geringsten gerecht wird.[1] In diesem Sinne sollen die Glaubenden auf Provokationen verzichten (Mt 17,24-27: Steuerfrage), als Vorbilder „Salz der Erde" und „Licht der Welt" sein (Mt 5,13-16) und ihre Talente wuchern lassen (Mt 25,14-30). Die Gemeinde gilt als „Reich des Menschensohnes", in dem Gottes Herrschaft bereits sichtbar begonnen hat (Mt 13,41). Ihr Handeln steht unter dem Vorzeichen der baldigen, überraschend eintreffenden Parusie* und dient als Erkennungsmerkmal am Tage X (Mt 24f.). Wer sich gerecht verhält, erhält am Ende Anteil am Vermächtnis des Lebens Jesu, das zur Erlösung für viele verschenkt wurde (Mt 20,28).

9.2.6 Fazit: Der vergebende und treue Menschensohn-Richter

Matthäus zeigt Jesus als Wegbereiter der Gottesherrschaft, der Appetit auf sie machte und zeigte, wie sie aussieht: Sie ist die Herrschaft des sanftmütigen, gerechten, barmherzigen Gottes, der sich allen Menschen, auch den Geringsten und Entferntesten, zuwendet. Diese Herrschaft setzt sich gewaltlos durch, verzichtet auf vorzeitiges Verurteilen und setzt stattdessen auf Sündenvergebung als subtile Art, dem Bösen den Boden zu entziehen. Mit diesem Konzept sprengt Matthäus die Erwartung an einen politisch machtvoll auftretenden Davidssohn. Der „König der Juden" war der dienende Menschensohn; anstelle der politischen Befreiung Israels lag sein Auftrag in der Erlösung der Menschen von den Fesseln ihres Daseins und in der Befreiung der Welt vom Bösen. Damit repräsentierte er vollmächtig Gott selbst. Am Ende erreichte sein Tod umfassende Sündenvergebung und einen freien Zugang zu Gott. Er ist der „Immanuel", der den Glaubenden allzeit nahe ist. Er wird als „Bräutigam" wiederkommen und mit ihnen das große Fest Gottes feiern.[2]

---

1 Wer deren Unglück provoziert, provoziert sein eigenes (Mt 18,6-9; 25,31-46).
2 Vgl. die Hochzeitsgleichnisse (Mt 22,1-14; 25,1-13).

9.3 Lukas: Werbeträger für den suchenden und rettenden Geist Gottes

Die Christologie des lukanischen Doppelwerkes folgt weitgehend der der anderen Synoptiker*: Jesus war der geliebte Sohn Gottes, wie sich in Taufe und Verklärung zeigte. Abweichend kam der Hauptmann unter dem Kreuz zur Erkenntnis: „Dieser Mensch war wirklich ein Gerechter." Auch Züge der Menschensohn- und Sohn-Davids-Christologie finden sich hier. Das lukanische Konzept ergibt sich vor allem aus seinem Sondergut*.

9.3.1 Vollmächtiger Repräsentant des Schöpfergeistes Gottes

Nach Lukas war Jesus der vom Geist gezeugte Gottes- und Davidssohn (Lk 1,31-35). Sein Stammbaum unterstreicht seine göttliche Herkunft[1]: Mit ihm schloss sich der Kreis; die Zeugung aus dem Geist markierte einen neuen Schöpfungsakt Gottes. Charakteristisch ist die Betonung des Charismas* Jesu; sein Wirken war die Entfaltung göttlicher Geistwirkungen (Lk 4,18-21: Antrittsrede in Nazareth). An Pfingsten übertrug er den Geist den Jüngern, die sein Charisma seither weitertragen.

Der Geist Gottes, nach Lukas die Triebfeder Jesu, ist ein Geist der Weisheit[2] und der sozialen Befreiung (Lk 4,18-21 in Rückbezug auf Jes 61,1f.). Die Rettung der „Verlorenen", nach Lukas die Hauptaufgabe des Menschensohnes, geschah in demselben Geist und offenbarte das innerste Motiv Gottes.[3] Als exklusiver Geistträger hatte Jesus Vollmacht über die Mächte, die das Leben bedrängen: Er rettete die Jünger vor Naturgewalten, befreite Besessene von Dämonen, heilte die blutflüssige Frau von ihrer Krankheit und erweckte die Tochter des Jairus vom Tod (Lk 8,22-56). Die Mahlgemeinschaft mit Sündern und Zöllnern zeigte die vergebende und rettende Zuwendung Gottes ebenso an wie die Heilung von Kranken am Sabbat (Lk 5,30-32; 6,6-11; 7,36-50). Niemand ist Gott gleichgültig, keiner darf verloren gehen. Entsprechend groß ist die Freude Gottes über gerettetes Leben. Das ist Gottes Geist, und der Sohn macht ihn bekannt.

9.3.2 Der Verkündiger des alles erneuernden Gottes

Die Zuwendung zu den Verlorenen provozierte, wie bei Markus und Matthäus, die religiöse Führung Israels. „Ich bin gekommen, die Sünder zur Umkehr zu rufen und nicht die Gerechten" (Lk 5,32) – dieser Satz ist Programm und Provokation zugleich. Der lukanische Jesus hielt den Etablier-

[1] Lk 3,23-38: Jesus war Sohn Davids und indirekt Sohn Gottes durch Adam.
[2] Lk 2,41-51: Der Zwölfjährige im Tempel; Lk 10,17-24: Der Jubelruf Jesu.
[3] Lk 19,10 und Lk 15: Gleichnisse vom Verlorenen.

ten den Glauben und die Umkehrbereitschaft der „Verlorenen" Israels und der Nichtjuden vor Augen und mutete ihnen zu, sich mit diesen an einen Tisch zu setzen.[1] Damit wies er auf den universalen Heilswillen Gottes hin, der selbst die Totgesagten zu neuem Leben befreit.[2] Mit diesem Programm erfüllte er die Prophetie Jesajas (Lk 4,18-21), und so versteht sich der Lobgesang der Maria (Lk 1,46-55: Magnifikat). Der Sohn war als Geistträger vollmächtiger und authentischer Repräsentant des Gottes Israels, der schon immer der Anwalt der Rechtlosen und „Verlorenen" war.

9.3.3 Der Punkt der göttlichen Chance und Krise

Lukas übernimmt die Rede vom Menschensohn-Richter und die Vorstellung, dass die Haltung Jesus gegenüber vorentscheidend ist. Spezifisch ist seine Darstellung des Gerichts als Akt des fahrlässigen Selbstausschlusses von der Festveranstaltung Gottes: Wer nicht erkennt, dass Gott in seinem Gesandten die Karten der Erwählung neu mischt und Werbung für seine universale Rettungsaktion macht, schließt sich selbst aus. Wer auf sozialen oder religiösen Privilegien, auf dem „Abstandsgebot", beharrt, bleibt außen vor (vgl. Gleichnisse Lk 14f.). Wer nicht erkennt, dass er Vergebung notwendig hat, steht schlechter da als ein Zöllner (Lk 19,1-10). Wer nicht erkennt, dass es Gottes in der Tora beschriebener Wille ist, sich für Arme einzusetzen, dem ist nicht mehr zu helfen.[3] Jetzt ist die Zeit der Einladung Gottes, und Jesus, sein Gesalbter, brachte sie unter die Leute. Mit dem Sohn war der entscheidende Zeitpunkt, die „Krise" des Gerichts gekommen. Das ist die Kehrseite der Ansage der nahen Gottesherrschaft (Lk 9,2).

9.3.4 Jesu Tod: Werbung für Gottes Geist bis zuletzt

Die Werbung für den Gott der „Verlorenen" provozierte die Gegner zum Vorgehen gegen Jesus. Am Ende erlitt er das Schicksal der Propheten Israels (Lk 4,24-30) bzw. des leidenden Gottesknechts (Lk 22,37 unter Rückbezug auf Jes 53,12) und des Gerechten, der sich seinem Vater bis zuletzt anvertraute.[4] Offiziell starb er als der König der Juden, der von den Seinen nicht wahrgenommen wurde (Lk 23,3.37). Stellvertretung oder Sühne sind keine Deutungsmuster für seinen Tod.[5] Mit dem Geist gab der Sohn sein Mandat an den Vater zurück, nicht ohne vorher noch einmal Werbung für

---

[1] Lk 7,50: Glaube der Sünderin; Lk 14: Tischgespräche und Gastmahlgleichnis.

[2] Lk 8,51-56: Tochter des Jairus; Lk 15,24.32: Gleichnis vom verlorenen Sohn.

[3] Lk 6,24-26: Weherufe; Lk 12,16-21: Gleichnis vom reichen Kornbauern; Lk 16,19-31: Gleichnis vom reichen Mann und armen Lazarus.

[4] Lk 2,47; 23,34.43; vgl. Lk 23,46: „Vater, ich befehle meinen Geist in deine Hände."

[5] Peter Dschulnigg, Der Tod Jesu am Kreuz im Licht der Evangelien, in: G.Lange (Hg.), Scandalum Crucis, Bochum 1997, 65-88.

den Geist gemacht zu haben – er sprach dem mitgekreuzigten, einsichtigen Verbrecher das Paradies zu (Lk 23,43) und bat für die eigentlich Verlorenen, die ihn ans Kreuz brachten, um Vergebung (Lk 23,34).

9.3.5 Jesu Vermächtnis: Geist, Diakonie und weltweite Mission

Das Vermächtnis Jesu besteht, wie bei Matthäus, im Auftrag zur weltweiten Mission (Lk 24,46-48; Apg 1,8). Kernstück der apostolischen Predigt ist Gott, der seinen Sohn aus dem Tod erweckt hat. Christuspredigt ist damit gleichbedeutend mit Gottesverkündigung. Ein anderer Punkt ist die Sündenvergebung (Lk 24,47). Sie markiert den Neubeginn Gottes mit den Menschen, die Rettung hin zum Leben. Sündenvergebung ist für Lukas nicht zu trennen von sozialem Engagement. Die erste Jerusalemer Gemeinde übte den innergemeindlichen Sozialausgleich und pflegte die Diakonie (Apg 2-6). Die Gemeinschaft der Glaubenden ist als solche Teil des Vermächtnisses Jesu.[1] Der (Pfingst-)Geist Gottes bzw. Christi, der ebenfalls dazugehört, organisiert die Mission und führt sie zum Erfolg. Nach Vollendung der Mission unter den Völkern wird Christus als der Erlöser wiederkommen (Lk 21,25-28) und das Reich für Israel aufrichten (Apg 1,6; vgl. Lk 19,11; 24,21). Die Zeit bis dahin gilt es aktiv zu überdauern; Wachsamkeit und Gebet haben hier eine prominente Bedeutung (Lk 21,36).

9.3.6 Fazit: Der Geistträger – Rettungsanker der Welt

Jesus war der erwartete Sohn Davids, aber er brachte keine politische Befreiung: Er kam, um im Geiste Gottes die Vergessenen und „Verlorenen“ zu suchen und zu retten. Die Rettungsaktion umfasste die soziale Dimension menschlichen Lebens genauso wie die religiöse. Und sie machte nicht an den Grenzen Israels Halt. Das Kriterium der Rettung ist der Glaube an die rettende Kraft Gottes, die in seinem vollmächtigen Sohn erkennbar wurde. So wurden die Randständigen und „Verlorenen“ zum Vorbild der anderen, die keinen Bedarf an Rettung sehen. Gott sandte seinen Sohn und stattete ihn mit seinem Geist aus, um den Menschen sein Bemühen um alle, selbst um die, die von sich selbst oder von anderen längst aufgegeben wurden, werbewirksam kundzutun. Für Lukas ist Jesus Christus der ideale Werbeträger für den rettenden Gott Israels. Seine Einladung und die seiner Apostel richtet sich an alle – niemand wird ausgeschlossen; die Werbeaktion läuft weiter, solange Gott dafür Zeit gibt (Lk 14,15-24: Der Festsaal ist noch nicht voll!).

---

[1] Der Auftrag zur Mission, zuerst in Israel, dann weltweit, ist bereits bei den Jüngerberufungen ausgesprochen, vgl. Lk 5,1-11; 6,12-19; 9,1-6 (Berufung und Aussendung der Zwölf); weiter Lk 22,19f. (Einsetzungsworte).

9.4 Johannes: Wort der Neuschöpfung Gottes

Die johanneischen Schriften (Evangelium und Briefe) setzen ganz eigene Akzente in der Christologie. Sie spannen den Bogen von der Schöpfungsmittlerschaft des göttlichen Logos (Joh 1) bis zur Paraklet*-Funktion des erhöhten Christus (1 Joh 2). Die Phase des irdischen Wirkens Jesu gilt als Zeit des erneuten Schöpfungshandelns Gottes.

9.4.1 Prolog: Die Inkarnation der Schöpferkraft Gottes

Der Johannesprolog (Joh 1,1-18) ist das Vorzeichen vor der Klammer der johanneischen Christologie: Jesus von Nazareth war die vorübergehende „Zeltwohnung" (V.14) des Schöpfungswortes (gr. *lógos*) Gottes. Der präexistente Logos* war der eingeborene Sohn des Vaters (V.14 – nicht der Mensch Jesus war präexistent!) und inszenierte die Weltschöpfung (V.1-3). Mensch geworden, brachte er Gnade und Wahrheit (V.16f.) und verkündigte authentisch den Vatergott (V.18). Sein irdisches Wirken zeigte den Neueinsatz des göttlichen Schöpfungshandelns an. In Gestalt Jesu kam das göttliche Licht in die Welt, wurde aber vom Kosmos großenteils nicht wahrgenommen (V.5.10). Denen, die glaubten, schenkte er die Gotteskindschaft (V.12). Er war der Gegenpol zu Mose; die Tora wurde durch Gnade und Wahrheit bzw. durch die göttliche Fülle überboten (V.16f.).

9.4.2 Wunder und Ich-bin-Worte: Angebot des vollen Lebens

Das Angebot des zweiten Schöpfungsaktes Gottes heißt: Leben in Fülle. Das zeigt sich in den Wundergeschichten: Sie sind Zeichen (gr. *semeía*) des vollen Lebens – angefangen von der Verwandlung von Wasser in Wein (Joh 2,1-12) bis zur Neubelebung des toten Lazarus (Joh 11,1-45). Die sieben Ich-bin-Worte kommentieren das: Der Christus-Logos* ist das Lebensangebot Gottes (Brot, Weinstock, Wahrheit, Auferstehung, Leben) und zeigt den Weg dorthin (Licht, Weg, Tür, Hirte). Die Gaben überbieten die natürlichen Ressourcen der Welt und bilden den Übergang zum ewigen Leben (Joh 4,10: lebendiges Wasser; Joh 6,32: wahres Brot vom Himmel). Das erlangen die, die den Sohn wahrnehmen und so zum Glauben an den Vatergott kommen, schon jetzt (Joh 5,24f.).

9.4.3 Auftrag: Publikation des liebenden Vaters

Das Verhätnis des Sohnes zum Vatergott wird ambivalent beschrieben: Zum einen sind beide „eins" (Joh 10,30), zum anderen ist der Sohn vom Vater abhängig (Joh 5,19.30). „Einssein" ist dabei nicht im Sinne ontologischer* Identität, sondern der Einigkeit im Willen und Tun zu verstehen.

Der Sohn war der bevollmächtigte Gesandte des Vaters und sein autoritativer Exeget – nur er konnte den Vater den Menschen „auslegen" (Joh 1,18). Als Gesandter hatte er einen Auftrag zu erfüllen und war gleichzeitig vollgültiger Repräsentant des Senders. Wer den Sohn sieht, sieht den Vater (Joh 12,45; 14,9); der Sohn ist der Weg zu ihm (Joh 14,6). Und umgekehrt: Wer den Sohn nicht anerkennt, verweigert Gott die Ehre (Joh 5,23; 1 Joh 2,23). Im Christus-Logos* ist Gott „leibhaftig" in die Welt gekommen, um sie zu retten; das ist Ausdruck seiner kosmischen Liebe (Joh 3,16f.; 1 Joh 4,10) und dient seiner globalen Verherrlichung (Joh 17).

9.4.4 Passion und Kreuz: Triumph über den Herrn der Welt

Für die Menschen vollzieht sich in der Begegnung mit dem Christus-Logos* das göttliche Gericht in erster Instanz (Joh 3,17-19; 5,24-30). Wie bei den Synoptikern* ist die Haltung zu Jesus vorentscheidend; sein Auftreten war ein einziger göttlicher Gerichtsakt. Vordergründig wurde er als Bauernopfer (Joh 11,50: „Einer für alle") ans Kreuz gebracht; das Böse in Gestalt des ungläubigen Kosmos triumphierte. Doch genau in diesem Triumph erlitt Satan, der Herr dieser Welt, seine entscheidende Niederlage. Der Gottessohn überwand die Angst, sein Gehorsam war sein Triumph (Joh 16,33; 19,30: „Es ist vollbracht!"; vgl. Joh 15,11).[1] Die „Erhöhung" ans Kreuz war die Erhöhung zu Gott. Die Tötung des Gottessohnes diente hintergründig der Verherrlichung Gottes: Er konnte zeigen, dass er seinen Gesandten aus dem Tod auferwecken kann! Zugleich war der Christus-Logos* in seinem Leiden Mensch *par exellence* (Joh 19,5: „ecce homo"). Und schließlich führte sein Tod die Nichtjuden zum Glauben und ermöglichte die Sendung des Parakleten* (Joh 16,7). Das ist die Paradoxie des Entwurfs.

9.4.5 Vermächtnis: Überzeugung des Kosmos durch Einssein

Die Fußwaschung symbolisiert den liebevollen Dienst aneinander als ethisches Vermächtnis Jesu.[2] Durch dieses Verhalten erhalten die Glaubenden Anteil an Jesu Lebenshingabe (Joh 13,8.34f.; 15,1-17; 1 Joh 2,7-11) und bleiben in Gemeinschaft mit ihm (Joh 15,9f.; 1 Joh 4,12). Sie bleiben die

---

[1] Charakteristisch ist die Souveränität, mit der Jesu durchs Leiden geht; solange seine „Stunde" noch nicht gekommen ist, kann ihm niemand etwas anhaben (Joh 2,4; 12,27; 13,1). Ein Gebetskampf in Gethsemane wird von Johannes ausgespart. Ausführlich dazu Jens Schröter, Sterben für die Freunde: Überlegungen zur Deutung des Todes Jesu im Johannesevangelium, in: Axel. v. Dobbeler u.a., Religionsgeschichte des Neuen Testaments, Tübingen / Basel 2000, 263–287.

[2] Joh 13,1-20, besonders V.15: „Ein Beispiel habe ich euch gegeben, damit ihr tut, was ich euch getan habe."

Freunde des Herrn und Kinder Gottes (Joh 13,1; 15,11-15). Sie erhalten den Parakleten* als Vermächtnis Jesu; er verkörpert die bleibende Gemeinschaft mit dem erhöhten Christus und führt die Glaubenden weiter auf dem Weg der Wahrheit (Joh 16,13). Durch gegenseitige Liebe und Bewahrung der Einheit erfüllt die Gemeinde ihre Leuchtturmfunktion in der Welt. Das Einssein ist der Ausweis der Wahrheit und wird den ungläubigen Kosmos zum Glauben führen (Joh 16,5-11; 17,20-23). Die Bitte darum ist Inhalt des „hohenpriesterlichen Gebets" Jesu (Joh 17).

9.4.6 Fazit: Paradoxe Rettung der Welt „von unten"

Gott sandte seinen Sohn und Schöpfungs-Logos* in die Welt, um ihr seine Liebe zu offenbaren, sie von seinem Weg zu überzeugen und um sie zu retten. Diese Rettungsaktion war der neue Schöpfungsakt Gottes, in dem alles, was das Leben gefährdet oder behindert, überwunden wurde. Gott wurde durch seinen Gesandten als Geber des vollen Lebens präsentiert und vollmächtig repräsentiert. Wer den Sohn sieht, kommt zum Vatergott, wer ihn ablehnt, vollzieht über sich selbst das Gericht. Der äußere Triumph des Kosmos über Jesus war in paradoxer Weise der Triumph Gottes über Satan und damit die Rettung der Welt. Damit war die Sendung des Sohnes, die mit der Inkarnation* des Logos* in Jesus von Nazareth begonnen hatte, vollbracht. Bis zur Parusie* ist der Paraklet* die Brücke zu Christus. Dieser hat, gegen die politischen Erwartungen des Volkes (Joh 6,15!), seine Herrschaft jenseits dieser Welt angetreten und betreibt als himmlischer Paraklet Lobbyarbeit für die Glaubenden, ja für den ganzen Kosmos (1 Joh 2,1f.). Wer an Jesus als den inkarnierten Christus glaubt, hat das Leben und den Geist Gottes in sich (1 Joh 4,1-3).

9.5 Paulus: Lebenshingabe des Versöhners

Die Christologie des Paulus ist äußerst facettenreich. Der Rahmen ist der Christushymnus in Phil 2,6-11, das Kernstück die Deutung des Todes Jesu als Sühnetod. Im Folgenden werden die wesentlichen Aspekte gebündelt.

9.5.1 Paradoxie 1: Die Selbsterniedrigung führte zur Verherrlichung

Nach dem von Paulus übernommenen Christushymnus Phil 2,6-11 war Christus präexistent und Gott gleich (vgl. Kol 1,15; Hebr 1,2f.), verzichtete aber aus freien Stücken auf seinen göttlichen Status und tauschte ihn mit dem eines Menschen. Seine Selbsterniedrigung führte ihn ans Kreuz und schließlich zu seiner (Rück-)Erhöhung in den Rang des himmlischen Herrn (gr. *kýrios*). Zweck der Selbstentäußerung (gr. *kénosis*) war das globale Christusbekenntnis zur Ehre (gr. *dóxa*) Gottes. Der Weg der Niedrigkeit und des Gehorsams bis zum Tod führte zur Anerkennung Christi und zur Verherrlichung des Vaters – das ist eine Paradoxie der paulinischen Christologie.

9.5.2 Paradoxie 2: Das Blut des Gerechten reinigte die Sünder[1]

Das Herzstück paulinischer Christologie ist die Deutung des Todes Jesu als Heilstod, das „Wort vom Kreuz"; das ist eine Provokation für Juden und Nichtjuden (1 Kor 1,18-31). Paulus sieht im Tod Jesu keinen notwendigen Teil eines göttlichen Plans, auch wenn dieser im Nachhinein als Tod mit Heilswirkung zu deuten ist. Gott wertete die Ermordung seines Sohnes zu einer effizienten Sühnehandlung um. In Anknüpfung an den jüdischen Jom-Kippur-Ritus (3 Mos 16) deutet Paulus das vergossene Blut Jesu als reinigendes Opferblut, durch das die bisher begangenen Sünden der Menschen vergeben wurden. Christus war sowohl das Opfertier als auch der „Sühnedeckel" (gr. *hilastérion*) der Bundeslade, auf den symbolisch das Blut des Opfertiers gesprengt wurde. Gott konzentrierte die Schuld der Menschen auf seinen Sohn und stellte damit Gerechtigkeit her. Damit vollzog er einen Rollentausch: Er übernahm das Geschäft der kultischen Reinigung zur Vergebung der Sünden, was eigentlich Sache der Menschen gewesen wäre. Das Verhältnis zu den Menschen war Gott so wichtig, dass er die Ermordung seines Sohnes nicht rächte, sondern heilvoll umdeutete und als effiziente Sühnehandlung – das Blut des Gerechten für die Schuld der Sünder – gelten ließ. Das war praktizierte Feindesliebe Gottes und eine schier unglaubliche Umsetzung seiner Gerechtigkeit (Röm 5,10). Und es war der entscheidende Akt der Gnade, Versöhnung und Erlösung (Röm 3,24; 2 Kor 5,19; Eph 2,11-18). Wer das glaubend akzeptieren kann, bekommt Anteil an dieser Gerechtigkeit (Röm 1,17; 3,28; Gal 2,16). Andere Texte, wie etwa die Evangelien, sehen im gesamten Leben Jesu die Hingabe zur Erlösung der Menschen (Gal 1,4; 2,20; vgl. 1 Tim 2,6; Tit 2,14).

9.5.3 Glaube und Gnade – der neue Weg zu Gott

Der Tod Jesu war der entscheidende Versöhnungsakt zwischen Gott und Menschen. Der Weg zu Gott verläuft seither nicht mehr über Toragehorsam, sondern über glaubende Aneignung des göttlichen Gnadenakts (Röm 3,23f.; Eph 2,8f.). In diesem Sinne war Christus das Ende des Gesetzes und seine Erfüllung zugleich (Röm 10,4). Die wörtliche Befolgung der Toragebote als Weg zur Gerechtigkeit vor Gott wurde als Sackgasse entlarvt; mit dem Tod des Gerechten als effiziente Sühnehandlung war der eigentliche

---

[1] Zum Folgenden Berger, Wozu ist Jesus*, 141-148.227-229.

Zweck der Tora, Gottes Gerechtigkeit durchzusetzen, erreicht. Oder mit Gal 3 gesprochen: Mit Christus wurde die Verheißung an Abraham eingelöst und das Provisorium der Mosetora erledigt. – Nach dem Römerbrief bedeutet die glaubende Aneignung des Sühnegeschehens aber nicht das Aus der Tora. Sie ist für Paulus weiterhin heilig, gerecht und gut (Röm 7,12). Durch das Geschenk des Geistes wird der Mensch allererst fähig, den pneumatischen* Sinn des Gesetzes zu erkennen und es als „Gesetz Christi" bzw. „Gesetz des Geistes" zu erfüllen (Röm 8,2; Gal 6,2); nach 2 Kor 3 wurde der alte Bund des Buchstabens durch den neuen Bund des Geistes abgelöst. Der ist zusammengefasst im Liebesgebot (Röm 13,8-10).

9.5.4 Das Vermächtnis: Kindschaft und Gemeinschaft

Das Vermächtnis Christi besteht zuerst im freien Zugang zu Gott. Mit der überraschenden Erfüllung der Tora wurden die Menschen aus dem Stand unmündiger Erben in den Stand mündiger Kinder Gottes versetzt (Gal 4,1-5). Das ist ein Geschenk des Geistes Christi (Röm 8,14-17) und eine Wirkung des neuen Bundes (2 Kor 3); als Kinder sind die Glaubenden Erben der Herrlichkeit Gottes (V.17; Gal 4,7). Der Weg dorthin führt, wie bei Christus, durch das Leiden (Röm 8,17). Die Taufe ist der Startpunkt des Weges: Hier sterben die Glaubenden mit Christus mit, wechseln in seine Herrschaft und engagieren sich seither für die Gerechtigkeit (Röm 6; vgl. Kol 2,12). Das zieht die tägliche Absage an die Sünde (Röm 6,12) und die Erfüllung des Liebesgebots nach sich (Röm 13,8-10). Die Glaubenden sind ein wichtiges Element im Kampf gegen das Böse (Röm 6,13; 12,1; Eph 6,11) bzw. „Diener des pneumatischen* neuen Bundes" (2 Kor 3,6).
Weiter besteht das Vermächtnis Christi in der Gemeinschaft seines „Leibes" (Röm 12,1-8; 1 Kor 12,12ff.). Wer getauft ist und damit Teil der Gemeinde, ist „in Christus" und steht in einer bleibenden, organischen Verbindung mit ihm. Sie schützt ihn nach außen und schenkt Hoffnung über den Tod hinaus (1 Thess 4,13). In der Gemeinde sind die Grenzen zwischen sozialen und ethnischen Gruppen überwunden.[1] Christus selbst ist das Haupt der Gemeinde (Eph 1,22; 4,15; 5,23; Kol 1,18) bzw. ihr Eckstein (Eph 2,20). Es ist die Aufgabe der Glaubenden, sich gegenseitig zu fördern, zu stärken und zu erbauen. Eph 4,13-15 spricht vom „Wachstum hin zur Fülle Christi". Liebe und gegenseitige Rücksichtnahme sind dabei entscheidend (1 Kor 8-10; 11,17-34; 13,13; Eph 4,15). Eine Gemeinde, in der der Geist Christi spürbar ist, wirkt werbend nach außen (1 Kor 14,22-26) und stellt die entscheidende Referenz des Apostels vor seinem himmlischen „Arbeitgeber" dar (2 Kor 3,2).

---

[1] Röm 10,12; 1 Kor 12,13; Gal 3,26-28; vgl. Phlm.

9.5.5 Die Hoffnung: Ende der Vergänglichkeit und ewiges Leben

Die Gegenwart ist Zeit des Glaubens, nicht des Schauens (2 Kor 5,7), Zeit des sehnsüchtigen Wartens der Kreatur auf Erlösung bzw. auf das Erscheinen der neuen Heilswirklichkeit (Röm 8,18ff.). Bis dahin betreibt der erhöhte Christus Lobbyarbeit für die Glaubenden am Thron Gottes (Röm 8,34). Als „Erstgeborener" aus den Toten verbürgt er die Hoffnung auf die allgemeine Totenauferstehung (1 Kor 15,20; Kol 1,18; vgl. Röm 8,29). Er regiert im Himmel als Herr der Mächte und Gewalten (Kol 2,10) und vollendet den Kampf gegen die gottfeindlichen Mächte (1 Kor 15,23-28). Wenn alle Mächte und zuletzt der Tod (bei der Totenauferstehung) überwunden sind, gibt er die Herrschaft an Gott-Vater zurück (1 Kor 15,28). Die Glaubenden werden dann, verwandelt zu einem unvergänglichen Leben, in die ewige Christusgemeinschaft eingehen (1 Kor 15,51; Phil 1,23; 1 Thess 4,13-18). Paulus selbst erwartete das noch zu seinen Lebzeiten; später wurde diese Naherwartung modifiziert (vgl. 2 Thess 2).

9.5.6 Fazit: Das Kreuz – Zeichen der Selbstversöhnung Gottes

Der Kern der paulinischen Christologie ist die Paradoxie von Selbsterniedrigung Gottes und der eben darin liegenden Heilsbedeutung des Todes Christi. An das Kreuz glauben heißt an Gott glauben, der den Mord an seinem Sohn als effiziente Opfergabe zur Vergebung der Sünden umwertete und damit in einem einzigartigen Rollentausch die Welt mit sich selbst versöhnte. Die Unfähigkeit des Menschen, dem göttlichen Anspruch auf Gerechtigkeit zu genügen, wurde durch die Lebenshingabe des Sohnes und die Sendung des Geistes ausgeglichen. Gott machte die Bereinigung der Sündenschulden des Menschen in paradoxer Weise zu seiner eigenen Sache und den Glauben daran zur neuen und entscheidenden Voraussetzung, an seiner Gnade teilzuhaben. Wer zum Glauben kommt und den Geist empfängt, steigt in den Rang eines Kindes Gottes auf und erlangt durch den persönlichen Nachvollzug des Leidensweges Christi Anteil an dessen Herrlichkeit und Auferstehung. Die Zeit bis dahin dient als Chance zur Umkehr und zur Umsetzung des Vermächtnisses Christi. Dieses besteht in einer vorbildlichen, in die Welt wirkenden Gemeinschaft, die getragen ist von Liebe und gegenseitiger Rücksichtnahme. Die Gemeinde ist der „Leib Christi"; wer ihm angehört, ist bereits jetzt „in Christus" und hat das himmlische Bürgerrecht. Christus verwendet sich bis zu seiner Parusie* als Fürsprecher der Seinen und vollendet im Himmel die Unterwerfung der kosmischen Mächte. – Nach dem Christushymnus Phil 2,6-11 ist der Rollentausch Gottes Teil eines großen Plans, der mit dem freiwilligen Verzicht des Sohnes auf Göttlichkeit begann und mit der Erhöhung zur Rechten Gottes abschloss. Mit Röm 5 gesprochen, ist Christus der neue Adam, der die Sünde aus der Welt schafft; der Kreis schließt sich.

9.6 Weitere Briefliteratur: Fürsorger der Gemeinden

Die späteren Briefe des Neuen Testaments setzen zum Teil andere christologische Akzente als Paulus. Neu sind Probleme wie das Auftauchen von Irrlehrern (vgl. auch 1 Joh!) und der sich dehnenden Zeit bis zur Parusie*.

9.6.1 Pastoralbriefe: Treuer Wegbegleiter der Gerechten

Die inkarnierte Freundlichkeit und Menschlichkeit Gottes
Der Rahmen der Christologie dieser Schriftengruppe – Erster und Zweiter Timotheus- sowie Titusbrief[1] – ist mit 1 Tim 3,16 gesetzt: „Er (scil. Christus) ist offenbart im Fleisch, gerechtfertigt im Geist, erschienen den Engeln, gepredigt den Heiden, geglaubt in der Welt, aufgenommen in die Herrlichkeit." Hierin besteht das Geheimnis des Glaubens (V.16a). Gegenüber Phil 2 fließen hier Erfahrungen der Weltmission ein (vgl. Apg 28,18). Wie in Röm 1,3f. und 1 Petr 3,18 ist die Rolle des Geistes an Ostern betont. Die Redeweise „offenbart im Fleisch" setzt die Präexistenz Christi voraus (vgl. 2 Tim 1,9). Christus war die inkarnierte Freundlichkeit (gr. *chrestótes*) und Menschlichkeit (gr. *philanthropía*) Gottes, des Retters; in ihm offenbarte sich Gottes Gnade (2 Tim 1,9; Tit 3,4).

Bewahrung und Publikation der gesund machenden Worte Christi
Der Auftrag Jesu bestand nach 1 Tim 2,6.15 darin, die Sünder zu erlösen bzw. selig zu machen. Durch seine Lebenshingabe wurde er zum Mittler zwischen Gott und Menschen, brachte die Erlösung von allem Unrecht und die Reinigung seines Volkes (1 Tim 2,5f.; Tit 2,14). Er nahm dem Tod die Macht und brachte das ewige Leben (2 Tim 1,9f.). Sein Vermächtnis besteht in gesund machenden Worten und im kostbaren Gut (gr. *parathéke*) der rechten Lehre, die gegen alle Irrlehre bewahrt und verkündigt werden muss.[2] Durch vorbildliches, unprovokatives Verhalten der Glaubenden soll die Welt zur Erkenntnis kommen (1 Tim 2,3f.).

Beistand und Treue Christi bis ins Endgericht
Der erhöhte Christus steht den Aposteln bei, stärkt und bewahrt sie in Gefahr (2 Tim 4,16f.; vgl. 2 Thess 3,3) und rettet sie schließlich in sein himmlisches Reich (2 Tim 4,18). Verfolgungen und Leid in der Nachfolge führen zum ewigen Leben und zur Herrschaft mit ihm (2 Tim 2,8-12). Er ist treu, selbst wenn die Menschen ihm untreu werden und ihn verleugnen (2 Tim 2,13). So lässt sich die Zeit bis zu seiner Erscheinung (gr. *epipháneia*, 1 Tim 6,14; Tit 2,13) überstehen. Bei seiner Parusie* wird

---

[1] Verfasst von Paulusschülern zwischen 60 und 100 n.Chr.
[2] 1 Tim 3,3f.; 6,3.14; 2 Tim 1,13f.; 4,17.

Christus Lebende und Tote gerecht richten (2 Tim 4,1.8). Wer beharrlich glaubt und auf seine Wiederkunft hofft, für den liegt die Krone der Gerechtigkeit im Himmel bereit (2 Tim 4,8; vgl. Kol 1,5; 1 Petr 1,3).

Fazit: Der Anwalt der Gerechten und der Gerechtigkeit
Die Pastoralbriefe bieten eine Retterchristologie.[1] Sie betonen die Schutzfunktion Christi und den Auftrag zur Bewahrung seines Vermächtnisses gegen Zweifel und Irrlehre. Im Kampf gegen das Unrecht kam der Erlöser zur Welt und wird am Ende als der gerechte Richter sein Werk vollenden.

9.6.2 Judas- und Petrusbriefe: Hoffnung im Leiden

Der von Gott vorbestimmte Retter aus der Sünde
Der christologische Rahmen dieser drei Briefe[2] ist mit 1 Petr 1,20f. gesetzt: „Er (scil. Christus) ist zwar zuvor ausersehen, ehe der Welt Grund gelegt wurde, aber offenbart am Ende der Zeiten um euretwillen, die ihr durch ihn glaubt an Gott, der ihn auferweckt hat von den Toten und ihm die Herrlichkeit gegeben, damit ihr Glauben und Hoffnung zu Gott habt." Die Grundaussagen entsprechen Phil 2,6-11; ein neuer Akzent klingt mit dem Gedanken der ewigen Vorsehung (V.20) an. Auch die endzeitliche Verortung des Christusgeschehens „um der Glaubenden willen" ist neu. Konkret meint das die Erlösung der Sünder durch das teure Blut des unschuldigen Lamms (1 Petr 1,18f.; 2,22-24; vgl. Joh 1,29). Der Gerechte litt stellvertretend für die Ungerechten, um sie „aus dem Unrat der Welt" zu Gott zu führen (1 Petr 3,18; 2 Petr 2,20). Die Auferweckung des Sohnes war zugleich die Wiedergeburt der Glaubenden (1 Petr 1,3.23). Seither sitzt er zur Rechten Gottes und herrscht über Engel, Mächte und Gewalten (1 Petr 3,22; Jud 4). Phil 2 vergleichbar, sollte das Christusgeschehen Hoffnung und Glauben an Gott, der selbst Tote neu beleben kann, wecken.

Das Vorbild im Leiden
Christus ist das Vorbild im Leiden (1 Petr 2,21); er gibt der Gemeinde, die Verfolgungen und Martyrien kennt, die Richtung vor. Jesus verzichtete auf Gegenwehr (1 Petr 2,23), so sollen es die Glaubenden auch halten.[3] Leiden zeigen das Ende der Sünde und den Weg zum Leben an (1 Petr 4,1f.). Die Leiden „um der Gerechtigkeit willen" (1 Petr 3,14; vgl. 2,20) sind in paradoxer Weise Grund zur Freude, da sie die nahe Erlösung anzeigen. Das Endgericht hat bereits bei den Gerechten eingesetzt (1 Petr

---

[1] Karrer, Jesus Christus*, 109.

[2] 1 Petr wird zwischen 55 und 100 n.Chr. datiert, Jud zwischen 75 und 100, 2 Petr zwischen 75 und 130 n.Chr. 2 Petr setzt die literarische Kenntnis des Jud voraus.

[3] 1 Petr 3,8-16: Verzicht auf Vergeltung; stattdessen Sanftmut und Gottesfurcht.

4,7.12-19), am Ende winken Freude und Wonne (V.13). Deutlich ist das apokalyptische* Erbe dieser Leidensparänese*.

Der treue und verlässliche Hirte der Seinen
Das Vermächtnis Christi besteht im Status „königlicher Priesterschaft", des heiligen, erwählten Volkes, das die „Herde Gottes weiden" und die Wohltaten Christi in der Welt sowie das baldige Kommen Christi gegen Irrlehrer und Spötter verkündigen soll (1 Petr 2,9; 5,2; 2 Petr 1,16ff.). Die Glaubenden werden dabei von Christus, dem „Oberhirten" und Wächter ihrer Seelen, begleitet (1 Petr 2,25; 5,4). Er ist Schlussstein der Erwählung und Stolperstein der Ungläubigen. Er vermittelt als himmlischer Priester die pneumatischen* Opfergaben der Gemeinde an Gott (1 Petr 2,5). Die Zeit bis zur Parusie* ist Zeit der Geduld Gottes zur Rettung möglichst vieler Menschen (2 Petr 3,9.15). Wer das Vermächtnis Christi umsetzt, an der Erwählung festhält und Leidensbereitschaft zeigt, erhält das unvergängliche, im Himmel deponierte Erbe (1 Petr 1,4; vgl. Kol 1,5) und geht in das ewige Reich Christi ein (2 Petr 1,11; Jud 21). Die Gottlosen werden von Christus und den Heiligen gerichtet werden (Jud 14f.). Das nahe Ende ruft zu Durchhalten und steter Wachsamkeit auf (1 Petr 4,7; 2 Petr 3,10).

Fazit: Treuer Begleiter auf dem Weg zur endzeitlichen Freude
Die Petrusbriefe und der Judasbrief schärfen ein, im Glauben durchzuhalten und sich nicht von Spöttern und Falschlehrern irritieren zu lassen. Christus hat die Menschen aus den Sünden befreit, ist Vorbild im Leiden und steht ihnen als „Hirte" auf ihrem Weg zur Seite. Gegen alle Erwartung werden sich die Leiden in Freude verwandeln, wenn er wiederkommt.

9.6.3 Hebräerbrief: Provokation des himmlischen Hohenpriesters

Der himmlische Hohepriester und sein Wirken
Im Mittelpunkt der Hebräer-Christologie[1] steht der himmlische Hohepriester nach der Ordnung Melchisedeks (Hebr 4,14 – 5,10; 7,1-28). Mit seinem einmaligen Selbstopfer setzte er die bisherige Kultordnung Levis, die Tora als defizitäre Größe und den Jom-Kippur-Ritus außer Kraft (Hebr 9). Durch seinen Tod beseitigte er dauerhaft die Sünden der Menschen, reinigte und weihte er das himmlische Heiligtum und eröffnete den Menschen den direkten Zugang zu Gott (Hebr 10,19ff.). Damit wurde er zum Mittler und Bürgen des neuen Bundes (Hebr 8; 9,15; 12,24).

Rettung der Menschen durch Menschwerdung
Wie Paulus spricht Hebr 1,1-4 von der göttlichen Präexistenz Christi. Christus war der Schöpfungsmittler und ist das entscheidende Wort Got-

[1] Hebr wird zwischen ca.60 und 100 n.Chr. datiert. Der Autor ist unbekannt.

tes am Ende (V.1f.), er war der Abglanz der Herrlichkeit Gottes und das Ebenbild seines Wesens (V.3a). Ihn erniedrigte Gott eine Zeitlang unter die Engel, damit er den Menschen gleich würde und ihnen so helfen könne (Hebr 2,7-18). Entscheidend war nach dem Autor der Gehorsam des inkarnierten* Sohnes: Er widerstand der Sünde und konnte dadurch die Sünder reinigen (Hebr 1,3). Nach der Vollendung seines Aufrags wurde er zur Rechten Gottes erhöht (Hebr 1,3b; 13,20). Kosmisch gesehen, ist er das Kontinuum der Weltgeschichte (Hebr 13,8; vgl. Offb 1,17f.).

Der Anfänger und Vollender des Glaubens als Vorbild
Das Vermächtnis Christi besteht im offenen Zugang zu Gott (Hebr 10,19ff.) und in seinem Wort, das zur himmlischen Ruhe (gr. *katápausis*, Hebr 4,1-13) einlädt. Wie in den anderen Briefen dieser Zeit ist die Erfahrung von Verleumdung und Verfolgung vorausgesetzt (Hebr 10,32-34). Entscheidend ist es, die letzte Durststrecke bis zur Parusie* durchzustehen, um das bislang Erreichte nicht zu verlieren, und am Glauben gegen allen äußeren Schein festzuhalten (Hebr 11,1), um für sich und die früheren Glaubensgenerationen die Verheißung Gottes einzulösen (Hebr 11,2-40). Dieser Weg ist ein Kampf, der durch den Blick auf Jesus, den Anfänger und Vollender des Glaubens, gewonnen werden kann. Dessen Blut zieht das Gericht Gottes herbei, das Ende ist nicht mehr fern (Hebr 10,25.37). Als großer Hirte kümmert er sich um die Schafe (Hebr 13,20). Der Weg zur himmlischen Ruhe verläuft nicht über den Jerusalemer Tempelkult, sondern über Lobpreis und soziales Handeln (Hebr 13,15f.).

Fazit: Ein provozierender Paradigmenwechsel
Die Christologie des Hebräerbriefs läuft auf einen kultischen Paradigmenwechsel hinaus. Darin lag eine Provokation gegen den Jerusalemer Tempelkult und die levitische Priesterordnung. Das Problem der Unsichtbarkeit des Neuen wurde unter Hinweis auf Jesus Christus, das Kontinuum der Geschichte und den himmlischen Hohenpriester, bewältigt. Durch sein Selbstopfer und als Hoherpriester am unsichtbaren, himmlischen Heiligtum steht er für einen neuen, wirkungsvolleren Bund zwischen Gott und den Menschen. An ihm sollen sich die Christinnen und Christen orientieren, um zur verheißenen himmlischen Ruhe zu kommen.

9.6.4 Jakobusbrief: Der Richter vor der Tür

Der Jakobusbrief hat christologisch nichts Eigenständiges zu bieten. Er ruft dazu auf, am Glauben an Jesus Christus, den Herrn der Herrlichkeit, festzuhalten. Die Aussicht auf den Richter, der bereits vor der Türe steht, soll dazu motivieren, sich gegenseitig geduldig zu ertragen (Jak 2,1; 5,7-9).

9.6.5 Fazit: Jesus Christus als Leuchtturm des Glaubens

Die Briefe der Generation nach Paulus spiegeln die Erfahrung von Verfolgungen und Irrlehren wider; der Christusglaube war innerem wie äußerem Druck ausgesetzt. In dieser Situation werden die Leit- und Schutzfunktion des Christi hervorgehoben und Zweifel an seiner Wiederkunft ausgeräumt. Im Gegensatz zu Paulus gewinnt der irdische Jesus als Vorbild im Glauben und Leiden an Bedeutung. Das Problem der Unsichtbarkeit des Neuen, mit dem schon Paulus zu kämpfen hatte, ist auch in diesen Briefen deutlich zu erkennen.[1] Der Hebräerbrief bietet eine grundsätzliche Lösung an: Das Unsichtbare ist das Bessere! Die ethische Konsequenz besteht in der Erinnerung an Jesu Lehre und sein Vorbild, in der Aufforderung, am Erreichten fest- und bis zur nahen Parusie* Christi durchzuhalten. Sein Kommen wird für alle Entbehrungen und Leiden entlohnen.

9.7 Offenbarung: Geschlachtetes und rettendes Lamm

Wissensvermittlung an die Gerechten
Vordergründig ist Christus der Offenbarer der letzten Dinge und damit eigentlicher Autor des Buches (Offb 1,1). Er lässt dem Seher Johannes himmlische Visionen zukommen (Offb 1,19; 10,8), sorgt für deren Publikation und wacht über ihren Inhalt (Offb 22,10.16-19). Den sieben kleinasiatischen Gemeinden hält er den Spiegel vor und zeigt ihnen den richtigen Weg (Offb 2f.: Sendschreiben). Aufgrund des Zusammenwirkens mit Johannes und anderen Propheten, die den Inhalt des Buches bewahren, wird er metaphorisch* auf eine Stufe mit ihnen gestellt (Offb 22,9).

Ewiger kosmischer Herrscher und endzeitlicher Richter
Christus hat eine menschliche und eine göttliche Seite. Der „Mitknecht" des Johannes und der Propheten ist zugleich präexistenter Schöpfungsmittler, Wort Gottes, Anfang und Ende der Welt, Ewiger, Lebendiger und Allmächtiger (Offb 1,8.17f.; 3,14; 19,13; 22,13), Erstgeborener von den Toten und König aller Könige (Offb 1,5f.; 17,14; 19,15f.). Seine irdische Mission war die Erlösung der Menschen von ihren Sünden (Offb 1,5f.). Am nahen Ende der Zeit, wenn keiner mit ihm rechnet, wird er als der Menschensohn-Richter in Erscheinung treten[2] und voll des Zornes Gottes das Endgericht abhalten (Offb 19,15f.). Dabei wird er von den auferstandenen Märtyrern flankiert, die mit ihm ein Millennium* lang herrschen und über ihre Verfolger Gericht halten werden (Offb 20,4-6).

---

[1] 1 Tim 1,17: Gott ist der Unsichtbare; 1 Petr 1,8: Unsichtbarkeit Christi.
[2] Offb 1,3.13; 3,3; 14,14ff.; 16,15; 22,10.12.20.

Das geschlachtete Lamm zur Rechten Gottes
Die Offenbarung bietet eine Christologie des Lammes. Das Lamm, auch im Johannesevangelium Metapher* für den Sohn, der gehorsam die Sünde der Welt auf sich nimmt und sie tilgt, erfährt hier eine facettenreiche Entfaltung. Das Lamm reinigte mit seinem Blut die Gewänder der Heiligen – metaphorischer* Ausdruck für den Vorgang der Gerechtmachung (Offb 7,14). Auch wurde mit Jesu Tod Satan, der Ankläger der Menschen, überwunden und aus dem Himmel geworfen (Offb 12,10f.). Das geschlachtete Lamm ist göttlicher Ehren würdig, wird global gepriesen und übt die Funktion des Herrschers und Richters an der Seite Gottes aus (Offb 5,12f.; 7,9f.). Es öffnet das entscheidende siebte Siegel und läutet damit die Neuschöpfung ein (Offb 8,1). Das Lamm besiegt am Ende Satan und seine Vasallen (Offb 17,13f.) und feiert nach dem Untergang der gottfeindlichen Mächte Hochzeit mit seiner Braut Jerusalem (Offb 19,7; 21,9). Es wird mit Gott im neuen Jerusalem wohnen (Offb 21,22f.; 22,3) und das Endgericht abhalten (Offb 21,27; vgl. 19,11).

Fürsorger der Gemeinden und Vorbild des Überwinders
Das Vermächtnis Christi wird vor allem in den sieben Sendschreiben (Offb 2f.) erkennbar. Schlüsselbegriff ist das Überwinden der äußeren und inneren Bedrängnisse. Wer den Inhalt des Buches bewahrt und am Glauben festhält bis ans Ende, und das heißt notfalls bis zum Martyrium (Offb 2,13: Beispiel des Antipas), überwindet Satan und wird, ohne das Endgericht zu erleiden, als Priester Gottes zusammen mit Christus Gericht halten und ins Paradies bzw. ins Leben eingehen (Offb 2,7-11; 20,4-6). Wer überwindet, ist „Sohn Gottes"; wer „im Herrn" stirbt, ist selig (Offb 14,13; 21,7). Als Zeichen göttlicher Fürsorge werden die 144.000 Gerechten (erkennbar an ihren weißen Kleidern) „versiegelt" und damit dem Zugriff Satans entzogen (Offb 7,1-8). Sie sind die „Erstlingsopfer" Gottes und des Lammes (Offb 14,1.4); sie leiden keine Not mehr, sondern werden vom Lamm „geweidet" und zum lebendigen Wasser geführt (Offb 7,13-17; 22,1.17). Im Mittelpunkt der Christologie steht der Gerechte, der die Menschen von Sünden gereinigt hat und sie zum ewigen Leben führt.

Fazit: Verlässlicher Halt in apokalyptischen Zeiten*
Mit der Johannesoffenbarung ist eine letzte wichtige Facette der neutestamentlichen Christologie erfasst. Sie lebt von der Paradoxie des Lammes, das geschlachtet wurde und jetzt als Herrscher des Kosmos an der Seite Gottes sitzt. Noch einmal wird der Bogen von der Schöpfungsmittlerschaft über den Heilstod am Kreuz bis zum Weltgericht am Ende der Zeit gespannt. Roter Faden ist die Fürsorge des Erhöhten für seine Gemeinde. Sie zeigt sich in der Vermittlung des entscheidenden Überlebenswissens sowie in der Anleitung zur Überwindung des Bösen und rettet so aus dem Gericht. Dieser Christus ist der verlässliche Halt für Christinnen und Christen in Zeiten apokalyptischer* Leiden.

10 Ertrag

Nach der Betrachtung der christologischen Einzelprofile in ihrer Vielfalt drängt sich die Frage nach ihrem gemeinsamen Nenner auf. Ihr ist ein erster Abschnitt gewidmet (10.1). Die Frage, ob die Profile eine Entwicklung im Nachdenken signalisieren oder bestimmte historische Erfahrungen spiegeln, ist Thema des Abschnitts 10.2. Es schließt sich die Frage nach dem „Neuen" des Neuen Testaments im Vergleich zur Hebräischen Bibel und zum frühen Judentum an (10.3). Ein letzter Abschnitt bündelt den Ertrag des Buches (10.4).

10.1 Verbindende rote Fäden

Rote Fäden gibt es bei der Ostererfahrung (10.1.1), bei der Erinnerung an Jesus (10.1.2), bei der Deutung seines Todes (10.1.3), bei der Christologie im engeren Sinne (10.1.4) und schließlich beim Verhältnis zwischen Christusglauben und historischer Wirklichkeit (10.1.5).

10.1.1 Ostern: Erfahrung neuer Gemeinschaft

Der Osterglaube war die Initialzündung für das christologische Nachdenken. Gott hat Jesus aus den Toten auferweckt; damit wurde sein Weg bestätigt und sein Tod überwunden – das ist die einhellige Überzeugung der Texte. Über den historischen Ablauf des Geschehens ist den Berichten nur zu entnehmen, dass es am dritten Tage nach der Kreuzigung stattfand und der Auferstandene nach und nach von verschiedenen Jüngerinnen und Jüngern gesehen wurde. Auf diesen Visionen gründet der Osterglaube. Sie fassen die Erfahrung in Worte, dass die Gemeinschaft mit Jesus auf eine überraschende Weise wiederhergestellt ist. Diese Erfahrung war so überzeugend und lebendig, dass sie auch massive Zweifel ausräumen konnte. Hinter dem Ostergeschehen wurde der Leben schaffende Gott erkannt. Die Frage, ob das Grab Jesu wirklich leer war, ist nicht zu beantworten, ist aber für die Frage nach dem Osterglauben nicht entscheidend.

10.1.2 Erinnerungen an Jesus

*Die vielen Facetten und das eine Charisma**

Die Evangelien zeichnen die verschiedensten Bilder von Jesus. Sie lassen die Züge eines Propheten, Exorzisten, Wundertäters, Magiers, ja eines Zeloten und Thronanwärters erkennen. Die Erinnerungen varrieren sehr stark und sind von den Zielsetzungen der Evangelisten abhängig. Es gibt aber auch rote Fäden. So ist unbestritten, dass Jesus eine enorme charismatische Ausstrahlung hatte, ja als der Geistträger vor Ostern schlechthin gelten kann. Jesu Charisma war für die Erfahrungen seiner Zeitgenossen mit ihm prägend und darf als Urdatum des christlichen Glaubens gelten.

Messianischer Hoffnungsträger und leidender Gerechter
Jesu Geistbesitz äußerte sich den Texten zufolge in Wundern, inspirierter Schriftauslegung, einprägsamen Gleichnissen, Weisheit, Mut zur öffentlichen Auseinandersetzung sowie im Verzicht auf Gegenwehr und Machtgebaren. Der erinnerte Jesus predigte in prophetischer Manier das nahe Gottesreich und setzte Zeichen der Hoffnung. Er übte Grundsatzkritik am Tempel und an gängiger Gesetzesauslegung. Seine Wirkung war ambivalent, politische Erwartungen wies er zurück. Er proklamierte das Liebesgebot, stiftete Gemeinschaft und polarisierte. Mit alledem hinterließ er ein lebendiges Vermächtnis. In seiner Barmherzigkeit und in seinem Temperament erschien er als wahrer Mensch, auch wenn er der vollmächtige Repräsentant Gottes war. Die Konsequenz, mit der er seine Botschaft bis hin zur Passion ohne Gegenwehr vertrat, zeigt ihn als vorbildlichen Gerechten, der sich durch nichts und niemanden korrumpieren ließ.

10.1.3 Deutungen des Todes Jesu

Die Deutungen des Todes Jesu reichen vom profanen Justizskandal über einen „Betriebsunfall" Gottes und das „typische" Prophetenschicksal bis hin zu unterschiedlichen Heilstod-Konzepten wie Bundesschluss, Sühnetod oder Selbstopfer. Die Deutungen haben ihren gemeinsamen Nenner darin, dass der Tod Jesu nicht als unentrinnbares Fatum, verhängt von einem willkürlich agierenden Gott, verstanden wurde. Im Nachhinein wurde er mit einer von Gott selbst gestifteten, heilvollen Bedeutung verbunden. Das vergossene Blut galt als Hinweis auf ein kultisches Versöhnungsgeschehen, vergleichbar dem Jom-Kippur-Ritus*, das zur Befreiung der Menschen aus ihrer Sündenschuld und zu einem grundsätzlich neuen, bereinigten Verhältnis zu Gott führte. Der Gerechte hatte stellvertretend für die Sünder die Konsequenzen der Schuld auf sich genommen und dadurch Erlösung und Versöhnung gebracht. Die Paradoxie des Kreuzes setzt den Gedanken voraus, dass Gott in einem einmaligen Rollentausch überraschend auf Rache verzichtete und seinen Heilsplan trotz oder gegen das menschliche Versagen zur Vollendung brachte.

10.1.4 Eckpunkte der Christologie

Die Deutungen der göttlichen Identität Jesu reichen vom in der Taufe proklamierten Gottessohn über den vollmächtigen Gesandten, präexistenten Schöpfungsmittler und Promoter der Gottesherrschaft bis zum himmlischen Hohenpriester, kosmischen Herrscher und endzeitlichen Menschensohn-Richter. Ihren gemeinsamen Nenner haben die Konzepte in der Gleichung: Jesus von Nazareth war der Christus Gottes! Er war der vollmächtige, entscheidende und gerechte Gesandte Gottes, der geliebte Sohn, der das entscheidende Wissen über Gott kundtat und seine Herrschaft ankündigte, ja zeichenhaft in Szene setzte. Dieser Messias Israels enttäuschte und überbot auf überraschende und provokante Weise die Erwartungen seiner Zeitgenossen. Er kam zur Rettung der „Verlorenen" und setzte den universalen Anspruch Gottes auf alle Menschen, auch auf die Nichtjuden, um. Als der Sohn und Gesandte hatte er Anteil an Gottes Macht und war ihm zugleich klar untergeordnet. Mit seinem Tod entzog er Satan die Macht und brachte den Heilsplan Gottes in ironischer Paradoxie zur Vollendung. Am Ende wurde er zur Rechten Gottes erhöht, wo er bis zu seiner Wiederkunft Fürsprache für die Glaubenden einlegt und die kosmischen Gegenspieler Gottes bekämpft. Er wird bald wiederkommen, um den Seinen die Erlösung zu bringen und das Endgericht abzuhalten.

10.1.5 Christusglaube und Wirklichkeit

Hoffnung auf das, was man nicht sieht
Der neue Glaube war Außenstehenden nicht leicht zu vermitteln. Für sie war das Wort vom Kreuz skandalös, da es die Vorstellung von Gottes Allmacht und Herrlichkeit auf den Kopf stellte. Außerdem fand die Botschaft von der nahen Gottesherrschaft mit all ihren Neuerungen in der sozialen Wirklichkeit kaum einen Niederschlag. Von außen betrachtet, lief alles weiter wie zuvor, von Befreiung und Erlösung war nichts zu erkennen. Die Unsichtbarkeit des Neuen ist in vielen Texten thematisiert. Konsens besteht darüber, dass mit Karfreitag und Ostern die entscheidende Wende vollzogen ist und der erhöhte Christus im Himmel bereits die Herrschaft angetreten hat. Mit der nahe bevorstehenden Parusie* wird das Neue allgemein sichtbar werden und die ersehnte Erlösung des Kosmos kommen.

Realisierung des Neuen in der vom Geist geleiteten Gemeinschaft
Für die Glaubenden gibt es bereits sichtbare Anfänge des Neuen, die unumkehrbar auf die Erfüllung der noch ausstehenden Verheißungen hinauslaufen. Die Auferstehung Jesu etwa wird als Fanal der Endzeit gedeutet. Der Heilige Geist gilt mit seinen Gaben als Zeichen des Neuen und zugleich als die Brücke zum erhöhten Christus, dem Herrn der Gemeinde. Wer zur Gemeinde gehört, ist „in Christus" und damit in der Sphäre der Hoffnung. Das Gebet wird allgemein als Möglichkeit des Kontakts zu Christus herausgestellt. Die funktionierende christliche Gemeinde ist für Paulus die sichtbare Manifestation der neuen Wirklichkeit. Und selbst die Leiden der Glaubenden werden als hoffnungsvolle Zeichen des Neuen gewertet, da sie das nahe Ende anzeigen.

Die Qualität der Wartezeit
All diese Zeichen lenken den Blick auf den Sinn der verbleibenden Zeit. Sie ist als Endzeit eine Zeit eigener, entscheidender Qualität. In ihr haben die Menschen die Chance, noch zum Glauben zu finden und gerettet zu werden. Sie ist auch die Zeit der weltweiten Mission und der Bewährung des Glaubens gegen alle Anfechtungen und Zweifel. Zur Realisierung des Vermächtnisses Christi zählen vor allem das Bekenntnis, die liebevolle Gemeinschaft und deren Glauben bewirkende Außenwirkung.

Fazit: Die Christusgemeinschaft als sichtbarer Anfang des Neuen
Gegen Skepsis, Spott und Zweifel wird auf sichtbare Zeichen des ansonsten unsichtbaren Neuen hingewiesen. Die christliche Gemeinde gilt als Raum, in dem sich die Herrschaft Christi sichtbar manifestiert. Für die Glaubenden bleibt dank des Geistes, des Gebets und der liebevollen Gemeinschaft der erhöhte Christus mit seinem Vermächtnis lebendig und präsent. Insbesondere die Rede vom „Leib" Christi oder vom „in Christus"-Sein bringen die Intensität der neuen Gemeinschaft zum Ausdruck. Der erhöhte Christus erweist sich hier als „Immanuel", „Gott mit uns".

10.1.6 Fazit: Die Sendung des Sohnes – Signal der Feindesliebe Gottes

Der Gekreuzigte war Sohn Gottes und Messias Israels – darauf lässt sich die neutestamentliche Rede von Jesus Christus reduzieren. Diese Aussage ist paradox und für das herkömmliche Denken von Gott eine Provokation. Der Gott Jesu setzte seine Herrschaft nicht in hoheitlichem Machtgebaren durch, sondern machte in verwechselbarer Niedrigkeit und Menschlichkeit Werbung für sie. Mit der Sendung des geliebten Sohnes in die Welt signalisierte Gott, dass seine Herrschaft kommt, er Anerkennung erwartet und Gerechtigkeit fordert. Er tut das mit den Mitteln seines Geistes, der für Sanftmut, Güte und Liebe steht. Das fasziniert, irritiert und provoziert gleichermaßen. Mit dem Sohn wurde der göttliche Weg der freiwilligen Selbstentäußerung und der Selbsterniedrigung am Ende abgelehnt. Was für die einen unerträgliche Blasphemie war, war für die anderen Zeichen der tiefsten Liebe Gottes. Die heilvolle Umwertung des Kreuzestodes ist, so gesehen, der unübertreffliche Ausdruck der Feindesliebe Gottes.

10.2 Erfahrungen, die den Glauben provozierten

Die christologischen Aussagen sind nicht Ergebnis eines systematischen Nachdenkens; sie verdanken sich vielmehr historischen Fragestellungen, provozierenden Erfahrungen und der Auseinandersetzung mit traditionellen Erwartungen. Der Abschnitt geht die wichtigsten historischen Impulse und Erfahrungen ab, die auf die Bildung und Veränderung der Christologie eingewirkt haben: Ostern (10.2.1), die Erfahrung von Distanz und Nähe (10.2.2), die sukzessive Ausgrenzung aus der Synagoge (10.2.3), Verfolgungen und Leiden (10.2.4), das Ausbleiben der Wiederkunft Christi (10.2.5) sowie Irrlehren und Spaltungen (10.2.6). Die Abfolge zeigt kein chronologisches Nacheinander an. Die einzelnen Impulse und Erfahrungen können durchaus zeitgleich oder auch in anderer Reihenfolge gedacht werden. Ostern steht allerdings als Ausgangspunkt an erster Stelle.

10.2.1 Ostern

Die Ostererfahrung war die Initialzündung des Christusglaubens und der Erinnerung an Jesus. Sie bestätigte die mitreißenden Erfahrungen mit Jesus, der vielen Menschen eine bleibende Hoffnung brachte. Ostern bedeutete die Bestätigung des messianischen Gesandten Gottes. Sein Weg war der Weg Gottes, auch wenn er nach außen der Weg eines gescheiterten Scharlatans gewesen sein mochte. Das leere Grab war der symbolische Hinweis darauf, dass der Blick nach vorn zu richten war, und das hieß: zurück nach Galiläa, um vom Ausgangspunkt des Geschehens aus alles neu zu verstehen. Die zentrale Aufgabe war es, die Messianität Jesu gegen allen äußeren Schein zu begründen. Karfreitag und Ostern waren die entscheidenden Filter des Erinnerungsprozesses. Dieser führte zu den Grundkonzepten des unpolitischen Messias, des „undercover" operierenden Gesandten Gottes, des leidenden Gerechten und des von seinem Volk abgelehnten, letzten und entscheidenden Propheten. Diese Phase wurde durch die Erfahrung neuer Gemeinschaft mit dem Auferstandenen begleitet.

10.2.2 Himmelfahrt und Pfingsten

Räumliche Trennung als Provokation eines besonderen Glaubens
Die nächsten Herausforderungen waren Himmelfahrt und Pfingsten. Jenseits der Frage nach der Historizität der Ereignisse zeigen sie die optische wie räumliche Trennung von Christus und die Erfahrung neuer Nähe an. Ein neuer Glaube, der optisch wenig vorzuweisen hatte und auf eine noch unsichtbare Wirklichkeit verwies, war nicht leicht zu vermitteln. Die Ankündigung des nahen Gottesreiches hatte in der realen Wirklichkeit kaum Spuren hinterlassen. Was zu sehen war, erschloss sich allenfalls den Glaubenden selbst. So stellte sich nach innen hin die Aufgabe, die Trennung als notwendige Phase, und nach außen hin die Unsichtbarkeit des Neuen als Indiz einer höheren Wahrheit zu erklären. Es wurden Auskünfte Jesu in Erinnerung gebracht, die auf die Zeit der Trennung anspielen (z.B. Lk 17,22 und Joh 14-16). Das Problem der Unsichtbarkeit wurde mithilfe platonischen Denkens regelrecht „kultiviert": Das Unsichtbare galt als das Bessere gegenüber dem Sichtbaren, da es unmittelbar mit Gottes Wahrheit verbunden ist, die Welt des Sichtbaren dagegen als deren minderwer-

tige Abschattung (2 Kor 4,18; Hebr 9,11; 10,1). Im Himmel habe Gottes Herrschaft bereits begonnen, während auf Erden noch die alten Verhältnisse herrschten. Die nahe Parusie* werde die neue Heilswirklichkeit dann für alle Menschen sichtbar machen. Die Zeit bis dahin sei eine Zeit der Hoffnung und des Glaubens, nicht des Schauens, eine Zeit fragmentarischer Erkenntnis und vieler offener Fragen (Joh 16,16-33; 2 Kor 5,7).

Die Gemeinde als Manifestation der neuen Wirklichkeit

Die Glaubwürdigkeit des neuen Glaubens wird nach Ansicht der Autoren durch sichtbare und spürbare Anfänge des Neuen verbürgt. Dazu gehört vor allem der Geist mit seinen erstaunlichen Charismen*, weiter der erstaunliche Glaube der Christen, der die Erfüllung aller Verheißungen schon in sich trägt (Hebr 11,1). Sogar die apokalyptischen* Leiden gelten als Hoffnungszeichen (Mk 13,8; 1 Petr 4,12-17; Offb). Die Außenwirkung der „in Christus" lebenden Gemeinschaften, in denen das Neue im Sinne geisterfüllter „Gegengesellschaften" schon hautnah zu erleben ist, gilt als die beste Werbung für die Glaubwürdigkeit des Neuen.

10.2.3 Ausgrenzung aus der Synagoge

Provokation von Verteidigung und Polemik

Das Unverständnis der nicht an Jesus glaubenden Juden mit Reaktionen bis hin zu Verfolgungen und kollektiver Ausgrenzung hat in den Texten viele Spuren hinterlassen.[1] Die teilweise heftige Polemik gegen „die Juden" und „ihre Synagogen" weist auf offene Wunden hin. Viele Jesusleute sahen sich in ihrer jüdischen Identität bedroht und von ihren Wurzeln abgeschnitten. Dieses Trauma forderte dazu heraus, die Verträglichkeit der Lehre Jesu und des Christusglaubens apologetisch* nachzuweisen. Der Anfang der Bergpredigt ist dafür ein beredtes Beispiel (Mt 5,17-20), ebenso die vielen Streitgespräche, die Jesus der Erinnerung nach mit seinen Kontrahenten führte und in denen er immer wieder seine Vollmacht in Sachen Toraauslegung unter Beweis stellte. Die Vorwürfe gegen Jesus wurden zurückgewiesen und stattdessen niedere Motive, die mit der Lehre nichts zu tun hatten, für seine Verurteilung namhaft gemacht.

Provokation eines ersten christlichen Selbstverständnisses

Die Ausgrenzung aus der Synagoge führte in den Gemeinden zu großen Konflikten, je mehr sich der Christusglaube als unvermittelbar herausstellte. Das führte schließlich zur Formulierung verbindlicher Bekenntnisse und damit zur Grenzziehung gegenüber dem andersgläubigen Judentum. Der entscheidende Glaubensinhalt hieß: Jesus von Nazareth war der

---

[1] Z.B. Joh 14,1-3; 1 Thess 2,14-16; Offb 2,9; 3,9.

ins Fleisch gekommene Christus Gottes (1 Joh 4,2). Weichere Bekenntnisse wurden als unzureichend abgelehnt; Lippenbekenntnisse, die nicht durch geschwisterliche Solidarität abgedeckt waren, ebenfalls. Darüber hinaus verbinden die johanneischen Schriften den Glauben an den Gott Israels mit der Anerkennung des Sohnes. Wer sie verweigert, ist im eigentlichen Sinne ein Atheist (Joh 5,23; 1 Joh 2,23). Die Mission unter nichtjüdischen Völkern ist ebenfalls ein Reflex auf die Ablehnung im eigenen Volk. Die Gabe des Geistes hilft nach Lukas und Paulus, die bisherigen Glaubensgrenzen zu überschreiten – durch den Geist und im Glauben seien alle Menschen gleichgestellt (Gal 3,28), somit sei Tischgemeinschaft mit Nichtjuden möglich. Die Tora gilt in einem neuen Sinne weiter: An die Stelle äußerer Beschneidung tritt die des Herzens. So findet die Bundesverheißung (Jer 31; Ez 36) eine überraschendende Erfüllung: Nicht Israel, sondern die Gemeinschaft der Getauften ist das neue Bundesvolk.

10.2.4 Verfolgung und Leiden

Verfolgung und Leiden drohten den Gemeinden von allen Seiten. Zeugnisse über Nachstellungen, Verleumdungen, Konfiskationen, Rechtsprozesse und Martyrien finden sich breit gestreut. Das Neue Testament enthält viele Leidensparänesen*, die auf das Durchhalten der letzten, apokalyptischen* Durststrecke ausgerichtet sind. Christus ist in diesem Kontext der fürsorgliche Herr, der allmächtige Herrscher der Mächte und Gewalten sowie der gerechte Richter (z.B. Kol 1,15-18; Hebr 1,3f.; Offb 1,5). Die irdischen Bedrängnisse erscheinen als Teil eines kosmischen Dramas, in dem Satan versucht, die Christen in letzter Minute von ihrem Glauben abzubringen. Der Blick auf Christus, das Haupt der Gemeinde und König aller Könige, gilt als Gegenmittel, und Gott, der selbst die schrecklichsten Szenarien beherrscht, als Trost und Zufluchtsort. In der Johannesoffenbarung wird die Fürsorge durch das Bild der „Versiegelung" zum Ausdruck gebracht (Offb 7,1-8). Wer bis zum Ende der Welt oder bis zum (Märtyrer-)Tod durchhält, wird zusammen mit Christus herrschen und die bisherigen Peiniger richten.[1] Wer in seinem Leben Christus bekennt und dafür Verfolgung und Martyrium riskiert, ist schon jetzt selig zu nennen.[2]

10.2.5 Ausbleiben der Wiederkunft Christi

Hinweise auf das überraschende Kommen Christi

Anlass für Polemik und Zweifel an der christlichen Hoffnung gab vor allem das Ausbleiben der Parusie*. Jesus und Paulus hatten das Ende wohl

---

[1] Vgl. Mt 19,28; Lk 22,30; 1 Kor 6,2; Offb 3,21; 20,4-6.

[2] Mt 5,10-12; 10,22.32f.; Mk 13,9-13; 1 Petr 3,14; 4,14.

noch zu ihrer Zeit erwartet (Mk 9,1parr.; 1 Thess 4,15.17). 2 Petr 3 hält den Spöttern entgegen, Christus komme „wie ein Dieb", völlig überraschend.[1] Was wie Verzögerung aussieht, ist Ausdruck der großen Geduld des Herrn und Ansporn, die verbleibende Zeit aktiv zu nutzen. Nur wer im entscheidenden Augenblick bereit ist, werde gerettet; wer resigniert, habe verloren.[2] Es ist Teil des Vermächtnisses Christi, seine Verheißungen hochzuhalten und beständig an sie zu erinnern – gerade in Zeiten der Resignation oder des scheinbaren Friedens (1 Thess 5,3).

Die Entstehung der Evangelien
Eine Zäsur stellte der Übergang zur zweiten christlichen Generation dar. Mit dem Aussterben der Augenzeugen war die Verbindung zu den Wurzeln in Frage gestellt. Das war die Geburtsstunde der Evangelien. Die mündliche Jesuserinnerung reichte nicht mehr aus. Die problematische Naherwartung Jesu wurde hier so erklärt: Das Gottesreich war in der Verklärung für auserwählte Jünger bereits zu sehen – in Gestalt seiner Repräsentanten Mose und Elia (Mk 9,2ff.). Die schwierige Aussage Mk 13,30 wurde ebenfalls „entschärft": Nur Gott kennt Zeit und Stunde (Mk 13,32).

10.2.6 Irrlehre und Spaltung

Irrlehre und Spaltung waren ein Hauptproblem der frühen Gemeinden. Unter anderem hatte Paulus mit Zerfallserscheinungen zu kämpfen (1 Kor 1; Gal 1-3); Pseudopropheten erklärten die Parusie* für gekommen (Mk 13parr.; 2 Thess 2). In den Pastoralbriefen sind Irrlehrer ein Hauptthema (1 Tim 4,1; 6,20: „fälschlich so genannte Erkenntnis"). Das „hohepriesterliche Gebet" (Joh 17) bezeugt ebenfalls die große Gefahr von Spaltungen. 1 Joh 2,18ff. warnt vor „Antichristussen", die die Gemeinde von innen heraus mit falschen Bekenntnissen und mit der Aufkündigung der Solidarität bedrohen. Die Offenbarung schließt mit dem eindringlichen Appell, am Inhalt des Buches nichts zu verändern (Offb 22,18f.). In diesem Kontext wird regelmäßig die Autorität der Lehre Christi unterstrichen: Sie sei durch den Parakleten* verbürgt (Joh 14-16) bzw. als kostbares Gut zu behandeln (Past). Christus wird mehrfach als letzte Lehrautorität zitiert (1 Kor 1; Gal 1). Sein Vermächtnis besteht demnach in der einmütigen Gemeinschaft, die Gottes Wahrheit repräsentiert und Christus eine Wohnung bietet. Die Spaltung der Gemeinde sei für die Glaubwürdigkeit ihrer Botschaft tödlich, denn Wahrheit kann nicht zerteilt werden.[3]

---

[1] V.10; vgl. die Gleichnisse Mt 24f.; weiterhin 1 Thess 5,2; Offb 3,3; 16,15.
[2] Mt 25,1-13: Gleichnis von den zehn Jungfrauen; vgl. Hebr 10,25-39.
[3] Vgl. dazu Erlemann, Unfassbar*, Anfrage 22.

10.2.7 Fazit: Provokation von Glauben und Widerspruch

Historische Erfahrungen provozieren neue theologische und christologische Denkmodelle bis heute. Im Neuen Testament ist die Ostererfahrung der Auslöser für ein erstes christologisches Nachdenken. Dieses erfährt im Laufe der Zeit immer neue Impulse; es wurde weitergeführt, verändert, zum Teil auch revidiert. Die Texte geben einen Einblick in die dynamische Wechselbeziehung zwischen historischen Fragen und Erfahrungen einerseits und theologischen Denkmustern andererseits. „Steile" Aussagen der Präexistenz*, Selbstentäußerung und Erhöhung sind schon früh vorhanden (Phil 2,6-11). Umgekehrt findet sich die Naherwartung der Parusie* auch noch in späten Texten (2 Petr 3). Eine „genetische" Entwicklungslinie von einfachen hin zu komplexen Aussagen oder eine allmähliche Abflachung frühchristlicher Hoffnung ist nicht erkennbar. Die Deutung des Todes Jesu ist ein „Dauerbrenner", die Auseinandersetzung mit dem Judentum ebenfalls. Die neutestamentliche Christologie ist so vielschichtig und komplex wie die Geschichte der sie provozierenden Erfahrungen.

10.3 Christusglaube und Hebräische Bibel

Ein letzter größerer Abschnitt beleuchtet das „Neue" am neutestamentlichen Christusglauben, der hierzu mit Kernthemen und Verheißungen der Hebräischen Bibel verglichen wird. Zuerst gilt der Blick Texten der Hebräischen Bibel, die auf eine endzeitliche Retterfigur hinweisen (10.3.1), danach neutestamentlichen Texten, die Christus mit wichtigen Personen der Hebräischen Bibel ins Verhältnis setzen (10.3.2). Abschließend wird mit der Kategorie des Bundes ein gesamtbiblisches Modell betrachtet (10.3.3). Grundsätzlich kann das Verhältnis zwischen den Testamenten im Sinne von Verheißung und Erfüllung, von These und Antithese oder im Sinne von „Aufhebung" im mehrfachen Wortsinn (Konservierung, Suspendierung, Überführung auf ein höheres Niveau) definiert werden. Der Abschnitt versucht eine möglichst differenzierte Darstellung.

10.3.1 Der verheißene endzeitliche Retter

Die Hoffnungen Israels auf eine heilvolle Wendung seines Schicksals liefen im Verlauf der Zeit immer mehr auf eine universale und endgültige Lösung hinaus. Es kam zur Erwartung einer endzeitlichen Retterfigur, die verschiedene Namen tragen konnte. Die wichtigsten Figuren waren der davidische Messias und der Menschensohn-Richter. Auch Elia spielte eine gewisse Rolle. Das Neue Testament fokussiert diese Erwartungen auf Jesus von Nazareth. Dabei wurden die traditionellen Erwartungen tiefgreifend umgestaltet.

Der davidische Messias Israels

Der von Jesaja und Micha angekündigte Messias Israels verkörpert das Idealbild des weisen, gerechten und friedfertigen Königs (Jes 9,5f.; 11,1ff.; vgl. Ps 110; Mi 5,1). Er ist der endzeitliche Geistträger, der in Gottesfurcht das Volk regiert (Jes 11,3). Sein Reich ist beständig und sichert Israel dauerhaft den Erwählungsstatus (Jes 9,6; 11,2). Auf ihn konzentrieren sich nationale und prophetische Hoffnungen. Im Verlauf der Geschichte Israels gab es mehrere historische Gestalten, die als Messias gehandelt wurden: Der Perserkönig Kyros, der den in Babylon Exilierten die Rückkehr in die Heimat eröffnete (Jes 45,1), weiter der Hohepriester Jeschua, der Statthalter Serubbabel (Hag 2,23; Sach 4,14) und natürlich Jesus, als einer neben anderen in seiner Zeit. Die Hoffnungen waren zum großen Teil nationalpolitisch ausgerichtet, es gab aber auch priesterliche und himmlisch-transzendente* Erwartungen (vgl. Abschnitt 4.4.1).

Das Neue Testament sieht in Jesus den verheißenen, freilich unpolitischen Messias Israels. Seine Aufgabe wird in der Erlösung der Menschen von Sünde und ihren Folgen gesehen. Anstelle politischer Befreiung von den Römern kam die Befreiung aus Fesseln unterschiedlichster Art – Krankheit, Besessenheit, soziale Ausgrenzung, Angst, eine das Leben strangulierende Toraauslegung und gesellschaftliche Verhaltensregeln, die das Leben einschränkten. Die innere Befreiung gilt als entscheidende, das Äußerliche überbietende, göttliche Tat (z.B. Mk 2,1-12: Heilung des Gelähmten). Die Wundergeschichten stellen Jesus sogar als Überwinder von Naturgewalten, des Bösen und des Todes dar. Damit wurde die jüdische Messiaserwartung übertroffen und gleichzeitig enttäuscht.

Der Menschensohn-Richter

Die in Dan 7,13f. beschriebene, himmlisch-transzendente* Mittlerfigur „wie eines Menschen Sohn" wurde in frühjüdischer Zeit weiterentwickelt. Während er dem Buch Daniel zufolge eine ewige Herrschaft für Israel aufrichten sollte, wurde er im äthiopischen Henochbuch und Vierten Esrabuch zum Vollstrecker des Endgerichts stilisiert (äthHen 46,3f.*; 62,6-9*; 4 Esr 13). Das Neue Testament griff die Figur auf und bezog sie stark verändert, ja paradox auf Jesus: An die Stelle des hoheitlichen Richters trat die des Dieners der Menschen. Das Gericht vollzieht sich in erster Instanz im Verhalten ihm gegenüber. Erst bei seiner Parusie* wird Christus die traditonelle Rollenerwartung erfüllen und das Endgericht abhalten (Mt 25,31-46; Mk 14,62parr.). Das Kommen des Menschensohnes in zwei Phasen – zuerst „inkognito", dann in aller Herrlichkeit – ist eine Neuerung, die eine Veränderung in Gottes Heilsplan anzeigt: Gott verzichtet vorerst auf hoheitliche Machtdemonstrationen, um den Menschen von unten her aufzuhelfen; erst ganz am Ende, wenn alle anderen Chancen verbraucht sind, wird es zum Gericht kommen.

Elia redivivus
Maleachi kündigt am Ende der Hebräischen Bibel den einstmals entrückten Elia als endzeitlichen Boten an, der das Kommen Gottes vorbereiten werde (Mal 3,1; 3,23; vgl. 2 Kön 2,11). Die Synoptiker* bezeugen die Außenwahrnehmung Jesu als Elia der Endzeit (Mk 8,28; Mt 11,13ff.). In Korrektur dessen deuten sie Elia auf Johannes den Täufer (Mk 9,9-13par. Mt 17,9-13; Lk 1,17). Anders weist Johannes der Täufer, folgt man Joh 1,21-25, diesen Anspruch zurück und identifiziert sich stattdessen mit dem Prediger in der Wüste (unter Rückgriff auf Jes 40,3). Jesus selbst gilt hier als der entscheidende Gesandte, der die Herrlichkeit Gottes publik macht.

10.3.2 Der Antityp der Heilsgeschichte Israels

Jesus Christus wird über weite Strecken wichtigen Größen der Hebräischen Bibel gegenübergestellt. Zu ihnen gehören – in chronologisch umgekehrter Reihenfolge – Propheten, Mose, Abraham, Melchisedek und Adam. Der Abschnitt fragt nach der jeweiligen Verhältnisbestimmung.

Elisa und der leidende Gottesknecht als exemplarische Gottesboten
Elisa spielt in den Wundern der Evangelien eine wichtige Rolle. So hat die Speisung der Fünftausend (Mk 6,30-44parr.) ihr Pendant in 2 Kön 4,42-44, der Speisung von hundert Mann mit zwanzig Broten. Das frühere Wunder wird durch das neue deutlich überboten. Jesus erweckte, im Unterschied zu Elisa, gleich mehrere Menschen vom Tode, unter anderem Lazarus, der schon Leichengeruch entwickelt hatte (Joh 11; vgl. 2 Kön 4, 18-37). Auch einzelne Heilungen Jesu erinnern an Elisa. Als Wundertäter knüpfte Jesus an seinen Vorgänger an und überbot ihn zugleich.
Der leidende Gottesknecht Deuterojesajas* findet in Jesus Christus sein neutestamentliches Pendant. In der Ablehnung des Gottesknechts und in seiner stellvertretenden Sündenübernahme (Jes 52f.) werden das Geschick Jesu und die Bedeutung seines Todes vorweggenommen. Der anonyme Gotteskecht erhält im Neuen Testament seine historische Konkretion.

Mose
Häufig wird Jesus Moses gegenübergestellt. Der Vergleich läuft regelmäßig auf eine Überbietung Moses durch Christus hinaus; das erzeugt den Eindruck einer starren Antithetik zwischen Hebräischer Bibel und Neuem Testament. Wo Mose genannt wird, ist in der Regel die Tora mitgedacht. Einige Texte sollen das Verhältnis beleuchten:
Der Versuchungsgeschichte (Mt 4par. Lk 4) zufolge überwand Jesus Satan mit Hilfe der Tora. Sie wurde, folgt man den Texten, von Jesus grundsätzlich anerkannt; der Streit mit Pharisäern und Schriftgelehrten ging um die richtige Toraauslegung; dabei erhielt die Tora den Vorrang vor den „Vätersatzungen" (Mk 7). Die Verklärungsgeschichte (Mk 9parr.) zeigt Mose

und Elia als die beiden Repräsentanten der Gottesherrschaft. Jesus wird zu ihnen verklärt, so dass der Eindruck der Gleichrangigkeit entsteht.
Der Johannesprolog stellt der Gabe der Tora Gnade und Wahrheit als Gaben Christi gegenüber (Joh 1,17). Sie gelten als die besseren Gaben. Das Problem der Juden wird darin gesehen, dass sie die Tora zwar kennen, aber nicht nach ihr handeln (Lk 16,19-31; Joh 7,19). Die äußere Beachtung der Toragebote führe in Widersprüche; die Sorge um den ganzen Menschen ist nach Joh 7,22-24 dagegen das Leitmotiv der Toraauslegung Jesu. Mose wird nach Joh 5,45f. als Kronzeuge für die bessere Auslegung angerufen und als Anwalt gegen Jesu Gegner vor Gottes Thron erwartet.
Nach Gal 3,1-5 ist die Tora eine nachträglich eingeführte Ordnung mit begrenzter Geltung. Sie könne die ursprüngliche Verheißung an Abraham nicht außer Kraft setzen. Die Tora sei die spätere und damit schlechtere Ordnung. Mit Christus sei der Erbe Abrahams gekommen, mit dem die Tora ihre Funktion eingebüßt habe. Auch Hebr 3,1-6 stellt Christus über Mose; beide verhielten sich zueinander wie Gebäude und Architekt, Sklave und Sohn. Die Gemeinde trete als „Haus Christi" an Moses Stelle.
Insgesamt gesehen, ergibt sich zum einen das Bild von Jesus als autorisiertem Gesetzesausleger, der die Tora bejaht und sich gegen unangemessene Auslegungen verwahrt. Mose fungiert dabei als Kronzeuge Jesu. Zum anderen werden Christus und Mose antithetisch gegenübergestellt, wobei Christus der höhere Rang zukommt. Die Differenz der Modelle verdankt sich unterschiedlichen Aussageabsichten: Einmal geht es um die „Toraverträglichkeit" Jesu, einmal um das Eigenprofil der neuen Ordnung.

Abraham und Melchisedek
Abraham steht für die ethnische Zugehörigkeit zu Israel. Er erhielt die Verheißung reicher Nachkommenschaft. Der Vergleich mit Jesus findet im Kontext der Fragen statt, wer zu Gottes Volk gehört, wer der ihm verheißene Nachkomme ist, wie der Mensch vor Gott gerecht wird, sowie als Gegenüber von Melchisedek, dem Priesterkönig von Salem (1 Mos 14).
Die Bußpredigt des Täufers (Mt 3parr.) stellt die ethnische Zugehörigkeit zu Israel grundsätzlich in Frage. Zu Israel gehöre, wer zu Gott umkehrt und das Gute tut (Mt 3,8: „Fruchtbringen"). Der Täufer kündigt Jesus als den an, der das Gericht nach diesen Maßgaben vornehmen werde (Mt 3,11f.). Angesichts des Glaubens eines römischen Hauptmanns stellt Jesus einen Wechsel des Erwählungsvorzugs zu den Nichtjuden in Aussicht (Mt 8,11f.). Das Prinzip der Herkunft war nach Röm 9,6-13 für Gott noch nie bindend. Nach Joh 8,30-45 haben sich die Juden ihre von Abraham ererbte Freiheit (vgl. Gal 4,21-31) durch das Tun der Sünde verscherzt. Sie seien als Sünder nicht Kinder Abrahams, sondern Satans, die für die Wahrheit Jesu nicht empfänglich sind (Joh 8,44).
Im Kontext der Frage nach der Geltung der Tora führt Paulus einen Altersbeweis (Gal 3,15-25): Die Verheißung an Abraham war die ursprüngliche und damit die bessere. Der von Gott verheißene Nachkomme sei nicht

Isaak, sondern Christus (V.16; vgl. Mt 1,1f.par. Lk 3,34). Hierdurch wird Christus zum eigentlichen Erben der Verheißung Abrahams. Dieses Erbe, die Gotteskindschaft, sei nicht durch die Tora zu erlangen, sondern durch den Glauben an Christus, den Erben der Verheißung (Gal 3,26); wer ihm angehöre, sei Miterbe der Verheißung (Gal 3,27-4,7; vgl. Röm 8,14-17).

Für Paulus ist Abraham noch in anderer Hinsicht wichtig: Sein Glaube wurde ihm zur Gerechtigkeit angerechnet (Röm 4,3, vgl. 1 Mos 15,6). Das sei jenseits der Tora geschehen und gelte damit prototypisch auch für unbeschnittene Nichtjuden, deren Stammvater Abraham ebenfalls sei (Röm 4,10-17). Der Glaube stehe über den Werken, weil er Gottes Fähigkeit, selbst aus Gottlosen Gerechte bzw. aus Toten Lebendige zu machen, zur Geltung bringe (Röm 4,5.17). Der Glaube setze einzig und allein auf Hoffnung, wo es eigentlich nichts mehr zu hoffen gibt (Röm 4,18; vgl. Hebr 11,1-19). Anders betont Jak 2,21f. die Gleichrangigkeit von Glauben und Werken bei Abraham. – Schließlich stellt Hebr 7 Abraham Melchisedek, dem Priesterkönig von Salem, gegenüber (vgl. 1 Mos 14,18-24). Er stand über Abraham, denn er segnete ihn (1 Mos 14,19). Das und die unmittelbare Nähe Melchisedeks zu Gott erweise dessen Hohepriesterordnung als die urprünglichere, ewige und damit als der Ordnung Levis überlegen. Ps 110,4 („Der Herr hat geschworen, und es wird ihn nicht gereuen: ʹDu bist ein Priester ewiglich nach der Ordnung Melchisedeksʹ") wird dementsprechend auf Christus bezogen (Hebr 5,6.10; 6,20; 7,17).

Abschließend betrachtet, erfolgt der Rückgriff auf den Stammvater Israels komplex und überraschend: Die jüdische Herkunft sei keine Garantie des Erwählungsstatus, vielmehr komme es auf den Glauben an. Abraham gilt als Stammvater aller Völker, da er das erste Beispiel für den gerecht machenden Glauben sei, den Juden wie Nichtjuden entwickeln könnten.

Adam

Die Herleitung Jesu von Adam dient im lukanischen Stammbaum dem Nachweis der doppelten Gottessohnschaft Jesu – einmal direkt, durch den Geist, einmal durch die Abstammung von Adam, dem ersten Sohn Gottes (Lk 1,35; 3,38). Für Paulus ist Adam der Antityp Christi: Mit ihm kam die Sünde in die Welt, mit Christus, dem letzten Adam, wurde sie aus der Welt geschafft (Röm 5,12-21; 1 Kor 15,45). Die Sünde Adams wurde durch die Gerechtigkeit Christi aufgehoben (Röm 5,18). Leitend ist das Prinzip der Überbietung: Adam stammte von der Erde, Christus vom Himmel. Wer sich an Adam orientiere, teile dessen vergängliches Schicksal, wer zu Christus gehöre, werde ihm gleich werden (1 Kor 15,47-49).

Fazit: Kontinuität, Überbietung und Vollendung

Die antitypische Gegenüberstellung Christi mit wichtigen Figuren der Hebräischen Bibel arbeitet Kontinuität und Überbietung zwischen den Testamenten heraus. Mit Christus hat sich der Kreis der Heilsgeschichte geschlossen. Jesus Christus ist fest auf die Heilsgeschichte Israels bezogen;

er glich die seit Adam bestehenden Defizite aus, führte die Tora zu ihrer Bestimmung und erfüllte die noch offenen Verheißungen Israels.

10.3.3 Alter und neuer Bund

Die Kategorie des Bundes erlaubt eine ganz eigene Verhältnisbestimmung zwischen Hebräischer Bibel und Neuem Testament. Anspielungen auf die Bundesverheißung Jer 31 und Ez 36 finden sich in zahlreichen Texten. Ausdrücklich wird das Thema Bund in drei Kontexten behandelt: Bei der Deutung der Selbsthingabe Jesu (Mk 14,22-24parr.; 1 Kor 11,25; Hebr), bei der Torafrage (2 Kor 3; Gal 3f.) und beim Thema Israel (Röm 9-11).

Lebenshingabe Jesu, Sündenvergebung und neue Gemeinschaft
Die Einsetzungsworte (Mk 14,22-24parr.) deuten die Lebenshingabe Jesu als Bundesschluss, der zum neuen Leben führt (vgl. Abschnitt 6.9). Inhaltlich geht es nach Mt 26,28 um Sündenvergebung (vgl. Jer 31,34). Auch das Vermächtnis Jesu – die bleibende Gemeinschaft in Erinnerung an ihn und in Erwartung neuer Gemeinschaft – wird durch die Rede vom neuen Bund zum Ausdruck gebracht (Lk 22,19; 1 Kor 11,25). Hierin gehe der neue Bund über die Verheißungen der Propheten hinaus.

Buchstaben – Geist, Sklaverei – Freiheit, Jom Kippur – Selbstopfer Jesu
2 Kor 3 verbindet die Rede vom Bund mit der Torathematik. Der neue Bund ist vor allem durch die Gabe des Geistes gekennzeichnet (vgl. Röm 5,5; 8,2 ausweislich Ez 36,26f.). Der Bund des Geistes steht demnach dem Mosebund (des Buchstabens) diametral gegenüber. Während die buchstäblich verstandene Tora den Tod bringe, bringe die pneumatisch* ausgelegte Tora das Leben (2 Kor 3,6). Dieser Zusammenhang werde nur durch die Erkenntnis Christi, des Geistträgers, einsichtig (2 Kor 3,15-18). Während der alte Bund, allegorisch* verkörpert durch Hagar, ein Bund der Sklaverei war, sei der neue Bund, verkörpert durch Sara, nach Gal 4,21-31 der Bund der Freiheit. Gal 3,15-25 erklärt das durch Rückgriff auf den Abrahambund: Er sei älter als der Mosebund und die Tora ein Provisorium, das mit Christus, dem „Sohn" Abrahams, funktionslos geworden sei; Christus war Ende bzw. Ziel der Tora (Röm 10,4). Hebr 6-10 deutet den Tod Jesu als Selbstopfer, durch welches der neue Bund geschlossen und die alte Kultordnung außer Kraft gesetzt wurde. Der neue Bund sei besser und von Gott durch doppelten Eid verbürgt. Gal 3f. ist als Abwehr konservativer Gesetzesforderungen, der Hebräerbrief im Gegenüber zur bleibend faszinierenden Attraktivität des Jerusalemer Tempelkults zu verstehen.

Der neue Bund für Israel
Im Kontext der Israelkapitel Röm 9-11 stellt Paulus den bleibenden Erwählungsstatus der Juden heraus (Röm 9,1-5). Gleichzeitig unterscheidet

er scharf zwischen ethnischer Zugehörigkeit und souveräner „Gnadenwahl" Gottes (Röm 9,6-29). Die Anerkennung Christi sei das entscheidende Erwählungskriterium (Röm 10). Am Ende der Zeit werde der neue Bund (auch) mit Israel geschlossen werden. Zentral ist für Paulus dabei die Sündenvergebung (Röm 11,25-27; vgl. Jer 31,34).

Fazit: Dreifache Aufhebung des alten im neuen Bund
Beim Thema Bund ist das Prinzip der mehrfachen Aufhebung leitend: Der alte Mosebund mit der Tora als Bundeszeichen wird durch den neuen Bund in Christus weitergeführt (Röm 7,12.14!), auf die Ebene des Geistes gebracht (2 Kor 3; Röm 8,2) oder durch die Einlösung des Abrahambundes (Gal 3) bzw. durch das einmalige Selbstopfer Christi suspendiert (Hebr). Die Variationen verdanken sich gegenläufigen Problemstellungen. Paulus betont grundsätzlich den bleibenden Erwählungsstatus Israels (Röm 9-11).

10.3.4 Fazit: Jesus Christus – Fluchtpunkt der Hebräischen Bibel

Die Provokation der christologischen Auslegung
Die Hebräische Bibel wird im Neuen Testament konsequent christologisch* ausgelegt. Sie gilt insgesamt als Zeugnis des Geistes, das auf Christus hinweist (1 Petr 1,11; vgl. Eph 1,9f.). Die Verheißungen Israels finden in Jesus von Nazareth ihren Fluchtpunkt. Das ist das eigentlich Neue am Neuen Testament. Ansonsten gründen alle christologischen Konzepte im jüdischen Denken bzw. in den Verheißungen der Hebräischen Bibel. Jesus war ein Jude von Juden, das wird einhellig bezeugt. Die Provokation des Neuen bestand darin, dass viele Erwartungen durch den messianischen Anspruch Jesu enttäuscht oder überboten wurden, eine überraschende Wendung erfuhren und ein radikales Umdenken erforderten. Eine große Zumutung war der „untere Weg" Gottes, ausgedrückt im Konzept der freiwilligen Selbstentäußerung (Kenosis*) Gottes sowie in seinem inkognito-Kommen unter Verzicht auf Machtdemonstrationen. Eine weitere Zumutung war die Anerkennung Christi als neues Erwählungskriterium.

Das Neue Testament – Zeugnis des innerjüdischen Disputs um Jesus
Das in den Texten greifbare Verhältnis des neuen Glaubens zur jüdischen Tradition spiegelt die lebendige Auseinandersetzung um das legitime Toraverständnis und die prophetischen Verheißungen wider. Hier streiten Juden mit Juden um die Anerkennung ihrer religiösen Identität.[1] Das ist für eine sachgemäße Einschätzung des Themas ebenso entscheidend wie die durchgängige Darstellung Jesu als Sohn seines Volkes und die grundsätzliche Bestätigung der Erwählung Israels sogar durch den Völkerapostel

[1] Das betont zu Recht Wolfgang Stegemann, Kontingenz und Kontextualität der moralischen Aussagen Jesu, in: ders. u.a., Jesus in neuen Kontexten*, 167-184.

Paulus; seine Kritik gilt lediglich den Gegnern Jesu und seiner Nachfolger, nicht aber „den Juden“ an sich. Die zum Teil allegorische*, christologische Auslegung ist nur eine Möglichkeit, die Hebräische Bibel zu deuten. Sie ist aus jüdischer Sicht bis heute eine Provokation.[1]

10.4 Schluss: Die große Provokation der Liebe Gottes

Jesus von Nazareth war der Christus Gottes, das ist das Kernbekenntnis des Neuen Testaments und der Christenheit bis heute. Es verweist auf Gott, der als Zeichen seiner väterlichen Geduld und Liebe in seinem Sohn zur Welt kam, sich in die Hände der Menschen begab und ihre größten Ängste bis hin zum Tod durchlitt. Sinn und Zweck der Selbstentäußerung war es, den Menschen in einer unüberbietbaren Art und Weise entgegen zu kommen, ihnen seinen Anspruch auf Gerechtigkeit unmissverständlich auszurichten und das Verhältnis mit ihnen auf eine neue Grundlage zu stellen. Jesus repräsentierte den Gott, dem das Heil aller Menschen, auch der Vergessenen und „Verlorenen“ aller Völker, am Herzen liegt. Er zeigte, dass Gott selbst aus dem Tod neues Leben erwecken kann und machte intensiv Werbung für die Herrschaft seiner Sanftmut und Güte. Er kam mit der Erwartung, von den Menschen erkannt und anerkannt zu werden. Sie wurde letztlich enttäuscht, da er die Erwartungen vieler seiner Zeitgenossen nicht erfüllte. Sein Angebot war zwar für viele die Erfüllung ihrer Hoffnungen und die große Befreiung ihres Lebens, für andere aber eine große Enttäuschung und eine bedrohliche Provokation. Die Ambivalenz seiner Wirkung verdankte sich den gesellschaftlichen Verhältnissen, in die hinein Jesus geboren wurde. Die Mission des geliebten Sohnes war Gott jedoch so wichtig, dass er sich selbst durch dessen Ermordung nicht von seinem Heilsplan abbringen ließ: Er widmete das Geschehen heilvoll um und vollzog damit einen schier unglaublichen Rollentausch. Das Kreuz von Golgatha wurde zum provokanten Symbol der Versöhnung Gottes mit der Welt. In einem zweiten Rollentausch schenkte Gott den Menschen seinen Geist und damit den Einblick in seine innersten Erwartungen und Absichten. Beide Vorgänge zusammen ermöglichten einen neuen, direkten Zugang zu Gott und begründeten ein gleichsam familiäres Verhältnis zwischen „Kindern“ und ihrem „Vater“. Diese intensive Nähe und Transparenz Gottes, das Wissen um seine Liebe und seine Gerechtigkeit, die selbst den „Verlorenen“ und „Letzten“ gerecht wird und sie zu neuem Leben führt – diese Triebfedern seines Handelns sind bis heute überall da erlebbar, wo Christinnen und Christen das Vermächtnis ihres Herrn im Sinne des Liebesgebots lebendig werden lassen.

---

[1] Zur Frage nach dem Verhältnis von alt- und neutestamentlicher Rede von Gott vgl. Erlemann, Wer ist Gott*, 164-167.

Abkürzungen

1 QS	Qumran, Sektenregel
2 Clem	2. Klemensbrief
11Q Melch	Qumran, Melchisedek-Rolle
4 Esr	4. Esrabuch
a.a.O.	am angegebenen Ort
äthHen	äthiopisches Henochbuch
Ant	Flavius Josephus, Biblische Altertümer
apol I	Justin, Apologie I
ApcrJoh	Joh.-Apokryphon
ApkAbr	Apokalypse Abrahams
aram.	aramäisch
bBer	Talmudtraktat Berakhot
Bell	Flavius Josephus, Jüdischer Krieg
CD	Qumran, Damaskusschrift
Congr	Philo, Auslegung zu 1 Mos 16
Decal	Philo, Auslegung des Dekalogs
Did	Didache, Apostellehre
EvÄg	Ägypterevangelium
EvEb	Ebioniterevangelium
EvPetr	Petrusevangelium
EvThom	Thomasevangelium
f. / ff.	plus ein / mehrere weitere Vers(e)
gr.	griechisch
hebr.	hebräisch
IgnSm	Ignatius, Brief an die Smyrnäer
jBer	Talmud-Traktat Berakhot
KThom	Kindheitsevangelium des Thomas
lat.	lateinisch
LegAll	Philo, Allegorische Gesetzesauslegung
leg ad Gaium	Philo, Gesandtschaft an Caligula
Met.	Aristoteles, Metaphysik
Migr	Philo, Auslegung zu 1 Mos 12
NHC	Nag Hammadi Codices
Nic.Eth.	Artistoteles, Nikomachische Ethik
NTAK	Neues Testament und Antike Kultur
→	„zum Weiterlesen"
par(r).	plus eine / plus mehrere Parallelüberlieferungen
ProtEv	Kindheitsevangelium
Quaest in Ex	Philo, Auslegung des Buches Exodus
SpecLeg	Philo, Gesetzesauslegung
PsSal	Psalmen Salomos
slHen	slavischer Henoch
TestXII	Testamente der 12 Patriarchen
TestHi	Testament Hiobs
Tim	Platon, Timaios
VitMos	Philo, Leben Moses

Erklärung theologischer Fachbegriffe

affirmativ	bestärkend, stützend, versichernd.
Agraphon / Agrapha (pl.)	ungeschriebene Jesusworte.
Allegorie / allegorisch	eine nicht wörtlich, sondern übertragen zu verstehende Erzählung.
Anthropologie / anthropologisch	Lehre vom Menschen.
anthropomorph	wörtl. menschengestaltig; menschlich.
Antithese / antithetisch	Gegenüberstellung, z.B. von alter und neuer Deutung der Zehn Gebote.
Apokalyptik / apokalyptisch	Antike Weltanschauung, die von der konstanten Verschlimmerung des Weltzustands u. einem baldigen Eingreifen Gottes zugunsten der Frommen ausgeht. A. Schriften enthalten oft Visionen, in denen verklausuliert die Endzeit und Jenseits geschildert werden.
Apokryphen / apokryph	Geheime Schriften, die nicht im biblischen → Kanon stehen.
Apologetik / apologetisch	„Verteidigung" des christlichen Glaubens gegenüber dem römischen Kaiser im 2. Jh. nach Christus. Die A. sollte christenfeindliche Klischees ausräumen und die Staatsloyalität der Christen bekunden. Bekannter Vertreter: Justin der Märtyrer.
Apologie	Verteidigung(srede).
boundary markers	abgrenzende Kennzeichen einer Gruppe oder Religionsgemeinschaft.
Charisma / charismatisch	wörtl. Gnadengabe; Geistesgabe; im weiteren Sinne: Ausstrahlungskraft.
Charismatiker	Geistträger, begabt mit Geistesgaben
Christologie / christologisch	Die Lehre von Jesus Christus
Credo	lat. für Glaubensbekenntnis.
crux interpretum	(lat.) Kreuz der Ausleger; schwer verständliche Aussage
Dekalog	Die Zehn Gebote.
Deuterojesja	„Der zweite Jesaja", Jes 40-55.
Dogmatik	systematische Entfaltung der (christlichen) Lehre.

Doketismus / doketisch	Auffassung, nach der Christus-Logos nur zum Schein Mensch geworden und nicht selbst am Kreuz gestorben ist.
Doxologie / doxologisch	Lobpreis, etwa in hymnischer Form.
Ekklesiologie / ekklesiologisch	Die Lehre von der Kirche, von der Gemeinschaft.
Ekstase / Ekstatiker	Zustand des „außer-sich-Seins", in dem es zu außergewöhnlichen religiösen Erfahrungen kommen kann.
Eschatologie / eschatologisch	Lehre von den letzten Dingen.
ethnisch	auf ein Volk bzw. die Abstammung bezogen.
Exegese / Exeget	Textauslegung.
Exodus(tradition)	Tradition vom Auszug Israels aus Ägypten.
Exorzismus	Dämonenaustreibung.
Gnostizismus / gnostisch	antike Erlösungslehre, die auf Erkenntnis (gr. *gnósis*) beruht.
Halacha	Die „mündliche Tora", „Vätersprüche" – Auslegungstradition der Pharisäer.
Immanenz	Diesseitigkeit, Einwohnung (Gottes). Gegenbegriff zu → Transzendenz.
Immaterialität	Körper- bzw. Substanzlosigkeit (Gottes).
Inkarnation / inkarniert	Fleisch- bzw. Menschwerdung.
Jom Kippur	der jüdische große Versöhnungstag.
Kanon / kanonisch	gr. Richtschnur; Summe der verbindlichen heiligen Schriften.
Kenosis	gr. Selbstentäußerung; christologisches Modell, vgl. Phil 2,6-11.
Kerygma	Botschaft, (Inhalt der) Verkündigung.
Leidensparänese	Ermahnung zur Leidensbereitschaft bzw. Trost im Leiden.
Logion	Ausspruch (Jesu).
Logos	gr. Wort; z.B. Schöpfungs-Logos.
Metapher / metaphorisch	bildhafter Begriff, der auf einen anderen Begriff hinweist (z.B. „Ernte" für „Gericht" oder „Weinberg" für „Israel").
Millennium	Jahrtausend.

Ontologie / ontologisch	(philosophische) Lehre vom Sein.
orthodox	rechtgläubig.
Paränese	Ermahnung, Ermunterung. Festes Element neutestamentlicher Briefliteratur.
Paraklet	gr. Tröster, Anwalt. Bezeichnung des Heiligen Geistes im Joannesevangelium.
Parusie	Wiederkunft; lat. „adventus".
Parusieverzögerung	Ausbleiben der Wiederkunft Christi.
pneumatisch	zum Geist gehörig, geistlich; Gegenbegriff zu → sarkisch.
Prädestination	Vorherbestimmung.
Präexistenz / präexistent	himmlische Existenz (Christi) vor seiner irdischen Existenz.
Sanhedrin / Synhedrium	Oberstes Verfassungsgremium des frühen Judentums.
schalom	hebr. für Frieden. In der Bibel Bezeichnung den umfassenden Heilszustands.
Sondergut	Stoffe, die es nur in einem einzigen Evangelium gibt.
Soteriologie / soteriologisch	Die Lehre von der Erlösung.
Synoptiker/ synoptische Evangelien	Markus-, Matthäus- und Lukasevangelium können wegen des ähnlichen Aufbaus nebeneinander gelegt und „synoptisch" (zusammenschauend) betrachtet werden.
teleologisch	auf ein Ziel ausgerichtet.
Theodizeefrage	wörtl. Frage nach Gottes Gerechtigkeit; auch Frage nach dem allmächtigen und gerechten Gott angesichts von Leid.
Theo-logie	Die Lehre von Gott im engeren Sinne.
Tora	Jüdisches Gesetz, wie es in den fünf Büchern Mose (Pentateuch) festgehalten ist.
Toraobservanz	Befolgung der Toragebote.
Transzendenz	Jenseitigkeit; Gegenbegriff zu → Immanenz.
Tritojesaja	„Der dritte Jesaja", Jes 56-65.
Zeloten / zelotisch	militante Splittergruppe der Pharisäer.

Schlagwortverzeichnis (in Auswahl)

Verzeichnis der Textstellen (in Auswahl)

Frühchristliche und andere Schriften

Außerbiblische Texte

1. *Außerbiblische Zeugnisse über Jesus*:

Flavius Josephus (geb. ca. 37 n.Chr.), Ant 20,200; vgl. Abschnitt 7.11.1.

Flavius Josephus, Ant 18,63f.: „Um diese Zeit lebte Jesus, ein weiser Mensch, wenn man ihn überhaupt einen Menschen nennen darf. Er war nämlich der Vollbringer ganz unglaublicher Taten und der Lehrer aller Menschen, die mit Freuden die Wahrheit aufnahmen. So zog er viele Juden und auch viele Heiden an sich. Er war Christus. Und obgleich ihn Pilatus auf Betreiben der Vornehmsten unseres Volkes zum Kreuzestod verurteilte, wurden doch seine früheren Anhänger ihm nicht untreu. Denn er erschien ihnen am dritten Tage wieder lebend, wie gottgesandte Propheten dies und tausend andere wunderbare Dinge von ihm vorherverkündigt hatten. Und noch bis auf den heutigen Tag besteht das Volk der Christen, die sich nach ihm nennen, fort." – Christlich überarbeiteter Text einer „neutralen" Urfassung.

Babylonischer Talmud, Traktat Sanhedrin 43a (1./2. Jh. n.Chr.)
Quelle: Hermann L. Strack/ Paul Billerbeck, Paul (Bearbb.), Das Evangelium nach Matthäus, erläutert aus Talmud und Midrasch, Bd.1, München 3. Auflage 1961, 1023.
„Am Passarüsttag wurde Jesus nach vierzigtägigem Ausruf (gesteinigt und ans Kreuz) gehängt. „Am Vorabend des Passafestes henkte man Jesus. Vierzig Tage vorher hatte der Ausrufer bekannt gemacht: ´Er wird zur Steinigung hinausgeführt, weil er Zauberei betrieben und Israel verführt und abtrünnig gemacht hat. Wer etwas zu seiner Verteidigung zu sagen hat, soll kommen und es vorbringen.´ Da aber nichts zu seiner Verteidigung vorgebracht wurde, henkte man ihn am Vorabend des Passafestes."

Tacitus (ca. 55-120 n.Chr.), Ann. XV, 44,3, vgl. Abschnitt 7.11.2.

Sueton (ca. 70-130), Claud. 25,4, vgl. Abschnitt 7.11.2.

Syrischer Stoiker Mara bar Serapion (1./2. Jh., Über das Unrecht an großen Menschen wie Sokrates, Pythagoras und wohl auch Jesus): „Oder was für einen Nutzen haben die Juden von der Tötung ihres weisen Königs? Denn von eben dieser Zeit an wurde weggenommen ihre Herrschaft ... Die Juden, verwüstet und vertrieben von ihrer Herrschaft, sind über jeden Ort verstreut. Doch Sokrates ist nicht tot, wegen Platon, und auch nicht Pythagoras wegen der Statue der Juno und auch nicht der weise König wegen der neuen Gesetze, die er verordnete." (vgl. Gal 2: Gesetz Christi). – Mara ist teilweise von christlichen Quellen abhängig; nach dem Text wurde Jesus als einer von drei Weisen, als neuer Gesetzgeber, dessen Ruhm weiterlebt, wahrgenommen.

2. *Zu den jüdischen Messiaserwartungen*:

PsSal 17,32.37; 18,5-7

Quelle: Svend Holm-Nielsen, Die Psalmen Salomos, in: Jüdische Schriften aus hellenistisch-römischer Zeit (JShrZ IV.2), Gütersloh 1977.

„Und er [scil. der Messias] ist ein gerechter, von Gott gelehrter König über sie; und in seinen Tagen ist kein Unrecht unter ihnen, denn alle sind sie heilig, und ihr König ist der Gesalbte <des Herrn>.

„Und er [scil. der Messias] wird nicht ermatten in seinen Tagen bei seinem Gott, denn Gott hat ihn stark gemacht mit heiligem Geist und weise in einsichtigem Rat samt Stärke und Gerechtigkeit."

„Gott reinige Israel für den Tag der Barmherzigkeit mit Segen, für den Tag der Auswahl durch Herbeiführung seines Gesalbten. Wohl denen, die leben in jenen Tagen, zu sehen die Wohltaten des Herrn, die er erweisen wird dem kommenden Geschlecht unter dem züchtigenden Stab des Gesalbten des Herrn in seiner Gottesfurcht, in der Weisheit des Geistes und der Gerechtigkeit und der Stärke."

1 QS 9,7-11

Quelle: Eduard Lohse (Hg.), Die Texte aus Qumran, Darmstadt 4. Auflage 1986, 33.

„Nur die Söhne Aarons sollen in Bezug auf Rechtsprechung und Besitz herrschen, nach ihrer Weisung soll das Los fallen für jede Anordnung der Männer der Gemeinschaft und den Besitz der Männer der Heiligkeit, die in Vollkommenheit wandeln. Ihr Besitz soll nicht vereint werden mit dem Besitz des Trugs, die ihren Wandel nicht geläutert haben, um sich zu scheiden vom Frevel und auf dem Wege der Vollkommenheit zu wandeln. Und von keinem Rat des Gesetzes sollen sie abweichen, um in aller Verstocktheit ihres Herzens zu wandeln, sondern sie sollen nach den früheren Bestimmungen gerichtet werden, durch welche im Anfang die Männer der Gemeinschaft in Zucht gehalten worden sind, bis dass der Prophet und die Gesalbten Aarons und Israels kommen."

äthHen 46,3f.; 48,10; 52,4

Quelle: Siegbert Uhlig, Das äthiopische Henochbuch, in: Jüdische Schriften aus hellenistisch-römischer Zeit (JShrZ V.6), Gütersloh 1984, 587.591.595.

„Und er antwortete und sprach zu mir: 'Dies ist der Menschensohn, der die Gerechtigkeit hat und bei dem die Gerechtigkeit wohnt, der alle Schätze des Verborgenen offenbart, denn der Herr der Geister hat ihn erwählt, und sein Los ist unübertrefflich durch die Gerechtigkeit vor dem Herrn der Geister in Ewigkeit. Und dieser Menschensohn, den du gesehen hast, wird die Könige und die Mächtigen hochreißen von ihren Ruhelagern und die Starken von ihren Thronen; er wird die Zügel der Starken lösen und die Zähne der Sünder zerschlagen.'"

„Und am Tage ihrer [scil. der Gerechten] Bedrängnis wird Ruhe auf Erden werden, und sie werden vor ihnen fallen und sich nicht wieder erheben,

und niemand wird dasein, der sie mit seiner Hand nimmt und aufrichtet, denn sie haben den Herrn der Geister und seinen Gesalbten verleugnet."
„Und er sprach zu mir: ´All diese Dinge, die du gesehen hast, dienen der Herrschaft seines Gesalbten, damit er stark und mächtig auf Erden sei.´"

äthHen 62,6-9

Quelle: Siegbert Uhlig, Das äthiopische Henochbuch, in: Jüdische Schriften aus hellenistisch-römischer Zeit (JShrZ V/6), Gütersloh 1984, 614.

„Und die Könige und Mächtigen und alle, die die Erde besitzen, werden den rühmen und verherrlichen und erhöhen, der alles beherrscht, was verborgen ist. Denn zuvor ist der Menschensohn verborgen gewesen, und der Höchste hat ihn angesichts seiner Macht bewahrt und ihn den Auserwählten offenbart. Und die Gemeinde der Auserwählten und Heiligen wird gepflanzt werden, und alle Auserwählten werden an jenem Tage vor ihm stehen. Und alle Könige und Mächtigen und Hohen und die, die das Festland beherrschen, werden vor ihm auf ihr Angesicht niederfallen und anbeten, und sie werden ihre Hoffnung auf jenen Menschensohn setzen und ihn anflehen und von ihm Barmherzigkeit erbitten."

4 Esr 7,26-29; 12,31f.

Quelle: Josef Schreiner, Das 4. Buch Esra, in: Jüdische Schriften aus hellenistisch-römischer Zeit (JShrZ V.4), Gütersloh 1981, 344-346.391.

„Denn siehe, es kommt die Zeit, wenn die Zeichen, die ich dir vorausgesagt habe, eintreffen. Dann wird die unsichtbare Stadt erscheinen und das jetzt verborgene Land sich zeigen. Und jeder, der aus den vorher genannten Plagen gerettet wurde, wird meine Wunder schauen. Denn mein Sohn, der Messias, wird sich mit denen offenbaren, die bei ihm sind, und wird die Übriggebliebenen glücklich machen, 400 Jahre lang. Nach diesen Jahren wird mein Sohn, der Messias, sterben und alle, die Menschenodem haben. Die Welt wird in das einstige Schweigen sieben Tage lang zurückkehren, wie es im Uranfang war, so dass niemand übrig bleibt."
„Der Löwe aber, den du gesehen hast, wie er aus dem Wald mit Gebrüll auffuhr, zum Adler sprach und ihm seine ungerechten Taten vorhielt, durch alle jene Worte, wie du gehört hast, das ist der Gesalbte, den der Höchste bis zum Ende der Tage aufbewahrt, der aus dem Samen Davids hervorgehen und kommen wird. Er wird mit ihnen reden, sie schelten wegen ihrer Frevel, ihnen ihre ungerechten Taten vorhalten und Übertretungen vor Augen führen. Zunächst wird er sie lebendig vor das Gericht stellen. Und wenn er sie überführt hat, wird er sie vernichten. Mein übriggebliebens Volk aber, diejenigen, die in meinem Land gerettet wurden, wird er gnädig befreien. Er wird ihnen Freude bereiten, bis das Ende, der Tag des Gerichtes kommt, über den ich am Anfang mit dir gesprochen habe."

3. *Zu Osterglauben und Ostervisionen*:

TestHi 39,12-40,3

Quelle: Berndt Schaller, Das Testament Hiobs, in: Jüdische Schriften aus hellenistisch-römischer Zeit (JShrZ III.3), Gütersloh 1979.

„´Müht euch nicht vergeblich ab. Ihr werdet meine Kinder nicht finden, denn sie sind aufgenommen worden in die Himmel von ihrem Schöpfer, dem König.´ Da antworteten sie mir: ´Wer würde nicht wieder sagen: Du bist von Sinnen und irre!, wenn du sagst: Meine Kinder wurde in den Himmel aufgenommen. Drum sage uns jetzt die Wahrheit.´ Ich aber erwiderte und sprach zu ihnen: ´Richtet mich auf, damit ich stehe.´ Und sie richteten mich auf, von beiden Seiten meine Arme stützend. Und sobald ich stand, betete ich den Vater an. Danach sprach ich zu ihnen: ´Wendet eure Augen gen Osten.´ Und sie sahen meine Kinder bekränzt (stehen) vor der Herrlichkeit des Himmlischen."

EvPetr 34-42

Übersetzung: Klaus Berger / Christiane Nord: Das Neue Testament und frühchristliche Schriften, Frankfurt / Leipzig 1999, 678f.

„Früh am Morgen des Sabbat, als die Sonne aufging, kamen eine Menge Leute aus Jerusalem herbei und schauten sich das versiegelte Grab an. In der folgenden Nacht, als der Sonntag heraufdämmerte, hielten die Soldaten Wache am Grab, immer zwei im Wechsel. Da hörten sie plötzlich eine laute Stimme vom Himmel her. Sie sahen, wie sich der Himmel einen Spaltbreit öffnete und zwei Männer, von leuchtendem Glanz umhüllt, von dort herabstiegen und auf das Grab zugingen. Der Stein am Eingang des Grabes geriet von selbst ins Rollen und wich zur Seite. Er gab den Eingang zum Grab frei, und die beiden jungen Männer gingen hinein. Als die Soldaten das sahen, weckten sie den Hauptmann und die Ältesten auf, die sich ebenfalls an der Wache beteiligten. Und während sie noch berichteten, was sie gesehen hatten, bot sich ihnen ein weiterer erstaunlicher Anblick: Drei Männer traten nebeneinander aus dem Grab, die zwei äußeren geleiteten den dritten in ihrer Mitte an den Armen. Hinter ihnen kam ein Kreuz heraus. Und auf einmal reichten die beiden äußeren Männer mit ihrem Haupt bis zum Himmel, doch der, den sie in ihrer Mitte führten, überragte den Himmel. Eine Stimme vom Himmel fragte: ´Hast du den Toten gepredigt?´ Und vom Kreuz her kam die gehorsame Antwort: ´Ja, das habe ich getan.´"

ApcrJoh 1,5-2,25

Übersetzung: Gerd Lüdemann / Martina Janßen, Bibel der Häretiker. Die gnostischen Schriften aus Nag Hammadi, Stuttgart 1997, 103-105.

„[Und] es geschah [eines Tages], als Johannes, [der Bruder] des Jakobus [...] heraufkam zum Tempel, dass [sich] ein Pharisäer mit Namen Arimanios ihm [näherte und] zu ihm sagte: ´[Wo] ist dein Meister, [dem] du

(nach)gefolgt bist?´ Und er [sagte] zu ihm: ´Er ist zu dem [Ort] gegangen, von dem er [gekommen ist].´ Der Pharisäer [sagte zu ihm: ´Durch einen Betrug hat dieser Nazarener] euch irregeführt und eure [Ohren mit Lügen] gefüllt und [eure Herzen] verschlossen [und euch abgebracht] von den Überlieferungen [eurer Väter].´ [Als] ich, [Johannes], dies hörte, [wandte ich mich] vom Tempel weg [zu einem bergigen und verlassenen Ort]. Und ich war sehr traurig [in meinem Herzen [...].
Sofort [als ich diese Dinge in meinem Herzen bewegte] – siehe, die [Himmel öffneten sich, und] die [ganze] Schöpfung, [die] unter dem Himmel ist, erstrahlte, und die [Welt] geriet in Erschütterung. [Ich war ängstlich. Und siehe, ich] sah im [Licht ein Kind; es stand] bei mir. Als ich [es] aber betrachtete, [wurde] es wie ein alter Mann. Und er [änderte seine] Gestalt (ein weiteres Mal) und wurde zu einem kleinen (Menschen). Es war [keine Vielheit] vor mir, sondern es war das eine [Gestalt] mit vielen Formen im [Licht]. Und die [Erscheinungen] offenbarten sich gegenseitig, [und] die [Gestalt] hatte drei Formen.
Er sagte zu mir: ´Johannes, Johannes, warum wunderst du dich? Sei nicht kleinmütig. Ich bin der, der [mit euch ist] alle Zeit. Ich [bin der Vater], ich bin die Mutter, ich bin der Sohn. Ich bin der Unbesudelte und Fleckenlose. [Nun bin ich gekommen, dich (darüber) zu belehren], was ist, [was war] und was [sein wird, damit du alle Dinge kennst], welche nicht offenbar sind [und welche offenbar sind, (damit) ich dich belehre] über das [nichtwankende Geschlecht] des [vollkommenen Menschen]. Nun, [deswegen erhebe dein Angesicht, damit] du [empfangen mögest] die Dinge, die [ich dir sagen werde] heute, [und damit du sie weitergibst an deine Gefährten] des Geistes, die [aus] dem [nichtwankenden] Geschlecht des vollkommenen [Menschen stammen].´ [Und ich] fragte, damit ich es [wisse]."

4. *Zum Doketismus**:

Die Passionsgeschichte nach Basilides (Irenäus, haer 1,24,4, ad 2.2.3)

Quelle: Adolf Martin Ritter, Alte Kirche (Kirchen- und Theologiegeschichte in Quellen, Bd. 1), Neukirchen-Vluyn, 6. Auflage 1994, 50.

„Der ungewordene und unnennbare Vater habe, da er ihre Verderbtheit sah, seinen erstgeborenen Nus – das sei der, der Christus genannt wird – gesandt, um die an ihn Glaubenden aus der Gewalt derer zu befreien, die die Welt gebildet hätten [scil. der Engel]. Ihren Völkern aber sei er auf Erden als ein Mensch erschienen (apparuisse) und habe Machttaten vollbracht. Darum habe er auch nicht [selbst] gelitten, sondern ein gewisser Simon von Kyrene, den man gezwungen habe, an seiner Statt das Kreuz zu tragen. Den hätten sie unwissentlich und irrtümlich gekreuzigt, nachdem er von ihm [Jesus] verwandelt worden sei, so dass man ihn für Jesus hielt. Jesus aber habe Simons Gestalt angenommen und dabei gestanden und jene verlacht."

Zum Weiterlesen

Allgemein verständliche Literatur:

Berger, Klaus, *Jesus,* München 2004

Ders., *Wer war Jesus wirklich?*, Stuttgart 1995

Ders., *Wozu ist Jesus* am Kreuz gestorben?, Stuttgart 1998

Erlemann, Kurt, *Endzeiterwartungen* im frühen Christentum (UTB 1937), Tübingen 1996.

Ders., *Unfassbar*? Der Heilige Geist im Neuen Testament, Neukirchen-Vluyn 2010

Ders., *Wer ist Gott*? Antworten des Neuen Testaments, Neukirchen 2008.

Ders., / Noethlichs, Karl Leo / Scherberich, Klaus / Wagner, Thomas / Zangenberg, Jürgen, Neues Testament und Antike Kultur (*NTAK*), 5 Bde., Neukirchen-Vluyn 2004-2008.

Zeitschrift für Neues Testament (*ZNT*), Tübingen / Basel 1998ff.

Fachwissenschaftliche Literatur:

Erlemann, Kurt, *Gleichnisauslegung*. Ein Lehr- und Arbeitsbuch (UTB 2093), Tübingen / Basel 1999.

Hampel, Volker / Weth, Rudolf (Hgg.), Für uns gestorben. Sühne – Opfer – Stellvertretung, Neukirchen-Vluyn 2010.

Karrer, Martin, *Jesus Christus* im Neuen Testament (NTD Ergänzungsreihe 11), Göttingen 1998.

Kraus, Wolfgang, Wer war schuld an Jesu Tod? Die Rolle der Juden und der Römer in den Passionsgeschichten der Evangelien, in: R. Heiligenthal / H. Fox (Hgg.), Glaube und Erfahrung, Landau 1998, 207-228.

Rau, Eckhard, Jesus – *Freund von Zöllnern und Sündern.* Eine methodenkritische Untersuchung, Stuttgart 2000.

Schröter, Jens, Jesus und die Anfänge der Christologie. Methodologische und exegetische Studien zu den ursprüngen des christlichen Glaubens, Neukirchen-Vlyn 2001.

Stegemann, Wolfgang / Malina, Bruce J. / Theißen, Gerd (Hgg.), *Jesus in neuen Kontexten,* Stuttgart 2002.

Theißen, Gerd / Merz, Annette, Der *historische Jesus.* Ein Lehrbuch, Göttingen, 3. Auflage 2001.

Theißen, Gerd, Die Religion der ersten Christen. Eine Theorie des Urchristentums, Darmstadt, 3. Auflage 2003.

Vouga, Francois, *Geschichte* des frühen Christentums (UTB 1733), Tübingen / Basel 1994.

X, 185 Seiten
ISBN 978-3-7887-2320-0

X, 211 Seiten
ISBN 978-3-7887-2426-0

neukirchener
theologie